HIPPOCRENE CONCISE DICTIONARY

DUTCH-ENGLISH
ENGLISH-DUTCH

DICTIONARY

WITH A BRIEF INTRODUCTION TO DUTCH GRAMMAR

HIPPOCRENE BOOKS, INC.
New York

Other Dutch Language Titles from Hippocrene

Dutch/English/English-Dutch Handy Dictionary
E. Baruch
**120 pages • 5 x 7 • 3,500 entries •
0-87052-049-0 • USA • $8.95 paperback • (323)**

Beginner's Dutch
Fernand G. Renier
This book is an introductory guide divided into 26 chapters, taking the student step-by-step through the rules of Dutch grammar.
**180 pages • 5 x 7 • 0-7818-0735-2 • W •
$14.95 paperback • (248)**

Dutch-English/ English-Dutch Standard Dictionary
Arseen Rijckaert
Contains pronunciation for each entry, basic pronunciation rules, a list of English irregular verbs and a list of abbreviations.
**578 pages • 5½ x 8 • 35,000 entries •
0-7818-0541-4 • NA • $16.95 paperback • (629)**

Dictionary of 1,000 Dutch Proverbs: Bilingual

Gerd de Ley

This compilation documents 1,000 of the Dutch culture's most significant proverbs, arranging them in alphabetical order by subject (over 100 subjects), with side-by-side English translation

131 pages • 5 x 7 • 0-7818-0616-X • W • $11.95 paperback • (707)

All prices are subject to change without prior notice. To order Hippocrene Books, contact your local bookstore, call (718) 454-2366, or write to: Hippocrene Books, 171 Madison Ave. New York, NY 10016. Please enclose check or money order adding $5.00 shipping (UPS) for the first book and $.50 for each additional title.

INHOUDSOPGAVE / TABLE OF CONTENTS

AFKORTINGEN / ABBREVIATIONS

adj	*adjective*, bijvoeglijk naamwoord
adv	*adverb*, bijwoord
aer	*aeronautics*, luchtvaart
amer	*American*, Amerikaans
ca	*cards*, kaartspel
chem	*chemical*, chemisch
comm	*commercial*, handels-
conj	*conjunction*, voegwoord
el	*electricity*, elektriciteit
fam	*familiarly*, gemeenzaam
fig	*figurative(ly)*, figuurlijk
gr	*grammar*, spraakkunst
ij, interj	*interjection*, tussenwerpsel
intr	*intransitive*, onovergankelijk
m	*masculine*, mannelijk
mach	*machine*, machine
med	*medicine*, geneeskunde
mil	*military*, oorlogs-, militair
mus	*music*, muziek
mv	meervoud, *plural*
nav	*naval*, scheepvaart-, zee-, marine-
o	onzijdig, *neuter*
phot	*photography*, fotografie
pl	*plural*, meervoud
pop	*popular(ly)*, gemeenzaam
prep	*preposition*, voorzetsel
pron	*pronoun*, voornaamwoord
rad	radio, *wireless*
RC	*Roman-Catholic*, rooms-katholiek
rek	rekenkunde, *arithmetic*
S.A	*South-Africa(n)*, Zuid-Afrika, Zuidafrikaans
sb	*substantive*, zelfstandig naamwoord
sg	*singular*, enkelvoud
sp	*sport*, sport en spel
tel	*telephone*, telefoon
trs	*transitive*, overgankelijk
univ	*university*, universiteit
v	vrouwelijk, *feminine*
ww	werkwoord, *verb*
z.a.	zie aldaar, *which see*

ENKELE GRONDSLAGEN VAN DE ENGELSE TAAL

WOORDEN VOOR DINGEN EN BEGRIPPEN (zelfstandige naamwoorden)

Het Engels maakt geen onderscheid tussen mannelijke, vrouwelijke of onzijdige zelfstandige naamwoorden: er is één bepaald lidwoord, *the* (Nederlands *de* of *het*).

Het onbepaalde lidwoord (Nederlands *een*) is *a* (of *an* als het volgende woord met een klinker begint). Bijvoorbeeld:

een huis – *a* house   een adres – *an address*

Het *meervoud* van zelfstandige naamwoorden wordt in het algemeen gevormd door *s* of *es* achter het zelfstandig naamwoord te zetten.

Voorbeelden:

boek(en) – *book/books*   hond(en) – *dog/dogs*
jongen(s) – *boy/boys*   jurk(en) – *dress/dresses*

Opmerking:

1. Eindigt het enkelvoud op een medeklinker + y, dan verandert de y in *ies*. Bijvoorbeeld: *lady – ladies*
2. Een aantal woorden heeft een onregelmatig meervoud, zoals:

man(nen) – *man/men*   voet(en) – *foot/feet*
vrouw(en) – *woman/women*   muis(zen) – *mouse/mice*
kind(eren) – *child/children* tand(en) – *tooth/teeth*

Voor onbepaalde hoeveelheden (Nederlands *enige, enkele, wat*) is er het woord *some*; in ontkennende en vragende zinnen wordt dit *any*. Bijvoorbeeld:

Ik wil wat geld wisselen   – I want to change *some* money
Ik heb geen Engels geld   – I haven't *any* English money
Is er post voor me?   – Is there *any* mail for me?

BEPALINGEN

Bijvoeglijke naamwoorden staan, zoals in het Nederlands, vóór het zelfstandig naamwoord. Bijvoorbeeld:

een oud huis – *an old house*
een mooie stad – *a beautiful city*

De trappen van vergelijking (groot-groter-grootst en dergelijke) gaan als volgt:

9

Bijvoeglijke naamwoorden van één lettergreep en sommige van twee, krijgen de uitgang *(e)r* bij de vergrotende en *(e)st* bij de overtreffende trap; bijvoeglijke naamwoorden van meer dan twee lettergrepen worden voorafgegaan door *more* en *most*. Bijvoorbeeld:

Dit huis is ouder dan dat   – *this house is older than that*
Jan is de langste van allemaal – *John is the tallest of all*
Deze kat is mooier dan die – *this cat is more beautiful than that one*

De *aanwijzende* voornaamwoorden (dit, deze, dat, die) zijn:
this – meervoud *these* voor alles wat dichtbij is
that – meervoud *those* voor alles wat veraf is
deze jongen – *this boy/these boys*   dat meisje – *that girl/those girls*
dit boek – *this book/these books*   die boom – *that tree/those trees*

Bezittelijke voornaamwoorden (mijn, jouw, van hem, enz.)

Ned.	Engels	Ned.	Engels
mijn	my	van mij	mine
jouw	your	van jou	yours
zijn	his	van hem	his
haar	her	van haar	hers
ons (onze)	our	van ons	ours
uw/jullie	your	van u/jullie	yours
hun	their	van hen	theirs

Voorbeelden:
Dit is mijn boek – *this is my book*
Dit boek is van mij – *this book is mine*
Deze pen is van u – *this pen is yours*

PERSOONLIJKE VOORNAAMWOORDEN (ik, jij, hij; mij, jou, enz.)

als onderwerp		als voorwerp	
Ned.	Engels	Ned.	Engels
ik	I	(aan) mij	(to) me
jij	you	(aan) jou	(to) you

hij	he	(aan) hem	(to) him
zij	she	(aan) haar	(to) her
het	it	(aan) het	(to) it
wij	we	(aan) ons	(to) us
u/jullie	you	(aan) u/jullie	(to) you
zij	they	(aan) hen	(to) them

WERKWOORDEN

Om zelf zinnen te kunnen vormen is het van belang de drie voornaamste tijden van de werkwoorden te kennen, plus de hulpwerkwoorden (*to*) *be* (Ned.: zijn) en (*to*) *have* (hebben). Het vervoegen van de werkwoorden zelf is eenvoudig.

Nederlands	Engels	Nederlands	Engels
zijn	(to) be	*hebben*	(to) have
ik ben	I am	ik heb	I have
jij bent	you are	jij hebt	you have
hij is	he is	hij heeft	he has
zij is	she is	zij heeft	she has
het is	it is	het heeft	it has
wij zijn	we are	wij hebben	we have
jullie zijn	you are	jullie hebben	you have
zij zijn	they are	zij hebben	they have

Onvoltooid tegenwoordige tijd (ott) van hoofdwerkwoorden.

Nederlands	Engels
willen	(to) want
ik wil	I want
jij wilt	you want
hij/zij wil	he/she wants
wij/jullie/zij willen	we/you/they want

Opmerking:

1. de 3de persoon enkelvoud (hij, zij, het) van de ott krijgt altijd de uitgang *s*.

11

2. er bestaat nog een vorm van de ott, die gebruikt wordt om uit te drukken dat iets op het moment van spreken aan de gang is en nog niet is afgelopen; deze wordt gevormd met het hulpwerkwoord *be* en het hoofdwerkwoord met *-ing* als uitgang.

Voorbeelden:

I am talking	– ik ben aan het/sta te praten
you are eating	– je bent aan het eten
he/she is crying	– hij/zij huilt

De *onvoltooid verleden tijd* (ovt; wilde, ging, e.d.) van regelmatige werkwoorden wordt gevormd met het achtervoegsel *ed*, en is voor alle personen hetzelfde. Net als in het Nederlands zijn er veel *on*regelmatige verleden-tijdvormen. Voorbeelden:

regelmatig	onregelmatig
willen: want – wanted	gaan: go – went
roepen: call – called	eten: eat – ate
vragen: ask – asked	zien: see – saw
Ik wilde – I wanted	Hij ging – he went

De *voltooid tegenwoordige tijd* (vtt) wordt gevormd met een vervoeging van het hulpwerkwoord *have* (Nederlands: *hebben* of *zijn*) plus het voltooid deelwoord van het hoofdwerkwoord. Het voltooid deelwoord kan regelmatig zijn en heeft dan dezelfde vorm als de onvoltooid verleden tijd, of *on*regelmatig. Voorbeelden:

Ik heb hem geroepen – *I have called him*

Hij is vertrokken – *He has left*

In dit woordenboek zijn de meeste Engelse onregelmatige werkwoorden opgenomen, met dien verstande dat bij de vormen van de onvoltooid verleden tijd en van het voltooid deelwoord steeds naar de onbepaalde wijs wordt verwezen.

De ovt wordt in het Engels veel meer gebruikt dan in het Nederland, en vooral wanneer er een tijdsduiding in de zin staat als *gisteren*, *vorig jaar* en dergelijke. Voorbeeld:

Ik heb hem gisteren gezien – I *saw* him yesterday

Vragende en ontkennende zinnen

Om een zin vragend of ontkennend te maken moet het hulpwerkwoord *do* gebruikt worden, behalve als er al een hulpwerkwoord (will; must; can; be; have) in de zin staat. *Do* wordt vervoegd (verleden tijd: *did*) en het hoofdwerkwoord niet. Een overzicht met als voorbeeld het werkwoord *willen*:

ik wil niet	I do not want
jij wilt niet	you do not want
hij/zij wil niet	he/she does not want
wij willen niet	we do not want
jullie willen niet	you do not want
zij willen niet	they do not want

wil ik?	do I want?
wil jij	do you want?
wil hij/zij	does he/she want?
willen wij	do we want?
willen jullie	do you want?
willen zij	do they want?

ik wilde niet	I did not want
jij wilde niet	you did not want
hij/zij wilde niet	he/she did not want
wij wilden niet	we did not want
jullie wilden niet	you did not want
zij wilden niet	they did not want

wilde ik?	did I want?
wilde jij	did you want?
wilde hij/zij	did he/she want?
wilden wij	did we want?
wilden jullie	did you want?
wilden zij	did they want?

Opmerking: *do not*, *does not* en *did not* worden meestal samengetrokken tot *don't*, *doesn't*, *didn't*.

REGELS VOOR HET AFBREKEN
VAN ENGELSE WOORDEN

1 Breek zo min mogelijk af!

2 Breek niet zo af, dat er maar twee letters op één regel staan.

3 Breek zo min mogelijk af bij de r. Als het moet, trek dan de r bij de voorafgaande klinker.

4 Laat de uitgangen, bijv. *-able*, *-ance*, *-ant*, *-ing* enz. in hun geheel.

5 Breek niet af tussen letters, die samen één klank vormen, bijv. *ch*, *ck*, *ph*, *sh*, *th*.

6 Breek niet af in éénlettergrepige woorden of lettergrepen, die in het schrift tweelettergrepig lijken: *grape*, *laughed*, la-*belled*.

SOME BASIC RULES OF DUTCH

'DE' WORDS AND 'HET' WORDS

In Dutch, nouns can be masculine, feminine or neuter. The articles used with these words are *de*, *het* and *een*. The rules for their use are simple:

the DEFINITE ARTICLE *de* is used:
- for masculine and feminine nouns in the singular: *de man* (the man), *de vrouw* (the woman);
- for all nouns in the plural: *de mannen* (the men), *de vrouwen* (the women), *de kinderen* (the children).

The DEFINITE ARTICLE *het* is used:
- for neuter nouns in the singular: *het kind* (the child), *het huis* (the house);
- for all diminutives in the singular: *het mannetje* (the little man), *het vrouwtje* (the little woman), *het kindje* (the little child).

The INDEFINITE ARTICLE *een* is used:
- for all nouns in the singular: *een man* (a man), *een vrouw* (a woman), *een kind* (a child). The indefinite article has no plural form; in the plural, nonspecificity of reference is expressed by omitting the article: *mannen* (men), *vrouwen* (women), *kinderen* (children). *Een* has a negative counterpart in the word *geen*, which expresses a negation and can be used with both singular and plural nouns: *geen man* (no man), *geen mannen* (no men), *geen kinderen* (no children).

Noun plurals

There are so many irregularities in plural formation in Dutch that it is impossible to give a concise yet complete survey here. We shall therefore confine ourselves to a brief discussion of the two commonest plural endings, -s and -(e)n.

The ending -s is used:
- with most words ending in -el, -em, -en and -er: *schotels* (saucers), *bezems* (brooms), *dekens* (blankets), *kamers* (rooms);
- with most words ending in a vowel: *tantes* (aunts), *tralies* (bars),

cafés (pubs); in the case of words (generally of foreign origin) ending in a long vowel sound represented by a single letter (e.g. auto, dia, taxi) the plural ending is apostrophized: *auto's* (cars), *dia's* (slides), *taxi's* (taxis);
- with many loan words: *telefoons* (telephones), *chauffeurs* (drivers), *pick-ups* (record players).

In the majority of other cases the plural ending *-en* or *-n* is used: *beuken* (beeches), *planten* (plants), *vliegen* (flies), *dorpen* (villages), *geleerden* (scholars). It should be noted that this is often accompanied by changes in the spelling, such as doubling of the final consonant before the inflexion: *kar-karren* (carts), *put-putten* (wells), halving of a double vowel: *raam-ramen* (windows), *muur-muren* (walls), or voicing of the voiceless final consonants -s or -f: *huis-huizen* (houses), *boef-boeven* (knaves).

Finally, of the many irregular forms the ones that most obviously claim the attention of the foreigner are the vowel shift in some plurals: *stad-steden* (towns), *schip-schepen* (ships), *waarheid-waarheden* (truths) and the *-eren* ending, especially common in neuter words of one syllable: *kinderen* (children), *goederen* (goods), *liederen* (songs), *eieren* (eggs).

ADJECTIVES

Adjectives generally take the ending *-e* when preceding the noun: *de mooie poes* (the beautiful cat), *het grote huis* (the big house), *een mooie vrouw* (a handsome woman), *een kleine man* (a small man). They remain uninflected in the case of singular neuter nouns without an article (*oud brood* stale bread) or with the indefinites article: *een groot huis* (a big house). They are also uninflected when they follow the noun: *de poes is mooi* (the cat is beautiful), *het huis is groot* (the house is big).

Comparatives and superlatives
Comparative adjectives are formed by the addition of the suffix *-er*. If the adjective already ends in *-r*, the suffix *-der* is used. The superlative ending is *-st*: *mooi-mooier-mooist* (beautiful), *duur-duurder-duurst* (expensive). In contrast to English, both comparative and superlative endings may be added to words of more than two syllables: *interessant-interessanter-interessantst* (interesting).

Irregular forms include: goed, beter, best (good, well)

veel, meer, meest (much, many)

weinig, minder, minst (little, few)

Like other adjectives both comparative and superlative take the final -e where appropriate: *een duurdere auto* (a more expensive car), *het mooiste huis* (the nicest house).

The comparative is followed by the preposition *dan*: *dit huis is mooier dan dat huis* (this house is nicer than that house). If the superlative follows the noun, the article *het* is inserted: *dit huis is het grootst* (this house is the biggest). In contrast to English, the superlative form is generally used even where the comparison is between only two: *de oudste van de twee jongens* (the elder of the two boys).

PERSONAL, POSSESSIVE, DEMONSTRATIVE, REFLEXIVE AND INTERROGATIVE PRONOUNS

Personal pronouns

nominative		*accusative*	
(as subject)		(as direct object)	
ik	I	mij/me	me
jij/je, u	you	jou/je, u	you
hij, zij/ze, het	he, she, it	hem, haar, het	him, her, it
wij/we	we	ons	us
jullie, u	you	jullie, u	you
zij/ze	they	hen/ze	them

dative	
(as indirect object)	
mij/me	me
jou/je, u	you
hem, haar, het	him, her, it
ons	us
jullie, u	you
hun/ze	them

Possessive pronouns

mijn	my
jouw/je, uw	your
zijn, haar	his, her, its

ons	our
jullie, uw	your
hun	their

The personal pronoun *u* and the corresponding possessive pronoun *uw* are polite forms, used when addressing strangers, elderly people etc. *Jij, jullie* and *jouw* are the more intimate forms of address.

Demonstrative pronouns

To indicate something near to the speaker the demonstrative pronoun is:

deze for masculine and feminine nouns in the singular: *deze man* (this man), *deze vrouw* (this woman);

dit for neuter nouns in the singular: *dit kind* (this child), *dit huis* (this house);

deze for all plural nouns: *deze mannen* (these men), *deze vrouwen* (these women), *deze kinderen* (these children).

To indicate something further away:

die for masculine and feminine nouns in the singular: *die man* (that man), *die vrouw* (that woman);

dat for neuter nouns in the singular: *dat kind* (that child), *dat huis* (that house);

die for all plural nouns: *die mannen* (those men), *die vrouwen* (those women), *die kinderen* (those children).

Reflexive pronouns

In the case of verbs like *zich ergeren* (to take offence), *zich haasten* (to hasten) and *zich vergissen* (to be mistaken) the word *zich* is a reflexive pronoun. The reflexive pronoun can take the following forms:

1st person singular:	me/mij	(*ik vergis me* I am mistaken)
2nd person singular:	je	(*je vergist je* you are mistaken)
	zich	(*u vergist zich* you are mistaken)
3rd person singular:	zich	(*hij/zij vergist zich* he/she is mistaken)
1st person plural:	ons	(*wij vergissen ons* we are mistaken)
2nd person plural:	je	(*jullie vergissen je* you are mistaken)
3rd person plural:	zich	(*zij vergissen zich* they are mistaken)

Interrogative pronouns

The commonest interrogative pronouns are:

wie?   (= *who?*): *wie heeft dat glas gebroken?* (Who broke that glass?)

wat?   (= *what?*): *wat wil je eten? Wat heeft hij je verteld?* (What will you have [to eat]? What did he tell you?)

waar?   (= *where?*): *waar is de tandpasta?* (Where is the toothpaste?)

wanneer? (= *when?*): *wanneer kom je?* (When are you coming?)

hoe?   (= *how?*): *hoe zullen we gaan, met de fiets of met de tram?* (How shall we go, by bike or tram?)

waarom? (= *why?*): *waarom heb je dat gedaan?* (Why did you do that?)

hoeveel? (= *how much?* or *how many?*): *hoeveel appels wilt u hebben? Hoeveel suiker wilt u hebben?* (How many apples would you like? How much sugar would you like?)

welk(e)? (= *what?* or *which?*): *welke jongen heeft je geslagen? Welk toneelstuk heb je gezien?* (Which boy hit you? What play did you see?)

VERBS

There are so many exceptions to the rules governing the conjugation of verbs in Dutch that they cannot all be covered here. We shall therefore confine ourselves to a table showing the conjugation of regular verbs and will then examine some common irregular verbs. The stem of a verb, which is the basis of conjugation, is that part of the word that is left when the *-en* ending is removed from the infinitive form. The conjugation of *huilen* (to cry), for example, can then be shown as follows:

Present tense

ik huil	(stem)	(I cry)
jij huilt	(stem + t)	(you cry)
u huilt	(stem + t)	(you cry)
hij huilt	(stem + t)	(he cries)
wij huilen	(stem + en = infinitive form)	(we cry)
jullie huilen	(stem + en = infinitive form)	(you cry)
zij huilen	(stem + en = infinitive form)	(they cry)

Where the personal pronoun *jij*/*je* occurs following the verb (as in interrogative sentences) the ending *-t* is dropped: *huil je?* not *huilt je?*

Past tense

ik huilde	(stem + de)	(I cried)
jij huilde	(stem + de)	(you cried)
u huilde	(stem + de)	(you cried)
hij huilde	(stem + de)	(he cried)
wij huilden	(stem + den)	(we cried)
jullie huilden	(stem + den)	(you cried)
zij huilden	(stem + den)	(they cried)

Perfect participle

gehuild	(ge + stem + d)	(cried)

When the stem of a regular verb ends with a hard consonant or consonantal sound (*t, k, f, s, ch* or *p* – there is a useful mnemonic: 'he*t kofschip*') the endings of the past tense and past participle contain *t* instead of *d*: *ik werkte, jij werkte* etc.; *ik heb gewerkt* (I worked, you worked etc.; I have worked). The forms of the past tenses and past participles of irregular verbs must be learned separately by heart (in this dictionary they are given individually in the entries for the verbs concerned). The only general observation to be made is that there is often a vowel shift and the past participle often ends in *-en*: *bevelen – beval – bevolen* (to order), *geven – gaf – gegeven* (to give), *slapen – sliep – geslapen* (to sleep). The verbs *hebben* (to have) and *zijn* (to be) are very important, especially as auxiliaries used in forming the perfect tense:

present tense

hebben		*zijn*	
ik heb	(I have)	ik ben	(I am)
jij hebt	(you have)	jij bent	(you are)
u hebt/heeft	(you have)	u bent	(you are)
hij heeft	(he has)	hij is	(he is)
wij hebben	(we have)	wij zijn	(we are)
jullie hebben	(you have)	jullie zijn	(you are)
zij hebben	(they have)	zij zijn	(they are)

past tense

hebben		*zijn*	
ik had	(I had)	ik was	(I was)
jij had	(you had)	jij was	(you were)
u had	(you had)	u was	(you were)
hij had	(he had)	hij was	(he was)
wij hadden	(we had)	wij waren	(we were)
jullie hadden	(you had)	jullie waren	(you were)
zij hadden	(they had)	zij waren	(they were)

past participle

hebben	*zijn*
gehad (had)	geweest (been)

The perfect tense of verbs which may take a direct object (i.e. transitive verbs) is generally formed with *hebben*: *ik heb het geld gegeven* (I have given the money). Verbs that cannot take a direct object (i.e. intransitive verbs) sometimes use *zijn* as the tense auxiliary (*ik ben gegaan* I have gone, *hij is geslaagd* he has succeeded), and sometimes *hebben* (*ik heb gelachen* I have laughed, *hij heeft geheerst* he has reigned). It is difficult to give a general rule here. It should be noted that verbs denoting motion from one place to another (*reizen* to travel, *lopen* to walk, *zwemmen* to swim, *varen* to sail etc.) generally take *hebben* unless a destination is mentioned: *ik heb gelopen* (I have walked) but *ik ben naar huis gelopen* (I (have) walked home).

Finally some other common auxiliaries:
worden – werd – geworden is the passive auxiliary: *het geld wordt betaald* (the money is paid). As a copulative verb *worden* is essentially equivalent to English *become*: *ik word rijk* (I get rich).
gaan – ging – gegaan is often used, much as in English, as a future auxiliary: *ik ga televisie kijken* (I'm going to watch television). The other, and more important, future auxiliary *zullen* sometimes implies a promise: *ik zal u morgen betalen* (I shall pay you tomorrow); sometimes, as in English, it may denote an order (in which case it takes an extra stress): *je zúlt me morgen betalen* (you shall pay me tomorrow).
The past tense of this verb, *ik zou*, *wij zouden*, indicates uncertainty:

ik zou denken (I should think... or: I should have thought). It is also the polite form: *zoudt u zo goed willen zijn...?* (would you be so kind...?)

kunnen – kon – gekund: to be able: *ik kan betalen* (I'm able to pay).

willen – wilde – gewild: to be willing, to want: *ik wil betalen* (I want to pay, or: I am willing to pay); *ik wil vertrekken* (I wish to leave, I want to go).

mogen – mocht – gemogen: to have permission: *zij mag niet alleen reizen* (she is not allowed to travel alone).

moeten – moest – gemoeten: must, to be forced or obliged to: *ik moet nu gaan* (I must go now).

laten – liet – gelaten: to let something be done or have something done (generally the latter): *ik laat mijn bagage halen* (I am having my luggage fetched).

A

a, an een; per
A nummer één, prima
A.A. = 1 *Automobile Associa-tion* (ANWB in Engeland); *AA scouts*, Wegenwacht
aback terug, achteruit; *to be taken* —, verbluft staan
abandon overlaten, opgeven; — *oneself*, zich overgeven (aan)
abandonment afstand, overga-ve; verlatenheid; ongedwon-genheid
abase vernederen
abash beschamen
abate verminderen, lenigen
abatement vermindering, kor-ting
abbey abdij
abbot abt
abbr. = *abbreviation*, afkorting
abdicate afstand doen
abdomen onderbuik
abduction ontvoering
abecedarian alfabetisch
aberration afdwaling, afwijking
abet ophitsen, aanzetten
abeyance *in* —, vacant, opge-schort; *keep in* —, in reserve houden
abhor verfoeien, verafschuwen
abhorrence afgrijzen *o*
abide (abode; abode) vertoeven; blijven; — *by*, zich houden aan
ability bekwaamheid; solvabi-liteit
abject verachtelijk, laag
abjure afzweren
ablaze in lichterlaaie
able bekwaam; *be* —, kunnen
able-bodied sterk en gezond; — *seaman*, vol matroos
abnormal abnormaal

abnormality, abnormity abnor-maliteit, onregelmatigheid
aboard aan boord; *go* —, em-barkeren; *all* —! instappen!
abode verblijfplaats; zie ook *abide*
abolish afschaffen
abolishment, abolition afschaf-fing
abominable afschuwelijk
aborigines *pl* inboorlingen *mv*
abortion miskraam; misluk-king
abortive mislukt; vruchteloos
abound overvloeien van
about ongeveer; omheen, rond-om; bij; betreffende; *be* — *to*, op 't punt staan om
about-face ommezwaai
above boven, meer dan; om-hoog; — *all*, vooral
above-board eerlijk
above-mentioned bovenvermeld
abrasion ontvelling
abreast naast elkaar
abridge af-, be-, verkorten
abroad van huis, buitenslands; in omloop
abrogate afschaffen
abrupt bruusk; steil
abscess abces *o*, gezwel *o*
abscond er vandoor gaan
absence afwezigheid, ver-strooidheid
absent afwezig
absent-minded verstrooid
absolute(ly) *adj* (*adv*) absoluut, volstrekt; onbeperkt
absolution vrijspraak
absolve vrijspreken; de absolu-tie geven
absorb opslurpen, opnemen

23

absorption opslurping
abstain zich onthouden
abstemious matig
abstinence onthouding
abstinent matig
abstract abstract; (*sb*) resumé *o*, uittreksel *o*
abstracted afgetrokken, absent
abstraction abstractie; ontvreemding
abstruse diepzinnig, duister
absurd ongerijmd, dwaas
absurdity ongerijmdheid; dwaasheid
abundance overvloed
abundant overvloedig
abuse misbruik *o*, belediging, misstand; (*ww*) misbruiken, beledigen
abusive verkeerd; scheld-
A.C. = 1 *Ante Christum*, vóór Christus; 2 *Account Current*, rekening-courant
academic(al) academisch
academy academie; school
accede toetreden, aanvaarden
accelerate bespoedigen, versnellen
acceleration bespoediging; versnelling
accelerator gaspedaal *o*
accent klemtoon
accentuate nadruk leggen op
accept aannemen
acceptable aannemelijk
acceptance ontvangst, accept *o*
access toegang; aanval (van ziekte); vlaag
accession toetreding, aanwinst
accessory bijkomend; medeplichtig
accident toeval *o*; ongeval *o*
accidental *adj* toevallig; bijkomstig; bij toeval

acclamation bijval
acclivity helling
accommodate gepast; (*ww*) schikken; onder dak brengen; aanpassen; bijleggen
accommodating inschikkelijk
accommodation aanpassing; plaatsruimte; onderdak *o*; — *train*, (*amer*) boemeltrein
accompaniment begeleiding
accompany begeleiden; vergezellen
accomplice medeplichtige
accomplish volbrengen
accomplished talentvol, volleerd; voldongen [feit]
accomplishment voltooiing; prestatie; talent *o*
accord overeenstemming; *of one's own* —, spontaan; (*ww*) toestaan, verlenen; (overeen-)stemmen
accordance overeenstemming
according to overeenkomstig, volgens; naar gelang, dat...
accordingly dienovereenkomstig, dus
accost aanspreken
account rekening; rekenschap; verslag *o*; *of no* —, onbeduidend; (*ww*) rekenen; — *for*, rekenschap geven van; voor zijn rekening nemen
accountable verantwoordelijk
accountant boekhouder; *chartered* —, accountant
account current rekening-courant
accoutre uitrusten
accredit geloof schenken aan, machtigen
accrue aangroeien
accumulation ophoping
accuracy nauwkeurigheid

accurate nauwkeurig, stipt
accusation beschuldiging
accuse beschuldigen
accused beklaagde
accustom gewennen
accustomed gewoon
ace aas *o*; uitblinker
acerbity wrang-, bitterheid
ache pijn; (*ww*) pijn doen
achieve volbrengen, presteren
achievement verrichting, prestatie; wapenfeit *o*
acid zuur, scherp
acidity zuurheid
acknowledge er-, bekennen; berichten
acknowledg(e)ment erkentenis; erkenning; erkentelijkheid; ontvangstbevestiging
acme toppunt *o*, glanspunt *o*
acorn eikel
acquaint bekend maken met
acquaintance bekendheid, kennis
acquiesce toestemmen
acquire verkrijgen
acquisition aanschaffing, verwerving
acquit vrijspreken; ontslaan: — *oneself*, zich kwijten van
acquittal vrijspraak
acquittance kwijting, kwitantie
acre oppervlaktemaat van ± 0,4047 ha
acrid wrang; bits
acrimonious scherp, bits
across dwars, kruiselings; aan (naar) de overkant; *to run —*, tegen het lijf lopen
act handeling; akte; bedrijf *o*; (*ww*) handelen, opvoeren
action handeling, daad, actie; werking; gevecht *o*
active werkzaam, bedrijvig

activity werkzaamheid
actor toneelspeler
actress toneelspeelster
actual werkelijk, feitelijk
actuality werkelijkheid
actuate in beweging brengen
acumen scherpzinnigheid
acute scherp, scherpzinnig; acuut, hevig
A.D. *Anno Domini* in het jaar des Heren
adage spreekwoord *o*
adapt aanpassen, bewerken
adaptation aanpassing, bewerking
add bijvoegen, optellen
addict gewennen; (*sb*) verslaafde   [telling
addition bij-, toevoeging; optelling
additional extra, bijkomend
addle leeg; bedorven; — *brained* warhoofdig
address adres *o*; toespraak; (*ww*) adresseren, aan-, toespreken; (zich) wenden tot
addressee geadresseerde
adduce aanvoeren [redenen]
adept ervaren; (*sb*) ingewijde
adequate voldoende; doelmatig, geschikt
adhere aanhangen
adherent aanhanger
adhesion aankleving; adhesie
adjacent aangrenzend
adjoin bijvoegen; grenzen aan
adjourn uitstellen, verdagen
adjournment uitstel *o*
adjudge toewijzen
adjunct bijvoegsel *o*, aanhangsel *o*; assistent; (*gram*) bepaling
adjure bezweren
adjust regelen, in orde brengen, instellen

25

adjustment vereffening; aanpassing
adjutant adjudant
administer beheren; toedienen
administration bestuur o, beheer o
administrator beheerder, administrateur
admirable bewonderenswaardig
admiral admiraal
admiralty admiraliteit(sgebouw o)
admiration bewondering
admire bewonderen
admissible aannemelijk; toelaatbaar
admission toelating, entree, toegang; — fee, toegangsprijs
admit toelaten, aannemen; toegeven
admittance toegang, toelating; no —, verboden toegang
admonish vermanen
admonitory vermanend
ado ophef, drukte; moeite; much — about nothing, veel geschreeuw en weinig wol
adolescent opgroeiend; jongeling, jong meisje o, puber
adopt aannemen
adoptive aangenomen
adoration aanbidding
adore aanbidden
adorn versieren, tooien
adrift drijvend, vlot
adroit behendig, handig
adult volwassene
adulteration vervalsing
adultery overspel o, echtbreuk
advance vordering, voortgang; voorschot o; in —, bij voorbaat; (ww) vooruitbrengen, verhaasten; bevorderen; voorschieten; vooruitkomen

advancement bevordering
advantage voordeel o; (ww) bevoordelen, bevorderen
advantageous voordelig
adventure avontuur o; (ww) wagen
adventurer avonturier
adventurous gewaagd
adverb bijwoord o
adversary tegenstander
adverse strijdig met; tegengesteld; vijandig
adversity tegenspoed
advert letten op
advertise aankondigen; adverteren; te koop lopen met
advertisement advertentie
advice raad, advies o
advisable raadzaam
advise raden; berichten
advisedly welberaden
adviser adviseur
advocate verdediger; voorstander; voorspraak; (ww) bepleiten; voorstaan
aerial lucht-; bovengronds; — railway, luchtspoor o; (sb) antenne
aerodrome vliegveld o
aeronautics luchtvaart
aeroplane vliegmachine
aerosol spuitbus
aesthetics schoonheidsleer
afar ver, in de verte
affable vriendelijk, minzaam
affair zaak; gevecht o
affect werken op, aandoen, bewegen, veinzen
affectation gemaaktheid
affected aangedaan, geroerd; gemaakt, geveinsd
affection toegenegenheid
affectionate liefhebbend, toegenegen

affiliation aanneming als kind; aansluiting; filiaal

affinity affiniteit, verwantschap

affirm bevestigen, bekrachtigen

affirmative bevestigend; (*sb*) bevestiging

affix aanhechten; (*sb*) achtervoegsel *o*; aanhangsel *o*

afflict bedroeven, kwellen, teisteren

affliction droefheid, kwelling

affluence overvloed, weelde

affluent rijk, welvarend

affluxion toevloeiing; aandrang

afford verschaffen, veroorloven

affront belediging; (*ww*) beledigen, trotseren

afield op het veld; afgedwaald

afire in brand

aflame in vlam, vlammend, in lichterlaaie

afloat vlot, drijvend; op dreef, er weer boven op

afoot te voet

aforehand (*amer*) vroeger

aforesaid voornoemd

afraid bevreesd, bang

afresh opnieuw, wederom

African Afrikaan(s)

after daarna, later, nadat

after all per slot van rekening, toch (nog)

after-care nazorg

aftermath gevolgen *mv*, nasleep

afternoon namiddag

afterward(s) naderhand

again weer, opnieuw; telkens weer, herhaaldelijk

against tegen, aan

age eeuw, leeftijd; *full —*, meerderjarigheid; *to (be) come of —*, meerderjarig worden; *under —*, minderjarig

aged oud, bejaard

agency agentschap *o*; bureau *o*; bemiddeling

agenda agenda (v. vergadering)

agent agent; middel *o*

agglomeration opeenhoping

agglutinate samenkleven

aggravate verzwaren, verergeren

aggressive handtastelijk, agressief

aggrieve grieven, krenken

aghast ontzet, verbijsterd

agile gauw, handig, vlug

agility vlugheid, rapheid

agio opgeld *o*, agio *o*

agitation beroering, onrust

agitator opruier

ago geleden

agonize met de dood worstelen, zieltogen; martelen

agony angst, doodsstrijd

agree overeenkomen; toestemmen; het eens worden; *—d !*, akkoord!

agreeable aangenaam; overeenkomstig

agreement overeenkomst, verdrag *o*; vergelijk *o*

agriculture landbouw

aground aan de grond, gestrand

ahead vooruit, voorwaarts

aid hulp; *first —* (*to the injured*), eerste hulp (bij ongelukken); (*ww*) helpen, bijstaan

ail schelen, schorten

ailing ziekelijk

aim oogmerk *o* doel *o*; (*ww*) mikken; *— at*, streven naar

air lucht; melodie; *by —*, per vliegtuig; (*ww*) luchten

air-base luchtbasis

air-borne luchtlandings-

air-conditioned met lucht die

27

constant op eenzelfde vochtig-
heidsgraad en temperatuur
wordt gehouden
air-cooled luchtgekoeld
aircraft vliegtuig(en) *o (mv)*
aircraft carrier vliegtuigmoe-
derschip *o*
airfoil draagvlak *o*
air force luchtmacht
air hostess luchtstewardess
airily luchtig
airing 't ventileren; *take an —,*
een luchtje scheppen
airline lucht(vaart)lijn
airliner verkeersvliegtuig *o*
airmail luchtpost
airplane vliegtuig *o*
airport patrijspoort; luchthaven
air pump luchtpomp
air-raid luchtaanval
air-sick(ness) luchtziek(te)
airstrip landingsstrook
airtight luchtdicht
airway luchtroute, luchtvaart-
lijn
airy luchtig; *— castle,* luchtkasteel *o*
aisle zijbeuk (v. kerk), pad *o*
[tussen banken]
Aix-la-Chapelle Aken *o*
ajar op een kier, half open
akimbo in de zij(den)
akin verwant
akward onhandig; lastig
alacrity levendigheid, opgewektheid; bereidvaardigheid
alarm alarm *o*, schrik; wekker;
(ww) alarmeren, verontrusten
alarm-clock wekker
alarming verontrustend
alas helaas!
Albion Engeland *o*
album album *o*

albumen eiwit *o*
alcoholic alcoholisch
alcove alkoof; zomerhuisje *o*
alder elzeboom
alderman wethouder, schepen
ale bier *o*
alert waakzaam, vlug; *sb* alarm
o; *be on the —,* op zijn hoede
zijn
alibi alibi *o*
alien vreemd, buitenlands
alienate vervreemden
alight aangestoken, brandend;
(ww) uitstappen, landen
alike gelijk, eender, evenzeer
aliment voedsel *o*; onderhoud *o*
alimentary voedend; *— canal*
spijsverteringskanaal *o*
alimentation onderhoud *o*, voeding
alimony alimentatie
alive levend, levendig; krioe-
lend (van)
all al(le), geheel, gans; *— but,*
nagenoeg, bijna; *— of us,* wij
allen; *— the better,* des te
beter; *— over,* geheel en al; *at
—,* over het geheel genomen;
not at —, in het geheel niet;
after —, per slot van rekening
allay lenigen, matigen
all-clear veilig signaal *o* na
luchtalarm
allege aanhalen, beweren
allegiance trouw
allegory zinnebeeldige voorstelling, allegorie
allergic allergisch (*to* voor)
alleviate verzachten
alley steeg; laan; doorgang
All Fools' Day de eerste april
alliance verbond *o*
alligation verbinding
all-in alles inbegrepen

allocation toewijzing
allotment aandeel *o*; toewijzing; perceel, volkstuintje *o*
allow toestaan, veroorloven; erkennen
allowance toelage, vergoeding; *make — for*, in aanmerking nemen
alloy gehalte *o*
all-right alles in orde! begrepen!
all-round veelzijdig, volleerd, van alle markten thuis
All-Saints' Day Allerheiligen
All-Souls' Day Allerzielen
allude zinspelen, doelen op
allure (ver)lokken, verleiden
allurement verlokking
allusion zinspeling
alluvium aanslibbing, aangeslibd land *o*, alluvium *o*
ally bondgenoot; (*ww*) (zich) verbinden; *the allied powers*, de geallieerden
almanac almanak
almighty almachtig; *the Almighty*, de Almachtige
almond amandel
almost bijna
alms aalmoes
aloft omhoog, boven
alone alleen; eenzaam
along langs, voort, door; — *with*, samen met; *take —*, meenemen
alongside langszij; naast
aloof op een afstand, van verre; afzijdig; gereserveerd
aloud overluid, hardop
Alp *the Alps*, de Alpen *mv*
alphabetical alfabetisch
already al, reeds
also ook, eveneens, bovendien
altar altaar *o*
alter veranderen, wijzigen

alterable veranderlijk
alteration verandering
altercation twist
alternate afwisselend; (*ww*) (elkaar) afwisselen; *on — days*, om de andere dag
alternating current wisselstroom
alternative alternatief *o*, keus (uit twee)
although (al)hoewel, ofschoon
altitude hoogte
altogether over het geheel; helemaal, volkomen
alum aluin
always altijd
am *I am*, ik ben
A.M. = *Artium Magister* (*Master of Arts*) = ± doctor in de letteren
a.m. = *ante meridiem*, vóór de middag, 's ochtends
amalgamate mengen
amass ophopen, verzamelen
amateur kunstvriend, dilettant, amateur
amaze verbazen
amazement verbazing
ambassador ambassadeur, afgezant
amber amber, barnsteen *o*
ambiguity dubbelzinnigheid
ambition eerzucht
ambitious eerzuchtig; (*amer*) woedend
ambulance ambulance, ziekenwagen, ziekenauto
ambulatory wandelend; rondgaand, reizend
ambuscade, ambush hinderlaag
ameliorate verbeteren
amendment verbetering; amendement *o*
amends vergoeding; *make —*, goedmaken

29

amenity minzaamheid, aange-
naamheid
amercement (geld)boete
amiable beminnelijk
amicable vriendschappelijk
amid(st) te midden van
amiss verkeerd, mis
amity vriendschap
ammunition munitie
amnesty amnestie
among(st) onder, tussen
amorous verliefd
amount som; bedrag o, hoeveelheid; (ww) bedragen
amphetamines pl wekaminen
mv, pepmiddelen mv
amphibian tweeslachtig; (sb)
amfibievliegtuig o
ample wijd, ruim, breed(voerig)
amplification uitbreiding; (rad)
versterking
amplifier geluidsversterker
amplitude omvang, uitgestrektheid
amuck run —, amok maken
amuse vermaken   [drijf o
amusement vermaak o, tijdver-
amusement park lunapark o
amyl stijfsel m & o
an een (vóór klinker)
anabaptist wederdoper
anaemia bloedarmoede
analogous overeenkomstig
analogy overeenkomst
analysis ontleding
anathema ban, vloek
anatomy ontleedkunde, anatomie
ancestor voorvader
ancestry voorvaderen mv
anchor anker o
anchorage ankerplaats, anker-
anchovy ansjovis   [geld o
ancient oud

anciently van ouds; eertijds
ancillary ondergeschikt, hulp-
and en
and so on en zo voorts, enz.
anew opnieuw
angel engel
anger boosheid, gramschap;
toorn
angle hoek; hengel; fig gezichtspunt o
Anglican Anglikaans
angry boos
anguish angst
animal dier o; (adj) dierlijk
animate bezielen
animated bezield, levendig, opgewekt
animation bezieling
animator vervaardiger van
tekenfilms
animosity verbittering, wrok
anise anijs
ankle enkel
annals pl jaarboeken, geschied-
boeken mv
annex aanhechten, bijvoegen;
(sb) bijlage; dependance
annexation bijvoeging, aan-
hechting; annexatie
annihilate vernietigen
anniversary verjaardag, jaar-
feest o
annotation aantekening
announce aankondigen
announcer (rad) omroeper
annoy ergeren, hinderen; to be
annoyed, zich ergeren, boos zijn
annoyance ergernis; last
annoying lastig, hinderlijk, vervelend
annual jaarlijks; éénjarig
annuity jaargeld o, lijfrente;
annuïteit
annul vernietigen

annunciation verkondiging;
Annunciation (day), Maria
Boodschap
anomalous afwijkend
anomaly afwijking, onregelmatigheid
anon. = *anonymous*, anoniem
another een ander; nog een
answer antwoord *o*; (*ww*) antwoorden; zich verantwoorden
wegens; — *the bell*, opendoen
answerable verantwoordelijk
ant mier
antagonist tegenstander
antarctic zuidelijk, zuidpool-
antecedent voorafgaand
antedate vroeger dagtekenen,
vooruitlopen op
antediluvian van voor de zondvloed, zeer oud
antelope antilope
antenna antenne, voelhoorn
anterior voorafgaand, vroeger
anthem koorzang, lofzang;
national —, volkslied *o*
anthology bloemlezing
anthracite anthraciet
antibody antistof
anticipate voorkomen; vooruitlopen op
anticipation *by* (*in*) —, bij voorbaat
anticorrosive *adj* (*sb*) roestwerend (middel) (*o*)
antidote tegengif *o*
antifreeze, anti-freezing agent
anti-vriesmiddel *o*
antipathy antipathie
antipode tegenvoeter
antiquarian oudheidkundige,
antiquaar, antiquair; (*adj*) oud-
heidkundig
antiquary oudheidkundige, antiquaar, antiquair

antique antiquiteit; (*adj*) ouderwets
antiquity Oudheid; ouderdom
antithesis antithese, tegenstelling
Antwerp Antwerpen *o*
anus anus
anvil aambeeld *o*; *be on* (*upon*)
the —, op stapel staan, in voorbereiding zijn
anxiety benauwdheid, zorg;
begeerte
anxious bezorgd; verlangend
any enig; een, iemand; nog;
—*one*, —*body*, iemand, een
ieder
anyhow hoe 't ook zij
anything iets; alles; — *but*, alles
behalve
anyway hoe dan ook
anywhere ergens; overal
A.P. = *Associated Press*
apace snel, vlug
apart afzonderlijk; — *from*, af-
gezien van; *jesting* —, zonder
gekheid
apartment vertrek *o*; — *building*, — *house*, flatgebouw *o*,
huurkazerne
apathetic ongevoelig, lusteloos
apathy ongevoeligheid, luste-
loosheid [aper
ape naäpen; (*sb*) mensaap; na-
apeak loodrecht
aperture opening
apex punt, top
apiece het stuk, per stuk
apodictic stellig
apologize zich verontschuldigen
apology verontschuldiging;
verdediging
apoplexy beroerte
apostasy afvalligheid
apostate afvallige

apostle apostel
apostrophe toespraak; afkappingsteken *o*
appal verschrikken, ontstellen
apparatus toestel *o*, apparaat *o*; gereedschappen; organen *mv*
apparent blijkbaar
apparition (geest)verschijning
appeal beroep *o*, appel *o*; — *for mercy*, verzoek *o* om gratie; (*ww*) een beroep doen op; appelleren
appear verschijnen; schijnen
appearance verschijning, schijn; *to keep up* —*s*, de schijn ophouden
appease kalmeren, sussen, lessen, stillen
appendectomy blindedarmoperatie
appendix aanhangsel *o*; (*vermiform*) —, blindedarm
appertain toebehoren
appetite eetlust, trek; begeerte
applaud toejuichen, applaudisseren
applause toejuiching, applaus *o*
apple appel
apple-cart *upset one's* —, een streep door de rekening halen
apple-dumpling appelbol
applepie appeltaart; *in* — *order*, in de puntjes
apple-sauce appelmoes *o* & v
appliance toepassing; toestel *o*
applicable toepasselijk
applicant sollicitant
application gebruik, toepassing; vlijt, ijver; sollicitatie; *form of* —, aanvraagformulier *o*
apply gebruiken, toepassen; aanbrengen; — *to*, zich wenden tot

appoint bepalen; benoemen, aanstellen
appointment bepaling, afspraak; beschikking; benoeming; *by appointment*, volgens afspraak; *by* — *to his* (*her*) *Majesty*, hofleverancier
apposition bijvoeging; (*gram*) bijstelling
appraisal schatting, waardering
appraise schatten
appreciate waarderen; in prijs doen stijgen
apprehend aanhouden, gevangen nemen; bevatten, begrijpen; vrezen
apprehension gevangenneming; begrip *o*; vrees
apprentice leerjongen
apprenticeship leertijd
apprise onderrichten, kennis geven van
approach (be)nadering, toegang; aanpak; (*ww*) naderen, gelijken
approbation goedkeuring; *on* —, op zicht
appropriate geschikt, bestemd; (*ww*) toeëigenen; bestemmen
approval goedkeuring, instemming; *on* —, op zicht
approve goedkeuren
approximate naderen, naderbij brengen; benaderen
appurtenance bijvoegsel *o*
apricot abrikoos
April april
apron schort *o*, voorschoot *o*
apt bekwaam, geschikt
aptitude geschiktheid, bekwaamheid
aquatic water-
aqueduct waterleiding
Arab Arabier; Arabisch

arbiter scheidsrechter
arbitrary willekeurig
arbitration arbitrage
arbour prieel *o*
arc boog (v. cirkel)
arcade winkelgalerij, boog-gang
arch boog; (*ww*) welven
archaic verouderd
archbishop aartsbisschop
archipelago archipel
architect architect
architecture bouwkunde
archives *pl* archief *o*
arch support steunzool
archway boog, gewelfde gang
arctic noordelijk; noordpool-
ardent vurig, hartstochtelijk
ardour hitte, ijver, vuur *o*, gloed
arduous steil; moeilijk
are we, you —, wij zijn, jij, jul-lie, u bent
area oppervlakte; open plek, gebied *o*, terrein *o*
argentine zilverkleurig
Argentine the —, Argentinië *o*
argue betwisten, redeneren
argument bewijsgrond, argu-ment *o*; discussie
arid dor; bar
aridity dorheid, droogte
aright juist, goed
arise (arose; arisen) ontstaan, opstaan
aristocracy aristocratie
arithmetic rekenkunde
ark ark; (*fig*) toevluchtsoord *o*
arm arm; tak; wapen *o*; —*s*, wapenschild *o*; (*ww*) wapenen
armament bewapening
armature wapenrusting; bewa-pening; anker *o* [v. magneet]
armchair leun(ing)stoel

armistice wapenstilstand
armour wapenrusting; (*ww*) pantseren
armpit oksel
army leger *o*
aroma geur
arose zie *arise*
around rondom
arouse opwekken
arrange (rang)schikken; af-spreken, tot een vergelijk ko-men
arrangement schikking, rege-ling; akkoord *o*
arrant doortrapt, verstokt
array slagorde; rangschikking; (*ww*) schikken; tooien
arrest arrest *o*; arrestatie; (*ww*) tegenhouden; arresteren
arrival aankomst
arrive aankomen; gebeuren; ,,er komen"
arrogant aanmatigend
arrow pijl
arsenic rattekruit *o*
arson brandstichting
art kunst, list
arterial road hoofdverkeers-weg
arteriosclerosis aderverkalking
artery slagader
artful kunstmatig; listig, han-dig
article lidwoord *o*; artikel *o*; —*s of association*, statuten (v. e. vennootschap) *mv*
articulate duidelijk uitspreken, verbinden; (*adj*) geleed; gear-ticuleerd
artifice kunstgreep, list
artificial kunstmatig, kunst-; — *teeth*, valse tanden; (*sb*) —*s*, (*amer*) kunstmest
artillery artillerie

33

artisan handwerksman
artist kunstenaar, kunstenares
artistic artistiek
artless ruw; ongekunsteld, naïef
as aangezien, daar; zo als, gelijk; — for, — to, wat betreft; — soon —, zodra als; — though, — if, alsof; — yet, nog
ascend opstijgen, (op)klimmen; beklimmen
ascendancy overwicht o, invloed, prestige o
ascendant opgaand; (sb) ascendant
ascension bestijging; hemelvaart
Ascension-day Hemelvaartsdag
ascertain nagaan, vaststellen
ascribe toeschrijven
aseptic steriel
ash es(boom); as
ashamed beschaamd
ashes pl as
ashore aan land, aan wal; gestrand
ashtray asbakje o
Asia Azië o
asiatic Aziatisch
aside ter zijde, op zijde
ask vragen, verzoeken
askew scheef, schuin
asleep in slaap
aslope schuins, hellend
asparagus asperge
aspect voorkomen o; aanblik; gezichtspunt o
asperse besprenkelen; belasteren
asphyxiate doen stikken, verstikken
aspiration streven o, aspiratie
aspire streven, trachten
ass ezel

assail aanranden, aanvallen
assailant aanrander
assassin (sluip)moordenaar
assassinate vermoorden
assault aanvallen, -randen; (sb) aanval, storm; by —, stormenderhand
assay proef, toets; (ww) toetsen, keuren
assemble samenkomen; monteren
assembly vergadering; —-line, lopende band
assent toestemming; (ww) toestemmen, instemmen
assert handhaven; beweren
assertion bewering; verklaring
assertive aanmatigend
assess schatten; belasten
assessment schatting, aanslag
assets pl actief o, activa mv; bezit o
assiduity ijver, naarstigheid
assiduous naarstig
assign aanwijzen, bestemmen
assignation aan-, toewijzing
assimilate gelijk maken; opnemen, assimileren
assist helpen; bijwonen
assistance bijstand, hulp
assistant helper, assistent
assize rechtszitting
associate metgezel, compagnon; (ww) verenigen; in verband brengen met
association vereniging
assort uitzoeken, sorteren; bij elkaar passen
assortment sortering
assuage verzachten, lenigen
assuasive verzachtend
assume aannemen, aanvaarden; zich aanmatigen
assumption aanneming, onder-

stelling; *A*—, Maria-ten-Hemelopneming
assurance verzekering; zelfvertrouwen; assurantie
assure verzekeren
assured zeker, stellig
aster aster
asterisk sterretje (*) *o*
astern achteruit
astir in beweging, in de weer
astonish verbazen, verwonderen
astonishment verbazing
astounding(ly) *adj* (*adv*) verbazingwekkend
astray verdwaald; *go* —, de
verkeerde weg opgaan
astride schrijlings, wijdbeens
astringent *adj* (*ᵛb*) samentrekkend (middel *o*)
astronomy sterrenkunde
astute scherpzinnig, sluw
asunder afzonderlijk; midden-
door
asylum schuilplaats; asiel *o*,
toevluchtsoord *o*; gesticht *o*
at tot, te, in, van, bij, aan,
naar, om, over; — *first*, eerst;
— *the very first*, in het begin;
— *present*, nu; — *most*, op zijn
meest; — *length*, eindelijk
ate zie *eat*
athlete atleet
athletic atletisch; —*s*, atletiek
at-home ontvangdag
athwart overdwars
atilt voor- of achterover leu-
nend; schuin
atlas atlas
atmosphere atmosfeer
atom atoom *o*
atomic bomb atoombom
atomic energy atoomenergie
atomizer verstuiver

atone boeten
atonement boete; verzoening
atop boven op
atrabilious zwartgallig
atrocious afgrijselijk
atrocity afgrijselijkheid
atrophy uittering
attach vastmaken, hechten
attachment verbinding; ver-
knochtheid; beslaglegging
attack aanval
attain bereiken, verkrijgen
attempt poging; (*ww*) trachten
attend vergezellen; verplegen;
bijwonen
attendance aanwezigheid; bediening; geleide *o*, gevolg *o*;
hours of —, kantooruren *mv*,
diensttijd
attendant oppasser; ouvreuse;
(*adj*) dienstdoend; begeleidend
attention oplettendheid, aandacht
attentive(ly) aandachtig
attenuate verdunnen, dun
worden; verzwakken; (*adj*) dun
attest betuigen, getuigen
attestation attest *o*; getuigschrift *o*
attic vliering, zolderkamer
attire uitdossen, optooien
attitude houding; — *of mind*,
denkwijze
attorney procureur; -*general*,
procureur-generaal
attract aantrekken
attraction aantrekkelijkheid;
aantrekkingskracht
attractive power aantrekkingskracht
attribute toeschrijven
attrition wrijving; slijtage;
wroeging
auburn goud-, kastanjebruin

35

auction veiling
audacious stout, vermetel
audacity vermetelheid
audible hoorbaar
audience gehoor *o*, publiek *o*; audiëntie
auditor toehoorder; accountant
auditory gehoorzaal; toehoorders *mv*
augment vermeerderen
augmentation vermeerdering
August augustus
august verheven, hoog
auld lang syne de oude tijd
aunt tante
auspice voorteken *o*; voorspelling
auspicious gunstig
austere streng, sober
Australia Australië *o*
Austria Oostenrijk
authentic(al) echt, authentiek
author schrijver, auteur, schepper; bewerker
authority gezag *o*, macht; *from (on) good* —, uit goede bron
authorization machtiging
autocar auto(mobiel)
autumn herfst
auxiliary hulp-; — *exit*, nooduitgang; (*sb*) helper; hulptroep
avail baat, nut *o*; (*ww*) baten; — *oneself of*, benutten
available aanwezig, beschikbaar, voorradig; geldig
avalanche lawine
avarice gierigheid
avaricious gierig
advp., avoir. = *avoirdupois*, Engels handelsgewicht; (pond

= **454 gr.**)
avenge wreken
avenue laan, toegang; (*amer*) brede boulevard of straat
aver betuigen, verzekeren
average gemiddeld; (*sb*) gemiddelde *o*; (*ww*) schatten
aversion afkeer
avert afwenden; afkerig zijn
aviation luchtvaart, vliegsport
avidity begerigheid
avoid vermijden
avoirdupois zie *avdp.*
avouch (for) instaan (voor), waarborgen
avow bekennen
avowal bekentenis
await verwachten, wachten
awake (awoke or **awaked; awoke)** wekken; wakker worden; (*adv*) wakker, ontwaakt
awaken wekken
award uitspraak, beloning, boete; (*ww*) toekennen
aware bewust (van), gewaar
away weg, voort
away game uitwedstrijd
awe ontzag *o*; (*ww*) ontzag inboezemen
awful(ly) *adj* (*adv*) ontzagwekkend; vreselijk; reuze-
awhile voor enige tijd
awkward onhandig, lomp
awl els (priem)
awning dekzeil *o*; zonnetent, markies
awoke zie *awake*
awry scheef, krom, verkeerd
axe bijl
axis, axle as (spil)

B

B. A. = *bachelor of arts*, kandidaat in de letteren
babble gesnap *o*, gebabbel *o*
baboon baviaan
baby klein kind *o*, baby
bachelor vrijgezel; (*univ*) kandidaat
bacillus bacil
back rug; achterkant; *at the* —, aan de achterkant; (*sp*) achterspeler; (*adv*) terug; *far* —, heel lang geleden; (*adj*) achter, verwijderd; (*ww*) doen teruggaan; achteruitrijden; wedden op
backbite (backbit; backbitten) (be)lasteren
backbone ruggegraat; *to the* —, in merg en been
backdoor achterdeur
backfire terugslag
backfront achtergevel
background achtergrond
backroom achterkamer
backseat achterbankje *o*
backside achterste *o*
back-talk brutaal antwoord *o*
backward achterlijk, traag; achterover; achterwaarts
backwater dood water *o*; stille
backyard achtererf *o*   [wijk
bacon bacon, rookspel *o*
bad kwaad, slecht, ziek
bade zie *bid*
badge kenteken *o*; insigne *o*, onderscheidingsteken *o*
badger das (dier); (*ww*) lastig vallen
badly kwalijk, slecht, erg
baffle verbijsteren; verijdelen
bag zak; geschoten wild *o*
baggage bagage; brutaal nest *o*

bagpipe doedelzak
bail borg(tocht); (*ww*) borg staan voor
bailiff rentmeester; gerechtsdienaar, deurwaarder, baljuw
bait lokaas *o*; ophitsen, sarren
baize baai *m* & *o* (stof)
bake bakken, braden
baker bakker
bakery bakkerij
baking bakken; baksel *o*
balance balans; evenwicht *o*; batig saldo *o*; (*ww*) in evenwicht houden; opwegen tegen; afsluiten; vereffenen; — *of payments*, betalingsbalans; — *of trade*, handelsbalans
balance-sheet balans; *draw up the* —, balans opmaken
balcony balkon *o*
bald kaal
bale baal
baleful verderfelijk, slecht
balk balk; rug tussen twee voren; (*ww*) verijdelen; weigeren
ball bal *m* & *o*; kogel; kluwen
ballad ballade, liedje *o*
ball-bearing kogellager *o*
ballet ballet *o*
balloon (lucht)ballon
ballot stembriefje *o*; ballotage; loting; (*ww*) stemmen; balloteren; loten
ball-room danszaal
balm balsem
Baltic Sea Oostzee
bamboo bamboe *o*
ban ban; verbod; (*ww*) verbieden
banal banaal
banana banaan

37

band bende; muziekkorps *o*;
dansorkest *o*; band, lint *o*
bandage verband *o*; blinddoek;
(*ww*) verbinden
bandit bandiet
bandmaster kapelmeester
bandy heen en weer werpen,
(woorden) wisselen; (*sb*) ijs-
hockey (stick)
bane verderf *o*; vergif *o*
bang slag, bons; knal; pony-
haar *o*; (*ww*) slaan, bonzen,
dreunen
bangle armband; voetring
banish verbannen, bannen
banister stijl; —*s*, trapleuning
bank bank, oever; berm
banker bankier
bank-holiday algemene vrije
dag
banknote banknoot
bankrupt bankroet, failliet
bankruptcy bankroet *o*
banner banier, vaan
banns huwelijksafkondiging
banquet banket (feestmaal) *o*
bantam kemphaan; bokser v.
licht gewicht
banter gekscheren
baptism doop
baptize dopen
bar sluitboom; staaf, stang,
tralie; balie; rechtbank, buffet
o, gelagkamer, bar; reep (chocolade); hindernis
barb weerhaak
barbaric, barbarous barbaars
barbecue openluchtmaaltijd
van geroosterd vlees
barber barbier
bare naakt, kaal, bloot
barefaced onbeschaamd
barefoot(ed) barrevoets
barehanded met de blote handen

bareheaded blootshoofds
barely ternauwernood, nauwelijks
bargain koopje *o*; *it's a—!*, afgesproken; (*ww*) afdingen
barge (woon)schuit; aak, sloep
bark bast, schors; (*ww*) blaffen; schillen
bar-keeper buffethouder
barley gerst
barmaid buffetjuffrouw
barn schuur
baron baron
baronet niet-adellijke, die het
erfelijke predikaat *Sir* vóór zijn
doopnaam voert
barracks *pl* kazerne
barrage stuwdam; (*mil*) versperring
barrel vat *o*; geweerloop
barrel-organ draaiorgel *o*
barren dor, kaal; onvruchtbaar
barricade barricade; (*ww*) versperren
barrier slagboom; hinderpaal
barrister advocaat
barter ruilhandel; (*ww*) (ver-)
ruilen, kwanselen, sjacheren
basal fundamenteel
base slecht, laag; (*sb*) basis
baseball (*sp*) honkbal *o*
base-burner vulkachel
base-line basis; achterlijn;
(*mil*) operatielijn
basely op een lage wijze
basement grondslag; souterrain *o*
baseness laagheid; onechtheid
bashful bleu, bedeesd; verlegen
basic fundamenteel elementair,
grond-
basin bekken *o*, bassin *o*, kom
basis (*pl* bases) basis, grondslag
basket korf, mand

38

basket-ball (soort) korfbal *o*
basket-chair rieten stoel
Basle Bazel *o*
bass bas; baars
bastard bastaard
bat vleermuis; kolf, slaghout *o*;
(*sp*) batter; (*amer*) fuiſje *o*
batch baksel *o*; troep, partij
bate aftrekken, verminderen
bath bad *o*
bath-chair rolstoel
bathe baden; betten
bathing-suit badpak *o*
bathing-pool zwembassin *o*
bath-room badkamer
battalion bataljon *o*
batter beslag *o* (van gebak);
(*sp*) batter; (*ww*) beuken, havenen; bonzen op
battery batterij, ook: accu
battle veldslag, strijd
battle-dress veldtenue *o* & *v*
battle-field slagveld *o*
battleship slagschip *o*
Bavaria Beieren *o*
bawdy liederlijk, ontuchtig
bawl schreeuwen, tieren
bay baai, golf; uitbouw; vos
(paard); laurier; (*adj*) bruin-
rood; (*ww*) aanblaffen
bayonet bajonet; — *catch*, bajonetsluiting
bazaar bazar
B. C. = *before Christ*, vóór
Chr.
be (*was*; *been*) zijn, wezen;
worden; duren; *to* — *sold* (*let*)
te koop (huur)
beach strand *o*, oever
beachhead (*mil*) landingshoofd
beacon baken *o*   [*o*
bead kraal; vizierkorrel
beadle pedel
beads *pl* rozenkrans

beak snavel, bek
beam balk; straal; — *of light*,
lichtbundel; (*ww*) stralen
bean boon
bear beer; (*ww*) (**bore; borne**)
dragen, verdragen; voortbrengen; — *away*, behalen; —
back, terugdrijven; terugwijken; — *off*, wegvoeren, afwenden; — *out* bevestigen; — *with*,
dulden; — *witness*, getuigen
beard baard; weerhaak
bearer drager; houder
bearing houding; gedrag *o*
bearskin berevel *o*; beremuts
beast beest *o*
beastly beestachtig
beat (**beat; beaten**) kloppen,
slaan, verslaan; (*sb*) slag, klap,
tik; ronde, wijk
beau (*pl* beaux) dandy, vrijer
beautiful schoon, fraai
beauty schoonheid
beauty-parlour schoonheids-
instituut *o*
beaver bever; vilt *o*
became zie *become*
because omdat
because of wegens
beckon wenken
become (**became; become**)
worden; goed staan; betamen,
passen
becoming passend, betamelijk;
netjes, flatteus
bed bed *o*; bedding
bed-clothes *pl* beddegoed *o*
bedlam gekkenhuis *o*
bed-pan (onder)steek
bed-rid(den) bedlegerig
bedroom slaapkamer; *single*,
double —, één-, tweepersoons-
slaapkamer   [mer
bed-sitting-room zit-slaapka-

39

bee bij
beech beuk(eboom)
beef rundvlees *o*
beef-cube bouillonblokje *o*
beefsteak runderlap
beef-tea bouillon
beehive bijenkorf; — *chair*, strandstoel
been zie *be*
beer bier *o*
beet(root) beetwortel, biet
beetle kever, tor; stamper, heiblok *o*
befall (befell; befallen) wedervaren, treffen; overkomen; gebeuren
befit betamen
before voor; in het bijzijn van; eerder
beforehand vooruit, vooraf
beg bedelen; verzoeken, vragen
began zie *begin*
beggar bedelaar
begin (began; begun) beginnen
beginner beginneling
beginning begin *o*, aanvang
begone ga weg!
beguile bedotten; verlokken
begun zie *begin*
behalf *on* — *of*, ten bate (behoeve) van
behave oneself zich gedragen
behaviour gedrag *o*
beheld zie *behold*
behind achter
behindhand niet bij; achterstallig; achterlijk
behold (beheld; beheld) aanschouwen, waarnemen
being bestaan *o*, wezen *o*; (*ww*) zijnde
belated verlaat
belch oprisping; (*ww*) oprispen
belfry klokketoren

Belgian Belgisch; (*sb*) Belg
Belgium België *o*
belie logenstraffen; belasteren
belief geloof *o*
believe geloven; *make* —, net doen alsof
belittle verkleinen, kleineren
bell bel, klok, schel; (*nav*) *six bells*, *mv* zes glazen (halve uren)
bell-boy, bell-hop (*amer*) piccolo
bellicose oorlogszuchtig
belligerent oorlogvoerend
bellow loeien, bulderen
bellows *pl* blaasbalg
belly buik
belly-ache buikpijn
belong behoren; ergens thuishoren
belongings *pl* bezittingen *mv*
beloved bemind; (*sb*) beminde
below beneden, omlaag
belt gordel; (*mil*) koppel; zone; (*ww*) omgorden
bemoan bejammeren
bench bank; rechtbank; *be on the* —, rechter zijn
bend bocht, kromming; (*ww*) (bent; bent) buigen, krommen
beneath beneden
benediction zegening; (*RC*) lof *o*
benefaction weldaad
benefactor weldoener
beneficent weldadig
benefit voordeel *o*; weldaad; (*ww*) voordeel hebben (van)
benevolence welwillendheid
benign, benignant goedaardig
bent neiging; zie ook *bend*
bent-grass helm, helmgras *o*
benumb verkleumen
bequeath nalaten, vermaken
bequest legaat *o*

bereave (bereft; bereft) beroven
bereavement zwaar verlies *o*
bereft zie *bereave*
beret baret, alpino
Berlin Berlijn *o*
berry bes
berth (*nav*) hut, kooi, couchette; ligplaats *o*
beseech (besought; besought) smeken
beside naast, bij
besides bovendien; behalve
besiege belegeren
besmear besmeuren
besom bezem
besought zie *beseech*
bespeak (bespoke; bespoken) bespreken, getuigen van
bespoke department maatafdeling
best best; *to make the — of it*, zich zo goed mogelijk trachten te redden; *to the — of my belief*, naar mijn beste weten; (*ww*) overtreffen
bestial beestachtig
best man bruidsjonker; getuige (bij huwelijk)
bestow geven, schenken
bestowal gift
bet weddenschap; (*ww*) wedden
betake (betook; betaken) — *oneself to*, zijn toevlucht nemen tot
betimes bijtijds, tijdig
betray verraden; verleiden; — *one's duty*, zijn plicht verzaken
betrayal verraad *o*
betrothal verloving
better beter; (*ww*) verbeteren
better, bettor wedder
between, betwixt tussen
beverage drank

bewail betreuren
beware (of) oppassen, zich hoeden (voor)
beware of pas op voor
bewilder verbijsteren
bewitch betoveren
beyond boven, buiten; (*sb*) hiernamaals *o*
bias geer; neiging; vooroordeel *o*, partijdigheid
bib slabbetje *o*
bible bijbel
biblical bijbels
bicker kibbelen
bicycle rijwiel *o*, fiets; *moped* —, bromfiets
bicycle rack fietsenrek *o*
bicycleshed, -shelter rijwielbewaarplaats
bid (bade; bidden) bevelen; verzoeken, nodigen; — *good morning,* — *farewell,* goedemorgen wensen, afscheid nemen; **bid (bid; bid)** bieden; (*sb*) bod *o*
bidder *the highest* —, de meestbiedende
bide verbeiden, wachten
bier (lijk)baar
bifocal dubbelfocus
bifurcation vork; tweesprong; (*rad*) aftakking
big dik, groot, zwaar
bight bocht; kreek
bigness dikte, grootte
bigot dweper, kwezelaar
bigwig hoge piet
bike fiets, karretje *o*
bilateral tweezijdig
bilberry (blauwe) bosbes
bile gal
bilious galachtig
Bill Willem, Wim
bill snavel; rekening; aanplak-

biljet o; biljet o; wetsontwerp o; — of exchange, wissel; — of fare, spijskaart; — of lading, cognossement o, zeevracht- brief
bill-board aanplakbord o
billet briefje o, inkwartierings- bevel o; (sb) inkwartieren
billiards biljart(spel) o
billiard-table biljart o
billion biljoen o; (amer) miljard o
bin kist, trog, bak
bind (bound; bound) binden, in- binden; bekrachtigen
binding (ver)bindend; verplich- tend; (sb) (boek)band; om- boordsel o
binoculars pl toneelkijker
biography levensbeschrijving
birch berk, strafroede
bird vogel; patrijs
bird's-eye view gezicht o in vo- gelvlucht
birth geboorte; afkomst
birth-certificate geboorteakte
birth-control geboortebeper- king
birthday verjaardag
birth-mark moedervlek
birth-place geboorteplaats
biscuit biskwie; koekje o
bishop bisschop; loper (in het schaakspel)
bishopric bisdom o
bit beetje, stuk o; to do their —, hun steentje bijdragen; baard (v. sleutel); (ge)bit o; (ww) zie bite
bitch teef
bite beet, hap; (ww) (bit; bitten) bijten, toehappen; invreten
bitter bitter, scherp; (bitter) bier o
bitumen asfalt o

blab (ver)klappen
black zwart, donker
blackberry braam
blackbird merel
blackboard schoolbord o
blacken zwart maken
blackguard deugniet; schurk
black-head meeëter
blacking zwarte schoensmeer o & m
blackleg onderkruiper
blackmail chantage
black-out (mil) verduistering
black pudding bloedworst
blacksmith smid
black trade zwarte handel
bladder blaas, blaar
blade spriet, halm; lemmet o; schouderblad o; scheermesje o
blamable berispelijk; laakbaar
blame afkeuren, laken; (sb) blaam; berisping
blameless onberispelijk
bland zacht, minzaam
blank wit, bleek; open; be- teuterd, wezenloos; in —, blanco; (sb) leemte, opening, doelwit o
blanket (wollen) deken
blare loeien, schetteren
blasphemy godslastering
blast luchtstroom; rukwind; ontploffing; geschal o
blast-furnace hoogoven
blatant schreeuwerig; opval- lend
blaze vlam; in a —, in lichter- laaie; (ww) (op)vlammen, schitteren
bleach bleken
bleak kil, koud, guur; onbe- schut, kaal; somber
bleat blaten
bleed (bled; bled) bloeden;

aderlaten
blemish smet, klad, vlek o
blend (blent; blent) (ver)mengen
bless zegenen
blew zie *blow*
blighter schooier, kerel
blind zonneblind o; (*adj*) blind
blindfold blinddoeken
blindly blindelings
blindman's buff blindemannetje o
blindness blindheid
blink knipperen (met ogen)
bliss zaligheid
blissful zalig
blister blaar; trekpleister
blitz hevige luchtaanval
blizzard sneeuwstorm
bloat opzwellen; (haring) roken
bloater verse bokking
block blok o; cliché o; (*ww*) afsluiten, blokkeren
blockade blokkade
blockhead domkop
block-up versperring
bloke kerel, vent
blood bloed o; (*ww*) aderlaten
bloodthirsty bloeddorstig
blood-vessel bloedvat o
bloody bloedig
bloom bloesem; bloei; (*ww*) bloeien
blooming bloeiend; verduiveld, vervloekt
blossom bloesem
blot klad, (inkt)vlek; (*ww*) bekladden; vloeien
blotting-paper vloeipapier o
blouse blouse
blow slag; windvlaag; (*ww* blew; blown) blazen, waaien
blowing-up, blow-up standje o

bludgeon knuppel, ploertendoder
blue (*adj*) blauw; (*fig*) somber, landerig; (*sb*) sportkampioen v. een universiteit; Amerikaans negerliedje o
bluebottle korenbloem; bromvlieg
bluejacket Jantje, matroos
blue ribbon blauwe wimpel
blues het land, landerigheid
bluestocking blauwkous
bluff stomp; bruusk, openhartig, ronduit; (*ww*) bluffen
bluish blauwachtig
blunder flater
blunt bot, stomp; lomp, dom; (*ww*) verstompen
bluntly ronduit
blurry onduidelijk, vaag
blurt out eruitflappen
blush blos; (*ww*) blozen
bluster razen, bulderen, tieren; snoeven
B. M. = *British Museum*
boar beer (mannetjesvarken); wild zwijn o
board plank; kost; kostgeld o; boord o; bestuur o, college o; ministerie o; bordpapier o; — *and lodging*, kost en inwoning; (*ww*) enteren; stappen in
boarder kostganger
boarding-house pension o
boarding-school kostschool
board-wages kostgeld o
boast pocherij, grootspraak; (*ww*) bluffen, pochen
boat boot
boat-drill sloepenrol
boat-excursion boottocht
boat-race roeiwedstrijd
boatswain bootsman
boat-train boottrein

bob pagekopje *o*; korte staart; slotrefrein *o*; shilling
bobby politieagent
bodice lijfje *o*
bodily lichamelijk, compleet
bodkin priem; rijgpen
body lichaam *o*, romp; lijk *o*; corporatie; massa
bodyguard lijfwacht
bog moeras, laagveen *o*
Bohemian Bohemer; zigeuner; bohémien; (*adj*) Boheems
boil koken; (*sb*) steenpuist
boiler kook-, stoom-, waterketel; warmwaterreservoir *o*
boiling-point kookpunt *o*
Bois-le-Duc 's-Hertogenbosch *o*
boisterous onstuimig, luidruchtig
bold vrijmoedig
bold-faced onbeschaamd; vet (v. drukletter)
boloney (*amer*) (*pop*) smoesje *o*
Bolshevik bolsjewiek
bolster peluw
bolt bout, bliksemstraal; sprong; (*ww*) grendelen; er vandoor gaan; op hol slaan; — *upright*, kaarsrecht
bomb bom
bombardment bombardement *o*
bombastic hoogdravend
bomber, bombing-plane bommenwerper
bomb-proof bomvrij
bond band; obligatie; schuldbrief; verplichting
bone been *o*, graat; balein
bones *pl* gebeente *o*
bonfire vreugdevuur *o*
bonnet muts; kap, motorkap
bonny aardig, lief
bony been(achtig); vol graten
booby-prize poedelprijs

booby-trap valstrikbom
book boek *o*; (*ww*) boeken; — *for A*, een kaartje nemen naar A: — *in advance* (*seats*), (plaatsen) bespreken
bookbinder boekbinder
book-case boekenkast
book-end boekensteun
booking-office passagekantoor *o*; loket *o*
book-keeper boekhouder
bookseller boekhandelaar
book-stall boekenstalletje *o*
book-token boekebon
boom (haven) boom; hoogconjunctuur; (*ww*) daveren; reuze succes hebben; reclame maken voor
boon geschenk *o*, gunst
boor lomperd, pummel
boost in de hoogte steken; (*sb*) zetje *o*; ophef
boot laars
booth kraam; cabine
bootjack laarzeknecht
boot-lace schoenveter
bootlegger dranksmokkelaar
boot-polish schoensmeer *o* & *m*
boots schoenpoetser; piccolo (in hotel)
booty buit
boracic ointment boorzalf
boracic water boorwater *o*
border rand, boord, grens; (*ww*) (be)grenzen
bore vervelend, lastig persoon; (*ww*) boren; vervelen; zie ook *bear*
boredom verveling
borer boor
born geboren; *not — yesterday*, (*fig*) niet van gisteren
borne zie *bear*
borough gemeente

borrow lenen van, ontlenen
(aan)   [houden
bosh onzin; (ww) voor de gek
bosom boezem; borst; schoot
(kerk; familie)
boss baas, partijhoofd o; (ww)
besturen, de baas spelen
B. O. T. = Board of Trade,
Ministerie van Handel o
botany plantkunde
botch knoeiwerk o; (ww) verknoeien
both beide; zowel... als
bother hinderen; vervelen; zaniken; moeite doen
bottle fles; one-trip —, wegwerpfles
bottle-neck fig vernauwing;
knelpunt o
bottom grond, bodem; (nav)
kiel; (adj) onderste, laagste
bottomless bodemloos
bought zie buy
bounce (op)springen; opsnijden; (sb) stoot; bluf
bound grens, landpaal; (adv)
bestemd (voor); (ww) zie bind
boundary grens(lijn)
boundless grenzeloos   [kelijk
bounteous, bountiful mild, rij-
bow boog, strijkstok, buiging,
boeg; (ww) buigen
bowels pl ingewanden mv; move
one's —, z'n behoefte doen
bowl schaal, kom; (ww) de bal
werpen
bowler bolhoed; (sp) werper
bowsprit boegspriet
bow-window rond uitspringend
venster o, erker
box doos, koffer; bak; loge;
hokje o, vakje o
box-office bespreekbureau o;
kassa

boy jongen; bediende
boyhood jongensjaren mv
Bp. = bishop, bisschop
bra bustehouder
brace paar o, koppel o; bretel;
(ww) spannen, versterken
bracelet armband
bracket haakje o; categorie
brag snoeven
braggart snoever
braid vlecht; boordsel o; (ww)
vlechten
brain brein o, hersenen mv
brain-wave (lumineus) idee o
brake rem; (ww) remmen
branch tak; (leer)vak o; filiaal o
branch-office bijkantoor o
brand brandmerk o; merk o,
soort; branded goods, merkar-
tikelen
brandish zwaaien (met)
brand-new spiksplinternieuw
brandy cognac; brandewijn
brass geelkoper o; messing o;
brons o; brutaliteit
brassière bustehouder
brave trotseren; (adj) dapper
bravery moed, dapperheid
brawl razen, tieren; twisten
brawny gespierd, sterk
brazen onbeschaamd
breach breuk; bres; schending
bread brood o
breadth breedte
bread-tin broodtrommel
bread-winner kostwinner
break (broke; broken) breken,
afbreken; doen springen
(bank); dresseren; sb onderbreking, pauze
break-down in(een)storting;
panne
break-down lorry kraan-, takelwagen

45

breakers *pl* branding
breakfast ontbijt *o*
break-through (*mil*) doorbraak
breakwater golfbreker; strand-
hoofd *o*
breast borst
breath adem(tocht); zuchtje *o*
breathe ademen; fluisteren
bred zie *breed*
breeches *pl* korte (rij)broek
breed (bred; bred) telen, (aan)-
fokken
breeder fokker
breeding opvoeding, beschaving
breeze koelte; bries
brethren *pl* broederen *mv*
brevity kortheid
brew brouwen
brewer brouwer
brewery brouwerij
bribe omkopen
brick baksteen
bricklayer metselaar
brickwork metselwerk *o*
bridal bruids-
bride bruid
bridegroom bruidegom
bridesmaid bruidsmeisje *o*
bridesman getuige v. d. bruidegom, bruidsjonker
bridge brug; (*ca*) bridge *o*
bridle toom, teugel; (*ww*) beteugelen
brief kort, beknopt
brief-case aktentas
brigand (struik)rover
bright helder, schitterend;
pienter; opgewekt
brighten ophelderen; opvrolijken
brilliancy glans; schittering
brilliant (*adj*) schitterend; (*sb*)
briljant

brim rand
brimful boordevol
brine pekel, zilt water *o*
bring (brought; brought) brengen; halen, aanvoeren
brink rand, kant
briny zout, zilt
brisk levendig, wakker, vlug
bristle borstel; (*ww*) overeind
staan, zetten
Britain Brittannië *o*
British Brits
brittle bro(o)s, breekbaar
broach aanbreken
broad breed, wijd; grof, ruw
broadcast uitzenden, omroepen
broaden (zich) verbreden
broad-minded onbekrompen
broil ruzie, tumult *o*; (*ww*)
roosteren; (*sb*) gebraden vlees
broke zie *break*; blut, aan lager
wal
broken gebroken; zie *break*
broken-hearted diep bedroefd
broker makelaar
brokerage makelarij; make-
laarsloon *o*, courtage
bronze brons *o*; (*ww*) bronzen
brooch broche
brood broedsel *o*; (*ww*) broeden
brook beek; (*ww*) (geduldig)
verdragen
broom brem; bezem
Bros. = *Brothers*, gebroeders
broth bouillon
brother broeder
brotherhood broederschap
brother-in-law zwager
brought zie *bring*
brow wenkbrauw; kruin, top
browbeat intimideren
brown bruin
browse grazen; *fig* inkijken
Bruges Brugge *o*

46

bruise kneuzing, buil; (ww) kneuzen
brunch ontbijt-lunch
brush borstel, stoffer; penseel o, kwast; kreupelhout o; kloppartij; (ww) afborstelen, strijken langs; — up, opfrissen
brushwood kreupelhout o
Brussels Brussel o; — sprouts, pl spruitjes mv
brutal beestachtig, woest
brute bruut, woesteling; (adj) dierlijk, woest
Bt. = Baronet, z.a.
bubble bobbel, (lucht)bel
bubble gum klapkauwgom o
buccaneer boekanier
buck bok; fat; (amer) dollar
bucket emmer, puts
buckle gesp; (ww) gespen
buckram stijf linnen o
bud knop; (ww) uitbotten
Buddhism Boeddhisme o
buddy (pop) broer, kerel
budge (zich) verroeren
budget begroting, budget o
buff buffel-, zeemleer o; (adj) zeemkleurig, lichtgeel
buffalo buffel
buffer buffer
buffet buffet o
buffoon hansworst, nar
bug wandluis, torretje o
buggy licht rijtuigje o
bugle (jacht)hoorn
bugler hoornblazer
build (built; built) bouwen
building gebouw o
bulb bloembol; electric —, gloeilamp   [kweker
bulb-grower (bloem)bollen-
bulge (op)zwellen; uitpuilen
bulk omvang, grootte
bulkhead (nav) schot o

bulky dik, groot, lijvig
bull stier, pauselijke bul; John Bull, spotnaam voor Engeland
bulldog bulhond
bullet (geweer)kogel; get the —, de bons krijgen
bulletin bulletin o
bull's-eye luchtgat o; hutventer o; roos (schietschijf)
bully grootspreker; bullebak, donderaar; (ww) tiranniseren, ringeloren
bulwark bolwerk o
bumble-bee hommel
bump buil, knobbel; (wind-) stoot; (ww) hotsen, stoten
bumpkin pummel
bun (krenten)broodje o
bunch bos, tros; troep
bundle bundel, bos
bungalow landhuis(je) o
bungle (ver)knoeien
bunk kooi
bunny konijn o
buoy boei
buoyancy stuwkracht; opgewektheid
burden last, vracht; tonneninhoud; (ww) belasten
burdensome lastig, zwaar
burglar inbreker
burglary inbraak
burgomaster burgemeester (buiten Engeland)
burgundy bourgogne(wijn)
burial begrafenis
burly zwaarlijvig, groot, dik
burn brandwond; (ww) (burnt or burned; burnt) branden, verbranden
burnish polijsten
burnt zie burn
burr brouwen met de r; (sb) braam

bursary studiebeurs
burst barst; (*ww*) (**burst**; **burst**) barsten
bury bedekken, begraven
bus autobus; kist (vliegmachine)
bush struik, kreupelhout *o*
bushel schepel *o*
busily druk, bezig
business bezigheid, zaak; zaken *mv*, handel
business-hours kantooruren *mv*
business-like zaakkundig, zakelijk
bust buste, borstbeeld *o*
bustle gewoel *o*, vertier *o*; (*ww*) zich reppen
busy bezig, druk
busybody bemoeial
but maar; behalve
butcher slager
butler chef-huisknecht
butt doel *o*, mikpunt *o*; kolf
butter boter
butter bean witte boon
buttercup boterbloem
butter-dish botervlootje *o*

butter-fingered onhandig
butterfly vlinder
buttermilk karnemelk
buttock bil
button knop, knoop
button-hole knoopsgat *o*
buttons (*amer*) piccolo
buxom mollig
buy (**bought**; **bought**) kopen
buyer koper
buy out afkopen
buzz gonzen, zoemen
by door, bij; per; — *heart*, van buiten; — *himself*, alleen; *day* — *day*, dag aan dag; — *the way*, à propos!; *one* — *one*, een voor een; — *sea*, over zee; — *far*, verreweg; — *no means*, geenszins; — *and* —, straks; — *and large*, over 't geheel genomen; — *the* —, tussen twee haakjes
by(e)-by(e) dáág!
bygone vroeger, voorbij
bypass omloopleiding; rondweg
bystander toeschouwer
bystreet zijstraat, achterstraat

C

cab taxi; huurrijtuig *o*; cabine
cabaret cabaret *o*
cabbage kool
cabin hut, kajuit
cabinet kabinet *o*, kamertje *o*; ministerie *o*
cabin-luggage hutbagage
cabin-trunk hutkoffer
cable kabel; telegram *o*
cablegram telegram *o*
cable-railway kabelspoorweg

cache geheime bergplaats
cackle kakelen
cad ploert; baliekluiver
caddie golfjongen
cadre kader *o*
caecum blindedarm
cage kooi
cajole vleien
cake koek, gebak *o*, taart, stuk *o* (zeep)
calamity ramp

calculation berekening
caldron ketel
calendar kalender
calf (*pl* **calves**) kalf *o*; kalfsleer *o*; kuit
calibre kaliber *o*, formaat *o*
call roep, geroep *o*; bezoek *o*; telefoontje *o*; *take the* —, de telefoon aannemen; (*ww*) roepen, benoemen, bezoeken; afkondigen (staking); opbellen; — *for*, vragen naar; —- *in question*, in twijfel trekken; *be called*, heten
call-box spreekcel, telefoon-
call-boy chasseur   [cel
calling roeping; beroep *o*
callosity eelt *o*; (*fig*) dikhuidigheid
call-up oproep
calm kalmte, windstilte; (*adj*) kalm; (*ww*) bedaren
calumniate lasteren
calumny laster
cambric batist *o*
came zie *come*
camel kameel
camera fototoestel *o*, camera
camera-man (pers)fotograaf; (film)operateur
camomile kamille
camp kamp *o*, legerplaats; (*ww*) legeren; kamperen
campaign veldtocht, campagne
campbed veldbed *o*
camphor kamfer
camping-site kampeerterrein *o*
camp-stool vouwstoeltje *o*
campus (*amer*) terrein *o* behorende bij universiteit, hogeschool of school
can kan; bus; blikje *o*; (*ww*) inblikken; (**could**) kunnen
Canadian Canadees

canal kanaal *o*, vaart, gracht
canary kanarievogel
cancel schrappen, annuleren
cancer kanker
cancerous kankerachtig
candid oprecht
candidate kandidaat
candle kaars
candlestick kandelaar, blaker
candy kandij; (*amer*) suikergoed *o*; (*ww*) konfijten
cane riet *o*, rotting
cannibal kannibaal
cannon kanon *o*; carambole
canoe kano
cant dieventaal; huichelarij
canteen kantine; veldfles
canter korte galop
canvas zeildoek *o*; doek *o*, schilderij *o*
canvass (stemmen, abonnees) werven; uitpluizen
canyon diepe, steile bergkloof
cap pet, muts, kap
capable bekwaam; in staat tot
capacity bekwaamheid; inhoud; aanleg
cape pelerine; kaap
Cape Town Kaapstad *o*
capital kapitaal *o*; hoofdstad; hoofdletter; (*adj*) hoofd-, uitmuntend
capitalism kapitalisme *o*
capitulation capitulatie
capoc kapok
caprice luim, gril
capricious grillig, nukkig
capsize kapseizen; omslaan
capt. = *captain*, kapitein; ploegbaas; (*sp*) aanvoerder
caption titel, opschrift *o*
captious misleidend, listig
captive gevangene; — *balloon*, kabelballon

captivity (krijgs)gevangen-schap

capture vangst; (ww) vangen

car kar, wagen, tram; auto; oncoming —, tegenligger

caravan karavaan; woonwagen; kampeerwagen

carbine karabijn

carbon koolstof

carbon copy doorslag

carbonic acid koolzuur o

carbuncle karbonkel, puist

carburetter carburator

carcass karkas o, geraamte o

card (speel)kaart; naamkaart-je o; kompasroos; no cards, enige kennisgeving

cardboard bordpapier o, karton o

cardigan (dames)vest o

cardinal voornaamst, hoofd-; (sb) kardinaal

card-index kaartregister o

card-sharper valse speler

care zorg, moeite; — of, per adres; (ww) zorgen, zich bekommeren, geven om; take —, zorgen; oppassen

career loopbaan; in full —, in volle vaart

careful zorgvuldig

careless zorgeloos, nonchalant

caress liefkozing; (ww) liefkozen

care-taker huisbewaarder

cargo (scheeps)lading

cargoboat vrachtboot

cargo-hold laadruim o

carnation anjelier; vleeskleur

carnival carnaval o

carnivorous vleesetend

carol lied o, zang

carp karper

car park parkeerterrein o

carpenter timmerman; (ww) timmeren

carpet tapijt o, karpet o

carpet-bag reiszak, valies o

carpet sweeper rolveger

car-radio autoradio

carriage wagen, wagon, rijtuig o; affuit

carriage-way rijweg; dual —, weg met gescheiden rijbanen

carrier vrachtrijder, besteller; bakfiets, laadbak, chassis o; bagagedrager; postduif

carrier-bag draagtas

carrot wortel, peen

carry dragen, brengen; — off, wegvoeren

carrying-agent expediteur

carrying-capacity laadvermogen o

cart kar, wagen

cartel kartel o

cart-grease wagensmeer o

cartilage kraakbeen o

cart-load wagenvracht

carton kartonnen doos

cartoon politieke spotprent; (animated) —, tekenfilm

cartridge patroon

carve graveren; houtsnijden

cascade waterval

case tas, kist, doos; foedraal o, overtrek o, koker; (ziekte-)geval o; proces o; naamval

cash (gereed) geld o, kas; — on delivery, rembours o; (ww) incasseren

cash-book kasboek o

cashier kassier

cash-price prijs à contant

casing foedraal o, koker, omslag(papier) o

cask vat o

cassation cassatie

casserole braad-, stoofpan

cast worp, gooi; gietvorm, af-gietsel *o*; oogopslag; (toneel) bezetting; (*ww*) **(cast; cast)** werpen; gieten (ijzer); afdan-ken; (stem) uitbrengen

castaway verworpeling, schip-breukeling, paria

castigate kastijden; tuchtigen

casting gietsel *o*

cast-iron gietijzer *o*

castle kasteel *o*, slot *o*

castor-oil wonderolie

castor sugar poedersuiker

casual toevallig

casualty toeval *o*; sterfgeval *o*, verlies *o*

casualty-list, list of casualities (*mil*) verlieslijst

cat kat

catalogue catalogus   [staar

cataract waterval; grauwe

catarrh catarre

catastrophe ramp, ontknoping

catch vangst; (*ww*) **(caught; caught)** vangen, betrappen; in-halen, raken

catching besmettelijk

catchup pikante saus

catchword wachtwoord *o*

categorical uitdrukkelijk

category klasse, categorie

cater leveren, zorgen voor, van proviand voorzien

caterpillar rups; —*wheel*, rups-band

cathedral domkerk, kathedraal

catholic katholiek

cat-nap dutje *o*

cattle vee *o*

caught zie *catch*

cauliflower bloemkool

causal oorzakelijk

cause oorzaak, reden; (*ww*)

veroorzaken

cauterize uitbranden, (dicht)-schroeien

caution voorzichtigheid; borg-tocht; (*ww*) waarschuwen

cautious voorzichtig

cavalry cavalerie

cave hol *o*, grot; (*ww*) —*in*, in-storten

cavern spelonk, hol *o*

cavil haarkloverij, vitterij, chicane; (*ww*) vitten

cavity holte

C. B. E. = *Commander of the British Empire Order*

C. E. = 1 *civil engineer*, civiel-ingenieur; 2 *Church of Eng-land*, Engelse staatskerk

cease ophouden met, staken; (be)eindigen

ceaseless onophoudelijk

cede afstaan, toegeven

ceiling plafond *o*, zoldering; hoogtegrens; maximum stijg-hoogte (vliegtuig); uiterste grens (prijzen, lonen)

celebrate vieren

celebrated beroemd

celebrity beroemdheid

celerity spoed

celery selderie, selderij

celestial hemels

celibacy ongehuwde staat

cell cel

cellar kelder

cellular cellulair

cement cement *o*

cemetery begraafplaats

censor censor; (*ww*) censureren

censure berisping, afkeuring; (*ww*) bekritiseren, afkeuren

centenary honderdjarig; (*sb*) eeuwfeest *o*

centrality centrale ligging

centralize centraliseren
centre middelpunt o; consultatiebureau o; (voetbal) midvoor; — of gravity, zwaartepunt o; (ww) (zich) concentreren, zich richten op
century eeuw; (sp) 100 runs
ceramic plateelgoed o, aardewerk o
cereals graangewassen, havervlokken mv
cerebral hersen-
ceremonial ceremonieel
ceremonious vormelijk, plechtstatig
ceremony plechtigheid; ceremonieel o
certain zeker, gewis
certificate getuigschrift o, attest o, certificaat o, akte; (ww) diplomeren
certify verzekeren, getuigen
cessation stilstand
cession afstand
cf. = confer (compare), vergelijk
ch. = chapter, hoofdstuk o
chafe schaven; ergeren; sarren
chafer (mei)kever
chaff kaf o; (ww) gekscheren; voor de gek houden
chafing-dish komfoor o
chain ketting, keten; (ww) ketenen
chair (voorzitters)stoel; take a —, ga zitten; (ww) voorzitter zijn
chairlift stoeltjeslift
chairman voorzitter
chalk krijt o; (ww) witten; aankalken, opschrijven
chalky krijtachtig
challenge uitdaging; (ww) uitdagen

challenge cup wisselbeker
chamber kamer; — of commerce, kamer v. koophandel
chambermaid kamermeisje o
chamois-leather zeemleer o
champagne champagne
champion kampioen
chance toeval o; kans; geluk o; by —, toevallig; (ww) gebeuren
chancellor kanselier; Chancellor of the Exchequer, Minister van Financiën
chancery kanselarij
change verandering, wisselgeld o; (ww) verwisselen, veranderen; overstappen
changeable veranderlijk
change gear versnellingsbak
change-over aflossing, omschakeling; — switch, omschakelaar
channel vaargeul; kanaal o
chant gezang o; (ww) zingen, opdreunen
chaotic chaotisch, verward
chap kwant, knaap, kerel
chapel kapel, kerk
chaplain aalmoezenier, veldprediker
chaplet rozenkrans
chapter hoofdstuk o
char blakeren, verkolen
character letter; karakter o; getuigschrift o
characteristic karakteristiek, kenmerkend
characterize kenmerken
charcoal houtskool
charge opdracht; lading, last, beschuldiging; aanval; (ww) laden, beladen; beschuldigen; aanvallen
charitable liefdadig, menslievend

charity liefdadigheid, barmhartigheid

charm betovering, bekoorlijkheid; toverspreuk; (ww) bekoren

charming bekoorlijk, charmant

charter charter o, patent o; (ww) bevrachten; inhuren

char-woman werkster

chase jacht; (ww) (na)jagen; achtervolgen

chasm kloof, leemte, gaping

chassis chassis o, onderstel o

chaste kuis

chastise kastijden

chastity kuisheid

chat gekeuvel o, babbeltje o; (ww) keuvelen

chatter kakelen; snateren

chatterbox babbelkous

chatty spraakzaam

cheap goedkoop

cheat bedrog o; bedrieger, afzetter, valse speler; (ww) bedriegen; spieken

check controle; reçu o; belemmering; sp schaak o; cheque; —s, geruite stof(fen); (ww) beteugelen; controleren; aanslaan (op kassa); — in, binnenkomen; — out, weggaan

checked geruit

checkmate schaakmat

check-up controle, medisch onderzoek o

cheek wang; brutaliteit

cheer vrolijkheid, blijdschap; toejuiching; hoera o; (ww) verheugen, toejuichen; — up, oprolijken

cheerful vrolijk

cheese kaas

chemist scheikundige; apotheker

chemistry scheikunde

chemist's shop apotheek

cheque-book chequeboek o

cherish koesteren; liefhebben

cherry kers

chess schaakspel o; play (at) —, schaken

chessboard schaakbord o

chest kist, koffer; borstkas

chestnut kastanje; afgezaagde mop

chew kauwen; pruimen

chewing-gum kauwgom

chicken kuiken o; (op tafel) kip

chicken-broth kippesoep

chicken-pox waterpokken mv

chicory cichorei, Brussels lof o

chide (chid; chidden) beknorren, kijven

chief voornaamste, opperste; hoofd o, aanvoerder

chiefly voornamelijk; hoofdzakelijk

chieftain (opper)hoofd o

chilblained hands pl winterhanden mv

child (pl children) kind o

childbed kraambed o

childhood kinderjaren mv

childish kinderachtig

childless kinderloos

childlike kinderlijk

chill koude; verkoeling; huivering; (adj) koud, kil

chilly kil; kouwelijk

chime klokkenspel o; (ww) luiden, klinken

chimney schoorsteen; lampeglas o

chimmey-piece schoorsteenmantel

chimmey-sweep(er) schoorsteenveger

53

chin kin
China China *o*; *c*—, porselein
o; (*adj*) porseleinen
chine ruggegraat, rugstuk *o*
Chinese Chinees
chink spleet, kloof
chip spaander; —*s*, in olie gebakken aardappelsnippers, patates frites
chiropodist pedicure
chirp tjilpen
chisel beitel
chivalry ridderlijkheid
chlorine chloor
chock-full stampvol
chocolate chocolade
choice keus, keur, verkiezing;
(*adj*) uitgezocht, keurig
choir koor *o* (kerk)
choke verstikken; smoren, onderdrukken, zich verslikken
choose (chose; chosen) kiezen
chop kotelet; (*ww*) kappen,
hakken; redetwisten
chop-house eethuis *o*
chopping-block hakblok *o*
choral (*mus*) koraal *o*
chord snaar, koorde; (*mus*)
akkoord *o*
chorus koor *o* (toneel)
chose zie *choose*
chosen uitverkoren; uitgelezen; zie ook *choose*
christening doop
christian christen; (*adj*) christelijk
christian name doopnaam
Christmas Kerstmis
Christmas-box kerstgeschenk *o*
Christmas-carol kerstlied *o*
chronic chronisch; langdurig
chronicle kroniek   [nologie
chronology tijdrekening, chro-
chubby bolwangig, mollig

chuck klopje *o*; gooi; (*ww*)
gooien; aaien; de bons geven
chuckle gnuiven, zich verkneu-
kelen
chum kameraad, kamergenoot;
great —*s*, dikke vrienden
chump klomp; (hout)blok
chunk brok *o*, homp
church kerk
churchyard kerkhof *o*
churn karn; (*ww*) karnen
chute stroomversnelling, waterval; glijbaan
C. I. = *Channel Islands*
cicatrice litteken *o*
cider cider, appelwijn
cif = *cost, insurance, freight*,
kosten, verzekering, vracht (inbegrepen)
cigar sigaar
cigar-case sigarenkoker
cigarette sigaret
cigarette paper vloeitje *o*
cigar-lighter sigareaansteker
cinder sintel, slak
Cinderella assepoester
cinder-track (*sp*) sintelbaan
cinema bioscoop
cinnamon kaneel *m* & *o*
cipher cijfer *o*; geheimschrift *o*;
a mere —, een vent van niks;
(*ww*) cijferen, rekenen
circle cirkel; gezelschap *o*; (*ww*)
omringen, (rond)draaien
circuit omloop; omtrek; gebied *o*; tournee; parcours *o*;
rondrit, rondvlucht
circular rond; (*sb*) circulaire
circular-letter circulaire
circular-ticket rondreisbiljet *o*
circulate circuleren, in omloop
zijn
circulation omloop
circumference omtrek

circumjacent omliggend
circumscribe omschrijven; beperken
circumspect omzichtig
circumstance omstandigheid
circumstantial omstandig; bijkomstig
circumvent misleiden; omzeilen
circus circus *o*; rond plein *o*
cistern (water)bak, stortbak (w.c.)
cite dagvaarden; citeren
citizen burger
citizenship burgerrecht *o*
city grote stad; binnenstad
civic burgerlijk
civil burger-, burgerlijk; beleefd, beschaafd; — *code*, Burgerlijk Wetboek *o*; — *servant*, ambtenaar; — *service*, ambtenarenapparaat *o*
civilian burger
civility beleefdheid
civilization beschaving
Civvy Street (*pop*) burgermaatschappij
clad gekleed
claim eis; (*ww*) (op)eisen; vorderen
claimant, claimer eiser
clairvoyant helderziend
clamber klauteren
clammy klam, klef
clamorous luidruchtig
clamour geroep *o*, getier *o*
clamp klamp, kram
clan stam; geslacht *o*
clandestine heimelijk
clang schelle klank
clap klappen, slaan
claret bordeauxwijn
clarify ophelderen, helder worden; zuiveren
clarinet klarinet

clash klinken, kletteren; stoten, botsen (met)
clasp slot *o*; gesp; omhelzing; (*ww*) sluiten; omklemmen; omhelzen
clasp-knife knipmes *o*
class klasse; les(uur) (*o*)
classic klassiek
classify rangschikken
clatter klateren, kletteren; (*sb*) gekletter *o*
clause zinsnede; clausule; (*gr*) bijzin
clavicle sleutelbeen *o*
claw klauw, poot
clay klei
clean schoon, rein; (*ww*) schoonmaken, reinigen, ontvlekken
cleaning, cleansing schoonmaak
cleanly zindelijk
cleanse reinigen, zuiveren
clean-shaven gladgeschoren
clear helder, klaar; veilig; (*ww*) ophelderen; vereffenen; lichten (bus), vrijmaken
clearance sale uitverkoop
clearing verrekening v. buitenl. vorderingen, clearing; opengekapt bosterrein *o*, ontginning
clear-sighted schrander
cleave (cleaved or cleft; cleaved or cleft) kloven; aanhangen
cleft kloof, barst
clemency goedertierenheid; zachtheid (van weer)
clergy geestelijkheid
clergyman geestelijke, dominee
clerical geestelijk; — *error*, schrijffout
clerk klerk, kantoorbediende; secretaris

55

clever knap, bekwaam
clew kluwen *o*
click getik *o*; geklik *o*
client cliënt, klant
cliff steile rots; rotswand (aan zee)
climate luchtstreek, klimaat *o*
climb klimmen; beklimmen
cling (clung; clung) aanhangen; zich vastklemmen
clinic kliniek
clinker (steenkool) slak
clip knijper; draai (om de oren); (*ww*) knippen
cloak mantel
cloak-room garderobe, vestiaire; bagagedepot *o*
clock klok
clod (aard)kluit; sufferd
clog blok; klomp
cloister kloostergang, klooster
close dicht, nauw; benauwd; (*ww*) sluiten
close-fisted gierig, vrekkig
close-fitting nauwsluitend
closely dicht, nauw; — *shut*, potdicht
closet kamertje *o*, kabinet *o*
closure sluiting
cloth lap, doek *o*; stof (textiel)
clothe kleden
clothes *pl* kleren *mv*
clothes-brush kleerborstel
clothing (be)kleding
cloud wolk
cloudless onbewolkt
cloudy bewolkt
clout (vaat)doek; lap
clove kruidnagel
clover klaver
clownish boers; clownachtig
club knuppel; golfstok; club; fonds *o*: —*s*, klaveren
clue aanwijzing, sleutel

clump klomp
clumsy lomp, onhandig
clung zie *cling*
cluster tros; groep, troep
clutch greep; klauw; koppeling; (*ww*) grijpen
clutter dooreengooien; stommelen
C. O. = *Commanding Officer*
Co = 1 *country*; 2 *company*
c/o = *care of*, per adres, p.a.
coach touring-car, bus, koets; spoorwagen; repetitor; (*sp*) trainer
coagulate stollen, stremmen
coal (steen)kool, kolen *mv*; (*ww*) kolen innemen
coal-box kolenbak
coalition verbond *o*, coalitie
coal-mine, coal-pit kolenmijn
coal scuttle kolenemmer
coal-shovel kolenschop
coarse grof
coast kust; (*ww*) langs de kust varen
coastal kust-
coaster kustvaarder; kustbewoner; flessebakje *o*
coat jas; mantel; — *and skirt*, mantelpak *o*; — *of arms*, wapen(schild) *o*
coax vleien; flemen
cobble, cobblestone straatkei
cobweb spinneweb *o*
cock haan; weerhaan; kraan; haantje de voorste *o*
cockchafer meikever
cock-horse stokpaardje *o*
Cockney geboren Londenaar; cockneydialect *o*
cockpit stuurhut
cockroach kakkerlak
cocksure zelfverzekerd
cocoa cacao

coco(a)-nut kokosnoot
cocoon cocon
C. O. D. = *cash on delivery*,
onder rembours
code wetboek *o*; code
code number (*tel*) netnummer
cod-fish kabeljauw
cod-liver oil levertraan
coerce dwingen, afdwingen
coercion dwang
coffee koffie
coffer geldkist
coffin doodkist
cog tand (van rad)
cogitate overpeinzen
cognate verwant
cog-wheel tandrad *o*
cohere samenkleven
coherence samenhang
coil kronkeling; spiraal; wik-
keling, klos
coin munt; (*ww*) munten; verzinnen
coincidence samenloop, toeval
o
cold koude; verkoudheid; (*adj*)
koud; *catch a —*, verkouden
worden; *having a —*, verkouden
coldness koude; koelheid
cold store koelhuis *o*
collaborate samenwerken;
heulen (met de vijand)
collapse ineenzakken, instorten; (*sb*) instorting
collapsible opvouwbaar; klap-
collar boord; halsband
collar-bone sleutelbeen *o*
collared herring rolmops
collateral zijdelings
colleague ambtgenoot, collega
collect verzamelen; (af)halen
collection verzameling; buslichting

collective gezamenlijk
college college *o*; (afdeling v.)
universiteit
collide botsen
collie Schotse herdershond
colliery kolenmijn
collision botsing; aanvaring [*o*
colloquy samenspraak, gesprek
Cologne Keulen *o*
colon dubbele punt; dikke
darm
colonel kolonel
colony kolonie
colour kleur, verf, vaandel *o*;
under — of, onder de schijn
van; (*ww*) blozen
colour-blind kleurenblind
coloured *a — man*, kleurling
colour film kleurenfilm
colourful kleurig
colt veulen *o*; wildzang
column zuil, kolom; kroniek
(in krant); colonne
comb kam; honingraat
combination verbinding, vereniging
combine verbinden, combine-
ren, verenigen; (*sb*) combina-
tie, kongsie, combine
combustible brandbaar
combustion verbranding
come (came; come) komen; —
at, bereiken; — *to*, bijkomen;
— *of*, afstammen
come-back terugkeer; herstel *o*
come-down vernedering; tegen-
valler
comedy blijspel *o*; komedie;
musical —, operette
comely bevallig
comestible eetbaar
comestibles *pl* eetwaren *mv*
comet komeet
comfort troost; gemak *o*; wel-

gesteldheid; comfort o; (ww)
(ver)troosten
comfortable behaaglijk; geriefelijk
comic komisch, grappig; (sb)
beeldroman
coming (aan)komst; (adj) toekomstig
comma komma
command bevel o, gezag o,
commando o, leiding; (ww) bevelen, overzien
commander bevelhebber; commandant; gezagvoerder; —-in-
chief, opperbevelhebber
commandment bevel o, gebod o
commemorable gedenkwaardig
commemorate herdenken, gedenken; vieren
commence beginnen
commend (aan)prijzen
commendable prijzenswaardig
comment aantekening, uitleg,
commentaar o; (ww) opmerken
commentary commentaar o,
radioreportage
commonwealth gemenebest o
commerce handel, verkeer o
commercial handels-
commercial traveller handelsreiziger
commiseration medelijden o
commission last, lastbrief; aanstelling als officier; opdracht;
commissie; provisie
commission-agent commissionair
committee comité o, commissie
commodious ruim
commodity koopwaar
common gemeen(schappelijk);
gewoon; openbaar
commonplace gemeenplaats;
(adj) alledaags

commons pl burgerstand;
House of C—, Lagerhuis o
common sense gezond verstand
o
commotion opschudding
communicatie mededelen; —
with, zich in verbinding stellen
met
communication mededeling;
gemeenschap, verbinding
communicative mededeelzaam
communion gemeenschap,
kerkgenootschap o; Avond-
maal o; Communie
communism communisme o
community gemeenschap, gemeente; kolonie (v. vreemde-
lingen)
commute verwisselen; forenzen
commuter forens
compact verdrag o; beding o;
(adj) vast, dicht, beknopt
companion makker, kameraad;
metgezel
companionable kameraad-
schappelijk; gezellig
company gezelschap o; maatschappij, vennootschap
comparative vergelijkend; (sb)
vergrotende trap
compare vergelijken
comparison vergelijking
compartment afdeling, coupé;
vak o
compass omvang; kompas o;
(ww) omvatten; beramen
compasses pl in: a pair of —,
passer
compassion medelijden o
compassionate medelijdend
compatible verenigbaar
compatriot landgenoot
compel dwingen
compendious beknopt

58

compendium samenvatting, beknopt handboek *o*

compensation vergoeding

compere conférencier

compete mededingen

competence, competency bevoegdheid, bekwaamheid

competent bevoegd, bekwaam

competition concurrentie, wedijver, wedstrijd

competitor concurrent; mededinger; deelnemer

compilation compilatie   [len

compile samenstellen, verzame-

complacence, complacency (zelf)voldoening

complain klagen

complaint klacht

complaint-book klachtenboek *o*

complement aanvulling; complement *o*

complete volledig, voltallig, compleet; (*ww*) voltooien, aanvullen

completion voltooiing

complex samengesteld, ingewikkeld

complexion (gelaats)kleur, teint

complication verwikkeling

compliment plichtpleging, compliment *o*

comply berusten in, zich voegen

component bestanddeel *o*

comportment gedrag *o*; houding

compose samenstellen, vormen; opstellen; componeren; zetten (drukkerij)

composed bedaard

composer samensteller; componist

composite samengesteld

composition samenstelling,

compositie; opstel *o*

compositor (letter)zetter

composure kalmte

compound samenstelling; (*ww*) samenstellen, bijleggen; vermengen; (*adj*) samengesteld

comprehend omvatten; bevatten; begrijpen

comprehensible begrijpelijk

comprehension begrip *o*; omvang

comprehensive veelomvattend; — *school*, (ongeveer) scholengemeenschap

compress kompres *o*; (*ww*) samendrukken

comprise bevatten, samenvatten

compromise vergelijk *o*; schikking; (*ww*) schikken; in opspraak brengen

compulsion dwang

compulsory dwingend; gedwongen, dwang-

compunction wroeging

compute berekenen

comrade kameraad, makker

concave hol; (*sb*) holte

conceal verbergen, verzwijgen

concede toestaan, toegeven

conceit verwaandheid, verbeelding

conceited verwaand, eigenwijs

conceivable begrijpelijk

conceive begrijpen

concentration samentrekking, concentratie; — *camp*, concentratiekamp *o*

conception begrip *o*; opvatting, conceptie

concern aangelegenheid; onderneming; belang *o*; zorg; belangstelling; (*ww*) betreffen; raken

concerned bezorgd; betrokken
concerning betreffende
concert overeenstemming;
concert *o*; (*ww*) beramen
concerto concert *o* (muziek-
stuk)   [sie
concession vergunning; conces-
conciliate verzoenen
concise beknopt, kort
conclude af-, besluiten
conclusion besluit *o*, gevolgtrekking; slot *o*; slotsom
conclusive afdoend
concord eendracht
concordant overeenstemmend
concourse toe-, samenloop
concrete concreet; vast; (*sb*)
beton *o*
concurrence samenkomst; medewerking; instemming
concurrent meewerkend
concussion schok; — *of the
brain*, hersenschudding
condemn veroordelen
condemnation veroordeling
condensation verdichting, con-
densatie
condescend zich verwaardigen
condescending neerbuigend
condition toestand; voorwaarde, conditie; rang, stand
conditional voorwaardelijk
condole condoleren
condolence rouwbeklag *o*
conducive bevorderlijk
conduct gedrag *o*; leiding; (*ww*)
geleiden
conductor geleider; conducteur; dirigent; bliksemafleider;
geleidraad
conduit leiding; buis
cone kegel; sparappel; ijshoren
confection suikergoed *o*; (dames)confectie

confectioner banketbakker
confederate bondgenoot; (*adj*)
verbonden
confederation bondgenoot-
schap *o*; (staten)bond
confer vergelijk, vgl.
confer verlenen; beraadslagen,
confereren
conference conferentie
confess bekennen, biechten
confession bekentenis, biecht
confessional biechtstoel
confessor biechtvader; belijder
confide vertrouwen
confidence (zelf)vertrouwen *o*
confidential vertrouwelijk; —
clerk, procuratiehouder
confine grens; (*ww*) bepalen;
opsluiten; grenzen
confinement begrenzing; arrest
o; bevalling
confirm bevestigen, bekrachtigen
confiscate verbeurd verklaren
conflagration (zware) brand
conflict botsing, conflict *o*
confluence samenvloeiing, toeloop
conform (zich) schikken (naar);
in overeenstemming brengen
(met)
confound verwarren, beschamen; — *it!*, wat drommel!
confounded verward, be-
schaamd; duivels
confuse verwarren
confusion verwarring
confute weerleggen
congeal stollen, bevriezen
congelation bevriezing, stolling
congenial (geest)verwant
congenital aangeboren
congestion samenhoping; con-
gestie, verkeersopstopping

conglomeration opeenhoping
congratulate gelukwensen
congratulation gelukwens
congregate vergaderen
congress congres *o*
congruent overeenstemmend
congruous overeenkomstig;
gepast; behoorlijk
conic(al) kegelvormig
conjoin samenvoegen
conjugal echtelijk
conjugation vervoeging
conjunct verenigd, toegevoegd
conjuncture samenloop (v. omstandigheden); crisis
conjure bezweren; goochelen
conjurer tovenaar, goochelaar
connect verbinden
connecting rod zuigerstang
connection samenhang; aansluiting (v. treinen); familie-
(betrekking)
connive door de vingers zien
connoisseur (kunst)kenner
connotation (bij)betekenis
conquer veroveren
conqueror veroveraar; (*sp*) be-
slissende partij
conquest verovering
conscience geweten *o*
conscientious nauwgezet
conscious bewust
consciousness bewustzijn *o*
conscript dienstplichtige
consecrate toe-, inwijden, inzegenen
consecutive opeenvolgend;
(*gr*) gevolgaanduidend
consecutively achtereenvolgens
consent inwilliging, toestemming; (*ww*) toestemmen
consequence gevolg *o*, gevolgtrekking; betekenis
consequent daaruit volgend

conservation bewaring; behoud
o [dend
conservative bewarend, behou-
conservatory broeikas; muziek-
school
conserve conserveren
conserves *pl* conserven *mv*
consider overwegen, beschouwen
considerable aanzienlijk, erg
considerate attent
consideration overweging
consignee geconsigneerde, geadresseerde
consigment overdracht, consignatie; — *on approval*, zicht-
zending
consignment note vrachtbrief
consist (of) bestaan (uit)
consistent consequent; verenigbaar
consolation troost
console troosten
consolidate vastmaken, -wor-
den, bevestigen, consolideren
consonant medeklinker; (*adj*)
gelijkluidend
consort gemaal
conspicuous in 't oog vallend,
duidelijk; uitstekend
conspiracy samenzwering
conspirator samenzweerder
constable politieagent
constabulary politiekorps *o*
constancy standvastigheid
constant standvastig
constellation constellatie;
sterrenbeeld *o*, gesternte *o*
consternation onsteltenis
constipation verstopping
constituent bestanddeel *o*, kiezer; (*adj*) samenstellend
constitution gestel *o*; constitutie; grondwet

constrain bedwingen; noodzaken

constrained onnatuurlijk

constraint dwang

constriction samentrekking

constringent samentrekkend

construct bouwen

construction bouw, aanbouw; samenstelling, inrichting

consul consul

consulate consulaat *o*

consult raadplegen

consultation consult *o*

consultative, consultatory raadgevend

consumable *adj* verteerbaar

consume verteren, verbruiken

consumer verbruiker, afnemer

consummate volmaakt; doortrapt; (*ww*) voltooien

consumption vertering; verbruik *o*; tering

consumptive teringachtig

contact aanraking, contact *o*; (*ww*) zich in verbinding stellen met

contagious besmettelijk

contain bevatten; bedwingen

container houder, reservoir *o*; laadbak   [ven

contaminate besmetten; bedercontemn verachten; versmaden

contemplate beschouwen

contemporary tijdgenoot; (*adj*) gelijktijdig

contempt verachting

contemptible verachtelijk

contend twisten

content tevreden; (*ww*) tevreden stellen

contented tevreden, vergenoegd

contention twist, strijd

contentment tevredenheid

contents *pl* inhoud

contest geschil *o*, twist; wedstrijd; (*ww*) bestrijden

contestable betwistbaar

context verband *o*

contiguous belendend, aangrenzend

continence onthouding

continent vasteland *o*; (*adj*) onthoudend, sober

continental vastelands-

contingent contingent; aandeel *o*, bijdrage; (*adj*) toevallig; eventueel

continual aanhoudend, gestadig, voortdurend

continuation voortzetting, ver volg *o*; — *classes pl* herhalingsonderwijs *o*

continue blijven, voortzetten, vervolgen, voortduren

continuous samenhangend; doorlopend; voortdurend; — *industry*, continubedrijf *o*

contortion verdraaiing

contour omtrek

contraceptive voorbehoedmiddel *o*

contract verdrag *o*, contract *o*; (*ww*) samentrekken; aangaan, sluiten

contractor aannemer

contradict tegenspreken

contradictory tegenstrijdig

contrary tegengesteld, strijdig; (*sb*) tegendeel *o*

contrast tegenstelling

contribute bijdragen

contrite berouwvol

contrivance vinding, verzinsel *o*; list

control controle; toezicht *o*; bestuur *o*; bedwang *o*; (*ww*) beheersen; leiden, besturen; controleren

controller controleur
control tower verkeerstoren
controversy strijdvraag, geschil o; dispuut o
contumacious weerspannig
contusion kneuzing
convalescence herstel o
convalescent herstellend(e)
convene samenroepen, -komen
convenient gelegen komend, gerieflijk
convent klooster o
convention bijeenkomst, overeenkomst, conventie
conversation conversatie
converse converseren, zich onderhouden
conversion bekering; conversie; omzetting
convert bekeerling, bekeerlinge; (ww) bekeren
convertible omkeerbaar
convex bolrond
convey vervoeren; overbrengen
conveyor lopende band
convict dwangarbeider
conviction schuldigbevinding, overtuiging
convince overtuigen
convivial vrolijk, gezellig
convocation bijeenroeping
convoke bijeenroepen
convoy konvooi o; (ww) (be)geleiden, konvooieren
convulsion stuip(trekking)
cook keukenmeisje o, kok; (ww) koken
cookery-book kookboek o
cool (adj) koel; fris; onverschillig; brutaal; (ww) — (down), be-, verkoelen
coolness koelheid, koelte
co-operation samenwerking
cop smeris

cope — with, de strijd aanbinden met; voorzien in
copious overvloedig
copper koper o; kopergeld o; (pop) politieagent
copperplate kopergravure
copse kreupelhout o
copulation paring
copy afschrift o, kopie
copy paper doorslagpapier o
copyright auteursrecht o; (in boek) nadruk verboden
coquettish koket
coral koraal o (stof)
cord koord o, snoer o, touw o
cordial hartsterkend; hartelijk
cordiality hartelijkheid
cordon (orde) lint o, koord o; (mil) kordon o
core binnenste o, kern; klokhuis o
cork kurk o & m
corker dooddoener; prachtkerel
cork-screw kurketrekker
corn koren o; graan o; (amer) maïs; eksteroog o, likdoorn
corner hoek; hoekschop
corner-seat hoekplaats
cornet horen; puntzakje o; kornet
cornflower korenbloem
corn-poppy klaproos
coronation kroning
coroner lijkschouwer
corporal korporaal; (adj) lichamelijk
corporation genootschap o, vereniging
corps korps o
corpse lijk o
corpulent gezet, zwaarlijvig
correct verbeteren; (adj) precies, juist [wijzing
correction verbetering, terecht-

correspond corresponderen; overeenkomen; aansluiten (treinen)
correspondence overeenkomst; briefwisseling
correspondence-course schriftelijke cursus
corridor gang, corridor
corridor-train D-trein
corroborate versterken; bekrachtigen
corrode invreten, verroesten
corrosive invretend
corrupt be-, verdorven; (*ww*) bederven, omkopen
corruptible omkoopbaar; bederfelijk
corruption bederf *o*, omkoping
cosmetic schoonheidsmiddel *o*, kosmetiek
cosmopolitan wereldburger
cost prijs; kosten *mv*, uitgave; *at my* —, op mijn kosten; *to my* —, tot mijn schade; (*ww*) (cost: cost) kosten
costly kostbaar, duur
costume kleding, kostuum *o*
cosy gezellig, behaaglijk; (*sb*) theemuts
cot bedje *o*, krib, kooi; hutje *o*
cottage huisje *o*; kleine villa
cotton katoen *o* & *m*
cotton-wool watten *mv*
couch rustbank; laag
cough hoest; (*ww*) hoesten
could zie *can*
council raad; advocaat; raadgeving; beraadslaging
counsel raad, overleg *o*; adviseur, advocaat
counsellor raadgever, raadsman
count graaf; (*ww*) tellen, rekenen
countenance gelaat *o*; voorko-

men *o*, steun; (*ww*) begunstigen, steunen, aanmoedigen
counter fiche *o* & *r*; teller; toonbank, balie; (*ww*) weerleggen, tegenspreken
counteract tegenwerken; neutraliseren
counterbalance opwegen tegen
counterfeit namaken, vervalsen; (*adj*) nagemaakt, vals
countermand herroepen
counter-move tegenzet
counterpane beddesprei
counterpart tegenhanger; equivalent *o*
countless talloos
country landstreek; (vader)-land *o*; platteland *o*
countryhouse landhuis *o*, villa
country life landleven *o*
country-seat buitenplaats, landgoed *o*
countryside platteland *o*
county graafschap *o*
couple paar *o*, koppel *o*
courage moed
courageous moedig
courier renbode, koerier
course loop, ren, gang; wedloop; koers; cursus; *in due* —, te zijner tijd
court hof *o*, rechtbank; (binnen)plaats; — *of arbitration*, scheidsgerecht *o*
courteous beleefd, hoffelijk
courtesy hoffelijkheid
court-martial krijgsraad
courtship vrijage, hofmakerij
courtyard binnenplaats
cousin neef, nicht (kind v. oom of tante)
covenant verdrag *o*; overeenkomst, akte
cover deksel *o*; bedekking;

schuilplaats; (boek) omslag;
(tafel) couvert o; stolp; *fig* dekmantel; (ww) (be)dekken
covert heimelijk, verborgen
covetous begerig, hebzuchtig
cow koe; (ww) bangmaken, intimideren
coward lafaard
cowardice laf(hartig)heid
cowardly laf, lafhartig
coy preuts
C. P. = *carriage paid*, vracht-
vrij, franco
crab krab
crack krak, barst; kraan, piet;
(*adj*) chic, best; keur-; (ww)
kraken, barsten
cradle wieg; spalk
craft handwerk o, ambacht o;
kunst, list; vaartuig o
craftiness listigheid
craftsman (geschoold) arbeider, vakman
craft-union vakbond
crafty listig; sluw
cram volstoppen
cramp kramp; kram
cramp-iron kram
cranberry veenbes
crane kraanvogel; hefkraan
crank zwengel, handvat o, kruk
crank-axle trapas
crank-shaft krukas
crape krip o, floers o
crash geraas o, gekraak o; botsing; neerstorten o; bankroet o;
krach
crass grof, lomp
crate krat; kist (vliegmachine)
crater krater
crave smeken; hunkeren
crawfish rivierkreeft
crawl kruipen, sluipen; (*sp*)
crawlen

crayon (teken)krijt o; pastel-
tekening
crazy krankzinnig; bouwvallig
creak kraken
cream room
creamery zuivelfabriek
crease kreuk, plooi; (ww) kreu-
ken, plooien
crease-resisting kreukvrij
create scheppen
creation schepping
creator schepper
creature schepsel o
credence geloof o
credential geloofsbrief
credible geloofwaardig
credit geloof o, goede naam;
krediet o; (ww) geloven; crediteren
creditor crediteur
credulous lichtgelovig
creed geloof o, belijdenis
creep (crept; crept) kruipen
creepy griezelig
cremate cremeren
cremation lijkverbranding
crept zie *creep*
crescent halve maan
cress tuinkers
crest kam, kuif, top
crestfallen teneergeslagen
crevice spleet, scheur
crew bemanning; ploeg
crib krib; kinderbedje o
cricket krekel; (*sp*) cricket o
cricketer cricketspeler
crime misdaad
criminal misdadiger; (*adj*) misdadig
cringe ineenkrimpen
cripple kreupel, verminkt
crisis keerpunt o; crisis
crisp krakend; bros; fris; pittig; kroezend; (ww) krullen

critic beoordelaar, criticus
critical hachelijk, kritiek
criticism kritiek
criticize beoordelen, kritiseren, hekelen
crochet-work haakwerk *o*
crock sukkel *o*; wrak *o*
crockery aardewerk *o*
crocodile krokodil
crook kromming, bocht; oplichter
crooked krom, gebogen; verkeerd; slinks
crop oogst; krop; (*ww*) plukken, oogsten; afknippen
cross kruis *o*; (*adj*) dwars, verkeerd; slecht gehumeurd; — *with*, boos op; (*ww*) kruisen, tegenwerken, dwarsbomen
cross-country (*sp*) veldloop
cross-examination kruisverhoor *o*
crossing overweg; oversteekplaats, kruising
cross-road dwars-, kruisweg
crochet haakje () *o*; gril; (*mus*) kwartnoot
crouch bukken, kruipen
crow kraai; gekraai *o*; (*ww*) kraaien
crowbar koevoet, breekijzer *o*
crowd gedrang *o*, menigte
crown kroon; kruin
crucial kritiek
crucible smeltkroes; vuurproef
crucifix kruisbeeld *o*, crucifix *o*
crude rauw, ruw, grof; onrijp
cruel wreed
cruelty wreedheid   [letje *o*
cruet-stand olie- en azijnstel-
cruise pleziervaart; kruistocht; (*ww*) kruisen
cruiser kruiser
cruising speed kruissnelheid

crumb kruimel
crunch kraken, knarsen
crumple verkreukelen
crupper kruis *o* (van paard)
crusade kruistocht
crusader kruisvaarder
crush verplettering; (*ww*) verpletteren, vermorzelen
crush-room foyer
crust korst
crutch kruk; (*fig*) steun
cry (ge)roep (*o*), (ge)schreeuw (*o*); kreet; (*ww*) (cried; cried) schreeuwen, huilen, roepen
crystal kristal *o*
cub jong *o*, welp
cube kubus; klontje *o* (suiker); bouillonblokje; (*adj*) kubiek
cuckoo koekoek
cucumber komkommer
cudgel knuppel
cue wachtwoord *o*; vingerwijzing; keu
cuff manchet; oorvijg; (*ww*) slaan, kloppen
culinary van de keuken, kookculmination hoogtepunt *o*, culminatie
culpable schuldig, misdadig
culprit schuldige
cult cultus, eredienst
cultivate (be)bouwen, aankweken, beschaven
cultivation bebouwing; beschaving, cultuur; aankweking
culture akkerbouw; beschaving, cuƚuur
cumbersome hinderlijk
cumulate ophopen
cunning handig, listig, sluw
cup kopje *o*, beker, kelk
cupboard kast
cupola koepel (dak)
curable geneeslijk

curate hulpprediker; kapelaan
curator curator
curb toom; trottoirband
curdle stremmen (melk)
cure genezing; predikants-
plaats; (*ww*) genezen
curiosity nieuwsgierigheid;
curiositeit
curious nieuwsgierig; curieus,
zeldzaam
curl krul, kronkeling; (*ww*)
krullen, kronkelen
curly krul-, kroes-
currant aalbes; krent
currency koers, omloop, circulatie, valuta; deviezen *mv*;
gangbaar geld *o*
current actueel, gangbaar, cou-
rant; (*sb*) stroming, stroom,
loop; *alternating* —, wisselstroom; *continuous* (*direct*) —,
gelijkstroom
curry kerrie
curse vloek; (*ww*) vervloeken
cursive vloeiend, cursief
cursory vluchtig
curt kort, kortaf
curtail beknotten, korten
curtain gordijn *o*, scherm *o*
curtsy buiging, reverence
curve bocht, kromming, (*ww*)
buigen, krommen

cushion kussen *o*; biljartband
custard vla
custodian bewaarder
custody bewaring, bewaking,
hoede; hechtenis
custom gewoonte, usance, gebruik *o*; —*s*, douane
customer klant
custom-house douanekantoor *o*
customs officer douanebeambte
cut snede, houw; snit; (*ww*)
(cut; cut) snijden, afnemen;
knippen; couperen; (*fig*) negéren; — *down*, besnoeien; —*off*,
afsnijden, -slaan, -breken,
-sluiten
cut-away (coat) jacquet *o*
cute (*pop*) (*amer*) pienter; lief
cutlet kotelet, karbonade
cut-out uitschakelaar; vrije uitlaat; uitknipsel *o*
cutter coupeur; kotter
cut-throat (*adj*) moorddadig
cutting kranteknipsel *o*
cwt. = *hundredweight*, cente-
naar
cycle rijwiel *o*, fiets; kringloop;
(*ww*) fietsen
cycling-track fietspad *o*
cyclist wielrijder, fietser
cyclopaedia encyclopedie
cynic(al) cynisch

D

dab por; spat; bolleboos; (*ww*)
betten
dabbler beunhaas
dad, daddy pa, pappie
daffodil gele narcis
dagger dolk, kruisje *o* (†)

daily dagblad *o*; dagmeisje *o*;
(*adj*) dagelijks
dainty lekker; (kies)keurig; fijn,
aardig, sierlijk; (*sb*) lekkernij
dairy melkerij, melkslijterij
dairy-fresh roomboter

67

dairy-produce zuivel *m* & *o*
daisy madeliefje *o*
dally stoeien; dartelen
dam dam, dijk
damage schade, beschadiging;
(*ww*) beschadigen, havenen
damask damast *o*
damn vloeken, verdoemen
damp nevel; vochtigheid; (*adj*)
vochtig
damp-proof bestand tegen
vocht
damsel deerntje *o*; juffertje *o*
damson kwets
dance dans; (*ww*) dansen
dancer danser, danseres
dancing het dansen, gedans *o*
dandelion paardebloem
dandruff roos (haar)
danger gevaar *o*
dangerous gevaarlijk
dangle bengelen
Danish Deens
Danube Donau
dare durven; tarten
dare-devil waaghals
daring vermetel, gedurfd
dark duister, donker
darken verdonkeren, verduisteren; donker worden
darkness duisternis
darling lieveling
darn stoppen, mazen
darned drommels
dash slag; (*fig*) zwier, elan *o*;
golfslag; (*ww*) slaan, botsen,
kletsen
dashboard instrumentenbord *o*
dashing onstuimig; kranig;
zwierig
date dagtekening; datum; afspraak; dadel; dadelpalm;
(*ww*) dagtekenen
daub smeer *o*; (*ww*) besmeren,

kladschilderen
daughter dochter
daughter-in-law schoondochter
dauntless onverschrokken
dawdle treuzelen, talmen
dawn dageraad; (*ww*) licht
worden; duidelijk worden
day dag, daglicht *o*
day-break dageraad
day-ticket dagretour *o*
daze verdoven; doen duizelen
dazzle verblinden; verbijsteren;
— *lamp*, schijnwerper (v. auto)
dead dood; doods
dead-beat doodop
deaden (ver)doven, dempen
dead-heat (*sp*) gelijk op
deadlock *be at a* —, op het dode
punt zijn
deadly dodelijk
deaf doof; — *and dumb*, doofstom
deal (dealt; dealt) ronddelen;
handelen; geven (speelkaarten);
(*sb*) hoeveelheid, transactie; *the
New Deal*, (*amer*) de nieuwe
ordening van de maatschappij
dealer handelaar; gever (van
kaarten)
dear lief, dierbaar, duur; *oh*— *!*,
o, jé!, o, hemel!
death dood
death-duties successierechten
death-penalty doodstraf
debase verlagen; vernederen
debate debat *o*; (*ww*) debatteren, betwisten
debauch verleiden, verderven;
(*sb*) uitspatting
debilitate verzwakken
debility zwakte
debit debet *o*; (*ww*) debiteren
debouch (into) uitmonden in
debt schuld

debtor debiteur, schuldenaar
début debuut *o*
decade tiental *o* jaren
decanter karaf
decapitate onthoofden
decay verval *o*; (*ww*) vervallen; achteruitgaan
decease overlijden (*o* & *ww*)
deceit bedrog *o*, misleiding
deceitful bedrieglijk
deceive bedriegen, misleiden
December december
decency fatsoen *o*
decennial tienjarig
decent behoorlijk, fatsoenlijk
deception bedrog *o*, misleiding
decide beslissen
decision beslissing, besluit *o*
decisive beslissend
deck dek *o*
deckchair ligstoel
declaim opzeggen, voordragen
declaration verklaring; bekendmaking; aangifte
declare verklaren; — *off*, afgelasten
declension (*gr*) verbuiging
declination afwijking
decline verval *o*; (*ww*) vervallen; afwijzen, weigeren; (*gr*) verbuigen
declivity helling   [len
declutch debrayeren, ontkoppe-
decoct afkoken
decompose ontbinden
decorate versieren
decoration versiering; ridderorde
decorum welvoeglijkheid, decorum *o*
decoy lokken; (*sb*) lokaas *o*; lokvogel
decrease vermindering; (*ww*) verminderen, afnemen

decree decreet *o*, gebod *o*; (*ww*) verordenen
decrepit afgeleefd
dedicate wijden
dedication wijding, opdracht
deduce afleiden
deduct aftrekken
deduction aftrekking; korting
deed daad; akte
deem oordelen, achten
deep diep; diepzinnig
deepen verdiepen
deep-rooted ingeworteld
deer (*pl* deer) hert *o*
defamation smaad, laster
default gebrek *o*, fout
defeat nederlaag; (*ww*) verslaan
defect gebrek *o*, defect *o*
defective defect, gebrekkig
defence verdediging, verweerschrift *o*; —*s*, verdedigingswerken *mv*
defend verdedigen
defendant gedaagde
defensive defensief; verdedigend
defer uitstellen, dralen
deference eerbied, achting
defiance uitdaging, tarting
deficiency gebrek *o*, tekortkoming; defect *o*, deficit *o*
deficient gebrekkig
defile bergkloof, engte; defilé *o*; (*ww*) besmetten, onteren
define bepalen; definiëren
definite bepaald
definition bepaling, definitie
deformity mismaaktheid
defraud bedriegen
defray bekostigen
deft handig, vaardig
defunct overleden(e)
defy (defied; defied) trotseren; uitdagen
deg. = *degree*(*s*), graad, graden

69

degenerate ontaard; (*ww*) ontaarden
degeneration ontaarding
degradation degradatie, verlaging; ontaarding
degree graad; rang, stand
deign zich verwaardigen
deity godheid
dejected neerslachtig
delay uitstel *o*, vertraging; (*ww*) uitstellen   [vol
delectable verrukkelijk, genot-
delegate gemachtigde, afgevaardigde
delegation afvaardiging
deleterious schadelijk
Delf Delfts aardewerk *o*
deliberate bezadigd; weloverwogen; (*ww*) beraadslagen
deliberation overleg *o*, beraad *o*, beraadslaging
delicacy kiesheid; lekkernij
delicate fijn, teer; kies; lekker
delicious heerlijk, lekker
delight lust, genot *o*; genoegen *o*; (*ww*) verheugen, bekoren
delightful heerlijk, verrukkelijk
delimitation afbakening
delinquent delinquent, schuldige
delirious ijlend; dol
deliver bevrijden, verlossen; overhandigen, af-, overleveren
deliverance verlossing; bevrijding, redding; uitspraak
delivery (af)levering; verlossing; bevalling
delivery van bestelwagen
delude misleiden
deluge zondvloed; overstroming
delusion waan; dwaling
demand vraag; eis; *in —*, gezocht (v. waren); (*ww*) vragen, eisen
demarcation afbakening

demeanour houding, gedrag *o*
demented krankzinnig
demerit fout, gebrek *o*
demise overdracht; overlijden
demission afstand; ontslag *o*
demobbed (*pop*) gedemobiliseerd
democracy democratie
democratic(al) democratisch
demolish afbreken, slopen
demolition afbraak, sloping
demonstrate aantonen, betogen
demonstration bewijs *o*; demonstratie; betoog *o*
demonstrator betoger, assistent (van professor)
demur aarzelen, weifelen
demure(ly) stemmig, zedig
den hol *o*; (studenten)kamer
denial ontkenning, (ver)loochening, weigering
denizen genaturaliseerde vreemdeling, bewoner
Denmark Denemarken *o*
denominate (be)noemen, betitelen
denominator noemer
denote aanduiden, aanwijzen
denounce aangeven; aanklagen; veroordelen, wraken
denouncement aanklacht
dense dicht; stompzinnig
density dichtheid
dent deuk
dental tand-, tanden-
dentist tandarts
denture kunstgebit *o*
denude ontbloten
denunciate aanklagen; aan de kaak stellen
denunciation aangifte; afkeuring
deny (denied; denied) ontkennen, loochenen; ontzeggen

depart vertrekken
department werkkring, afdeling, departement o; —store(s), warenhuis o
departure vertrek o
depend afhangen; steunen
dependence afhankelijkheid
dependencies bijgebouwen mv
dependent afhankelijk
depict afbeelden
deplorable betreurenswaardig
deplore bewenen, betreuren
depose afzetten, deponeren; getuigenis afleggen
deposit storting; deposito o; pand o; neerslag
depot depot o; (tram) remise
depravation bederf o, verdorvenheid
depravity verdorvenheid
deprecate afsmeken; waarschuwen voor
depreciate onderschatten; in waarde (doen) dalen
depress (neer)drukken, neerslachtig maken
depression drukking; neerslachtigheid; depressie; malaise
deprivation beroving; ontzetting (uit ambt); verlies o
depth diepte; diepzinnigheid
deputation afvaardiging
deputy afgevaardigde, plaatsvervanger
derail ontsporen
derange storen, verwarren
derby bolhoed, dop
derelict verlaten, onbeheerd (v. schepen)
dereliction verlating, (plichts-)verzuim o
derision bespotting
derisory bespottelijk, spotderive afleiden (uit); afstam-

men (van)
derogatory benadelend; vernederend
derrick (hef)kraan; boortoren
descend afdalen, neerkomen; afstammen
descendant afstammeling
descent (af)daling; afstamming
describe beschrijven
description beschrijving
desecrate ontwijden
desert woest, onbewoond; (sb) woestijn; verdienste; (ww) verlaten, deserteren
deserter deserteur
deserve verdienen
design plan o, bedoeling; (ww) schetsen, ontwerpen; voorhebben; bestemmen
designation aanduiding, bestemming
desirable begeerlijk, wenselijk
desire begeerte, wens; (ww) verlangen, begeren
desirous begerig
desist afzien, ophouden
desk lessenaar, bureau o; kassa
desolate verlaten; naargeestig
desolation verwoesting, verlatenheid, troosteloosheid
despair wanhoop; (ww) wanhopen
desperate wanhopig, radeloos
despicable verachtelijk
despise verachten
despite in weerwil van
despoil beroven
despoliation beroving, plundering
dessert nagerecht o
destination bestemming
destiny bestemming, noodlot o
destitute hulpbehoevend, verstoken

destroy vernielen, vernietigen
destroyer torpedojager
destruction vernieling, vernietiging
desultory onsamenhangend; vluchtig
detach losmaken; detacheren
detachment losmaking, onverschilligheid; detachement *o*
detail detail *o*
detain ophouden, gevangen houden; aanhouden
detect ontdekken, betrappen
detective detective, rechercheur
detention gevangenhouding
deteriorate verergeren, achteruitgaan
determinate bepaald, vast
determinated vastbesloten, resoluut   [sluit *o*
determination bepaling; bedetermine** bepalen, besluiten; eindigen
detest verfoeien, verafschuwen
detestable verfoeilijk
detonate ontploffen
detonation ontploffing, knal
detour omweg
detract (from) afbreuk doen (aan); verkleinen
detraction afbrekende kritiek; kleinering, kwaadsprekerij
detriment schade, nadeel *o*
detrition afslijting
deuce twee (op dobbelstenen en speelkaarten); 40 gelijk (tennis); drommel, duivel
devaluation devaluatie
devastation verwoesting
develop ontwikkelen
developer ontwikkelaar
development ontwikkeling; — (*developing*) *aid*, ontwikkelingshulp

deviate afwijken
device oogmerk *o*; uitvinding; list; zinspreuk
devil duivel; duivelstoejager
devious afwijkend
devise verzinnen, uitdenken; aanstichten; legateren
devoid of ontbloot van
devolve overdragen, doen overgaan; te beurt vallen
devote wijden, toewijden
devotion toewijding, godsvrucht, vroomheid
devour verslinden
devout godvruchtig
dew dauw
dexterity behendigheid, handigheid
dexterous rechts; behendig
diabetes suikerziekte
diabolic(al) duivels
diagnosis diagnose
dial zonnewijzer; wijzerplaat; (*tel*) nummerschijf; (*ww*) een nummer draaien, opbellen; —*ling tone*, zoemertoon *m*
dialect tongval, dialect *o*
dialogue samenspraak
diameter middellijn
diamond diamant, ruiten (in het kaartspel)
diaper luier
diaphanous doorschijnend
diaphragm middenrif *o*
diarrhoea diarree
diary dagboek *o*; agenda
dice dobbelstenen *mv*; (*ww*) dobbelen
dick(e)y (*pop*) kattebak (v. auto); frontje *o*; ezel
dictate voorzeggen; dicteren
dictation dictee *o*, dictaat *o*
diction voordracht
dictionary woordenboek *o*

did zie *do*
didactic didactisch, leer-
die (*pl* dice) dobbelsteen, muntstempel, matrijs; (*ww*) (died; died) sterven, overlijden
diet leefregel; dieet *o*; rijksdag
differ verschillen
difference verschil *o*
different verschillend
differentiate onderscheiden
difficult moeilijk
difficulty moeilijkheid
diffident schroomvallig
diffuse verspreiden; verstrooien
dig (dug; dug) graven; (*sb*) por, duw; —s, ,,kast", kamer
digest verteren; systematiseren; (*sb*) overzicht *o*
digestion spijsvertering
digit - vingerbreedte; cijfer *o* beneden tien
dignified waardig, deftig
dignity waardigheid
dike sloot; dijk, stenen wal; (*ww*) indijken
dilapidation verwaarlozing; verval *o*
dilatation uitzetting
dilate uitbreiden, uitzetten
diligence ijver, vlijt
diligent ijverig, vlijtig
dilute verdunnen; (*adj*) verdund
dim duister, schemerig; vaag; dof; (*ww*) verduisteren, dim-
dimension afmeting   [men
diminish verminderen
diminution vermindering
diminutive verkleinwoord *o*
dimness duisterheid, dofheid
dimple (wang)kuiltje *o*
din geraas *o*, lawaai *o*
dine eten, dineren
dining-car restauratierijtuig *o*
dining-room eetkamer, -zaal

dinner middagmaal *o*, diner *o*
dinner-jacket smoking
dinner-set eetservies *o*
dip indopen
diphtheria difterie, difteritis
diplomat diplomaat
dipsomaniac drankzuchtig
dire akelig, ijselijk
direct rechtstreeks; (*ww*) richten, besturen
direction richting; directie; bewind *o*, bestuur *o*, beheer *o*; adres (van brief) *o*
director directeur; bestuurder; commissaris
directory adresboek *o*
dirigible bestuurbaar
dirt slijk *o*, vuil *o*; (*ww*) bevuilen
dirty vuil, smerig
disable onbekwaam-, onschadelijk maken; buiten gevecht stellen; onttakelen (schip)
disabled invalide, verminkt; ontredderd; stuk
disadvantage nadeel *o*
disagree verschillen, het oneens zijn
disagreeable onaangenaam
disagreement meningsverschil *o*
disappear verdwijnen
disappoint teleurstellen
disappointment teleurstelling
disapprobation, disapproval afkeuring
disapprove afkeuren
disarm ontwapenen
disaster ramp, onheil *o*
disavow ontkennen, (ver)loochenen
disavowal (ver)loochening
disband uiteengaan; afdanken
disbelief ongeloof *o*
disburden ontlasten
disc zie *disk*

discard

discard wegleggen; afdanken
discern onderscheiden
discernment onderscheidings-
vermogen o, doorzicht o
discharge ontslag o; kwijtschelding; losbranding; aflossing;
ontlading; etter; ontlasting;
(ww) ontslaan, ontheffen; afschieten; kwijtschelden; vrijspreken
disciple leerling
discipline (krijgs)tucht, discipline; (ww) tuchtigen
disclose openbaren, onthullen
discolour verkleuren
discomfit uit 't veld slaan; verijdelen
discomfort ongemak o; leed o
disconcert verijdelen; van zijn
stuk brengen
disconnect losmaken; ontbinden
discontent misnoegen o, ontevredenheid; (adj) misnoegd
discontinue staken, intrekken;
opzeggen (abonnement)
discord tweedracht, verdeeldheid
discordant onenig; onharmo-
nisch
discount disconto o, korting;
(ww) (ver)disconteren
discourage ontmoedigen, afschrikken
discourse redevoering; preek
discourtesy onbeleefdheid
discovery ontdekking
discredit slechte naam; (ww)
niet geloven
discreet voorzichtig, tactvol
discretion voorzichtigheid, tact;
oordeel o
discriminate onderscheiden
discuss bespreken

discussion discussie
disdain minachten, versmaden
disdainful minachtend
disease ziekte, kwaal
diseased ziek
disembarkation ontscheping,
landing
disembarrass bevrijden, ontlasten; ontwarren
disembroil ontwarren
disengage los-, vrijmaken
disentangle ontwarren
disfavour ongenade
disfigure mismaken, schenden,
verminken
disgrace ongenade; schande;
schandvlek
disgraceful schandelijk
disguise vermomming; (ww)
vermommen; verbloemen
disgust walging; afkeer; be
—ed at, walgen van
dish schotel, schaal, gerecht o;
(ww) opdissen
dish-cloth vaatdoek
dishearten ontmoedigen
dishonest oneerlijk
dishonour oneer; (ww) onteren;
niet betalen (wissel)
dishwasher afwasmachine
disillusion ontgoocheling
disinclination tegenzin
disinclined ongenegen, afkerig
disinfect ontsmetten
disinherit onterven
disintegrate ontbinden
disinterested belangeloos
disjoin afscheiden
disk discus; schijf; grammofoonplaat
dislike afkeer, tegenzin; (ww)
'n hekel hebben aan
dislocate ontwrichten
disloyal ontrouw

dismal akelig, triest
dismantle ontmantelen, demonteren
dismay verslagenheid; ontsteltenis
dismiss wegzenden; inrukken; ontslaan; zich afzetten
dismissal, dismission ontslag o
dismount afstijgen
disobedient ongehoorzaam
disobey ongehoorzaam zijn
disorder wanorde; kwaal; (ww) verwarren
disorderly wan-, onordelijk
disorganize desorganiseren; ontwrichten
disown verloochenen
disparage kleineren
dispassionate bezadigd
dispatch (met spoed) verzenden, afhandelen; (sb) (spoed)bericht o
dispel ver-, uiteendrijven
dispensary apotheek
dispensation ontheffing
dispense uitdelen, ontheffen van; klaarmaken (recept)
dispensing chemist apotheker
disperse verstrooien
displace verplaatsen
displaced person ontheemde
display vertoning; (ww) vertonen, etaleren; ten toon spreiden
displeasure misnoegen o, ontstemming
disposal beschikking
dispose schikken, regelen; — of, beschikken over; zich ontdoen van
disposed geneigd, gestemd
disposition (rang)schikking; plaatsing; regeling; aard; gezindheid

dispossession onteigening
disproportion wanverhouding
dispute redetwist, geschil o; (ww) redetwisten; betwisten
disqualify onbekwaam maken; uitsluiten, diskwalificeren
disquiet verontrusten
disregard veronachtzamen; (sb) geringschatting
disreputable berucht
disrupt uitéénrukken, vanéénscheuren
dissatisfaction ontevredenheid
dissect ontleden
dissemble verhelen, (ont)veinzen
disseminate uitstrooien; verspreiden
dissension verdeeldheid
dissenter afgescheidene (van de Eng. staatskerk)
dissertation verhandeling
dissimilar ongelijk
dissimulation veinzerij
dissipate verstrooien, verkwisten   [ling
dissipation verkwisting, verspil-
dissoluble oplosbaar
dissolute los(bandig), liederlijk
dissolution ontbinding, oplossing
dissolve oplossen, ontbinden
dissonance wanklank
dissuade afraden, ontraden
distance afstand
distant afgelegen; ver
distasteful onaangenaam
distil afdruipen; distilleren
distinct onderscheiden, afgezonderd; duidelijk
distinction onderscheid o; onderscheiding; aanzien o; gedistingeerdheid
distinguisb onderscheiden

distinguished aanzienlijk
distort vervormen
distract afleiden (de aandacht)
distraction afleiding; (verstands)verbijstering
distress nood, ellende
distribution uitdeling, distributie
district district *o*; — *nurse*, wijkverpleegster
distrust wantrouwen *o*
distrustful wantrouwig
disturb verstoren
disturbance verstoring, stoornis
disuse onbruik *o*
ditch sloot, greppel
divan divan; rooksalon
dive duiken; zich verdiepen in; (*sb*) (*amer*) kroegje *o*
diver duiker
diverge uiteenlopen, afwijken
divergent afwijkend
divers verscheidene
diversion afleiding, vermaak *o*
divert afwenden, afleiden, vermaken
divide delen, scheiden
dividend deeltal *o*; dividend *o*; uitkering
divine goddelijk; (*ww*) raden, voorspellen
divining-rod wichelroede
divisible deelbaar
division verdeling; afdeling, divisie
divisor deler
divorce echtscheiding; (*ww*) (zich laten) scheiden
divulge openbaren, onthullen
dizzy duizelig
do (did; done) doen, verrichten; — *away*, verwijderen, wegdoen; — *off*, uittrekken; — *come!*, kom toch!

docile volgzaam, gezeglijk
dock dok *o*; haven; beklaagdenbankje *o*
dock-company veem *o*
docker bootwerker
dock warrant ceel
dockyard scheepswerf
doctor doctor, dokter
doctrine leer, leerstelsel *o*
document stuk *o*; document *o*
dodge ontwijken, ontduiken
doe hinde; wijfje *o*
dog hond; mannetje *o*
dogged koppig; onhandelbaar
doggish honds
dog-kennel hondehok *o*
dogma dogma *o*, leerstuk *o*
doing daad; bedrijf *o*
dole werklozenuitkering; aalmoes; *be on the* —, steun trekken
doleful droevig
do-little nietsdoener, leegloper
doll pop
dolorous pijnlijk, smartelijk
dome koepel; gewelf *o*
domestic huiselijk, huishoudelijk; — *animal*, huisdier *o*; — *science school*, huishoudschool
domicile woonplaats
dominate overheersen
dominion heerschappij, Brits gebiedsdeel met zelfbestuur
donation gift, schenking
done gedaan; gaar; — *for*, naar de bliksem; — *in*, erbij; — *up*, doodop; zie ook *do*
donkey ezel
donor gever, schenker
don't, **do not** doe (het) niet, laat het
doom vonnis *o*; lot *o*
door deur
door-keeper portier

door-plate naambordje *o*
doorway ingang, portaal *o*; deuropening
dope drank; verdovend middel *o*; (*ww*) met een opwekkend middel behandelen
dormitory slaapzaal
dose dosis
dot stip, punt
dotage kindsheid
doting mal; kinds, suf
dotted line stippellijn
double duplicaat *o*; dubbelganger; (*adj*) dubbel; (*ww*) verdubbelen; vouwen; (*ca*) doubleren
double-cross dubbel spel spelen
double entry dubbel boekhouden *o*
doubt twijfel; (*ww*) twijfelen
doubtful twijfelachtig
doubtless ongetwijfeld
dough deeg *o*; (*fam*) geld *o*
dove duif
dower bruidsschat
down dons *o*; duin *o*; (*adv*) beneden, neder
downcast neerslachtig
downfall (regen)bui; val; ondergang; instorting
down-hearted ontmoedigd, gedrukt
downpour stortbui
downstairs (naar) beneden
downward naar beneden
downy donzig, donsachtig
dowry bruidsschat
doze soezen, dutten
dozen dozijn *o*
dozy soezerig
Dr. = 1 *doctor*; 2 *debtor*
drab vaal; saai
draft ontwerp *o*, concept *o*; lichting; traite; (*ww*) ontwerpen, opstellen

drag dreg; (*ww*) slepen
dragon draak; tractor
drain afvoerbuis; (*ww*) afwateren, droogleggen
dramatist toneeldichter
drank zie *drink*
draper manufacturier
drapery manufacturen *mv*; draperie
drastic krachtig
draught slok, teug; trek, haal, schets; wissel; tocht; diepgang (van schip); *there is a* —, het tocht
draught-animal trekdier *o*
draughts *pl* damspel *o*
draught-screen kamerscherm *o*
draught(s)man damschijf
draw (**drew**; **drawn**) trekken; tekenen, schetsen; — *from*, ontlenen aan; — *off*, wegvoeren; — *on*, meeslepen; trekken op; — *up*, opstellen; (*sb*) trek; loterij; (*sp*) gelijk spel *o*
drawback bezwaar *o*; nadeel *o*
drawbridge ophaalbrug
drawer lade
drawers *pl* onderbroek; zwembroekje *o*
drawing tekening
drawing-pin punaise
drawing-room salon
drawl temen, lijzig spreken
drawn onbeslist; zie ook *draw*
dread vrees; (*ww*) vrezen
dreadful vreselijk, ontzettend
dreadnought onverschrokken; (*sb*) groot slagschip *o*
dream droom; (*ww*) (**dreamt**; **dreamt** or **dreamed**) dromen
dreamy dromerig
dreary ijselijk, akelig, triest
dredge sleepnet *o*, dreg; (*ww*) baggeren

77

dredger baggermolen
dregs pl bezinksel o
drench doorweken; drenken
dress kleding; toilet o, kostuum o, japon; (ww) kleden; (haar) opmaken; (wond) verbinden
dress-circle (schouwburg) balkon o
dress-coat rok (v. heer)
dresser aanrecht o, dressoir o
dressing aankleding; bereiding; verband o
dressing-case toiletnecessaire; verbandtrommel
dressing-gown peignoir
dressing-station verbandplaats
dressmaker (kostuum)naaister
dress parade modeshow
dress-preserver sousbras
dress rehearsal generale repetitie
drew zie *draw*
drift drift, sneeuwjacht
drift-ice drijfijs o
drill boor; exercitie; (ww) drillen, exerceren
drink drank; (ww) (**drank**; **drunk**) drinken
drip druipen, neerdruppelen
dripping — *wet*, druipnat
drive ritje o; drijfjacht; oprijlaan; (sp) slag; (ww) (**drove**; **driven**) drijven, aan-, voortdrijven; besturen, mennen; jagen
driver bestuurder; chauffeur
driving-belt drijfriem
driving-licence rijbewijs o
drizzle motregenen
droll snaak; (adj) snaaks; kluchtig
drone gonzen, dreunen
droop kwijnen; laten hangen
drop druppel; oorbel; val; (ww) laten vallen; afzetten (uit auto)
dropping-bottle druppelflesje o

droppings pl uitwerpselen mv
drought droogte
drove zie *drive*
down (trs) verdrinken; overstromen; be —ed, (intr) verdrinken
drowse soezen, dommelen
drowsy slaperig; soezerig
drub afrossen, ranselen
drudge zwoegen, sloven
drug kruid o, drankje o, bedwelmend middel o
druggist drogist, apotheker
drug-store (amer) drogisterij, apotheek, winkel waar van alles verkocht wordt
drum trom; (ww) trommelen
drummer tamboer; slagwerker; (amer) handelsreiziger
drumstick trommelstok
drunkard dronkaard
drunk(en) dronken; zie *drink*
drunkenness dronkenschap
dry droog, onvermengd; (ww) (**dried; dried**) drogen; — *up*, uitdrogen, opdrogen
dry-cleaning chemisch reinigen o
dry-dock droogdok o
dry goods pl manufacturen mv
dryly droogjes
dryness droogte
dubious twijfelachtig
duchess hertogin
duchy hertogdom o
duck eend; duik
duckling jonge eend
duckweed kroos o
duct kanaal o, buis, leiding
ductile sneed-, kneed-, rekbaar, buigzaam, handelbaar
due verschuldigd, verplicht; behoorlijk; in — time, te zijner tijd
duel tweegevecht o, duel o

78

duet duet *o*
dug zie *dig*
dug-out bomvrije schuilplaats
duke hertog
dull dof, dom, loom; suf;
stomp, saai, vervelend
duly behoorlijk
dumb stom, sprakeloos
dummy stomme, blinde (kaartspel); (kostuum) pop; model *o*
(boek)
dump vuilnisbelt; opslagplaats
dun schuldeiser; (*adj*) donker-
bruin; (*ww*) manen
dunce domoor
dune duin *o*
dung mest; (*ww*) mesten
dungarees *pl* overal
dungeon kerker   [gen
dupe bedrogene; (*ww*) bedrie-
duplicate dubbel; (*sb*) afschrift
o, duplicaat *o*
durable duurzaam

duration duur
during gedurende
dusk schemering; (*adj*) sche-
merachtig, donker-
dust stof *o*; (*ww*) afstoffen
dustbin vuilnisbak
duster stoffer, stofdoek; stof-
mantel
dustman vuilnisman
dustpan vuilnisblik *o*
dusty stoffig, bestoven
Dutch Nederlands
Dutchman Nederlander
duty plicht, dienst; recht *o*,
accijns
dwarf dwerg
dwell (dwelt; dwelt) wonen
dwelling woning
dwindle afnemen, verminderen
dwt. = *pennyweight*, 1,55 g
dye verf, kleur; (*ww*) kleuren,
verven
dynamic dynamisch

E

each elk, ieder
each other elkander
eager vurig, begerig, verlangend
eagle adelaar, arend
ear oor *o*; aar
ear aid gehoorapparaat *o*
eardrum trommelvlies
earl graaf
ear-lap oorlelletje *o*
early vroeg; *at the earliest*, op
zijn vroegst
earmark merken; (geld) uittrekken (op begroting)
earn verdienen

earnest ernst; (*adj*) ernstig
earth aarde: grond; (*ww*) aarden
earthconnection aardleiding
earthenware aardewerk *o*
earthly aards
earthquake aardbeving
earthy aard-; aards
earwig oorworm
ease rust, gemak *o*; (*ww*) verlichten, makkelijker maken
easel (schilders) ezel
east oosten
Easter Pasen
eastern oosters   [gen
easy gemakkelijk, ongedwon-

79

easy chair fauteuil, leunstoel
easygoing gemoedelijk
eat (ate; eaten) eten
eatable eetbaar
eatables pl eetwaar
eavesdropper luistervink
ebb eb
ebony ebbehout o
eccentric zonderling; excentrisch
ecclesiastic geestelijke; (adj) geestelijk
eclipse eclips, verduistering
economic economisch, staathuishoudkundig
economical zuinig, spaarzaam, economisch
economist econoom
economize bezuinigen
economy economie; spaarzaamheid; bezuiniging
ecstasy verrukking
Ed. = Editor; edition, redacteur; uitgave
eddy draaikolk; wervelwind
edge rand; snede, scherpte; (ww) scherpen; (om)zomen
edible eetbaar
edifice gebouw o
edify stichten, opbouwen
edition uitgaaf; druk
editor redacteur; bewerker; —s. redactie
editor-in-chief hoofdredacteur
educate opvoeden; —d, beschaafd, ontwikkeld
education opvoeding
E.E.C. = European Economic Community, Europese Economische Gemeenschap
eel aal, paling
eerie bijgelovig, bang; eng, akelig
efface uitwissen

effect (uit)werking, gevolg o; effect o; (ww) bewerkstelligen
effective krachtig, werkzaam, doeltreffend
effects pl persoonlijk eigendom o
effectual krachtdadig, van kracht; doeltreffend
effectuate uitvoeren, volbrengen
efficacious doeltreffend
efficiency doeltreffendheid; nuttig effect o
efficient doeltreffend
effigy afbeeldsel o, beeld o
effluence uitvloeisel o
effort poging, inspanning
effrontery onbeschaamdheid
effusion uitstorting; ontboezeming
e.g. = exempli gratia, bijvoorbeeld, bijv.
egg ei o; fried —, gebakken ei
egg-cup eierdopje o
egg-nog advocaat (drank)
egg-spoon eierlepeltje o
egoism zelfzucht, eigenbaat
Egypt Egypte o
Egyptian Egyptisch; Egyptenaar
eider-down eiderdons o; dekbed o
eight(h) acht(ste)
eighteen(th) achttien(de)
eighty tachtig
either een van beide(n); ook; —...or, of ...of
ejaculation uitstorting, ontboezeming
eject uitwerpen
eke out aanvullen, rekken
elaborate doorwrocht; uitvoerig
elapse verlopen

elastic veerkrachtig, elastisch
elated opgewonden, opgetogen
elbow elleboog; bocht
elbow-chair armstoel
elder oudere; ouderling; vlier-
(struik)
elderly bejaard, oudachtig
elect uitverkoren, gekozen;
(ww) kiezen, verkiezen
election verkiezing
electric elektrisch
electrician elektricien
electricity elektriciteit
electrify elektriseren
electrocute elektrokuteren
electronic electronisch
elegance elegantie, bevalligheid
elegy treurzang, elegie
elementary school basisschool
elephant olifant
elevate verheven; (ww) opheffen, verheffen
elevator elevator; (amer) lift
eleven(th) elf(de)
eligible verkiesbaar
eliminate elimineren, terzijde-
stellen, uitschakelen
ellipse ellips, uitlating
elm olm, iep
elongate verlengen, rekken
elope weglopen
elopement vlucht, schaking
eloquent welsprekend
else anders
elsewhere elders
elucidate ophelderen, verduidelijken
elusive ontwijkend
emaciation vermagering
emanate voortvloeien
emancipate bevrijden, vrijmaken; emanciperen
embalm balsemen

embank indijken, bedijken
embankment indijking; kade;
(spoor)dijk
embark inschepen
embarrass in verwarring brengen; hinderen
embarrassment verlegenheid
embassy gezantschap o, ambassade
embellish versieren, verfraaien
embezzle verduisteren (stelen)
embitter verbitteren
embody belichamen
embrace omhelzen, omvatten
embrocation smeersel o
embroidery borduursel o
embroil verwarren
emerge oprijzen, opduiken
emergency noodtoestand, on-
voorziene gebeurtenis, spoedgeval o
emergency-brake noodrem
emergency-exit nooduitgang
emery-paper schuurpapier o
emetic braakmiddel o
emigrant landverhuizer
emigrate emigreren
eminent verheven, uitstekend
emissary (af)gezant; spion
emission uitzending; uitgifte
emit uitzenden, uitgeven
emotion ontroering
emperor keizer
emphasis klemtoon, nadruk
emphatical(ly) nadrukkelijk
empire (keizer)rijk o
empiric proefondervindelijk
employ gebruik o; ambt o;
dienst; (ww) gebruiken, te-
werkstellen
employee werknemer
employer werkgever
employment bezigheid, werk o;
gebruik o

81

emporium groot warenhuis *o*
empress keizerin
empty ledig, ijdel; (*ww*) ledigen
emulate wedijveren
enable in staat stellen
enamel email *o*, brandschilder-werk *o*
encamp legeren
encampment legerplaats, kamp *o*
encash verzilveren, innen
enchain boeien
enchant betoveren; bekoren
encircle omsingelen, insluiten
enclose insluiten
enclosure omheining; bijlage
encompass omsluiten, omvat-ten
encounter ontmoeting; scher-mutseling; (*ww*) ontmoeten
encourage aanmoedigen
encroach inbreuk maken; in-dringen
encumber belemmeren
encumbrance belemmering, last; hypotheek
end einde *o*; doel *o*; uitslag; (*ww*) eindigen
endanger in gevaar brengen
endeavour poging; (*ww*) be-proeven, pogen
endive andijvie
endless eindeloos
endmost laatste, achterste
endorse endosseren
endorsement endossement *o*
endow begiftigen, toerusten
endurance lijdzaamheid, uit-houdingsvermogen *o*
endure verdragen, lijden, dul-
enemy vijand   [den
energetic energiek
energy energie, wilskracht
enervate ontzenuwen, verslap-pen

enfeeble verzwakken
enforce afdwingen
enforcement dwang, geweld *o*
engage verbinden, aanwerven; in beslag nemen
engagement verplichting; ver-loving; gevecht *o*
engaging innemend
engender voortbrengen
engine werktuig *o*, machine, locomotief; brandspuit; motor
engine-driver machinist
engineer ingenieur; machinist, technicus; genist
engird(le) omgorden
England Engeland *o*
Englishman Engelsman
engorge opslokken
engrave (engraved; engraven) graveren
engraving plaat, gravure
enhance verhogen, vermeerde-ren
enigma raadsel *o*
enigmatic(al) raadselachtig
enjoin opleggen, gelasten
enjoy genieten
enlarge vergroten, uitbreiden
enlighten verlichten, voorlich-ten
enlist aanwerven, inschrijven; (*fig*) winnen (voor een zaak); in dienst gaan   [digen
enliven opvrolijken, verleven-
enmity vijandschap
ennoble veredelen, adelen
enormity gruwel; een onge-hoord iets *o*
enormous ontzaglijk; enorm
enough genoeg
enrage woedend maken
enrich verrijken
enrol(l) inschrijven; (aan)mon-steren, in dienst nemen

ensign vaandel *o*, vlag, vaandrig
enslave tot (zijn) slaaf maken
ensnare verstrikken
ensue volgen, voortvloeien (uit)
entail meebrengen
entangle verwarren
enter binnentreden; inklaren;
boeken, noteren
enterprise onderneming, waagstuk *o*; (*ww*) ondernemen
entertain onthalen; onderhouden, voeden
entertainment onthaal *o*, partij,
vermaak *o*, amusement *o*
enthusiasm geestdrift
entice verlokken, verleiden
entire(ly) geheel, gaaf
entitled berechtigd; getiteld
entrails *pl* ingewanden *mv*
entrance ingang, toegang; —
examination, toelatingsexamen
o; — *fee*, toegangsprijs
entreat bidden, smeken
entry ingang; voorgerecht *o*;
inschrijving; boeking; toetreding
enumerate opsommen, optellen, samenvatten
enunciate verkondigen, uiten
envelop omwikkelen, omhullen
envelope envelop, omslag
envenom vergiftigen
enviable benijdenswaard
envious afgunstig
environ omringen
environment omgeving, milieu *o*
environs *pl* omstreken *mv*
envy nijd, afgunst; (*ww*) benijden
epic epos *o*; (*adj*) episch
epidemic epidemie; (*adj*) epidemisch
epidemical epidemisch

epilepsy vallende ziekte
episcopal bisschoppelijk
epistle brief
epoch tijdperk *o*
equal gelijke; (*adj*) gelijk, even,
zelfde; (*ww*) evenaren
equator evenaar
equilibrium evenwicht *o*
equip uitdossen, uitrusten
equipage (reis)benodigdheden
mv; equipage
equipment uitrusting
equitable billijk
equity billijkheid; gewoon **aandeel**
equivalent gelijkwaardig
equivocal dubbelzinnig
era jaartelling; periode
eradication uitroeiing
erase uitwissen
ere eer, voordat, alvorens
erect rechtop; (*ww*) oprichten,
bouwen; monteren
Erin Ierland *o*
ermine hermelijn *m* & *o*
erode uitslijten, wegvreten
erotic liefdes-, erotisch
err zich vergissen, een fout
begaan, falen; dwalen
errand boodschap
errant dolend; zwervend
error dwaling, vergissing, fout
eructation oprisping
eruption uitbarsting, uitslag
escalator roltrap
escape ontsnapping; (*ww*) ontvluchten
eschew schuwen
escort (gewapend) geleide *o*
especial bijzonder
especially in het bijzonder;
vooral
espionage spionage
espy bespeuren

83

esquire Weledelgeboren heer
(Esq., achter de naam)
essay proef, poging; essay *o*;
opstel; (*ww*) beproeven
essential wezenlijk, essentieel
establish vestigen, stichten;
vaststellen
estate staat; rang; boedel;
landgoed *o*; plantage
esteem achting; (*ww*) achten,
waarderen
estimate schatting, raming,
waardering; (*ww*) schatten,
waarderen
etching ets
eternal eeuwig
eternity eeuwigheid
ethic(al) ethisch
ethics (*pl*) ethica, zedenleer
Eurasian Indo-Europees
European Europees; Europeaan
evacuate evaoueren, uitwerpen,
lozen, ontruimen
evade ontwijken
evaluate de waarde bepalen van
evaporate verdampen
evasion uitvlucht
evasive ontwijkend
eve avond, vóóravond
even gelijk, effen; (*adv*) zelfs,
juist
even-handed onpartijdig
evening avond
evening-dress avondtoilet *o*;
rok (v. heer)
event gebeurtenis
eventful veelbewogen
eventual uiteindelijk, eind-
eventually ten slotte, uiteindelijk
ever ooit, altijd, eeuwig
everlasting eeuwigdurend
every ieder, elk

everybody iedereen
everyday alledaags
every other day om de andere
dag
everything alles
everywhere overal
evidence bewijs *o*; getuigenis *o*
evident klaarblijkelijk
evil kwaad *o*; onheil *o*; (*adj*)
kwaad, slecht
evoke oproepen; uitlokken
evolution ontwikkeling, evolu-
tie; ontplooiing
exact nauwkeurig, stipt, juist
exactitude nauwkeurigheid
exaggerate overdrijven
exaltation verheffing, geestver-
voering
exalted verheven, groots
examination examen *o*; onderzoek *o*; verhoor *o*; visitatie
examine onderzoeken, verho-
ren
example voorbeeld *o*
exasperate verbitteren, tergen
excavate uitgraven; uithollen
excavation opgraving
exceed overtreffen, -schrijden
exceeding bijzonder, uiterst
excel overtreffen, uitmunten,
uitblinken
excellence voortreffelijkheid;
Excellentie
excellent uitmuntend, uitnemend; uitstekend
except behalve, uitgezonderd
exception uitzondering
excerpt uittreksel *o*; passage
excess overdaad; — *postage*,
strafporto *o*   [ven
excessive overdadig, overdre-
exchange wisseling; beurs; telefooncentrale; (*ww*) ruilen,
uitwisselen

exchange-office wisselkantoor *o*
exchequer schatkist
excise accijns
excision afsnijding, uitsnijding
excitation opwinding, opwekking
excite aansporen; opwekken
excited opgewonden
exclaim uitroepen
exclamation uitroep
exclude uitsluiten
exclusive uitsluitend, exclusief
excommunication (kerk)ban
excrement uitwerpsel *o*
exculpate verontschuldigen; vrijpleiten
excursion uitweiding; uitstapje *o*
excuse verontschuldiging; excuus *o*; (*ww*) vergeven
execrable verfoeilijk
execute uit-, volvoeren
execution uitvoering; voltrekking, executie, terechtstelling
executive committee dagelijks bestuur *o*
executor executeur (-testamentair)
exemplary voorbeeldig
exemption vrijstelling
exercise oefening; (lichaams-)beweging; (*ww*) oefenen, uitoefenen; exerceren, op de proef stellen
exert aanwenden, inspannen
exertion inspanning
exhaust uitputten; leegmaken; (*sb*) uitlaat
exhaustion uitputting
exhibit bewijsstuk *o*; uitstalling; (*ww*) tentoonstellen, tonen; overleggen
exhibition tentoonstelling
exhilarate opvrolijken
exhort aanmanen, aansporen

exhumation opgraving
exigency behoefte, nood
exile ballingschap; balling
exist zijn, bestaan
exit (op toneel) af; (*sb*) aftreden *o*; uitgang
exonerate ontlasten, ontheffen
exorbitance buitensporigheid
exotic uitheems, exotisch
expand uitbreiden; uitzetten
expansion uitbreiding; uitzetting; spankracht
expatiate (on) uitweiden (over)
expect verwachten
expectation verwachting
expectorate spuwen, opgeven
expediency doelmatigheid
expedient redmiddel *o*, uitweg; (*adj*) gepast, doelmatig, opportuun
expedition vaardigheid; spoed; expeditie
expel verdrijven; uitwijzen
expend uitgeven, besteden
expense (on)kosten *mv*, uitgaaf; *at my* —, op mijn kosten
expensive kostbaar, duur
experience ondervinding; (*ww*) ondervinden, -gaan
experienced ervaren
experiment proef
expert bedreven; (*sb*) deskundige
expiation boete(doening)
expiration uitademing; afloop, vervaltijd
expire uitademen; overlijden; verstrijken; uitgaan (vuur)
explain uitleggen, verklaren
explanation verklaring, uitlegging, uitleg
explicable verklaarbaar
explicative verklarend
explicit uitdrukkelijk, stellig

85

explode ontploffing, uitbarsten
exploit daad, wapenfeit *o*
exploration onderzoeking, verkenning
explore navorsen, onderzoeken
explosion ontploffing, uitbarsting
explosive springstof
export uitvoer
expose uitstallen; blootstellen
exposure blootstelling; (*fot*) belichting
expound uitleggen, uiteenzetten
express sneltrein; (*adj*) opzettelijk; speciaal; uitdrukkelijk; (*ww*) uitdrukken, uiten; — *delivery*, expresse bestelling
expression uitdrukking
expressive(ly) vol uitdrukking, veelzeggend, expressief
expropriate onteigenen
expulsion uitzetting, verbanning
exquisite uitgelezen, verfijnd
extemporize improviseren
extend uitstrekken; uitbreiden
extensibility rekbaarheid
extension uitbreiding; uitgebreidheid; verlenging, verlengstuk *o*; (*gr*) bepaling
extensive uitgebreid
extent uitgestrektheid, omvang
extenuate verzwakken; ver-

zachten; *extenuating circumstances, pl* verzachtende omstandigheden *mv*
exterior uitwendig, uiterlijk
exterminate uitroeien
external uitwendig; uiterlijk
extinct uitgedoofd; uitgestorven
extinguish (uit)blussen, uitdoven
extinguisher blusapparaat *o*
extirpate uitroeien
extort afpersen, afdwingen
extract uittrekken (tanden); (*sb*) uittreksel *o*
extradite uitleveren
extraordinary buitengewoon
extravagant buitensporig, overdreven; verkwistend
extreme uiterste *o*, (uit) einde *o*
extremity uiterste *o*, uiteinde *o*; —*ties*, handen en voeten
extricate los-, vrijmaken
exuberant welig, overvloedig; uitbundig
exult juichen
eye oog *o*
eye-ball oogappel
eyebrow wenkbrauw
eyelash ooghaar *o*, wimper
eyelid ooglid *o*
eye-witness ooggetuige

F

fable fabel, verzinsel *o*
fabricate bouwen, maken
fabrication vervaardiging; bouw; verzinsel *o*
fabulous fabelachtig

face gezicht *o*; voorzijde; voorkant; lef *o*; (*ww*) het hoofd bieden; front maken; gekeerd zijn naar
facilitate vergemakkelijken

facing tegenover, uitziende op
fact daad; feit *o*; werkelijkheid
faction splintergroep
factitious(ly) nagemaakt
factor agent; factor
factory fabriek
faculty vermogen *o*; macht;
faculteit
fad gril, manie
fade verwelken, verflauwen,
wegsterven
fail ontbreken; falen, mislukken; bankroet gaan
failure mislukking; fiasco *o*;
faillissement *o*; defect *o*
faint zwak, moedeloos, flauw;
(*sb*) bezwijming, flauwte; (*ww*)
flauwvallen
fair mooi; blond; billijk; eerlijk; (*sb*) jaarmarkt; *world*('*s*)
—, wereldtentoonstelling
fairy fee
fairy-tale sprookje *o*
faith geloof *o*; trouw
faithful (ge)trouw; *yours* —*ly*,
hoogachtend
faithless trouweloos
fake vervalsing, namaak
falcon valk
fall val; daling; waterval; (*ww*)
(fell; fallen) vallen, dalen, sneuvelen; — *for*, (*amer*) bekoord
zijn door
fallacious bedrieglijk
fallacy drogreden
fallible feilbaar
false onjuist, vals
falsehood leugen
falsify vervalsen, verdraaien
falter stamelen, stotteren
fame faam, roem
familiar gemeenzaam, bekend,
vertrouwd
family familie, huisgezin *o*

family allowance kinderbijslag
famine hongersnood
famish uithongeren
famous beroemd
fan waaier, ventilator; bewon-
deraar, fan
fanatic dweper; (*adj*) fanatiek
fan-belt ventilatorriem
fanciful fantastisch, wonderlijk,
grillig
fancy verbeeldingskracht, fantasie, gril; (*ww*) zich verbeelden
fancy fair liefdadigheidsbazaar
fang slagtand
fanlight bovenlicht *o* (boven
deur)
fantastic denkbeeldig, hersen-
schimmig; fantastisch, grillig
fantasy fantasie, gril
F.A.P. = *First Aid Post*
far ver, afgelegen; *farther*;
farthest, verder; verst(e)
farce klucht
fare vracht; vrachtprijs; kost;
tarief *o*; (*ww*) zich bevinden
farewell vaarwel
far fetched vergezocht
farm boerderij
farmer boer, landman
farming landbouw
far-sighted verziend
fascination betovering, bekoring
fashion wijze, mode; fatsoen *o*;
(*ww*) vormen
fashionable modieus; tot de
grote wereld behorende
fast vasten; (*adj*) vast, gehecht;
zeer hard; snel, vlug
fast-dyed kleurecht
fasten vastmaken, dichtdoen
fastidious kieskeurig, lastig
fat vet, vlezig, dik; (*sb*) vet *o*
fatal noodlottig, dodelijk

87

fatality noodlot *o*; noodlottigheid; ramp
fate noodlot *o*; lot *o*
father vader
fatherhood vaderschap *o*
father-in-law schoonvader
fatherly vaderlijk
fathom vadem; (*ww*) peilen, doorgronden
fatigue vermoeienis; (*mil*) corvee *o*; (*ww*) vermoeien
fatness vetheid
fatuity onzinnigheid, dwaasheid
fault fout, schuld; gebrek *o*
fault-finding vitterig; (*sb*) gevit *o*; vitterij
favour gunst; begunstiging; *in — of*, ten behoeve van; (*ww*) begunstigen, voortrekken
favourable gunstig; vriendelijk
favourite gunsteling, lieveling; (*adj*) geliefkoosd, lievelings-
fear vrees; (*ww*) vrezen
fearless onbevreesd
feasible doenlijk, uitvoerbaar
feast feest *o*, gastmaal *o*; (*ww*) feestvieren, smullen
feat (helden)daad, feit *o*
feather veer, pluim
feature gelaatstrek; hoofdtrek, glanspunt *o*, clou; hoofdfilm; klankbeeld *o*; (*ww*) (een film) uitbrengen
feature(-length) *film* hoofdfilm
febrile koortsig
February februari
fecundity vruchtbaarheid
fed zie *feed*
federation verbond *o*
fee honorarium *o*, salaris *o*, gratificatie; entreegeld *o*
feeble zwak
feed (fed; fed) voeden
feeding-bottle zuigfles

feel (felt; felt) (ge)voelen, betasten
feeling gevoel *o*, gevoeligheid; stemming
feign veinzen
feint voorwendsel *o*, list
felicitate gelukwensen
felicity geluk(zaligheid)
fell vel *o*, huid; (*ww*) vellen; zie ook *fall*
fellow maat, makker, kerel, vent; lid *o*; gepromoveerde die een ,,beurs'' geniet
fellow-creature medemens
fellowship kameraadschap, collegialiteit; studiebeurs
felly velg
felt vilt *o*; zie ook *feel*
female wijfje *o*; (*adj*) vrouwelijk
femininity vrouwelijkheid, verwijfdheid
fen moeras *o*, veen *o*
fence schutting; (*ww*) omheinen, verdedigen, schermen
fencing omrastering; schermkunst
fend afweren; weerstaan
ferment gist; gisting; (*ww*) gisten
fern varen
ferocious woest, wreed
ferro-concrete gewapend beton *o*
ferruginous ijzerhoudend
ferry veer *o*
ferry-boat veerpont
fertile vruchtbaar
fertilize bevruchten
fertilizer kunstmest
fervent vurig
fervour ijver, gloed
festal feestelijk
festival feest *o*, festival *o*
fetch halen, brengen
fetter kluister, keten
feud vijandschap; vete

fever koorts
feverish koortsachtig, koortsig
few weinig; a —, enkele
fiancé(e) verloofde
fib jokken; (sb) jokkentje o
fibre vezel
fibrous vezelachtig
fickle wispelturig
fiction verdichtsel o, verzinsel o; romanliteratuur
fictitious verdicht, denkbeeldig
fiddle viool
fiddlestick strijkstok; —s, larie, nonsens
fidelity trouw, getrouwheid
fidgety ongedurig, gejaagd
fie foei!
field veld o, akker; slagveld o
fiend boze geest, duivel
fierce woest, wild, wreed
fiery vurig
fifteen vijftien
fifth vijfde
fifty vijftig
fig vijg
fight gevecht o, strijd; (ww) (fought; fought) vechten, bevechten
figure figuur v & o, gedaante; cijfer o; (ww) vormen, afbeelden
file vijl; gelid o; lias; dossier o; opbergkast, archief o; complete jaargang; (ww) vijlen; rangschikken
filial kinderlijk
fill vullen; bekleden; (tand) plomberen; (bestellingen) uitvoeren
fillet filet
filling station benzinestation o
film vlies o; film
filter filter m & o, zeef; (ww) zuiveren, filtreren
filth vuil o, vuiligheid

filthy vuil, smerig
filtration filtrering
fin vin
final laatste, slot-; dodelijk
finally ten slotte
financial financieel
finch vink
find (found; found) vinden; — fault, vitten
fine mooi, fijn
fine boete; (ww) beboeten
finery opschik; mooie kleren mv
finger vinger
finish eindigen, voltooien; aflopen; afmaken; uitdrinken, leegeten; (sb) einde o, slot o; afwerking; eindpaal; vernis o
finishing-stroke genadeslag
fir den, denneboom; zilverspar
fire vuur o, brand, hitte; (ww) aan-, ontsteken; afvuren, schieten; (pop) ontslaan
fire-alarm brandalarm
fire-arm vuurwapen o
fire-brigade brandweer
fire-engine brandspuit
fire-escape brandladder, -trap
fire-extinguisher snelblusser
fire-man brandweerman
fire-plug brandkraan
fire-proof vuurvast, brandvrij
fire-raiser brandstichter
fire-screen vuurscherm o
fire-side haard
fire-wood brandhout o
fire-works vuurwerk o
firm firma; (adj) vast, hecht, ferm
firmament uitspansel o
firmly vast, krachtig
first eerste, voorste; ten eerste
first-aid eerste hulp
first-class, first-rate eerste klasse, van de beste soort

fisc schatkist, fiscus
fish vis; fiche o; (ww) vissen
fish-bone graat
fisherman visser
fishery visserij, visvangst
fishing-rod hengel
fishmonger visverkoper
fission splitsing, deling
fissure kloof, spleet
fist vuist
fit vlaag, toeval; (adj) bekwaam, geschikt; (ww) passen; monteren, uitrusten
fit-out uitrusting
five vijf
fix vastmaken; vaststellen; fixeren; in orde brengen
fixed vast, vastgesteld
flabby slap, week
flag vlag; vloersteen
flagrant in 't oog lopend; schandalig; tergend
flail (dors)vlegel
flake vlok; schilfer
flame vlam; (ww) vlammen
Flanders Vlaanderen o
flank zijde, flank
flannel flanel o; doekje o
flap flap, slip, klep; (ww) klapwieken, fladderen
flare flikkeren
flash glans, flikkering; (ww) flikkeren, flitsen
flashlight zaklantaarn
flat plat; smakeloos, verschaald; saai; (sb) etage(woning); (mus) mol
flat-iron strijkijzer o
flatter vleien
flatulent opgeblazen, winderig
flautist fluitist
flavour geur, aroma o; smaak
flawless vlekkeloos, smetteloos
flax vlas o

flea vlo
flee (fled; fled) vluchten
fleet vloot; (ww) voorbijsnellen
fleeting vluchtig
Flemish Vlaams
flesh vlees o
fleshly vleselijk, zinnelijk
fleshy vlezig, gevleesd, dik
flew zie fly   [delbaar
flexible buigzaam, soepel; hanflexion buiging; verbuiging
flight vlucht; zwerm; eskader o
flimsy voddig, dun
flinch terugdeinzen
fling worp; (ww) (flung; flung) smijten, achteruitslaan
flint keisteen, vuursteen
flippant loslippig; luchthartig
flirt flirt; (ww) flirten
flirtation flirt; geflirt o
float vlot o; boei; dobber, vlotter; drijvertje o; (ww) drijven, dobberen
flock kudde; vlok
floe ijsschots
flog slaan, ranselen
flood vloed, stroom; (ww) onder water zetten; overstromen
floodgate sluisdeur, sluis
floodlight strijklicht o
floor vloer; verdieping
flop plof; fiasco o; (ww) ploffen
floral bloemen-, bloem-
florid blozend; bloemrijk
florist bloemist
flounder bot (vis)
flour bloem; meel o
flourish glans; krul; (ww) bloeien, gedijen; pronken met
flow vloeien, stromen
flower bloem
flower-pot bloempot
flown zie fly
flu griep; influenza

fluctuate op- en neergaan, schommelen

fluent(ly) vloeiend, vlot

fluffy donzig

fluid vocht o; (adj) vloeibaar

flung zie fling

flush toevloed; blos; (adj) krachtig, fris; (ww) stromen; blozen; doorspoelen

Flushing Vlissingen o

flute fluit; groef

flutter fladderen; dwarrelen; flakkeren

fly vlieg; (ww) (flew; flown) vliegen, vluchten

flying-boat vliegboot

fly-wheel vliegwiel o

F.O. = Foreign Office, Ministerie o van Buitenlandse Zaken

foal veulen o

foam schuim o; (ww) schuimen

f.o.b. = free on board, vrij aan boord, franco boord

focus brandpunt o; haard; (ww) instellen; concentreren

foe vijand

fog mist, nevel; sluier (op foto)

foil verijdelen

fold vouw; (ww) vouwen

foldable opvouwbaar

folder gevouwen circulaire

folding-bed opklapbed o

folding-chair vouwstoel

foliage loof o, lommer o

follow volgen

follower volgeling

folly dwaasheid

foment koesteren; aanstoken

fond (of) dol, verzot op

fondle strelen

fondly teder

food voedsel o

foodstuffs pl levensmiddelen mv

fool zot, dwaas; (ww) foppen

foot (pl feet) voet; infanterie; voeteneind, voetstuk o

foot-and-mouth disease monden-klauwzeer o

football voetbal m & o

foot-board treeplank

foot-brake voetrem

footing vaste voet; houvast o

footman lakei

foot-mark voetspoor o

foot-path voetpad o

foot-stool voetenbankje o

for want, om, voor; — all, niettegenstaande; — shame, foei; — fear, uit vrees; — want of, bij gebrek aan

forage foerage; voer o

forbear (forbore; forborne) nalaten; (sb) voorvader

forbid (forbade; forbidden) verbieden

forbidding afschrikwekkend

force kracht, macht; (ww) dwingen

forces pl krijgsmacht

forcing-house broeikas

fore voor, vooruit

foreboding voorspelling, voorgevoel o

forecast (weer)voorspelling

forefather voorvader

forefinger wijsvinger

forefront voorgevel

foregoing voorafgaand

foreground voorgrond

forehead voorhoofd o

foreign vreemd, buitenlands

foreign currency deviezen mv

foreigner vreemdeling

foreign exchange deviezen mv

Foreign Office Ministerie o van Buitenlandse Zaken

foreman voorman, meesterknecht, ploegbaas

foremost voorste, eerste
foresee voorzien
forest woud *o*
forestall vooruitlopen op; voorkómen
forester houtvester
foretaste voorproefje *o*
for ever altoos, voor eeuwig
forewheel voorwiel *o*
forfeit boete, pand *o*; (*ww*) verbeuren
forgave zie *forgive*
forge smederij; (*ww*) smeden; vervalsen
forgery vervalsing, valsheid in geschrifte
forget (forgot; forgotten) vergeten
forgetful vergeetachtig
forget-me-not vergeet-mij-niet
forgive (forgave; forgiven) vergeven
forgiveness vergiffenis
forgot(ten) zie *forget*
fork vork
forlorn verloren, verlaten; hopeloos, wanhopig
form vorm, gedaante; formulier *o*; (school)klasse; (*ww*) vormen
formal formeel, stellig
formality formaliteit
formation vorming, formatie
former eerste; vroeger; voormalig, vorig
formidable geducht
formula formule; recept *o*
forsake (forsook; forsaken) verzaken, in de steek laten
forswear (forswore; forsworn) afzweren
forth voor, vooruit, voorts
forthwith onmiddellijk
fortitude vastberadenheid

fortnight veertien dagen
fortress vesting
fortuitous toevallig
fortunate(ly) gelukkig
fortune geluk *o*, fortuin *o*
fortune-teller waarzegster
forty veertig
forward voorste; vooruitstrevend; voorlijk; vroegrijp, vrijpostig; (*ww*) af-, verzenden; bevorderen
forward(s) vooruit, voorwaarts
foster kweken; koesteren
foster-mother pleegmoeder
fought zie *fight*
foul vuil, onzuiver, bedorven; laag, gemeen, oneerlijk
found gieten (metaal); stichten; vestigen; zie ook *find*
foundation grondslag, fundament *o*, stichting
foundling vondeling
foundry gieterij
fountain fontein
fountain-pen vulpen
four(th) vier(de)
four-footed viervoetig
fourteen veertien
fowl gevogelte *o*, vogel
fox vos
fraction breuk; onderdeel *o*
fractious kribbig, gemelijk
fracture breuk
fragile breekbaar, broos, teer
fragment brok *o*, fragment *o*
fragrant geurig, welriekend
frail broos
frame raam *o*; lijst (schilderij); vorm, montuur *o*; (*ww*) bouwen; inlijsten; in elkaar zetten
France Frankrijk *o*
frangible breekbaar
frank(ly) openhartig

frantic dolzinnig, hevig opgewonden, vertwijfeld
fraternal broederlijk
fraud bedrog *o*; bedrieger
fraudulent(ly) frauduleus
freckle sproet
free vrij, ongedwongen, gratis; (*ww*) bevrijden, vrijstellen
freedom vrijheid, ontheffing, vrijdom
freely vrijuit, vrij; gaarne
freemason vrijmetselaar
free ticket vrijkaart
free-trade vrijhandel
freeze (froze; frozen) vriezen, bevriezen; (kredieten) blokkeren
freezing-point vriespunt *o*
freight vracht, lading
French Frans
french bean snijboon
frenzy razernij
frequent veelvuldig; (*ww*) omgaan met
frequented veel bezocht
frequently dikwijls
fresh fris; vers; zoet (v. water)
freshman groen (stud.)
fretful gemelijk, prikkelbaar
friar monnik, kloosterbroeder
fricassee hachee, ragoût
friction wrijving
Friday vrijdag
fried gebakken
friend vriend; vriendin
friendly vriendelijk
friendship vriendschap
fright schrik
fright(en) verschrikken
frightful verschrikkelijk; vreselijk
frigid koud, koel
fringe zoom, rand; franje
Frisian Fries

fritter beignet
frivolity beuzelachtig-, wuftheid
frivolous ijdel, wuft
frock jurk, japon
frog kikvors
from van(af), van uit
front voorhoofd *o*, front *o*; voorzijde, voorgevel
front-door voordeur
frontier grens
frontispiece voorgevel; titelplaat
front-page voorpagina
frost vorst, rijp
frosty vriezend, koud
froth schuim *o*; (*ww*) schuimen
frown fronsen, stuurs kijken
froze(n) zie *freeze*
frugal matig, spaarzaam
fruit vrucht; fruit
fruitful vruchtbaar
fruition genot *o*; vruchtgebruik *o*
fruitless vruchteloos
frustrate verijdelen
fry baksel *o*; school; zwerm; (*ww*) bakken, braden
frying-pan braadpan
ft. = *foot, feet*, voet(en) (lengteeenheid)
fuel brandstof
fugitive vluchteling; (*adj*) voortvluchtig
fulfil vervullen, volbrengen
fulfilment vervulling; voldoening
full volheid; (*adj*) vol, verzadigd, voltallig; *in* —, voluit, ten volle
full-grown volwassen
full-length film hoofdfilm
fumble tasten; morrelen
fume damp, uitwaseming; (*ww*) roken, dampen
fun grap, pretje *o*

function ambt *o*; functie; par- tij; plechtigheid
functionary ambtenaar
fund fonds *o*
funeral begrafenis
fun fair kermis, lunapark *o*
fungus paddestoel, zwam
funicular railway kabelspoor- weg
funnel trechter; pijp (van stoom- boot); luchtkoker
funny grappig
fur bont *o*
furious woedend, verwoed
furnace oven
furnish verschaffen, voorzien; meubileren

furniture meubilair *o*, huisraad *o*
furniture-van verhuiswagen
furred met bont afgezet
furrow voor, groef, rimpel
further verder, voorts; (*ww*) be- vorderen
furtive heimelijk
fury woede
fuse (samen)smelten; door- slaan; (*sb*) lont, zekering
fusion samensmelting, fusie
fuss opschudding, rumoer *o*
fussy druk
fusty duf, muf
futility beuzelachtigheid
future toekomst; (*adj*) aan- staand; volgend

G

gad zwerven
gadget truc; middeltje *o*; ding *o*
gage onderpand *o*; (*ww*) ver- panden, op 't spel zetten
gaiety vrolijkheid
gain winst, voordeel *o*; (*ww*) winnen, verwerven
gait gang, tred
gaiter slobkous
galaxy melkwegstelsel *o*
gale bries, windvlaag; storm
gall gal
gallant dapper, kranig, fier; zwierig; galant, hoffelijk
gallery galerij; tribune; schel- linkje *o*; schilderijenmuseum *o*
galley galei
gallop galop; (*ww*) galopperen
gallows *pl* galg
galosh overschoen
gamble dobbelen, gokken

game spel *o*; wedstrijd; partij (biljart, enz.); (bridge) manche; wild *o*
gamut toonladder
gang ploeg; bende, troep
gang-board loopplank
gangrene koudvuur *o*
gangster bandiet, bendelid *o*
gangway pad *o* (tussen zitplaat- sen), doorgang
gaol gevangenis
gap gat *o*, opening, gaping, hiaat *o*
gape gapen
garage garage; (*ww*) in een garage stallen
garb gewaad *o*
garbage afval *o*, vuilnis *o*
garden tuin
garden-cress sterkers
gardener tuinman

garden-party tuinfeest *o*
gargle gorgeldrank; (*ww*) gorgelen
garish schel, opzichtig
garlic knoflook *o*
garment gewaad *o*, kleding
garnish versiering; (*ww*) versieren
garret vliering, zolderkamertje
garrison garnizoen *o*
garrulous praatziek
garter kouseband
gas gas *o*; (*amer*) benzine
gas-cooker gasfornuis *o*
gaseous gasachtig, gas-
gas-fire gashaard
gash snede, jaap
gasoline (*amer*) benzine
gasp snik; (*ww*) snakken (naar adem), hijgen
gas-ring gaskomfoor *o*
gas-stove gaskachel
gas-tap gaskraan
gasworks *pl* gasfabriek
gate poort, hek *o*; ingang
gateau gebakje
gateway poort
gather vergaderen, verzamelen, plukken
gaudy opzichtig, bont
gauge peilen, meten; (*sb*) maat, diepgang; (spoor)wijdte
gauze gaas *o*
gave zie *give*
gay vrolijk, levendig; luchthartig
gaze staren
G.B. = *Great Britain*, Groot Brittannië *o*
gear gareel *o*, tuig *o*; tandrad *o*; versnelling
gear-case kettingkast
gearing koppeling; drijfwerk *o*
geese *pl* ganzen *mv*.

gem kleinood *o*; edelsteen
gender geslacht *o*
genealogy genealogie; stamboom
general generaal; (*adj*) algemeen
generation voortbrenging; ontwikkeling; opwekking; generatie, geslacht *o*
generosity edelmoedigheid
generous edelmoedig, milddadig, overvloedig
Geneva Genève *o*
genial opgewekt; vriendelijk, joviaal
genius genie *o*, genius, beschermgeest
genteel fatsoenlijk, net, deftig
gentle zacht, zachtzinnig
gentleman heer
gentlewoman dame
gentry deftige stand
genuine echt, onvervalst
genus geslacht *o*
geography aardrijkskunde
geology geologie
geometry meetkunde
germ kiem; (*ww*) ontkiemen
German Duitser; (*adj*) Duits
Germany Duitsland *o*
germinate ontkiemen
gesticulation gebarenspel *o*
gesture gebaar *o*
get (got; got or gotten) krijgen, winnen, halen
geyser geiser
ghastly afgrijselijk
gherkin augurkje *o*
ghost geest, spook *o*
G.I. (Joe) Amer. soldaat
giant reus
giddiness duizeligheid
giddy duizelig; lichtzinnig
gift gift, geschenk *o*

gifted begaafd
gigantic reusachtig
giggle giechelen
gild (gilded or gilt; gilded or gilt) vergulden
gill kieuw
gillyflower anjelier, muurbloem
gilt verguld; zie ook *gild*
gin (val)strik; jenever
ginger gember
gipsy zigeuner; heks
gird (girt; girt or girded) omgorden, omsingelen
girdle gordel
girl meisje *o*
girl guide padvindster
girt zie *gird*
girth buikriem; omvang
give (gave; given) (ten beste) geven; — *away*, verklappen; — *way*, wijken
given gegeven; — *to*, verslaafd aan
glacier gletsjer
glad blij, verheugd
gladden verheugen, verblijden
glamour betovering; schone schijn
glance flikkering; oogopslag; (*ww*) schitteren; kijken, opkijken
gland klier
glandulous klierachtig
glare glans; schittering; woeste blik; (*ww*) schitteren; fel kijken
glass glas *o*, spiegel; verrekijker; barometer; (*adj*) glazen
glasses *pl* bril
glass-works glasblazerij
glassy glazig
glaze glazuur *o*; (*ww*) van ruiten voorzien; glaceren; glazuren
glazier glazenmaker
gleam glans, schijn

glean nalezen, opzamelen
glee vrolijkheid
glen dal *o*; vallei
glib glibberig; welbespraakt
glide glijden; (*sb*) glij-, zweefvlucht
glider glijder; zweefvliegtuig *o*; zweefvlieger
glimmer schemeren, blinken
glimpse glimp; lichtstraal; (*ww*) een glimp opvangen van
glitter glans, luister; (*ww*) flikkeren, fonkelen
globe aardbol; bal; ballon
globular bolvormig
gloom duister-, somberheid
gloomy duister; somber, droefgeestig
glorify verheerlijken
glorious heerlijk, prachtig
glory roem, heerlijkheid
gloss glans; glosse; kanttekening; (*ww*) glanzen; verbloemen
glossary woordenlijst
glove handschoen
glow hitte; gloed; (*ww*) gloeien
glue lijm; (*ww*) lijmen, plakken, kleven
gluten kleefstof
gluttonous gulzig, schrokkig
G.M.T. = *Greenwich Mean Time*
gnarl knoest
gnat mug
gnaw (af)knagen
gnome dwerg, aardman
go (went; gone) gaan, gangbaar zijn; — *astray*, dwalen; — *over*, repeteren; (*sb*) vaart; fut
goal doel(punt) *o*
goal-keeper doelverdediger
goat geit
go-between bemiddelaar
godchild petekind *o*

goddess godin
god-father peetoom
god-mother peet(tante)
godsend buitenkansje *o*
go-getter energiek iemand; streber
goggles *pl* stofbril
gold goud *o*; (*adj*) gouden
golden gouden, gulden
gold-fish goudvis
goldsmith goudsmid
golf (*sp*) golf(spel) *o*
golf-links (*sp*) golfterrein *o*
gone weg; voorbij; verdwenen; zie ook *go*
good goed *o*, welzijn *o*; (*adj*) goed, gunstig, prettig, fijn
good afternoon goedemiddag
good-breeding welgemanierdheid, wellevendheid
good-bye (bij vertrek) (goeden)dag, vaarwel!
Good Friday Goede Vrijdag
good morning goedemorgen
good-natured goedig
goodness goedheid
good night goedenavond; welterusten; goedenacht
goodwill klandizie; welwillendheid; goodwill
goose (*pl* geese) gans
gooseberry kruisbes
goose-flesh kippevel *o*
gorge strot; keel; bergkloof; (*ww*) opslokken; volstoppen
gorgeous prachtig, kostelijk
gospel evangelie *o*
gossamer herfstdraden *mv*
gossip gepraat *o*, gebabbel *o*; (*ww*) babbelen
got(ten) zie *get*
gourmand smulpaap
gout jicht
govern regeren, besturen

governess gouvernante
government bestuur *o*, gouvernement *o*; regering
governor gouverneur; bestuurder, directeur; ouwe heer
gown japon; toga
G. P. = *General Practitioner*, huisarts
G.P.O. = *General Post Office*, hoofdpostkantoor *o*
grab grijpen, graaien
grace genade, gunst; bevalligheid; tafelgebed *o*
graceful bevallig, sierlijk
gracious genadig; bevallig
gradation graadverdeling
grade graad, rang
gradually trapsgewijze, langzamerhand, geleidelijk
graduate promoveren
graft enten
grain graan *o*, koren *o*; graankorrel; grein *o*, weefsel *o*
gram gram *o*
grammar spraakkunst
grammar school *o* gymnasium *o*
gramophone grammofoon
granary korenschuur
grand groots, voornaam; reuze; (*sb*) (*mus*) vleugel
grandchild kleinkind *o*
grandfather grootvader
grandmother grootmoeder
grand-parents grootouders *mv*
granite graniet *o*
granny grootje *o*
grant vergunning, verlof *o*; (*ww*) vergunnen, toestaan
granular korrelig
grape druif
grape-fruit pompelmoes
graph grafiek
grapnel dreg   [ken
grapple vastklampen, beetpak-

97

grasp greep; (ww) grijpen
grass gras o
grasshopper sprinkhaan
grass widow(er) onbestorven weduwe, weduwnaar
grate traliewerk o, rooster m & o; (ww) wrijven, knarsen
grateful dankbaar
grater rasp
gratification genot o, voldoening; beloning; gratificatie
gratis gratis, kosteloos
gratitude dankbaarheid
gratuitous gratis; klakkeloos
gratuity fooi, gratificatie
grave graf o; (adj) ernstig; zwaar; stemmig; (ww) beitelen, graveren
gravel grind o, kiezelzand o
grave-yard kerkhof o
gravitation zwaartekracht
gravity gewicht o, deftigheid; specific —, soortelijk gewicht
gravy vleesnat o; jus
gravy-boat jus-, sauskom
gray grijs, grauw
graze grazen, weiden; schaven, even aanraken
grease vet o, smeer o; (ww) (door)smeren; omkopen
greaseproof vetvrij
great groot, lang
Great Britain Groot-Brittannië o
great-grandfather overgrootvader
great-grandson achterkleinzoon
greatly grotendeels
greatness grootte
Greece Griekenland o
greedy gulzig, hebzuchtig
Greek Griek; (adj) Grieks
green groen; onrijp, onervaren
greengrocer groenteboer

greenhorn groen, onervaren beginneling; groentje o
greet groeten
greeting groet
grenade handgranaat
grew zie grow
grey grijs
grey horse schimmel
grid rooster o
gridiron (braad)rooster o; traliewerk o
grief droefheid; hartzeer o
grievance grief
grievous smartelijk, pijnlijk
grill rooster o, geroosterd vlees o; (ww) roosteren
grill-room restaurant o (voor geroosterd vlees)
grim grimmig, bars
grimace grimas
grime roet o, vuil o
grin grijns; (ww) grijnzen
grind (ground; ground) malen, slijpen; instampen
grindstone slijpsteen
grip greep; houvast o
groan gekreun o, gesteun o
groats pl grutten mv, gort
grocer kruidenier
groin lies
groom stalknecht; kamerheer; (ww) verzorgen
groove groef, sponning
grope rondtasten
gross gros o; (adj) dik, groot, grof, onbeschoft; bruto
grotesque grotesk, potsierlijk
grotto grot
ground grond; bodem; terrein o; zie ook grind
ground-colour grondverf
ground-floor benedenverdieping
ground glass matglas o
groundless ongegrond

ground-plan plattegrond
grounds *pl* grondsop *o*; koffiedik *o*
groundsheet grondzeil *o*
groundsman (*sp*) terreinknecht
ground staff grondpersoneel *o*
group groep
grove bosje *o*
grow (grew; grown) groeien
growl geknor *o*; snauw
grown-up volwassen
growth groei, aanwas
grub larve, made; eterij; kost
grudge wrok, haat; (*ww*) benijden, misgunnen
gruesome afgrijselijk, griezelig
gruff nors
grumble morren, knorren
grunt knorren
guarantee waarborg; (*ww*) waarborgen, garanderen
guard wacht, beschutting, garde; conducteur; (*ww*) hoeden, bewaken
guardian voogd, bewaker
Guelders Gelderland *o*
guess gissing; (*ww*) raden, gissen
guest gast; *paying* —, betalend logé(e)
guest-room logeerkamer
guidance leiding; *vocational* —, voorlichting bij beroepskeuze
guide gids; wegwijzer; (*ww*) (rond)leiden
guide-book reisgids
guide-post hand-, wegwijzer

Guild-hall stadhuis *o* in Londen; g—, gildehuis *o*
guile bedrog *o*, valsheid
guilt schuld, misdaad
guilty schuldig
guinea gienje, guinje (21 shilling)
guinea-pig Guinees biggetje *o*; proefkonijn *o*
guise gedaante; uiterlijk *o*, voorkomen *o*; schijn
guitar gitaar
gulf kolk; golf
gull zeemeeuw
gullet slokdarm, keel
gully goot, geul   [ken
gulp slok; (*ww*) inslikken, slikgum gom *m* & *o*; —s, tandvlees *o*
gum-boots rubber overschoenen *mv*
gun vuurwapen *o*, geweer *o*, kanon *o*
gurgle klokken (bij het drinken); rochelen; murmelen
gush gutsen, uitstromen
gusto smaak; animo
gusty stormachtig, buiig
gut darm
guts lef *o*, fut
gutter goot, groef, geul
guttural keel-   [vent
guy vogelverschrikker; (*fig*)
gymnasium gymnastiekschool; (buiten Engeland) gymnasium *o*
gymnastics gymnastiek; *hygienic (remedial)* —, heilgymnastiek

H

haberdashery garen- en band-
winkel; (zaak in) herenartike-
len
habit gewoonte; aanwensel;
(rij)kleed o; (ww) kleden
habitable bewoonbaar
habitation woning
habitual gewoonlijk
had zie have
haddock schelvis
haemorrhoids pl aambeien mv
haggard wild, woest; verwilderd
haggle knibbelen, pingelen
Hague (The) 's-Gravenhage o
hail hagel; heil!
hail-shower hagelbui
hair haar o
hairbrush haarborstel
hairdo kapsel o
hairdresser kapper
hair-net haarnet o
hairpin haarspeld
hair-splitting haarkloverij
hairy behaard
half helft; (adj) half
half-caste halfbloed
half-pay wachtgeld o; on —,
(op) non-actief
halfpenny halve penny
hall vestibule; hal; stadhuis o;
kasteel o
hallmark stempel
hall-porter portier
hall-stand kapstok
hallucination zinsbedrog o
halo lichtkring om zon of
maan; stralenkrans
halt halt houden
halt sign stopbord o
ham ham
hamlet gehucht o

hammer hamer
hammock hangmat
hamper belemmeren; (sb) dek-
selmand, picknickmand
hand hand; wijzer; werkman;
all —s, alle hens; — over head,
hals over kop; shake —s, de
hand geven; (ww) overhandigen; on the other —, anderzijds
handbag handtasje o
hand-basket hengselmand
handbill strooibiljet o, affiche o
handcuff handboei
handful handvol
handhold houvast
handicap vóórgift; (fig) hindernis, nadeel o
handicraft ambacht o, handwerk o
handkerchief zakdoek
handle handvat o, hengsel o;
(ww) hanteren
handrail leuning
handsome mooi, fraai, knap
handwriting handschrift o
handy handig
hang (hung; hung or hanged)
hangen
hangar loods
hanging wardrobe hangkast
hang-over kater (fig)
hanker hunkeren
haphazard bloot toeval o; at
—, op de bonnefooi
happen gebeuren
happily gelukkigerwijs
happiness geluk o
happy gelukkig, blij
harass kwellen, afmatten
harbour haven; (ww) herbergen
hard hard, streng, moeilijk,
sterk; — by, dichtbij

hard-boiled hardgekookt; onaandoenlijk, keihard
hard-hearted hardvochtig
hard labour dwangarbeid
hard luck pech
hardly nauwelijks
hardware ijzerwaren *mv*
hardy gehard, koen
hare haas
haricot-bean snijboon
hark luisteren; luister!
harm kwaad *o*; schade; (*ww*)
kwetsen, benadelen
harmonious welluidend
harmonize overeenstemmen
harmony overeenstemming,
harmonie
harness (paarde)tuig *o*
harp harp
harrow eg; (*ww*) pijnigen
harry plunderen; kwellen
harsh hard, ruw
harvest oogst
hash gehakt vlees *o*; hachee
hashish hasjiesj
hasp beugel, grendel
haste haast, spoed
hasten (zich) haasten
hat hoed
hat-box hoededoos
hatch luik *o*; broedsel *o*; (*ww*)
broeden, beramen; arceren
hatchet bijl
hate haten; 't land hebben aan
hateful hatelijk; akelig
hatred haat
hatter hoedenmaker
hat-trick het maken van drie
doelpunten of het achter elkaar
nemen van drie wickets in één
wedstrijd
haughty hoogmoedig, trots
haul trekken, slepen
haunch heup, lendestuk *o*

haunt rondwaren, spoken
have (had; had) hebben; *rumour has it that...*, het gerucht
gaat, dat...
havoc verwoesting
hawk havik
hawker venter, marskramer
hay hooi *o*
hay fever hooikoorts
haystack hooiberg
hazard toeval *o*; kansspel *o*;
risico *o*; (*ww*) wagen
haze damp, mist
hazel lichtbruin
hazel-nut hazelnoot
hazy nevelig, wazig
H.B.M. = *His* (*Her*) *Britannic
Majesty*
H.E. = 1 *His Eminence*; 2 *His
Excellency*
he hij
head hoofd *o*, hoofdeinde *o* v.
bed; chef; kop; top; oor-
sprong; schuim *o* (op bier);
—(*s*) *or tail*(*s*), kruis of munt;
(*ww*) aansturen op
headache hoofdpijn
head-dress kapsel *o*
head-gear hoofddeksel *o*
heading titel, opschrift *o*; rubriek
headlight koplicht *o*
head-line kop (in krant)
headlong blindelings, roekeloos, hals over kop
headmaster schoolhoofd *o*
headmost voorste
headphone(s) koptelefoon
headquarters *pl* hoofdkwartier
headstrong koppig
head-waiter ober
heady koppig, onstuimig; duizelig
heal helen, genezen

health gezondheid, heil *o*
healthy gezond
heap hoop, stapel
hear (heard; heard) horen, luisteren
hearing gehoor *o*; verhoor *o*, hoorzitting
hearse lijkkoets
heart hart *o*; gemoed *o*; kern; —s, (*ca*) harten *mv*
hearten bemoedigen, opwekken
hearth haard   [rend
heart-rending hartverscheu-
hearty hartelijk; gezond
heat hitte, drift; (*ww*) verhitten, opwinden; heet worden
heath (dop)heide
heathen heiden; (*adj*) heidens
heather (struik)heide
heating verhitting, verwarming
heat-wave hittegolf
heave opheffen, doen zwellen; — *a sigh*, zuchten
heaven hemel
heavenly hemels, zalig
heavy zwaar, zwaarmoedig
hebdomadal, -dary wekelijks
hectic koortsachtig
hedge heg, haag
hedgehog egel
heed oplettendheid; (*ww*) letten op
heel hiel; hak; kapje *o*
height hoogte; toppunt *o*
heinous gruwelijk
heir erfgenaam
heiress erfgename, erfdochter
held zie *hold*
helicopter helikopter
hell hel
helm helmstok, roer *o*
helmet helm
help hulp; (*ww*) helpen, ondersteunen, bedienen

helpless hulpeloos, onbeholpen
hem zoom; (*ww*) omzomen
hemorrhage bloeding
hemorrhoids *pl* aambeien *mv*
hen kip, hen
hence van nu af
henceforth voortaan
hen-house kippenhok *o*
henpecked onder de pantoffel zittend
her (*pron*) haar
herb kruid *o*
herd kudde; herder
here hier, alhier
hereabout(s) hier in de buurt
hereafter hierna(maals)
hereby hierbij, bij deze
hereditary erfelijk
heredity erfelijkheid
hereof hiervan
heresy ketterij
heretic ketter
herewith hiermede
heritage erfdeel *o*, erfenis
hermetic(al) luchtdicht
hermit kluizenaar
hernia breuk
hero held
heroic heldhaftig
heroism heldenmoed
heron reiger
herring haring; *kippered* —, gezouten en gerookte haring; *red* —, bokking; (*fig*) dwaalspoor
hers van haar, het hare
hesitate aarzelen
hesitation aarzeling, weifeling
heterogeneous ongelijksoortig
hew (hewed; hewn) houwen
hiatus gaping
hibernation overwintering
hiccough, hiccup hik; (*ww*) hikken

102

hid(den) zie *hide*
hide huid, vel *o*; schuilplaats;
(*ww*) (hid; hidden) verbergen,
schuilen
hide-and-seek verstoppertje *o*
hideous afzichtelijk
hiding schuilplaats; *go into* —,
onderduiken
higgledy-piggledy ondersteboven, schots en scheef
high hoog, verheven; luid;
adellijk (v. wild)
highbrow (*pop*) intellectueel
High-Church streng-orthodoxe
richting in de Anglicaarse kerk
Highlander Hooglander
highlight hoogtepunt *o*
highness hoogheid
highroad hoofdweg, snelweg
high school middelbare school
high-seasoned (sterk) gekruid
high tension hoogspanning
high treason hoogverraad *o*
highway hoofdweg, snelweg;
— *code*, verkeersvoorschriften
mv
hike trekken, een voetreis maken; (*sb*) trektocht
hiker wandeltoerist, trekker
hilarity vrolijkheid
hill heuvel
hilt gevest *o*, hecht *o*
him hem
himself zichzelf
hind achterst, achter-
hinder hinderen, beletten
hindmost achterste
Hindoo Hindoe
hinge hengsel *o*, scharnier *o*
hint wenk, vingerwijzing
hip heup
hire huur; (*ww*) huren
hire-purchase huurkoop
hirsute ruig, harig, ruw

his zijn; het zijne
hiss gesis *o*; (*ww*) (uit)fluiten,
sissen
historian geschiedschrijver
history geschiedenis
hit stoot, slag, tref; (*ww*) (hit;
hit) slaan, treffen
hitch-hiker lifter
hither hierheen
hitherto tot hiertoe
hive bijenkorf
hoard hamsteren
hoar-frost rijp
hoarse hees, schor
hoary grijs, wit (van haar)
hoax poets; (*ww*) foppen
hobble strompelen
hobby liefhebberij
hock rijnwijn
hold handvat *o*, houvast *o*;
steun; scheepsruim *o*; (*ww*)
(held; held) houden, duren; bevatten; van oordeel zijn
holdall grote reistas
hold-back beletsel *o*
hole gat *o*, hol *o*, kuil
holiday vakantiedag; —*s*,
vakantie
holiness heiligheid
Holland Holland *o*
hollow holte, hol *o*; (*adj*) hol;
geveinsd
holy heilig
holy water wijwater *o*
homage hulde
home huis *o*, tehuis *o*; *at* —,
thuis; (*adv*) naar huis
home-bred inlands, inheems
homelike huiselijk; gemoedelijk
homely huiselijk
home-match thuiswedstrijd
homesickness heimwee *o*
homespun eigengesponnen;
(*fig*) eenvoudig, huisbakken

homesters, home-team (*sp*) thuisclub
homeward(s) huiswaarts
homicide doodslag
Hon. = *Honourable*, hoogge-boren
honest eerlijk, rechtschapen
honey honing
honeycomb honingraat
honeymoon wittebroodsweken *mv*, huwelijksreis
honeysuckle kamperfoelie
honorary eervol, honorair; — *member*, erelid *o*
honour eer, waardigheid
honourable achtbaar, hoogge-boren
Hon. Sec. = *Honorary Secretary*, onbezoldigd secretaris
hood kap
hoof hoef
hook vishaak; kram; (*ww*) haken, verstrikken
hooligan straatschender
hoop hoepel
hooping-cough kinkhoest
hoot jouwen, schreeuwen, toe-hooter sirene; toeter   [teren
hop springen, huppelen
hope hoop; (*ww*) hopen
hopeless hopeloos
horn hoorn *m & o*; voelhoorn
horrible, horrid afschuwelijk, afgrijselijk, huiveringwekkend
horror huivering, afschuw
horse paard *o*; schraag, bok
horseback *on* —, te paard
horseman ruiter
horse-power paardekracht
horse-shoe hoefijzer *o*
hose slang (v. brandspuit)
hosiery tricotagewinkel
hospitable gastvrij
hospital ziekenhuis *o*

host gastheer; hostie; schare
hostage gijzelaar
hostess gastvrouw; waardin
hostile vijandig
hot heet, warm, vurig
hotel hotel *o*
hotel-keeper hotelier
hothouse broeikas
hot-water bottle (warme) kruik
hound jachthond
hour uur *o*
hourly alle uren, om het uur
house huis *o*
house-boat woonschuit, ark
household huishouden *o*; (*adj*) huishoudelijk
housekeeper huishoudster
housemaid werkmeid
housemate huisgenoot
house-rent huishuur
housewife huisvrouw
hover fladderen, zweven
how hoe
however niettemin, evenwel
howl gehuil *o*, gejank *o*; (*ww*) huilen   [kracht
h.p. = *horse-power*, paarde-
H.Q. = *Head Quarters*, (*mil*) hoofdkwartier *o*
hub naaf (wiel)
hubbub opschudding
huddle warboel; (*ww*) opeen-gooien, verwarren
hue tint; schakering
hug omhelzen
huge zeer groot, kolossaal
hulk onttakeld schip *o*; log ge-vaarte *o*
hull schil; dop; (*ww*) pellen
hum neuriën, zoemen
human menselijk
humane menslievend, humaan
humanity mensheid; menslie-vendheid

humankind mensdom *o*
humble nederig; bescheiden; gering
humbug huichelarij, kale bluf
humid vochtig
humiliation vernedering
humility nederigheid; ootmoed
humorous luimig, geestig
humour humor; stemming, humeur *o*
humpback, hunchback bochel
hunch voorgevoel *o*
hundred(th) honderd(ste)
hung zie *hang*
Hungarian Hongaar(s)
Hungary Hongarije *o*
hunger honger
hungry hongerig
hunk homp
hunt jacht; (*ww*) jagen
hunter jager; jachtpaard *o*
hurdle horde; *the —s*, hordenloop

hurl werpen, slingeren
hurricane orkaan
hurry haast, gejacht *o*; (*ww*) (zich) haasten
hurt letsel *o*, wonde; nadeel *o*, schade; (*ww*) (hurt; hurt) kwetsen, bezeren; schaden
husband echtgenoot
husbandry landbouw, teelt
hush stil; zwijg!
husk schil, bolster
hussar huzaar
hustle dringen, duwen
hut hut, barak
hydrofoil draagvleugelboot
hydrophobia watervrees
hydroplane watervliegtuig *o*
hymn kerkgezang *o*, lofzang
hyphen koppelteken *o*
hypnotic slaapwekkend; hypnotisch
hypocrisy huichelarij
hypocrite huichelaar

I

I ik
ice ijs *o*; *an —*, ijsje *o*
ice-cream roomijs *o*, ijsco
icicle ijskegel
icily ijzig, ijskoud
idea denkbeeld *o*, begrip *o*; idee *o* & *v*
ideal ideaal *o*; (*adj*) ideaal
identify identificeren; vereenzelvigen
idiom taaleigen *o*, idioom *o*
idiot idioot *sb* & *adj*
idle lui, ledig
idol afgod
idolatry afgoderij, vergoding

idolize verafgoden
idyl(l) idylle
i.e. = *id est*, dat wil zeggen
if indien, of
ignition (auto)ontsteking
ignition key contactsleutel
ignoble onedel, laag
ignominy schande, oneer
ignorance onwetendheid
ignorant onwetend
ignore negeren
ill slecht, kwaad, ziek
ill-bred onopgevoed, onbeschaafd
illegal onwettig

105

illegible onleesbaar
illegitimate onwettig, ongeoorloofd; (kind) onecht
ill-fated ongelukkig
illicit ongeoorloofd
illimitable onbegrensd
illiterate ongeletterd
ill-mannered ongemanierd
ill-natured kwaadaardig
illness ongesteldheid, ziekte
illogical onlogisch
ill-timed ongelegen, ongepast
illuminate verlichten
illusion bedrog *o*, begoocheling, illusie
illustrate opluisteren; illustreren (met platen)
illustrated geïllustreerd blad *o*
illustrious doorluchtig, beroemd, vermaard
ill-will kwaadwilligheid, wrok
image beeld *o*, beeltenis
imaginary ingebeeld, denkbeeldig
imagine zich verbeelden
imbecile zwakzinnig, imbeciel
imbue doordringen; drenken; inboezemen
imitation navolging, nabootsing
immaculate onbevlekt
immaterial onstoffelijk
immature onrijp
immeasurable onmeetbaar
immediate onmiddellijk; (op brieven) spoed
immemorial onheuglijk
immense onmetelijk
immerse in-, onderdompelen
imminent dreigend; aanstaande
immobility onbeweeglijkheid
immobilize onbeweeglijk maken; (geld) aan de circulatie onttrekken

immoderate onmatig, overdreven
immoral onzedelijk; zedeloos
immortal onsterfelijk
immovable onbeweeglijk
impact schok, stoot
impair afbreuk doen aan
impart meedelen, verlenen
impartial onpartijdig
impassable onbegaanbaar
impassible ongevoelig, onverschillig, onaandoenlijk
impatience ongeduld *o*
impatient ongeduldig
impeachment verdachtmaking
impeccable zonder zonden; onberispelijk
impede verhinderen, beletten
impediment beletsel *o*; belemmering
impel aandrijven
impend boven 't hoofd hangen, dreigen
impenetrable ondoordringbaar, ondoorgrondelijk
imperative gebiedend; (*sb*) gebiedende wijs
imperceptible onmerkbaar
imperfect onvolmaakt, onvolkomen
imperial keizerlijk
imperil in gevaar brengen
imperishable onvergankelijk
impermeable ondoordringbaar
impertinent onbeschaamd
imperturbable onverstoorbaar
impetuous onstuimig, heftig
impetus prikkel, aandrift, vaart
impious goddeloos, profaan
implacable onverzoenlijk
implement gereedschap *o*, werktuig *o*
implicate inwikkelen; betrekken in

implicit daaronder begrepen; stilzwijgend; onvoorwaardelijk
implore afsmeken
imply inhouden, impliceren
impolite onbeleefd
import invoer, import
importance belangrijkheid; gewicht *o*
importation invoer
importer importeur
importune lastig vallen
impose opleggen
impossible onmogelijk
impostor bedrieger
impotence onmacht; onvermogen *o*; machteloosheid
impoverish verarmen
impracticable ondoenlijk, onuitvoerbaar; onbegaanbaar
impractical onbruikbaar, onpraktisch
impregnate bevruchten; verzadigen, impregneren
impress afdruksel *o*; stempel; indruk; (*ww*) indrukken, stempelen; imponeren; inprenten
impression indruk
impressive indrukwekkend
imprint drukken; inprenten
imprison gevangen zetten
improbable onwaarschijnlijk
improbity oneerlijkheid
improper onbehoorlijk, ongeschikt
improve verbeteren [schikt
improvement verbetering
improvident zorgeloos
imprudent onvoorzichtig
impudent onbeschaamd
impulsion aandrang, impuls
impunity straffeloosheid
impure onrein
impute wijten
in (*prep*) in, naar, bij, voor; (*adv*) binnen, tehuis

inability onvermogen *o*
inaccessible ontoegankelijk, ongenaakbaar
inaccurate onnauwkeurig
inactive werkeloos
inadequate onvoldoende, ontoereikend
inadmissible ontoelaatbaar
inalienable onvervreemdbaar
inanimate levenloos; onbezield
inanition uitputting
inapt ongeschikt
inaudible onhoorbaar
inauguration installatie, inwijding; inhuldiging
in-between tussenpersoon
incalculable onberekenbaar
incandescent gloeiend
incapable onbekwaam
incarnation incarnatie, vleeswording; verpersoonlijking
incautious onvoorzichtig
incendiary brandstichter; — (*bomb*), brandbom
incense wierook; (*ww*) bewieroken; vertoornen
incentive prikkel, aansporing
incertitude onzekerheid
incessantly aanhoudend, onophoudelijk
inch duim (2,54 cm)
incident voorval *o*, incident *o*
incidental(ly) toevallig; terloops
incision insnijding
incite aansporen, aanhitsen
incitement aansporing
incivility onbeleefdheid
inclement meedogenloos; guur
inclination helling; neiging
incline neigen, overhellen
include insluiten, behelzen
including ingesloten, inbegrepen; tot en met
inclusive ingesloten

incoherent onsamenhangend
incombustible onbrandbaar
income inkomen o, inkomsten mv
income tax inkomstenbelasting
incommode lastig vallen
incomparable onvergelijkelijk
incompetent onbevoegd
incomplete onvolkomen, onvolledig
incomprehensible onbegrijpelijk
inconceivable ondenkbaar
incongruous ongelijk(soortig), onverenigbaar; ongepast
inconsequent inconsequent
inconsiderable onbeduidend
inconsiderate onbezonnen, ondoordacht
inconsistent onverenigbaar; inconsequent
inconstant onbestendig; ongedurig, veranderlijk
incontestable onbetwistbaar
inconvenient ongelegen, lastig
incorporation inlijving; erkenning als rechtspersoon
incorrect onnauwkeurig, onjuist
incorrigible onverbeterlijk
increase aanwas, toeneming; (ww) aangroeien, toenemen
incredible ongelooflijk
incredulous ongelovig
incriminate beschuldigen
incubate (uit)broeden
incur zich blootstellen aan, zich op de hals halen
incurable ongeneeslijk
indebted verschuldigd
indecent onbetamelijk, onfatsoenlijk
indecisive besluiteloos
indeed inderdaad, dan ook
indefatigable onvermoeibaar

indeterminate onbepaald
indelible onuitwisbaar
indelicate onkies
indemnity schadeloosstelling
indent (in)deuken
indenture contract o   [heid
independence onafhankelijk-
indescribable onbeschrijfelijk
indestructible onverwoestbaar
indeterminate onbepaald
index index; wijzer, wijsvinger; register o; klapper; (ww) in een register inschrijven
index figure indexcijfer o
India India o
Indian Indisch, Indiaans; — corn, maïs; (sb) Indiër; Indiaan
indiarubber gum o
indicate aanwijzen
indictment (akte van) beschuldiging
indifferent onverschillig
indigenous inheems, inlands
indigent behoeftig, arm
indigestion slechte spijsvertering
indignation verontwaardiging
indignity smaad
indiscreet onvoorzichtig; onbescheiden
indispensable onontbeerlijk, onmisbaar
indisposed ongenegen; ongesteld
indisposition lichte ziekte; onwelwillendheid
indissoluble onoplosbaar
indistinct onduidelijk
individual individu o; (adj) individueel
indivisible ondeelbaar
indolent traag, vadsig
indoor binnenshuis, huis; — training, (kamer)gymnastiek,

training binnenshuis
indorse endosseren
Indonesia Indonesië *o*
indubitable ontwijfelbaar
induce nopen, bewegen tot
indulge toegeven   [kelijk
indulgent toegeeflijk, inschik-
industrial industrieel, nijver
industrious werkzaam; ijverig
industry naarstigheid; nijverheid, industrie
ineffective zonder uitwerking
inefficacious ondoeltreffend
inefficient onbruikbaar, ongeschikt; onefficiënt
inequality ongelijkheid
inert log, loom, traag, inert
inevitable onvermijdelijk
inexact onjuist, onnauwkeurig
inexcusable onvergeeflijk
inexhaustible industrieel
inexorable onverbiddelijk
inexpensive goedkoop
inexperienced onervaren
inexplicable onverklaarbaar
inexpugnable onaantastbaar
inextinguishable onblusbaar
infallible onfeilbaar
infamous eerloos
infamy schande, eerloosheid
infancy kindsheid, minderjarigheid
infant zuigeling; kind *o*
infantile paralysis kinderverlamming
infant school kleuterschool
infantry infanterie
infect besmetten
infection besmetting
infelicity het niet gelukkig zijn
infer besluiten, afleiden
inference gevolgtrekking
inferior mindere, onderge-
schikte; (*adj*) minder, onderge-

schikt; minderwaardig, infe-
rieur
inferiority complex minder-
waardigheidscomplex *o*
infernal hels
infertile onvruchtbaar
infidel ongelovig(e)
infidelity ontrouw, ongeloof *o*
infinite oneindig
infirm zwak
infirmary ziekenhuis *o*; zieken-
zaal
infirmity gebrekkigheid, gebrek *o*
inflammation ontvlamming,
ontsteking
inflate opblazen; oppompen;
opdrijven v. prijzen
inflator (fiets)pomp
inflexible onbuigbaar, -zaam
inflict opleggen (straf)
inflow toevloed
influence invloed
influential invloedrijk
influx stroom, toevloed
inform mededelen, op de hoogte brengen, melden
informality onregelmatigheid
information inlichting, informatie
infraction inbreuk, schennis
infrangible onbreekbaar
infrequent zeldzaam
infringe inbreuk maken op
infuse ingieten; inboezemen
infusible onoplosbaar; on-
smeltbaar
infusion ingieting; aftreksel *o*
ingenious vindingrijk, vernuftig
ingenuous ongekunsteld, openhartig, naïef
ingratitude ondankbaarheid
inhabit bewonen

inhabitant inwoner
inhale inademen
inharmonious onwelluidend
inherit erven
inheritance erfenis
inheritance-tax successiebelasting
inhibit verhinderen; stuiten, remmen
inhuman onmenselijk
inhume begraven
inimical vijandig
iniquity ongerechtigheid, misdadigheid
initial (aj) eerste, begin-; (sb) beginletter; (ww) paraferen
initially aanvankelijk
initiate inwijden
initiative initiatief o
inject inspuiten
injudicious onoordeelkundig
injure benadelen, krenken; kwetsen
injurious nadelig, schadelijk, beledigend
injury verwonding; schade; hoon, onrecht o
injustice onrechtvaardigheid, onrecht o
ink inkt; Indian —, Oostindische inkt
inkstand inktkoker
inlaid ingelegd
inland binnenland o; (adj) binnenlands
in-laws pl schoonfamilie
inmate medepatiënt, medegevangene
inmost binnenste
inn herberg, logement o
innate aangeboren
innavigable onbevaarbaar
innermost binnenste
innkeeper herbergier

innocence onschuld
innocent onschuldig
innovate veranderen, nieuwigheden invoeren
innuendo insinuatie
innumerable ontelbaar
inoculate enten, inenten
inodorous reukeloos
inoffensive onschadelijk
inopportune ontijdig, ongelegen
inquire informeren
inquiry onderzoek o, enquête
inquiry-office informatiebureau o
inquisitive nieuwsgierig
insalubrious ongezond
insane krankzinnig
insatiable onverzadelijk
inscribe inschrijven, griffen
inscription inschrijving; opschrift o, opdracht
insect insekt o
insecure onveilig, onzeker
insensible ongevoelig, gevoelloos; bewusteloos; onbewust
inseparable onafscheidelijk
insert invoegen, inlassen; plaatsen (in de krant)
inside binnen, binnenin; (sb) binnenkant
insider ingewijde
insidious arglistig
insight inzicht o
insignificant onbeduidend
insincere onoprecht
insinuate te verstaan geven, insinueren; ongemerkt indringen
insinuation insinuatie, verdachtmaking
insipid smakeloos, laf, flauw
insist aandringen, staan op
insolent onbeschoft
insoluble onoplosbaar
insomnia slapeloosheid

insomuch in zoverre, zodat
inspection bezichtiging, inspectie; onderzoek o
inspector inspecteur
inspiration inademing; ingeving, inspiratie
instalment installatie; aflevering, termijn
instance geval o, voorbeeld o; aandrang; verzoek o; instantie; for —, bij voorbeeld
instant ogenblik o; (adj) onmiddellijk; on the 10th —, op de 10de dezer
instead in plaats van
instep wreef (van voet)
instigate aansporen, ophitsen
instigation aanstichting, instigatie
instil(l) indruppelen; inboezemen
institute instellen, stichten
instruct onderwijzen, last geven, gelasten
instruction instructie, onderricht o, onderwijs o
instructive leerrijk
instrument instrument o; akte; document o
insubordination ongehoorzaamheid
insufferable onverdraaglijk, onuitstaanbaar
insufficient onvoldoende
insular eiland-
insulator isolator
insult belediging, hoon; (ww) beledigen, honen
insupportable ondraaglijk
insurance verzekering, assurantie
insurance-company verzekeringsmaatschappij
insurer assuradeur

insurgent opstandeling
insurmountable onoverkome-
insurrection opstand   [lijk
insusceptible ongevoelig
intact gaaf, ongeschonden
integral geheel, volledig, integraal
integrity onkreukbaarheid, zuiverheid, integriteit
intellect intellect o, verstand o
intelligence verstand o; verstandhouding; bericht o
intelligence service (geheime) inlichtingendienst
intelligent verstandig
intelligible begrijpelijk, verstaanbaar
intemperance onmatigheid
intend van plan zijn
intense intens, geweldig, hevig
intensify versterken, verhevigen
intent oogmerk o, opzet o; (adj) ingespannen
intention voornemen o
inter begraven
interaction wisselwerking
intercede tussenbeide komen
intercept onderscheppen
intercourse omgang
interdict verbod o; (ww) verbieden, ontzeggen
interdiction verbod o
interest belangstelling, belang o; rente; interest; (ww) belangstellen
interesting belangwekkend
interfere tussenbeide komen, zich mengen in; ingrijpen
interference bemiddeling, inmenging; storing
interim tussentijd; (adj) waarnemend
interior binnenste o, binnenland o

interjection tussenwerpsel *o*, uitroep
interloper indringer
interlude pauze; tussenspel *o*, intermezzo *o*
intermediary agent tussenpersoon
intermediate tussen-
interminable oneindig
intermission onderbreking
intermittent bij tussenpozen werkend, afwisselend
internal inwendig, innerlijk
international internationaal; — *law*, volkenrecht *o*
interpret uitleggen, verklaren
interpreter tolk
interrogation ondervraging; vraag; vraagteken *o*
interrogatory verhoor *o*
interrupt in de rede vallen, afbreken, storen
intersect snijden, (door)kruisen
interspace tussenruimte
interval tussenruimte, tussenpoos; interval *o*
intervene tussenbeide komen, ingrijpen; zich (onverwachts) voordoen
intervention bemiddeling, tussenkomst
interview vraaggesprek *o*; onderhoud *o*; (*ww*) interviewen
intestine inwendig; binnenlands
intestines *pl* ingewanden *mv*
intimacy vertrouwelijkheid
intimate boezemvriend; (*adj*) innig, vertrouwelijk; (*ww*) te kennen geven
intimidate vrees aanjagen
into tot in, in
intolerable onverdraaglijk
intolerant onverdraagzaam

intonate, intone aanheffen, inzetten (gezang)
intoxicant bedwelmend
intractable onhandelbaar
intrepid onverschrokken
intricate ingewikkeld, netelig
intrigue kuiperij, intrige; (*ww*) konkelen, intrigeren
introduce invoeren; indienen; introduceren, voorstellen
introduction inleiding; voorstelling
intrude zich indringen
intruder indringer
intrusive indringerig
intuition intuïtie
inundate onder water zetten
invade binnenvallen, een inval doen
invalid gebrekkig, invalide; ongeldig
invaluable onschatbaar
invariable onveranderlijk
invasion (vijandelijke) inval, invasie
invective scheldwoord *o*
inveigle lokken, verleiden
invent uitvinden, verzinnen
invention uitvinding, vinding
inventive vindingrijk
inventory inventaris
inverse omgekeerd
invertebrate ongewerveld
invest bevestigen, bekleden
investigation onderzoek *o*, navorsing, enquête
investment geldbelegging; bekleding; omsingeling
inveterate ingeworteld
invidious hatelijk; hachelijk
invigorate kracht bijzetten, versterken
invincible onoverwinnelijk
inviolable onschendbaar

invisible onzichtbaar
invitation uitnodiging
invite uitnodigen; verlokken
invocation aanroeping
invoice factuur
invoke inroepen, aanroepen
involuntary onwillekeurig; on-
vrijwillig
involve wikkelen, verwikkelen;
insluiten; betrekken
invulnerable onkwetsbaar
inward inwendig, innerlijk;
binnenwaarts
iodine jodium *o*
I.O.U. = *I owe you*, ik ben u
schuldig; schuldbekentenis
irascible opvliegend
irate, ireful toornig
Ireland Ierland *o*
Irish Iers
Irishman Ier
irksome ergerlijk
iron ijzer *o*; strijkijzer *o*; (*adj*)
ijzeren; (*ww*) strijken; boeien;
— *out*, vereffenen
ironclad pantserschip *o*
iron-foundry ijzergieterij
ironical ironisch
ironing-board strijkplank
iron wire ijzerdraad *o*
irony ironie
irradiate stralen
irrational onredelijk
irreconcilable onverzoenlijk
irredeemable onherroepelijk
verloren; onherstelbaar; onin-
baar
irregular onregelmatig, ongeregeld
irrelevant niet toepasselijk, niet
ter zake

irremediable onherstelbaar
irreparable onherstelbaar
irreproachable onberispelijk
irresistible onweerstaanbaar
irresolute besluiteloos
irrespective ongeacht   [lijk
irresponsible onverantwoorde-
irretrievable onherstelbaar
irreverent oneerbiedig
irrevocable onherroepelijk
irrigate besproeien, bevloeien
irritable prikkelbaar
irritate prikkelen, ergeren
island eiland *o*; vluchtheuvel
isle eiland
isolate afzonderen, isoleren
Israelite Israëliet
issue uitgang, afloop; uitvaar-
diging, nakomelingschap;
nummer *o*, oplage (krant);
kwestie, geschilpunt *o*; (*ww*)
uitkomen, voortkomen
isthmus landengte
it het, hij, zij, daar, er
Italian Italiaan(s)
italicize cursiveren
Italy Italië *o*
itch jeuk; schurft; (*ww*) jeuken;
popelen, snakken
item idem; (*sb*) artikel *o*; nummer *o* (van programma); punt
(van agenda) *o*
iterate herhalen
itinerary reisbeschrijving, reisroute
its zijn, haar
itself zichzelf
I.T.V. = *Independent Television*, Onafhankelijke Televisie
ivory ivoor *o*; (*adj*) ivoren
ivy klimop *m* & *o*

J

jab steken, porren
Jack Jan; jantje, matroos
jack schraag; dommekracht; krik; laarzeknecht
jacket jasje o, omhulsel o, schil
jade knol; jade, nefriet o; (ww) afjakkeren
jail gevangenis
jailer cipier
jam jam; gedrang o; (radio-) storing; verkeersopstopping; (ww) drukken; duwen; klemmen; versperren; (rad) storen
janitor portier
January januari
Japanese Japanees
jar (stop)fles, kruik; gekras o, wanklank; schok
jaundice geelzucht
Javanese Javaan(s)
jaw kaak; geklets o
jealous jaloers, naijverig
jeans spijkerbroek
jeep Amerikaanse legerauto
jeer spotternij; beschimping; (ww) spotten, honen
jelly gelei
jelly-fish kwal
jemmy breekijzer o
jeopardy gevaar o
jerk stoot, ruk, stomp
jerry-building revolutiebouw
jersey trui
jest kwinkslag, scherts
jet git o; straal; (gas)vlam; sproeier
jet-plane straalvliegtuig o
jetty havenhoofd o, pier
Jew Jood
jewel juweel o
jeweller juwelier
iib niet willen

jiffy (pop) ogenblikje o
jilt de bons geven
jingle gerinkel o
jitterbug zenuwknoop, bangerik; jitterbug
job karwei v & o, baantje o; (ww) handelen in
jobber effectenhandelaar; hoekman
jocose grappig
jocular schertsend
jog sjokken, sukkelen
jog-trot sukkeldraf
John Jan
join verenigen, samenvoegen; toetreden tot; — the colours, dienstnemen; — in, meedoen met, aan
joint verenigd, gezamenlijk; (sb) gewricht o, scharnier o; verbinding, voeg; stuk o vlees
joke scherts, grap; (ww) schertsen
jolly lustig, jolig, vrolijk
jolt horten, stoten, schokken
jostle duwen, dringen
journal dagboek o; dagblad o; tijdschrift o
journalist journalist
journey reis
jovial vrolijk, opgewekt
joy vreugde, blijdschap
jubilate jubelen, juichen
jubilee jubileum o
judge rechter, beoordelaar; (ww) oordelen; uitspraak doen
judg(e)ment oordeel o, vonnis o
judicial rechterlijk, gerechtelijk
judicious verstandig, oordeelkundig
jug kruik, kan; pot
juggler goochelaar

114

juice sap *o*
juicy sappig, saprijk
July juli
jumble dooreengooien
jump springen; plotseling omhoog gaan (v. prijzen)
junction verbinding; knooppunt *o* (van spoorlijnen)
juncture voeg, naad; kritiek
June juni   [ogenblik *o*
jungle rimboe, wildernis
junior de jongere
junk oude rommel
junky aan drugs verslaaîde

juridical gerechtelijk, juridisch
jurisdistion rechtsgebied *o*; rechtsbevoegdheid
jurisprudence rechtsgeleerdheid
jurist jurist, rechtsgeleerde
juror gezworene, jurylid *o*
jury jury
just rechtvaardig, getrouw; (*adj*) juist, even; — *now*, zoeven; nu
justice gerechtigheid, rechtvaardigheid; justitie
justify rechtvaardigen
juvenile jeugdig

K

kail, kale boerenkool
keel kiel (v. schip)
keen scherp, heftig, bits; happig op
keen-sighted scherp van gezicht
keep bewaring, hoede; onderhoud *o*; (*ww*) (kept; kept) houden, bewaren, conserveren; verdedigen
keeper bewaarder, bewaker, opzichter; doelverdediger
keepsake aandenken *o*
kennel hondehok *o*
kept zie *keep*
ketchup pikante saus
kettle ketel
key sleutel, toets
keyboard klavier *o*, toetsenbord *o*
keyhole sleutelgat *o*
key-ring sleutelring
K.G. = *Knight of the Garter* Ridder van de Kouseband
kick schoppen, trappen; (*sb*)

schop, trap; veerkracht; — *off*, aftrap
kid jonge geit; geiteleer *o*, kind *o*; jochie *o*
kid-gloves *pl* glacéhandschoenen *mv*
kidnap ontvoeren
kidnapper kinderdief, ontvoerder
kidney nier
kidney-bean bruine boon, snijboon
kill doden, slachten; te niet doen
kill-joy spelbederver
kilogramme kilogram *o*
kilometre kilometer
kilt Schots rokje *o*
kin verwantschap
kind soort *v* & *o*, geslacht *o*; (*adj*) vriendelijk
kindergarten kleuterschool
kindle ontsteken; vuur vatten
kind(li)ness vriendelijkheid; goedheid, welwillendheid

kindred verwanten *mv*
king koning; heer (kaartspel)
kingdom koninkrijk *o*
kinsman bloedverwant
kipper gezouten en gerookte haring of vis
kiss kus, zoen; (*ww*) kussen
kit vaatje *o*; plunjezak, bagage; gereedschapskist; katje *o*
kitchen keuken
kitchencloth afdroogdoek
kitchen garden moestuin
kitchen-range kookfornuis *o*
kite vlieger
kitten katje *o*
knack handigheid, slag
knag kwast, knoest
knap (doen) knappen
knapsack ransel, knapzak
knave schurk; (*ca*) boer
knead kneden; masseren
knee knie
knee-cap knieschijf

kneel (knelt or kneeled; knelt or kneeled) knielen
knew zie *know*
knife mes *o*
knife-rest messelegger
knight ridder
knit (knit or knitted; knit or knitted) breien, knopen; fronsen
knitting-needle breinaald
knob knobbel, knop
knock slag, klop, klap; (*ww*) slaan, kloppen; — *down*, neerslaan
knot knop; knobbel; kwast, knoest; (*ww*) knopen, verbinden
knotted, knotty knoestig
know (knew; known) kennen; weten
knowledge kennis, kunde; medeweten *o*, voorkennis
known zie *know*
knuckle knokkel

L

label etiket *o*, label
laboratory laboratorium *o*
laborious werkzaam; moeizaam, moeilijk
labour arbeid; arbeiderspartij; moeite; (*ww*) arbeiden, zich moeite geven
labour dispute arbeidsgeschil *o*
labour exchange arbeidsbureau *o*, arbeidsbeurs
Labour Party *Br* de socialistische partij
laburnum goudenregen
lace kant; galon *o* & *m*; passement *o*; veter; (*ww*) rijgen

lacerate verscheuren
lace-up rijglaars
lack gebrek *o*, tekort *o*; (*ww*) ontberen, ontbreken
lacquer lakken; (*sb*) lak *o* & *m*, vernis *o*
lad knaap, jongen
ladder ladder (ook in kous)
lade (laded; laden) (be)laden
ladle (pol)lepel
lady dame, vrouw des huizes; *Our Lady*, Onze Lieve Vrouwe
ladylike als een dame
lag achterblijven   [zie *lay*
laid gelegd; — *up*, bedlegerig;

lain zie *lie*
lair hol *o*, leger *o* (v. dier)
lake meer *o*
lamb lam *o*; lamsvlees *o*
lame mank, kreupel
lament weeklacht; (*ww*) weeklagen, betreuren
lamp lamp
lamp-post lantaarnpaal
lamp-shade lampekap
lance lans
land land *o*, bodem; (*ww*) (aan)-
landen
land-force(s) landmacht
landing landing; landings-
plaats; (trap)portaal *o*
landing-stage aanlegsteiger
landlady hospita, kostjuffrouw,
waardin
landlord huisheer; herbergier
landmark grenspaal, baken *o*
land-owner grondbezitter
landscape landschap *o*
landslip aardverschuiving
land-tax grondbelasting
lane landweg; rijstrook; geul
language taal
languid kwijnend, mat
languish smachten, kwijnen
lank lang en mager; sluik
lantern lantaarn
lap schoot; pand *o*; (*ww*) op-
slorpen; overhangen
lapse vergissing; verloop *o* van
tijd; verval *o*
lapwing kievit
larceny diefstal
lard reuzel; (*ww*) larderen
larder provisiekamer, -kast
large ruim, groot, breed, uitgestrekt; royaal
lark leeuwerik
larynx strottehoofd *o*
lascivious wulps

lash zweepslag; geseling; wimper; (*ww*) geselen; (vast)sjorren
lass meisje *o*, deern
lassitude vermoeidheid
last laatst, jongstleden; (*ww*)
duren, blijven; — *night*, gisteravond; —*but one*, voorlaatste
lasting duurzaam, blijvend,
langdurig, bestendig
latch klink
latchkey huissleutel
late laat, te laat; gewezen; wijlen
lately onlangs, laatst
latent verborgen, verholen
lateral zijdeling(s)
lath lat
lathe draaibank
lather zeepsop *o*, schuim *o*;
(*ww*) inzepen
Latin Latijn *o*; (*adj*) Latijns
latitude breedte
latter laatste (van twee), laatst-
genoemde
latter-day modern
lattice-(work) traliewerk *o*; latwerk *o*
laudable loffelijk
laugh gelach *o*, lach; (*ww*)
lachen
laughable belachelijk
laughing-stock mikpunt *o* van
spot, risee
laughter gelach *o*
launch tewaterlating; barkas;
(*ww*) slingeren; lanceren; van
stapel laten lopen
launderette wasserette
laundress wasvrouw
laundry was, wasserij
laurel laurier; lauwerkrans
lavatory W.C.; toilet *o*
lavender lavendel
lavish overvloedig, kwistig;
(*ww*) verkwisten

law wet, recht *o*
lawful wettig
lawless wetteloos, bandeloos
lawn gazon *o*
lawn-mower grasmaaimachine
lawsuit proces *o*
lawyer rechtsgeleerde, advocaat
lax laks, nalatig; loslijvig
laxative laxeermiddel *o*
lay ligging; (*ww*) (**laid; laid**) leggen, plaatsen, doen bedaren; — *in*, inslaan, opdoen; zie ook *lie*
layer laag
layman leek
lay-out aanleg, ontwerp *o*
lazy lui, vadsig
lb. = *libra*, Engels pond *o* (= 453,6 gram)
lead lood *o*; voorsprong; leiding; (kaartspel) invite, voorhand; (*ww*) plomberen; (*ww*) (**led; led**) leiden, aanvoeren
leaden loden
leader (ge)leider; aanvoerder; hoofdartikel *o*
leading-article hoofdartikel *o*
leaf (*pl* **leaves**) blad *o*, blaadje *o*
leafless bladerloos
league verbond *o*; — *of Nations*, Volkenbond
leak lek *m & o*; lekkage; (*ww*) lekken
leakage lekkage
leaky lek
lean mager; (*ww*) (**leant or leaned; leaned**) leunen; overhellen
leap sprong; (*ww*) (**leapt or leaped; leapt or leaped**) springen
leap-frog haasje-over *o*
leap-year schrikkeljaar *o*
learn (**learnt or learned; learnt or learned**) leren; vernemen

learning geleerdheid, wetenschap
lease verhuren, verpachten; (*sb*) huurcontract *o*, pacht
leash koppel, band, lijn
least kleinste, minste; *at* —, ten minste, minstens
leather le(d)er *o*; *of* —, leren
leave verlof *o*; afscheid *o*; (*ww*) (**left; left**) weggaan, verlaten; nalaten; overlaten, laten
leaves *pl* bladeren *o mv*, loof *o*
leavings *pl* overschot *o*; afval *o*; kliekjes *mv*
lecture lezing; college *o*
lecturer docent
led zie *lead*
ledge richel, rand
ledger grootboek *o*
leek prei, look *o*
leer gluren
leeward lijwaarts
left links, linker; (*adj*) achternagelaten; zie ook *leave*
left-handed links
left-overs *pl* kliekjes *mv*
leg been *o*, poot, bout; pijp
legacy legaat *o*
legal wettig
legalize legaliseren, wettigen
legation legatie
legend legende, randschrift *o*
legging beenkap
legible leesbaar
legion legioen *o*
legislation wetgeving
legitimate echt, wettig; (*ww*) echten, wettigen
leisure vrije tijd; *at* —, op zijn gemak
lemon citroen
lemonade limonade
lemonsquash kwast (drank)
lemon-squeezer citroenpers

lend (lent; lent) lenen
lending-library leesbibliotheek
length lengte, duur
lenient toegevend; zacht
lenitive verzachtend
lens lens
Lent vasten
lent zie *lend*
leprosy melaatsheid, lepra
lesion beschadiging
less minder, kleiner
lessen verminderen
lesser kleiner, minder
lesson les
lest uit vrees dat
let huur; (ww) (let; let) (over)-
laten; verhuren; — *alone*, laat
staan
lethal dodelijk
letter brief; letter; betekenis;
— *to the editor*, ingezonden
stuk *o*
letter-balance brieveweger
letter-box brievenbus
lettuce kropsla
level niveau *o*, peil *o*, stand,
vlak *o*; (adj) vlak, waterpas;
(ww) gelijkmaken, effenen
level-crossing overweg
lever hefboom
levy heffing [belasting]; (ww)
heffen, opleggen
lexicon woordenboek *o*
liability verantwoordelijkheid,
verplichting; — *to service*,
dienstplicht
liable verantwoordelijk; onderhevig, blootgesteld aan
liar leugenaar
libel smaad
liberal mild, gul, vrij; vrijzinnig,
liberaal
liberate bevrijden   [bandig
libertine lichtmis; (adj) los-

liberty vrijheid
Libra Weegschaal
librarian bibliothecaris
library bibliotheek, boekerij,
studeerkamer
licence verlof *o*, patent *o*; vergunning; rijbewijs *o*; losban-
digheid
licentious losbandig, bandeloos
lick likken; verslaan; (sb) lik
licorice drop
lid deksel *o*; lid *o*
lie leugen; (ww) (lied; lied) liegen; (lay; lain) liggen, rusten
Liege Luik *o*
lieutenant luitenant; gouverneur
lieutenant-colonel overste
life leven *o*, levensduur; levens-
licht *o*
life-annuity lijfrente
life-assurance levensverzekering
lifebelt reddingsgordel
lifeboat redding(s)boot
lifebuoy redding(s)boei
lifeless levenloos
life-preserver zwemgordel
lifetime levensduur; mensen-
leven *o*
lift stijging; lift; *get a —*,
(gratis) mee kunnen rijden;
(ww) opheffen, optillen, lichten
light licht *o*; lucifer; verlichting; (adj) licht; luchtig; lichtzinnig; gemakkelijk; (ww) (lit
or lighted; lit or lighted) verlichten, opsteken; aanmaken
lighten weerlichten; lichter
maken
lighter aansteker; lichter
lighthouse vuurtoren
lighting verlichting
lightness lichtheid, vlugheid;
lichtvaardigheid

119

lightning weerlicht *o*, bliksem
lightning-conductor bliksemafleider
like weerga, gelijke; (*adv*) dergelijk, gelijkend, waarschijnlijk; (*conj*) zoals; (*ww*) houden
van, gaarne mogen; behagen,
lusten
likely waarschijnlijk
likeness gelijkenis
likewise evenzo, desgelijks
lilac sering; (*adj*) lila
lily lelie; — *of the valley*, lelietje
o van dalen
limb lid *o*, lichaamsdeel *o*; —*s*,
pl ledematen *mv*
lime vogellijm; kalk, linde-
boom
limit limiet; grenslijn; toppunt
o; (*ww*) begrenzen, beperken
limitation beperking, bepaling
limp slap; (*ww*) hinken
limpid helder, klaar, doorschijnend
linden linde
line regel; lijn; rij; spoor-,
stoomvaartlijn; — *of conduct*,
gedragslijn
lineal lijnrecht; rechtstreeks
linear lineair, lijn-; van de
eerste graad
linen linnen *o*
liner lijnboot, -vliegtuig *o*
linger dralen, talmen
linguistic taalkundig
lining voering
link schakel; (*ww*) aaneen-
schakelen
links golfbaan
linseed oil lijnolie
lion leeuw
lioness leeuwin
lip lip; rand
lipstick lippenstift

liqueur likeur
liquid vloeistof; (*adj*) vloeibaar,
vloeiend
liquidation liquidatie, afwikke-
ling
liquor vocht *o*; (sterke) drank
liquorice drop
lisp lispelen
list (naam)lijst, tabel; tocht-
band *o*; (*ww*) een lijst opmaken
van, catalogiseren; opsommen;
overhellen
listen luisteren
listener(-in) luisteraar
listless lusteloos
lit zie light
literal letterlijk
literature letterkunde, literatuur; (propaganda)lectuur
lithe(some) buigzaam; lenig
lithography lithografie, steendruk
litigation proces *o*
litre liter
litter draagbaar; draagkoets;
stroleger *o*; rommel
little klein, luttel, weinig; *a* —,
een beetje *o*
little finger pink
littoral kustgebied *o*; (*adj*) kust-
live leven; wonen; bestaan;
(*adj*) levend; gloeiend; onder
stroom
livelihood kostwinning
liveliness levendigheid
lively levendig
liver lever
livery livrei
live-stock veestapel
livid lijkkleurig, -bleek
living bestaan *o*, broodwinning;
(*adj*) levend
living-room woonkamer
lizard hagedis

load lading; vracht; (ww) (loaded; loaden) bevrachten, laden
loading lading, het laden o
loaf (pl loaves) brood o; (ww) lanterfanten
loafer leegloper
loam leem o
loan lening; (ww) lenen
loath afkerig
loathe walgen, verfoeien
loathsome walgelijk, vies
lobby portaal o; koffiekamer, foyer; wandelgang
lobe (oor)lel; kwab
lobster zeekreeft
local plaatselijk, lokaal
locality plaats; lokaal o
location plaatsing, ligging
lock slot o; sluis; (verkeers-) opstopping; (ww) sluiten
locker kastje o, safe
lock-out uitsluiting
lock-up box (v. auto); sluitings- tijd
locomotive locomotief
locust sprinkhaan
locution uitdrukking
lodge optrekje o, huisje o; por- tierswoning, loge; (ww) neer- leggen; huisvesten
lodger huurder
lodging huisvesting, kamers mv
lodging-house pension o
loft zolder
lofty verheven
log blok o hout; logboek o
loggerheads be at —, bakkeleien
logical logisch
loin lende, lendestuk o
loiter slenteren, talmen
London Londen o
lonely eenzaam
long lang, langdurig; — since,

lang geleden; (ww) — for, ver- langen naar
longboat (nav) sloep
long chair ligstoel
longing verlangen o
longitude geografische lengte
long-playing record langspeel- plaat
long-winded breedsprakig, langdradig
look gelaat o, voorkomen o, blik, kijk; (ww) kijken, zien, uitzien; — for, zoeken naar; — at, bekijken
looker-on toeschouwer
looking-glass spiegel
look-out uitkijk
loop lis, lus; duikvlucht
loose los, ruim; losbandig; (ww) losmaken
loosen losmaken
loot plundering, buit; (ww) plunderen
loquacious spraakzaam
lord heer, echtgenoot; lord
lose (lost; lost) verliezen; (klok) achterlopen; — weight, afvallen
loss verlies o, schade
lost verloren, weg; zie ook lose
lot deel o, lot o, perceel o; een heleboel; portie, partij; stukje o land
lottery loterij
loud luid
loud-speaker luidspreker
lounge luieren; (sb) (hotel)hall; ligstoel
lounge-suit colbertkostuum o
louse (pl lice) luis
lout lummel, pummel
love liefde; in —, verliefd; (ww) liefhebben
love-letter minnebrief

121

loveliness lieftalligheid
lovely allerliefst, lief; heerlijk, prachtig
lover minnaar; minnares
low laag; nederig
Low Countries *pl* de Nederlanden *mv*
lower lager, dieper; minder; geringer; (*ww*) lager maken, laten zakken; strijken
loyal getrouw
lozenge tabletje *o*, pastille; ruit
L.s.d. = *Librae, solidi, denarii*, ponden, shillings, pence, „de dubbeltjes"
Ltd. = *limited liability company*, naamloze vennootschap, N.V.
lubricate (door)smeren
lubricator smeermiddel *o*
lubricity glibberig-, gladheid
lucid helder, doorschijnend
luck kans, geluk *o*; *bad* —, pech
lucky gelukkig
lucrative winstgevend
ludicrous koddig, belachelijk
luff loef

lug trekken, slepen
luggage bagage
luggage-ticket bagagereçu *o*
luggage-van bagagewagen
lukewarm lauw
lull stilte, rust
lullaby wiegelied *o*
lumbago spit *o* (in de rug)
lumber rommel; timmerhout *o*
luminous lichtgevend
lump klomp, kluit, klontje *o*
lunacy krankzinnigheid
lunar module maansloep
lunatic krankzinnig; — *asylum*, krankzinnigengesticht *o*
lunch(eon) lunch; koffiedrinlung long   [ken *o*
lure lokaas *o*; (*ww*) lokken
lurid huiveringwekkend
lurk loeren; schuilen
lush saprijk, sappig, mals
lust (wel)lust; begeerte
lustre luister, glans; kroon
lusty kloek, krachtig, ferm
lute luit
luxurious weelderig
luxury luxe, weelde
lyrical lyrisch, lier-

M

M = 1 *Member*, lid; 2 *Meridian*, middaglijn; twaalf uur 's middags; 3 *Master*, universitaire graad
macaroon bitterkoekje *o*
maceration vermagering
machinate beramen; konkelen, intrigeren
machine toestel *o*, machine
mack, mackintosh regenjas

mackerel makreel
mad dol, razend, gek
madam mevrouw, juffrouw
made zie *make*
madness krankzinnigheid
magazine magazijn *o*; tijdschrift *o*
magic toverkunst
magician tovenaar
magic lantern toverlantaarn

magistrate magistraat, poli-
tierechter
magnanimity grootmoedigheid
magnet magneet
magnetic magnetisch
magneto magneet (v. motor)
magnificence pracht, luister
magnificent prachtig
magnify vergroten
magnifying-glass vergrootglas *o*
magnitude grootte, grootheid
magpie ekster
mahogany mahoniehout *o*
Mahometan mohammedaan(s)
maid meid, maagd
maiden jonkvrouw, maagd;
meisje *o*; (*adj*) maagdelijk
maiden-speech eerste redevoering v.e. nieuw lid
maidservant dienstmeisje *o*
mail brievenpost, post; postzak
mail-coach postwagen
maim verminken
main voornaamste, hoofd-;
(*sb*) hoofdlijn, -leiding, buis
mainland vasteland *o*
mainly voornamelijk
maintain handhaven
maintenance onderhoud *o*
maize maïs
majesty majesteit
major majoor; meerderjarige;
(*adj*) hoofd-, grootste
majority meerderheid; meerderjarigheid
major road voorrangsweg
majuscule hoofdletter
make maaksel *o*, fabrikaat *o*;
lichaamsbouw; (*ww*) (made;
made) maken; doen
make-believe schijn, komedie-
spel *o*; (*adj*) voorgewend
maker fabrikant; schepper
makeshift hulp-, redmiddel *o*

making maak, maaksel *o*
malady ziekte
Malay Maleier; (*adj*) Maleis
male mannetje *o*; (*adj*) manne-
malediction vervloeking   [lijk
malefactor boosdoener
malevolent kwaadwillig
malice kwaadaardigheid
malicious boosaardig, plagerig
malign boosaardig, slecht;
kwaadaardig
malleable smeed-, plooibaar
malnutrition ondervoeding
malodorous stinkend
malt mout *o*
maltreat mishandelen
mam(m)a mama
mammal zoogdier *o*
man (*pl* men) man, mens,
knecht; damschijf
manage besturen; beheren;
regeren; het klaar spelen; — *to
get*, bemachtigen
management behandeling, bestuur *o*; beheer *o*; beleid *o*;
directie
manager bestuurder; admi-
nistrateur; directeur
managing praktisch; bazig;
beherend
mane manen *mv* (paard)
mangle mangel
manhood mannelijkheid
maniac krankzinnige
manifest openbaar; duidelijk
manifold menigvuldig
manipulation betasting, mani-
pulatie
mankind mensdom *o*, mensheid
manly mannelijk, manmoedig
manner manier, wijze
mannerly welgemanierd
manners *pl* zeden, (goede) ma-
nieren *mv*. gedrag *o*

123

man-servant (huis)knecht, bediende
mansion herenhuis *o*
mantelpiece schoorsteenmantel
mantle mantel; (*ww*) bedekken, bemantelen
manual handboek *o*
manufactory fabriek
manufacture vervaardigen
manure mest
manuscript handschrift *o*
many menig, veel
many-sided veelzijdig
map kaart, landkaart
maple ahorn, esdoorn
mar bederven
marble marmer *o*; knikker; (*adj*) marmeren
March maart
march optocht, mars; (*ww*) trekken, marcheren
marchpane marsepein *m* & *o*
mare merrie
margin rand, kant
marigold goudsbloem
marine marine, vloot; marinier; (*adj*) scheeps-, zee-
marine parade strandboulevard
mark merk *o*, merkteken *o*, doel *o*; cijfer; (*ww*) merken; kenmerken; betekenen, aanduiden; signaleren; corrigeren
market markt; aftrek
marmalade marmelade
maroon kastanjebruin
marquee (tentoonstellings)tent
marriage huwelijk *o*
married getrouwd; huwelijks-
marrow merg *o*
marry huwen, trouwen
marsh moeras *o*
marshal maarschalk; ceremoniemeester
marten marter

martial krijgshaftig, krijgs-
martyr martelaar, martelares
marvel wonder *o*; (*ww*) zich verwonderen
marvellous wonderbaarlijk
masculine mannelijk
mash mengelmoes *o*, brij; (*ww*) fijnstampen
mask masker *o*; (*ww*) zich vermommen; maskeren
mason steenhouwer; vrijmetselaar
masquerade maskerade
mass (*RC*) mis; massa, hoop
massacre moord, bloedbad *o*
massage massage; (*ww*) masseren
massive massief   [ren
mast mast
master meester, heer, baas; jongeheer; (*ww*) overmeesteren, beheersen
masterful bazig
masterkey loper; chef-sleutel
masterpiece meesterstuk *o*
mastery meesterschap *o*
masticate kauwen
mastiff buldog
mat mat; (*adj*) mat
match lucifer; gelijke, weerga; partij; huwelijk *o*; wedstrijd. match; stel *o*; (*ww*) paren; evenaren; het hoofd bieden
match-box lucifersdoosje *o*
matchless weergaloos
mate makker, maat, helper; stuurman; (schaak)mat; (*ww*) paren
material stoffelijk, materieel; (*sb*) grondstof, materiaal *o*, materieel *o*
materialize verwezenlijken; werkelijkheid worden
maternity hospital kraamkliniek
mathematics *pl* wiskunde

matrimony huwelijk *o*
matrix matrijs
matron getrouwde dame; moeder (weeshuis), directrice (ziekenhuis)
matter stof, zaak, ding *o*; materie; etter; zetsel *o*; *what is the —?*, wat scheelt eraan?
matter of course *as a —*, vanzelfsprekend
matter-of-fact zakelijk; nuchter
mattock houweel *o*
mattress matras
mature rijp, gerijpt; *(ww)* rijpen
Maundy Thursday Witte Donderdag
maxim grondstelling, stelregel
May mei
may **(might; been allowed)** mogen, kunnen
maybe misschien, mogelijk
may-flower meidoorn, koekoeksbloem
mayor burgemeester
M.D. = *Medicinal doctor*, doctor in medicijnen
me mij
meadow weide
meagre mager, schraal
meal meel *o*; maaltijd
mean gemiddelde; middenweg; *(adj)* gering; inhalig; laag, min; gierig; *(ww)* **(meant; meant)** menen, bedoelen
meaning bedoeling, betekenis
means *pl* middelen *mv*; manier; inkomsten *mv*; *by no —*, geensmeant zie *mean* [zins
meantime, **meanwhile** intussen, middelerwijl
measles *pl* mazelen *mv*
measurable meetbaar
measure maat, maatregel; *(ww)* meten

meat vlees *o*; voedsel *o*
mechanic mecanicien, monteur
mechanical werktuiglijk, machinaal
mechanician werktuigkundige
mechanics *pl* werktuigkunde
Mechlin Mechelen *o*
medal medaille
meddle zich bemoeien (met), zich mengen (in)
meddlesome bemoeiziek
mediaeval middeleeuws
mediate bemiddelen, bijleggen; *(adj)* middellijk
mediatory bemiddelend
medical geneeskundig
medicine geneesmiddel *o*, medicijn
mediocre middelmatig [cijn
meditate overdenken [Zee
Mediterranean Middellandse
medium midden *o*, middenweg; middelsoort; middel *o*
medley potpourri
meek zachtmoedig, gedwee
meet **(met; met)** ontmoeten
meeting vergadering; bijeenkomst; wedstrijd [zin
megalomania grootheidswaanmelancholy zwaarmoedigheid; *(adj)* somber, zwaarmoedig
meliorate verbeteren
mellow rijp, mals, murw; *(ww)* rijpen
melodious welluidend
melody wijs, melodie
melon meloen
melt smelten, vertederen
melting-pot smeltkroes
member lid *o*, lidmaat *o*
membership lidmaatschap *o*
membrane vlies *o*
memento aandenken *o*
memorable gedenkwaardig, heuglijk

125

memorial verzoekschrift *o*, re-k(w)est *o*, nota; gedenkteken *o*
memorize optekenen, in het geheugen prenten   [ring
memory geheugen *o*; herinnemen *pl* mannen *mv*
menace bedreiging; (*ww*) dreigen
mend verbeteren, verstellen; — *one's ways*, zich beteren
mendacious leugenachtig
mending-wool stopwol
mental geestes-; verstandelijk; — *home*, zenuwinrichting
mentality geestesgesteldheid
mention melding; (*ww*) melden, **menu** menu *o*   [noemen
mercantile handels-
mercenary huurling; (*adj*) inhalig; gehuurd
merchandise koopwaar
merchant koopman, handelaar
merchantman koopvaardijschip *o*
merciful barmhartig, genadig
merciless onbarmhartig
mercury kwikzilver *o*
mercy genade
mere louter, enkel
merely alleen, slechts, maar
merge samensmelten
merger fusie
meridian meridiaan
meridional zuidelijk
merit verdienste; (*ww*) verdie-
merriment vrolijkheid   [nen
merry vrolijk
merry-andrew hansworst
merry-go-round draaimolen
mesh maas; (net)werk *o*
mesmerize biologeren
mess knoeiboel, rommel; verwarring; gemeenschappelijke tafel

message boodschap
messenger(boy) bode, loopjongen, chasseur
mess-room (*nav*) eetzaal
met zie *meet*
metal metaal; —*s*, spoorstaven *pl*; *heavy* —, zwaar geschut *o*; (*adj*) metalen
meteor meteoor
meter (gas)meter
method methode
meticulous nauwgezet
metre metrum *o*; meter
metropolis hoofd-, wereldstad
metropolitan hoofdstedelijk, Londens
Meuse Maas
mew meeuw; (*ww*) miauwen
mews woning(en) boven stal-(len) of garage(s)
miaow miauwen
mice *pl* muizen *mv*
midday middag
middle midden *o*; (*adj*) middelbaar; middelste
middle-aged van middelbare leeftijd   [*mv*
Middle Ages *pl* Middeleeuwen
middle class (gegoede) middenstand
middling middelmatig
midget dwergje *o*
midmost middelste
midnight middernacht
midshipman adelborst
midst midden *o*
midway halfweg, midden
might macht, kracht; vermogen *o*; zie ook *may*
mighty machtig
migrate verhuizen, trekken
migratory bird trekvogel
mild zacht, zachtaardig; — *cigar*, lichte sigaar

mile mijl
mileage recorder kilometerteller
milestone mijlpaal
militant strijdend, strijdlustig
military militair
milk melk; zog *o*, sap *o*
milk-jug melkkan
milkman melkboer
milk-tooth melktand
Milky Way melkweg
mill molen; fabriek; spinnerij
miller molenaar
milliard miljard *o*
milliner modiste
millinery modevak *o*, modes *mv*
million miljoen *o*
millstone molensteen
milt hom
mimic nabootsen
mince fijn hakken; verbloemen
mind ziel, gemoed *o*, verstand
o; geest, lust; neiging, mening;
(*ww*) letten op, denken om;
zorgen voor; het erg vinden
mindful of indachtig
mindless achteloos; leeghoofdig
mine de mijne, het mijne
mine mijn
mine-layer mijnenlegger
miner mijnwerker
mineral delfstof, mineraal *o*
minesweeper mijnenveger
mingle (ver)mengen
miniature camera kleinbeeldcamera
mining mijnbouw
minister minister, gezant, geestelijke; (*ww*) bedienen, toedienen; voorzien, bijdragen,
de kerkdienst verrichten
ministry ministerie *o*, ambt *o*
mink nerts *o*
minor minderjarig   [derheid
minority minderjarigheid; min-

mint munt, kruizemunt; (*ww*)
munten
minuscule klein, gering
minute minuut; memorandum
o; (*ww*) aantekenen, notu-
leren; (*adj*) klein, nietig,
minutieus
minutely omstandig, nauw-
keurig
minutes *pl* notulen *mv*
minx feeks, kat
miracle wonder *o*, mirakel *o*
mirage luchtspiegeling
mire modder, slijk *o*
mirror spiegel, afspiegeling,
toonbeeld *o*
mirth vrolijkheid
miry beslijkt
misadventure tegenspoed
misanthrope mensenhater
misappreciation miskenning
misbecoming onvoegzaam, onbetamelijk
misbehaviour wangedrag *o*
misbelief dwaalleer; dwaal-
begrip *o*
miscalculate misrekenen
miscarry mislukken
miscellaneous gemengd
mischance ongeluk *o*
mischief onheil *o*, kwaad *o*;
ondeugendheid
mischievous boosaardig; schadelijk; ondeugend
misconception misvatting, wanbegrip *o*
misconduct wangedrag *o*
miscreant laag, snood
misdeed misdaad, wandaad
misdemeanour wangedrag *o*
misdoing wandaad, vergrijp *o*
miser gierigaard
miserable ellendig
miserly gierig, vrekkig

127

misery ellende
misfortune rampspoed
misgiving bange twijfel
misguide misleiden
mishap ongeval *o*, ongeluk *o*
misinterpret verkeerd uitleggen
misjudge verkeerd beoordelen
mislay zoek maken; verleggen
mislead (misled; misled) misleiden
mismanagement wanbeheer *o*
misprint drukfout
misrule wanorde, wanbestuur *o*
miss mejuffrouw (voor onge-huwde vrouwen); (*ww*) missen, verzuimen
missal *RC* misboek *o*
mis-shapen misvormd, wan-staltig
missile projectiel *o*
mission zending, missie
missionary zendeling
mist mist, nevel
mistake vergissing, dwaling; fout; misslag; (*ww*) (mistook; mistaken) misverstaan, zich vergissen
mister (Mr.) meneer
mistletoe maretak, mistletoe
mistress (Mrs.) mevrouw (vóór familienaam van gehuwde vrouwen); meesteres; direc-trice; minnares
misunderstand (misunderstood; misunderstood) misverstaan, verkeerd begrijpen
misunderstanding misverstand *o*
mite mijt; kleinigheid; dreumes
mitigate verzachten, lenigen
mitten want; *get the —*, de bons krijgen
mix mengen, vermengen
mixed pickles *pl* gemengd zuur *o*, mixed pickles *mv*

mixture mengsel *o*
M.O. = 1 *money-order*, post-wissel; 2 *Medical Officer*, offi-cier v. gezondheid
moan gekerm *o*, gejammer *o*; (*ww*) kermen, kreunen
moat (slot)gracht, singel
mob grauw *o*, gepeupel *o*
mobility beweeglijkheid
mobilize mobiliseren
mock spot; (*adj*) zogenaamd, nagemaakt; (*ww*) bespotten
mockery spot, bespotting
mockturtle (nagemaakte) schildpadsoep
mode mode; vorm, wijze
model model *o*, voorbeeld *o*
moderate matig; gematigd; (*ww*) matigen
modern hedendaags, modern
modest zedig, bescheiden
modesty bescheidenheid, zedig-heid
modification wijziging
Mohammedan mohamme-daan(s)
moist vochtig, klam
moist sugar basterdsuiker
moisten bevochtigen
moisture vochtigheid, vocht *o*
molar kies
mole mol; havenhoofd *o*; moe-dervlek
mole-hill molshoop
molest lastig vallen, kwellen
mollify verzachten, kalmeren
Moluccas *pl* Molukken *mv*
moment ogenblik *o*
momentary kortstondig, een ogenblik durend
momentous gewichtig
monastery klooster *o*
Monday maandag
monetary munt-, geldelijk

money geld *o*
money-box spaarpot; collecte-
bus
moneyed bemiddeld
money-order postwissel
monition vermaning
monk monnik
monkey aap; heiblok *o*
monkey-wrench schroefsleutel
monopoly alleenrecht *o*, monopolie *o*
monotonous eentonig
monsoon moesson
monstrous monsterachtig, afschuwelijk
month maand
monthly maandelijks; (*sb*)
maandblad *o*
monument gedenkteken *o*, monument *o*
mood stemming, humeur *o*
moody humeurig; somber
moon maan
moonshine maneschijn
moor heide; veen *o*; (*ww*) vast-
meren
mop stokdweil, zwabber; (*ww*)
dweilen
mope kniezen, druilen
moped bromfiets
moral zedelijk, moreel
morass moeras *o*
morbid ziekelijk, ongezond
mordant bijtend, scherp
more groter, meer; — *or less*,
min of meer
moreover bovendien
morning morgen, ochtend; *this*
—, vanmorgen
morning coat jacquet *o*
morning paper ochtendblad *o*
Morocco Marokko *o*
morose gemelijk, knorrig
morsel hap, brokje *o*, stuk *o*

mortal sterveling; (*adj*) sterfelijk, dodelijk
mortar mortier *m* & *o*; mortel,
specie
mortgage hypotheek
mortgage bond pandbrief
mortification vernedering;
tuchtiging; koudvuur *o*
mosaic mozaïek *o*
Moselle Moezel(wijn)
mosque moskee
mosquito muskiet
moss mos *o*
most meest, zeer, groot
mostly merendeels, meestal
moth mot
mother moeder; — *of pearl*,
paarlemoer *o*
motherhood moederschap *o*
mother-in-law schoonmoeder
motion beweging; voorstel *o*,
motie
motion-picture film
motive beweegreden
motor motor; (*ww*) autoën
motor-car auto(mobiel)
motor-car accident auto-ongeluk *o*
motor-coach touringcar
motor-cycle motorfiets
motor(driver's) licence rijbewijs *o*
motoring trip autotocht
motorized bicycle bromfiets
motor-launch motorboot
motor mechanic autoreparateur
motor-truck vrachtauto
motor-van vrachtauto
motor-way autoweg
mould teelaarde; molm; schimmel; vorm; gietvorm, mal;
type *o*; aard; (*ww*) beschimmelen; vormen; gieten; kneden
moult ruien, verharen

129

mount berg; rijpaard *o*; (*ww*) bestijgen, beklimmen; monteren
mountain berg
mountain-ash lijsterbes
mountaineering bergsport
mountainous bergachtig
mountebank kwakzalver
mounted bereden
mourn rouwen, betreuren
mourning rouw
mouse (*pl* mice) muis
mousetrap muizeval
moustache snor
mouth mond, muil; monding
movable beweeglijk, beweeg-
baar, mobiel
move beweging, verhuizing;
(*ww*) (zich) bewegen; een voorstel doen; in beweging brengen;
opwekken; ontroeren; verhuizen; — *on*, doorlopen
movement beweging, verplaats-
sing; mechanisme *o*; *muz* deel *o*
movies (*pop*) the —, bioscoop
mow hooiberg; (*ww*) (mowed;
mown) maaien
M.P. = *Member of Parliament*,
Lid v. h. Parlement
Mr. = *Mister*, meneer (vóór
een naam)
Mrs. = *Mistress*, mevrouw
(vóór de naam v. getrouwde
vrouwen)
much veel, zeer
mud modder, slijk *o*
muddle warboel; (*ww*) in de war
gooien; verknoeien
muddle-head warhoofd *o*
muddy modderig
mudguard spatbord *o*
muffin theegebak *o*
muffler bouffante; demper
mufti *in* —, in burger
mug kroes; (*ww*) blokken

mulberry moerbei
mule muildier *o*; stijfkop
multiple veelvuldig; — *shop*,
grootwinkelbedrijf *o*; (*sb*) veelvoud *o*
multiply vermenigvuldigen
multitude menigte
mum stil! sst!
mumble mompelen
mummy mummie; mammie
mumps *pl* de bof
munch knabbelen
mundane werelds, aards
municipal stedelijk, burgerlijk,
gemeentelijk
municipality gemeente(bestuur) (*o*)
munificent mild, royaal
munition munitie
murder moord
murderer moordenaar
murderous moorddadig
murmur gemurmel *o*; (*ww*)
morren; murmelen
muscle spier
muscular gespierd; spier-
muse muze; (*ww*) mijmeren
museum museum *o*
mushroom paddestoel
music muziek
musical muzikaal
musical (**comedy**) operette,
revue
music-hall variété(theater) *o*
musician musicus, muzikant
musing gepeins *o*; (*adj*) peinzend
muslin mousseline *v* & *o*, netel-
doek *o*
mussel mossel
must (**must; been obliged**) moeten; (**musted; musted**) (doen)
beschimmelen; (*sb*) most;
schimmel

mustard mosterd
muster monstering; appèl o;
(ww) monsteren
musty beschimmeld, muf
mutation verandering, wijziging, mutatie
mute stom, sprakeloos
mutilate verminken
mutineer ruiter
mutinous muitziek, oproerig
mutiny muiterij, oproer o; (ww) muiten
mutter mompelen

mutton schapevlees o
mutton-chop schaapskotelet
mutual wederkerig, -zijds
muzzle smoel, muil, bek, snuit;
muilkorf; monding
my mijn, mijne
myopic bijziend, kortzichtig
myself mijzelf
mysterious geheimzinnig
mystery geheim o, raadsel o
mystification fopperij, mystificatie
myth mythe

N

nag zeuren; vitten (op)
nail spijker, nagel; klauw; (ww)
(vast)spijkeren
nail brush nagelborstel
nail file nagelvijl
nail polish nagellak
naive ongekunsteld, naïef
naked naakt, bloot, kaal
name naam, aanzien o; (ww)
noemen, benoemen
nameless nameloos; onnoeme-
namely namelijk   [lijk
name-plate naambordje o
namesake naamgenoot
nap slaapje o; (ww) dutten
napkin servet o
nappy luier
narrative verhaal o; (adj) ver-
halend
narrow eng, nauw(keurig),
smal; bekrompen
narrow-minded kleingeestig
nasal neus-
nasturtium Oostindische kers
nasty vuil; naar; gemeen

natal geboorte-
natation zwemkunst
nation volk o, natie
national nationaal, landelijk;
staats-
nationalize naturaliseren;
naasten, onteigenen
native inboorling; (adj) aangeboren, inheems
natural natuurlijk
natural gas aardgas
naturalize naturaliseren
nature natuur, aard, karakter
o; soort
naught niets, nul
naughty ondeugend, stout
nausea misselijkheid, walging
nauseous walgelijk
nautic(al) zeevaart-
naval scheepvaart-, zee-
nave naaf; schip o (v. kerk)
navel navel
navigable bevaarbaar; bestuurbaar
navigate varen, bevaren

navy marine, zeemacht
nay wat meer is, ja zelfs
n.d. = *no date*, zonder jaartal
near nabij, bij, naverwant; dierbaar; linker; (*ww*) naderen
nearest naast, dichtstbijzijnd
nearly bijna
near-sighted bijziend
neat netjes, schoon; netto
neat-handed behendig; vlug
nebulous nevelachtig
necessaries *pl* behoeften, benodigdheden *mv*
necessary noodzakelijk, nodig
necessitous behoeftig
necessity nood, noodzakelijkheid; behoeftigheid
neck hals, nek
necklace halssnoer *o*
need nood; noodzaak; (*ww*) nodig hebben, behoeven
needle naald
needle-case naaldenkoker
needless onnodig, nodeloos
needlework handwerk(en) *o*
needs noodzakelijk, volstrekt
needy behoeftig
nefarious gruwelijk
negation ontkenning; weigering
negative ontkennend, negatief
neglect verzuim *o*; (*ww*) verwaarlozen, nalaten
negligent nalatig, achteloos
negotiable verhandelbaar
negotiate handel drijven; verhandelen
negress negerin
negro neger
neigh hinniken
neighbour buurman
neighbourhood nabijheid, nabuurschap, buurt
neighbouring naburig, aangrenzend

neither geen van beide(n); noch, ook niet; — ... *nor*, noch ... noch
nephew neef (zoon van broeder of zuster)
nerve zenuw, pees; nerf; spierkracht; brutaliteit, moed
nervous zenuw-, zenuwachtig; — *disease*, zenuwziekte
nervy nerveus
nest nest *o*
nestle zich nestelen
net net *o*; (*adj*) zuiver, netto
Neth., Netherlands Nederland *o*
nethermost onderste, diepste
nettle (brand)netel
net-work net(werk) *o*; zender
neutral onzijdig, neutraal
neutrality neutraliteit, onzijdigheid
never nooit, nimmer, geenszins
nevertheless niettemin, desondanks
new nieuw, vers
newcomer nieuweling
new-fashioned nieuwerwets
newly onlangs
news nieuws *o*, bericht *o*
news-board aanplakbord *o*
newsboy krantenjongen
newspaper krant
news-reel filmjournaal *o*
news-stand krantenkiosk
new-year nieuwjaar *o*
new-year's day nieuwjaarsdag
new-year's eve oudejaarsavond
next naast; (eerst)volgend; — *day*, volgende dag
next-door hiernaast
nibble knabbelen
nice, nicely lekker, prettig, aardig, lief; mooi; keurig; fatsoenlijk
niche nis

nick keep, nerf; *in the — of time*, op 't nippertje
nickel nikkel *o*
nickname bijnaam
niece nicht (dochter v. broeder of zuster)
niggard vrek; gierigaard
nigh nabij, dichtbij; nauw
night nacht; avond; *last —*, gisteravond; *at —*, in de nacht
night-cap slaapmuts(je) *o*
night-gown nachtjapon
nightingale nachtegaal
nightmare nachtmerrie
Nile Nijl
nimble vlug, lenig
nine negen
ninepins *pl* kegelspel *o*
nineteen negentien
ninety negentig
ninth negende
nipple tepel; nippel
nippy bijtend (v. kou); scherp, bits
nitrogen stikstof
no geen, neen, niet
nobility adel
noble adellijk; edel
nobleman edelman
nobody niemand
nocturnal nachtelijk
nod knik; (*ww*) knikken
nodose knobbelig, knoestig
noise lawaai *o*, geraas *o*, getier *o*
noisome schadelijk, ongezond
noisy luidruchtig
no man's land niemandsland *o*
nominal in naam, nominaal
nominate noemen, benoemen
non-commissioned officer onderofficier
nonconformist afgescheidene (v. d. Engelse staatskerk)
nondescript onopvallend

none geen; niemand
non-payment wanbetaling
non-resident extern; (*sb*) forens; niet-gast (in hotel)
nonsense onzin, nonsens
non-skid tyre antislipband
non-smoking **compartment** coupé niet roken
non-stop doorgaand; doorlopend; zonder tussenlanding
noodle uilskuiken *o*, sul; *—s pl*, vermicelli
noon middag
noose strik, lus
nor noch, ook niet
normal normaal, geregeld
north noorden *o*
northern noordelijk
north-pole noordpool
North Sea Noordzee
Norway Noorwegen *o*
Norwegian Noor(s)
nose neus; (*ww*) ruiken; zijn neus in andermans zaken steken
nosegay ruiker
nostalgia heimwee *o*
nostril neusgat *o*
not niet
notabilities *pl* notabelen *mv*
notable opmerkelijk, merkwaardig, aanzienlijk
notary notaris
notch keep, kerf; (*ww*) kerven
note merk *o*, teken *o*; toon; (*mus*) noot; aantekening, nota; briefje *o*; aanzien *o*; (*ww*) optekenen, aanduiden; nota nemen van
nothing niets
notice kennisgeving, aandacht, oplettendheid, convocatie, bericht *o*; *give —*, de dienst (huur) opzeggen

noticeable merkbaar, merkwaardig
notice-board aanplakbord *o*
notification kennisgeving
notify aanzeggen, bekendmaken
notion begrip *o*, denkbeeld *o*
notorious berucht
no trumps sans atout
notwithstanding niettegenstaan-
nougat noga   [de
noun naamwoord *o*; naam
nourish voeden; koesteren
nourishing voedzaam
novel roman
novelist romanschrijver
novelty nieuwigheid
November november
novice beginnelijk, nieuweling
now nu
now-adays tegenwoordig
nowhere nergens
noxious schadelijk
nozzle spuit; mondstuk *o*; tuit
nuclear kern-
nucleus kern
nude naakt
nudity naaktheid
nugget klomp (goud)

nuisance plaag, last; *it is a* —,
het is vervelend
null krachteloos, nietig
nullify krachteloos maken, vernietigen   [doofd
numb gevoelloos; verstijfd, ver-
number nummer *o*, getal *o*,
aantal *o*; (*tel*) — *engaged*, in
gesprek; (*ww*) tellen
numberless talloos
numeral telwoord *o*
numeration telling
numerator teller
numerous talrijk
nun non
nuptial huwelijks-, bruids-
nurse verpleegster; kinderjuffrouw; (*ww*) verplegen
nursery kinderkamer, -bewaar-
plaats; kweekschool, -vijver;
(boom)kwekerij
nursing-home ziekenverpleging
nut noot; moer (v. schroef)
nut-cracker(s) notekraker
nutmeg nootmuskaat
nutritious, nutritive voedzaam
nutshell notedop
nylon nylon *o* & *m*

O

o/a of = *on account of*, voor
rekening van
oak eik, eikehout *o*
oar (roei)riem
oath eed; vloek
oat(s) haver; *rolled oats*, havermout
obdurate verhard, verstokt
obedience gehoorzaamheid
obedient gehoorzaam

obese vet, corpulent
obey gehoorzamen
object voorwerp *o*, doel *o*; *direct* —, lijdend voorwerp; *indirect* —, meewerkend voorwerp; (*ww*) tegenwerpen
objection tegenwerping
objectionable aanvechtbaar;
onaangenaam
objective objectief; (*sb*) doel *o*

obligation verplichting
obliging voorkomend; beleefd
oblique scheef, schuin, hellend; afwijkend, zijdelings
obliterate uitwissen, doorhalen
oblivion vergetelheid
oblong langwerpig
obscene liederlijk, vuil, obsceen
obscure duister, onbekend; (ww) verduisteren
obsequies pl begrafenis
obsequious onderdanig, kruiperig   [leving
observance waarneming; naobservant oplettend; strikt
observation waarneming
observatory sterrenwacht
observe waarnemen; opmerken; in acht nemen
obsession obsessie
obsolete verouderd
obstacle hinderpaal
obstetrics pl verloskunde
obstinate hardnekkig, koppig
obstruct verstoppen, versperren
obstruction verstopping, versperring; obstructie, beletsel o
obtain verkrijgen, verwerven
obtrusive opdringerig
obtuse stomp, bot; stompzinnig
obviate voorkomen, uit de weg ruimen
obvious klaarblijkelijk, voor de hand liggend
occasion gelegenheid; aanleiding
occasional toevallig, gelegenheids-
occident westen o
occupant bezitnemer, bewoner
occupation bezigheid; bezitneming, bezetting; bewoning; — army, bezettingsleger o

occupy innemen, bezetten, bekleden, in beslag nemen; bewonen
occur vóórkomen; gebeuren
ocean oceaan
o'clock what — is it? hoe laat is het?; it is 8 —, het is 8 uur
octave octaaf o & v; octet o
October oktober
ocular oog-; gezichts-
oculist oogarts
odd oneven; zonderling, raar
odds pl ongelijkheid; verschil o, voordeel o; voorgift
odious hatelijk, afschuwelijk
odoriferous welriekend, geurig
odour reuk, geur
of van
of course natuurlijk
off ver vandaan, eraf, weg, uit; — hours, vrije uren
offence belediging, vergrijp o
offend beledigen, ergeren; overtreden   [naam
offensive beledigend, onaangeoffer aanbod o, offerte; (ww) aanbieden, offreren, ten offer brengen
offering offerande, offer o
off-hand voor de vuist (weg)
office ambt o, functie, plicht; kantoor o, bureau o
officer beambte, ambtenaar, officier; (politie)agent
official ambtelijk, ambts-, officieel
officiate dienst doen; fungeren; de mis opdragen
offspring nakomelingschap
often dikwijls, vaak
ogle lonken
O.H.M.S. = On His (Her) Majesty's Service, dienstzaken, „dienst"

135

oil olie, petroleum
oilcloth wasdoek *o*, zeildoek *o*
oil-colour olieverf
oil-fuel stookolie
oilskins *pl* oliegoed *o*
oily olieachtig, zalvend
ointment zalf
O.K. in orde, goed
old oud, afgesleten; *of* —, van
ouds
old-age pension ouderdoms-
pensioen *o*
old-fashioned ouderwets
oldish ouwelijk
old maid oude vrijster
old-timer oudgediende; oud-
gast
olive olijf; olijfkleur
Olympic Olympisch; *the* —*s*,
de Olympische spelen
omelet(te) omelet
ominous onheilspellend
omission verzuim *o*
omit weglaten, nalaten
omnipotent almachtig
on op, aan, om, met, van, te;
voort, verder; — *the left*, links
once eens, eenmaal; *at* —,
dadelijk, tegelijk
one één, iemand, men; — *another*, elkander; — *day*, eens;
— *and a half*, anderhalf
onerous lastig, bezwaarlijk
oneself (zich)zelf
one-way — *traffic*, éénrichtingsverkeer *o*
onion ui
only enig; alleen, slechts
onwards voorwaarts, vooruit
ooze sijpelen
opaque ondoorschijnend, donker
open open, geopend, openlijk;
(*ww*) openen, opengaan

open-handed gul, royaal
open-hearted openhartig
opening opening; begin *o*
open-minded onbevooroordeeld
opera-glass toneelkijker
operate werken, opereren; van
kracht zijn
operation operatie; werking
operator operateur; telegrafist;
telefonist; bestuurder
opinion mening, gevoelen *o*
opponent bestrijder, tegenstander; tegenpartij
opportunity gelegenheid; gunstig ogenblik *o*, kans
oppose tegenstellen, tegengaan,
weerstaan, tegenwerpingen
maken   [over
opposite tegengesteld, tegen-
opposition tegenstand, tegen-
kanting, oppositie, verzet *o*
oppress onderdrukken
oppression verdrukking; benauwdheid
optician opticien
option keus, vrijheid van kiezen, voorkeur
opulence overvloed
or of; — *else*, of wel, anders
oral mondeling
orange sinaasappel; (*adj*)
oranje
orator redenaar
orbit baan (v. ster); oogholte
orchard boomgaard
orchestra orkest *o*
ordain bevelen; verordenen;
tot priester wijden
ordeal beproeving, godsge-
richt *o*
order orde, schikking; order;
klasse; (*ww*) regelen, schikken,
bevelen, bestellen; tot priester
wijden

orderly ordonnans; (*adj*) geregeld, ordelijk
ordinance voorschrift *o*; ritus
ordinary gewoon
ordination verordening; ordinantie; raadsbesluit *o*; priesterwijding
ordnance geschut *o*; krijgsmateriaal *o*
ordnance map stafkaart
ore erts *o*
organ werktuig *o*; orgaan *o*; orgel *o*; — *of sense*, zintuig *o*
organic organisch
organize organiseren
orgy orgie, braspartij
orient oosten *o*   [ters
oriental oosterling; (*adj*) oosorifice opening, mond
origin oorsprong, begin *o*; afkomst
originality oorspronkelijkheid
originate voortbrengen; afkomstig zijn
ornament versiersel *o*; (*ww*) tooien
orphan wees
orphanage weeshuis *o*; ouderloosheid
orthodox rechtzinnig, orthodox
oscillation slingering, schommeling
osseous benig, beenachtig
ossify tot been worden, verharden
ostensible zogenaamd; ogenschijnlijk, blijkbaar
ostentation uiterlijk vertoon *o*, ijdele praal
ostrich struisvogel
other ander, nog een
otherwise anders, anderszins
ought (ought; ought) moeten, behoren, nodig zijn

ounce ons *o* (± 28 gram)
our onze
ours de onze, het onze
ourselves ons zelf
out uit, buiten; uit de mode; uitgedoofd; — *and* —, door en door; aarts-
outboard motor buitenboordmotor
outbound (*nav*) op de uitreis
outbreak uitbarsting
outcast verschoppeling, verstoteling; (*adj*) vogelvrij
outcome resultaat *o*, uitslag
outcry geschreeuw *o*; protest *o*; (*ww*) overschreeuwen
outdo overtreffen
outdoor(s) buitenshuis
outfit uitrusting; ploeg; afdeling
outgrow ontgroeien
outing uitstapje *o*
outlaw vogelvrij verklaarde, balling
outlay uitgaven, kosten *mv*
outlet uitgang; afzetgebied *o*; uitweg
outline omtrek; schets
outlook uitkijk; zienswijze
outmost buitenste *o*
outnumber in aantal overtreffen
out-of-work werkloze; (*adj*) werkloos
out-patient poliklinische patiënt
output opbrengst
outrage smaad, wandaad; (*ww*) beledigen, geweld aandoen
outright openlijk, ronduit
outset aanvang, begin *o*
outside buitenzijde; (*adv*) buiten
outsider buitenstaander, outsider; niet favoriet zijnd paard *o*

outskirts buitenkant, -wijken *mv*
outstanding achterstallig, onbetaald; markant, bijzonder
outward uitwendig, uiterlijk
outward-journey uitreis
outwit te slim af zijn
outworn versleten
oval eirond, ovaal
ovation hulde, ovatie
oven oven
over boven, over; door, voorbij
overboard overboord
overcame zie *overcome*
overcast bewolkt, betrokken
overcharge overladen; overvragen; (*sb*) overbelasting
overcoat overjas
overcome (**overcame**; **overcome**) overwinnen, te boven komen; (*adj*) onder de indruk, verslagen
overdo (**overdid**; **overdone**) overdrijven
overdue te laat, over tijd; achterstallig
overhaul reviseren, nazien
overhead boven ons, in de lucht
overhear (**overheard**; **overheard**) afluisteren, opvangen
overland over land
overleaf aan ommezijde

overlook over 't hoofd zien
overmaster overmeesteren
overrate overschatten
oversea overzees
overseer opzichter
overshoe overschoen
oversight opzicht *o*, vergissing
oversleep (**oneself**) (**-slept**; **-slept**) zich verslapen
overtake (**-took**; **-taken**) inhalen, overvallen
overtax te zwaar belasten
overthrow om(ver)werpen
overtime overuren *mv*, overwerk *o*
overture ouverture; inleiding
overturn omgooien; omslaan, omvallen
overweight overwicht *o*
overwhelming overstelpend, verpletterend
overwork uitputten; zich overwerken; (*sb*) overwerk *o*
owe schuldig zijn, te danken hebben (aan); erkennen, toegeven
owl uil
own eigen; (*ww*) bezitten, hebben, erkennen, toegeven
owner eigenaar
ox (*pl* **oxen**) os
oyster oester
oz. = *ounce*, ons *o* ($\pm$ 28 gr)

P

pace stap, pas; tempo *o*
pacific vredelievend
Pacific Stille Zuidzee
pacification kalmering, vredestichting

pack pak *o*, last; — *of cards*, spel *o* kaarten; (*ww*) inpakken, bepakken
package verpakking, pak *o*
packet pakje *o*, pakket *o*

packing verpakking
pact verdrag *o*, verbond *o*
pad kussentje *o*, onderlegger, blocnote; poot
padding (op)vulsel *o*
paddle pagaai; schoep; (*ww*) plassen, pagaaien
paddock paddock, kleine omheinde weide
padlock hangslot *o*
pagan heiden; (*adj*) heidens
page page, livreiknechtje *o*; bladzijde
pageant (historische) optocht; schouwspel *o*; pracht
paid zie *pay*
pail emmer
pain pijn, moeite
painful pijnlijk, moeilijk
pain perdu wentelteefje *o*
painstaking ijverig, nauwgezet
paint verf
painter schilder
painting schilderkunst; schilderij
pair paar *o*, stel *o*, tweetal *o*
pal kameraad
palace paleis *o*
palate verhemelte *o*
palaver bespreking; geklets *o*
pale bleek, dof, flauw
palliate verzachten, lenigen; verbloemen
palliative lapmiddel *o*
pallor bleekheid
palm palm; palmboom
palpable tastbaar
palpitate kloppen (het hart)
paltry armzalig, waardeloos
pamper vertroetelen, verwennen
pan pan
pancake pannekoek
pane glasruit, paneel *o*

panel paneel *o*; namenlijst; groep deskundigen; instrumentenbord *o*
pang pijn, steek, foltering; panic paniek   [angst
pansy driekleurig viooltje *o*
pant hijgen
panties *pl* onderbroekje *o*
pantry provisiekamer, -kast
pants *pl* (lange) broek
pap pap
papacy pausdom *o*
papal pauselijk
paper papier *o*; krant; verhandeling; behangselpapier *o*; (*ww*) behangen; (*adj*) papieren
paperback pocketboek *o*
paperbound ingenaaid
paper-cover omslag *o*, kaft *o*
paper-currency papiergeld *o*
paper-cutter, paper-knife briefopener
paper-weight presse-papier
par pari; *at* —, à pari
parable gelijkenis
parachute valscherm *o*
parade parade; vertoon *o*; openbare wandelplaats; (*ww*) aantreden, paraderen; pronken
paradise paradijs *o*
paragraph paragraaf (§); (kort) krantebericht *o*
parallel evenwijdig, overeenkomstig
paralysis verlamming
paramount opperste, hoogste
parapet borstwering, leuning
paraphernalia lijfgoederen; uitrusting
parasite parasiet
paratroops (*mil*) luchtlandings-, parachutetroepen *mv*
parcel perceel *o*; pakje *o*; (*ww*) verbrokkelen

139

parchment perkament *o*
pardon vergiffenis, genade;
(*ww*) vergeven
pardonable vergeeflijk
pare schillen
parenthesis haakje *o*, tussenzin
parents *pl* ouders *mv*
parings schillen *mv*
parish parochie
Parisian (*adj*) van Parijs; (*sb*)
Parijzenaar
parity gelijkheid; pariteit
park park *o*; (*ww*) parkeren
parking meter parkeermeter
parking-place parkeerplaats
parliament parlement *o* —
parlour ontvang-, spreekkamer
parlour-maid tweede meisje *o*
parody parodie   [woord *o*
parole erewoord *o*; wacht-
paroxysm heftige aanval
parquet parket *o*
parquetry parketvloer
parrot papegaai
parry afweren, pareren
parsimonious gierig, karig
parsing taalkundige ontleding
parsley peterselie
parson predikant, dominee
part deel *o*, aandeel *o*, part *o*,
gedeelte *o*; zijde; partij; streek;
rol; (*ww*) delen, scheiden
partake (partook; partaken)
deelnemen; — *of*, gebruiken
partial gedeeltelijk, partijdig
participate delen, deelnemen
participation deelname; inspraak
participle deelwoord *o*
particle greintje *o*
particular speciaal, bijzonder;
nauwkeurig; moeilijk; kieskeurig; (*sb*) bijzonderheid,
detail *o*

particularly speciaal, zeer
parting scheiding; afscheid *o*
partisan partijganger, partizaan
partition deling, verdeling,
scheiding; (be)schot *o*
partly gedeeltelijk, deels
partner partner, deelgenoot,
vennoot, compagnon
partnership deelgenootschap
partook zie *partake*
part-payment *in* —, op afbetaling
partridge patrijs
party partij; feestje *o*; gezelschap *o*; deelnemer; aanhang
party-coloured bont
party ticket gezelschapsbiljet *o*
pass pas; doorgang; toestand;
bergpas; reispas; (*ww*) voorbijgaan, gebeuren; gaan door;
maken; doen; (tijd) verdrijven;
— *by*, voorbijgaan, passeren
passable gangbaar; begaanbaar; (*adv*) tamelijk
passage passage, doorgang,
gang; doortocht; overtocht;
vracht; plaats (v. boek)
passenger passagier
passer-by (*pl* passers-by) voorbijganger
passing voorbijgang, loop;
(*adj*) voorbijgaand
passion hartstocht, drift, passie
passive lijdelijk, lijdend
pass-key loper; huissleutel
passport pas, paspoort *o*
password wachtwoord *o*
past verleden, voorbij, over;
(*sb*) verleden *o*
paste deeg *o*; pasta; (*ww*) plakken
pasteboard bordpapier *o*, karton *o*; (*adj*) bordpapieren, kartonnen

pastime tijdverdrijf o
pastor voorganger, predikant
pastry gebak o, pastei
pasture weide; (ww) (laten)
weiden
pat tikje o, klopje o; (ww) tikken, kloppen; (adj) van pas,
stipt
patch lap; moesje o; stukje
(grond) o, plek
patella knieschijf
patent openbaar, duidelijk; ge-
patenteerd; (sb) patent o
paternal vaderlijk
paternity vaderschap o
path pad o
pathetic pathetisch, aandoenlijk
pathway (voet)pad o
patience geduld o
patient patiënt, lijder; (adj) geduldig
patrimony vaderlijk erfdeel o
patrol patrouille; (ww) pa-
trouilleren
patron begunstiger; beschermheer; beschermheilige; vaste
klant
patronize beschermen; neerbuigend behandelen; z'n klandizie geven
patter kletteren, trippelen
pattern model o, patroon o,
patty pasteitje o   [dessin o
paunch buik, pens
pauper arme, bedeelde
pause rust, pauze; stilstand;
(ww) pauzeren, even rusten;
stilstaan bij
pavement plaveisel o, bestrating; trottoir o
pavement cafe terras (op straat)
pavilion tent; paviljoen o
paw poot, klauw
pawl pal

pawn pion; pand o; (ww) verpanden
pawnbroker lommerdhouder
pawnshop pandjeshuis o, lommerd
pay loon o, betaling, soldij;
(ww) (paid; paid) betalen; de
moeite lonen; — in addition,
— extra, bijbetalen, suppleren
pay-book (mil) zakboekje o
pay-box plaatsbureau o, loket o
P.A.Y.E. = pay-as-you-earn,
direct ingeh. loonbelasting
paymaster betaalmeester; officier v. administratie
payment betaling, voldoening
pay-office (betaal)kas
p.c. = 1 postcard, briefkaart;
2 price-current, prijscourant
pd. = paid, betaald
pea erwt
peace vrede, rust
peaceful vreedzaam, vredig
peach perzik
peacock pauw
peak spits, top, piek; klep
peak-hour piek-, spitsuur o
peanut apenootje o
peanut-butter pindakaas
pear peer
pearl parel
peasant boer, landman
pea-soup erwtensoep
peat turf; veen o
peat-moor veen o
pebble kiezelsteen
peck pikken
peculiar bijzonder, eigenaardig
pecuniary geldelijk
pedal pedaal o; trapper; (ww)
fietsen
pedantic verwaand, pedant
pedestal voetstuk o
pedestrian voetganger

141

pediatrician kinderarts
pedigree stamboom
pedlar marskramer
peel schil; (ww) pellen, schillen
peelings schillen mv
peep gluren; kijken
peep-hole kijkgat o
peer pair, gelijke
peerage pairschap o, adel
peevish korzelig, wrevelig
peg kapstok; pin
pellet prop (papier); balletje o;
pilletje o
pell-mell dooreen
pelt vacht; (ww) bekogelen,
gooien
pelvis bekken o
pen pen; hok o; schaapskooi;
(baby)box
penal strafbaar, straf-
penal code Wetboek o van
Strafrecht
penalty boete, straf
penalty kick strafschop
pencil potlood o, penseel o;
copying —, inktpotlood o; —
of rays, lichtbundel
pending hangende, onbeslist;
(conj) terwijl
pendulum slinger (van klok)
penetrate doordringen, doorgronden
pen friend correspondentie-
vriend(in)
penholder penhouder
peninsula schiereiland o
penitence berouw o
penitentiary verbeteringsge-
sticht o; (amer) strafgevangenis
penknife zakmes o, pennemes o
pennant, pennon wimpel
penny (pl pennies „het aantal"
en pence „het bedrag") 1/100
deel van een pond sterling

penny-wise zuinig op nietig-
heden
pension jaargeld o; pensioen o;
— off, pensioneren
pensive peinzend, weemoedig
penthouse dakwoning; afdak o
penury behoeftigheid, armoede
penwiper inktlap
peony pioenroos
people volk o; mensen, lieden
mv; (pron) men
pepper peper
pepperbox peperbus
peppermint pepermunt
per door, bij, met, per
perambulator kinderwagen
perceive bemerken
per cent percent o
perceptible merkbaar, waar-
neembaar
perception gewaarwording,
waarneming
perch baars; stang, rekje o
percolator koffiezetapparaat o
percussion slag, schok; slag
werk o
perdition verderf o, ondergang
peremptory afdoend, beslissend
perennial het gehele jaar durend, voortdurend; overblij-
vend (plant)
perfect volmaakt, volkomen
perfidious trouweloos, vals
perforate doorboren, perfore-
ren
perform vervullen, volbrengen,
verrichten, volvoeren; (toneel)
spelen, optreden
performance uitvoering, vol-
voering, verrichting, prestatie;
voorstelling
perfume parfum o, geur; (ww)
parfumeren
perhaps misschien

peril gevaar o
period tijdperk o, tijdvak o;
periode; punt; — of validity,
geldigheidsduur; have one's —,
ongesteld zijn
periodical periodiek; (sb) tijdschrift o
perish vergaan, verongelukken,
omkomen
perishable vergankelijk, aan
bederf onderhevig
peritonitis buikvliesontsteking
perjury meineed
perm permanente haargolf;
(ww) permanenten
permanent duurzaam, vast,
permanent
permeate doordringen
permeation doordringing
permission vergunning, permissie, verlof o
permit vergunning, verlof o;
(ww) veroorloven, toelaten
pernicious verderfelijk
perpendicular loodrecht
perpetrate plegen
perpetrator dader
perpetual eeuwigdurend; levenslang; eeuwig
perpetuate vereeuwigen
perplex verward, verlegen, verbijsterd
perplexity verbijstering; verwarring   [len
persecute vervolgen; lastig val-
perseverance volharding
persevere volhouden
Persian Perzisch; (sb) Pers
persist volharden, volhouden
persistent volhardend, hardnekkig
person persoon   [nekkig
personal persoonlijk
personnel personeel; — management, personeelsbeleid

perspective verschiet o, perspectief o; vooruitzicht o
perspicacious scherpziend,
-zinnig, schrander
perspire uitwasemen, zweten
persuade overreden
pert vrijpostig, brutaal
pertain behoren, aangaan
pertinent toepasselijk; ter zake
perturbation storing, veront-
rusting
pervade doordringen; door-
trekken van; vervullen van
perverse verdorven, inslecht;
dwars, koppig
pervert afvallige; (ww) verdraaien; bederven, verleiden
pest pest, plaag; last
pestilence pest, pestziekte
pet boze bui; lieveling, lieve-
lingsdier o; (ww) vertroetelen
petition smeekschrift o, verzoekschrift o, rek(w)est o
petrify verstenen
petrol benzine
petroleum petroleum
petticoat (onder)rok
petty klein, gering; kleinzielig;
— cash, kleine kas; — officer,
onderofficier bij de marine
petulant prikkelbaar, lastig
pew kerkbank
pewter soort tin
phantom spook o, droombeeld o
pharmacist apotheker
phase fase, schijngestalte
pheasant fazant
phenomenon verschijnsel o
phial flesje o, ampul
philander flirten
philanthropy mensenliefde
philatelist postzegelverzamelaar
philosopher filosoof, wijsgeer

143

philosophy filosofie, wijsbegeerte
phiz gezicht o
phone telefoon; (ww) telefoneren
photo foto
photograph foto; portret o
photographer fotograaf
phrase frase; zegswijze
phthisis (long)tering
physic geneesmiddel o
physician dokter, geneesheer
physics pl natuurkunde, fysica
piano piano
pianotuner pianostemmer
pick pikhouweel o; tandestoker; keuze, opbrengst; (ww)
uitkiezen; plukken, oprapen;
prikken; (rad) opvangen
pickle pekel; —s, zuur o
pickpocket zakkenroller
picnic picknick
picture schilderij, prent; afbeelding; portret o; film; the
—s, pl bioscoop
picture-book prentenboek o
picture-postcard prentbriefkaart
picture-puzzle rebus
picturesque schilderachtig
pie pastei; ekster
piece stuk o; a —, per stuk
pier pier, havendam
pierce doorboren; binnendrin-
piety vroomheid   [gen
pig varken o; klomp ruw ijzer
of lood
pigeon duif
pigeon-hole loket o, vakje o
pike piek; gaffel; snoek
pike-perch snoekbaars
pile stapel; (hei)paal; (el) element o, zuil; hoop geld; aam-
bei; (ww) ophopen, -stapelen;
heien

pilfer gappen
pill pil
pillage plundering; (ww) plunderen
pillar pilaar, pijler, zuil
pillar-box brievenbus
pill-box pillendoos; (pop) (mil)
kleine bunker
pillion duo; — rider, duopassagier
pillow (hoofd)kussen o
pillow-case kussensloop
pilot loods, gids; (vliegtuig)-
bestuurder, piloot
pimple puist   [den
pin speld; pin; (ww) vastspel-
pincers pl nijptang
pinch kneep; nood; snufje o;
(ww) knijpen, knellen; vrekkig
leven
pin-cushion speldenkussen o
pine pijnboom, grove den;
(ww) — away, verkwijnen, versmachten
pine-apple ananas
pinion punt van vleugel; slag-
veer; (ww) kortwieken, boeien
pink anjelier; (adj) roze
pinnacle siertorentje o; top,
toppunt o
pint pint (0.568 l)
pioneer baanbreker, pionier
pious godvruchtig, vroom
pipe pijp, buis; fluit
piping bies; buizenstelsel o
piquant pikant
pique gekrenktheid
pirate zeerover, piraat
pistil stamper (in bloem)
piston (pomp)zuiger; klep
piston ring zuigerveer
piston rod zuigerstang
pit kuil, mijnschacht; parterre
(schouwburg); holte

pitch pek *o*; hoogte; graad; toppunt *o*; toonhoogte; (*ww*) opstellen, -zetten; opslaan; uitstallen, gooien
pitch-dark pikdonker
pitcher kruik; (*sp*) werper
pitchfork hooivork
pitchpine Amer. grenehout *o*
piteous erbarmelijk, zielig
pitfall valstrik
pith pit, kern; merg *o*
pithy pittig
pitiable beklagenswaardig, jammerlijk, zielig
pitiless onbarmhartig
pittance karig loon *o*
pity medelijden *o*; *it is a —*, het is jammer!
placard plakkaat *o*; aanplakbiljet *o*
placate sussen, verzoenen
place plaats; betrekking; (*ww*) plaatsen, stellen
plague pest; plaag
plaice schol (vis)
plaid reisdeken
plain vlakte; (*adj*) vlak, effen; eenvoudig, ongekunsteld; lelijk; onomwonden
plaint klacht, klaagzang
plaintiff klager, eiser
plaintive klagend
plait vlecht; (*ww*) vlechten
plan ontwerp *o*, plan *o*; plattegrond; schets
plane schaaf; niveau *o*, vlak *o*; vliegtuig *o*; (*ww*) schaven; vliegen, glijden
planet planeet
plank plank
plant plant; bedrijfsinstallatie, fabriek; (*ww*) planten, poten
plantation beplanting; plantage
planter planter

plash plonzen, spatten
plaster pleister *v* & *o*, gips *o*; (*ww*) bepleisteren
plasterer stukadoor
plastic plastisch; beeldend; (*sb*) plastic *m* & *o*
plate goud- of zilverwerk *o*; bord *o*; schaal; tafelzilver *o*
plate glass spiegelglas *o*
platform platform *o*, terras *o*, perron *o*, podium *o*; (tram) balkon *o*
platinum platina *o*
platitude banaliteit, gemeenplaats
plausible aannemelijk
play spel *o*, toneelstuk *o*; speelruimte; speling; vermaak *o*; (*ww*) spelen; schertsen
play-bill affiche *o*; programma *o*
playing-cards *pl* speelkaarten
play-pen (baby)box   [*mv*
playwright toneelschrijver
plea pleidooi *o*, proces *o*; voorwendsel *o*
plead pleiten; bepleiten
pleading pleidooi *o*
pleasant aangenaam, prettig
pleasantry scherts, grapje *o*
please behagen, believen; —!, alstublieft
pleasure vermaak *o*, genoegen *o*, plezier *o*, pret; goedvinden *o*
pledge (onder)pand *o*; gelofte; toast; (*ww*) verpanden; op de gezondheid drinken van
plenary volkomen, voltallig
plenipotentiary gevolmachtigde
plenty overvloedig, volop
pleurisy pleuris
pliable buigzaam; meegaand
pliant buigzaam, gedwee
pliers buigtang, combinatietang

plight staat, toestand
plod at zwoegen, doorploeteren
plot samenzwering, intrige, komplot o; stukje o grond; (ww) samenspannen, beramen
plough ploeg; (ww) (door-) ploegen; doorklieven
pluck ruk, trek; moed; (ww) plukken, trekken
plucky moedig, dapper
plug plug; (el) stekker; stop; tampon; (ww) dichtstoppen
plum pruim
plumb (diep-, schiet)lood o
plumber loodgieter
plume pluim, veer
plump vlezig, mollig; (ad) pardoes, botweg
plunder buit, roof; (ww) plunderen
plunge indompeling; val; (ww) indompelen; plonzen
plural meervoud o
plus plus
plush pluche o
ply plooi, vouw; laag; draad; karaktertrek; (ww) hanteren, in de weer zijn
plywood multiplex o, triplex o
P.M. = 1 post meridiem, na de middag; 2 Prime Minister, Eerste Minister
pneumonia longontsteking
P.O. = 1 Postal Order, postbewijs o; 2 Post Office, postkantoor o
poach (eieren zonder schaal) koken, pocheren; stropen
poacher stroper
pocket zak; beurs
pocket-book zakboekje o; portefeuille
pod dop; schil, peul
podagra podagra o, pootje o

poem gedicht o
poet dichter
poetical poëtisch, dichterlijk
poetry dichtkunst, poëzie
poignant scherp, stekelig
point punt m & o; stip, spits; tijdstip o; — of time, tijdstip o; (ww) scherpen; richten; aanwijzen; — out, aantonen
pointed puntig, spits
pointless zinloos
points wissel
pointsman wisselwachter; verkeersagent
poise houding, evenwicht o; (ww) wegen (op de hand); balanceren   [gen
poison vergif o; (ww) vergifti-
poisonous (ver)giftig
poke stoten, poken, porren
poker (kachel)pook, poker o
Poland Polen o
polar pool-; — bear, ijsbeer
Pole Pool
pole pool; paal; disselboom
polemics pl polemiek
police politie
policeman politieagent
policy staatkunde; polis; gedragslijn, beleid o
poliomyelitis kinderverlamming
polish politoer o; glans; beschaving; (ww) polijsten; poetsen
polite beleefd; beschaafd
politician politicus, staatsman
politics pl staatkunde, politiek
poll kiezerslijst; opinieonderzoek o; stembus, stemming; (ww) stemmen, toppen
pollen stuifmeel o
pollute bezoedelen, verontreinigen

146

pollution vervuiling
polyp poliep (dier)
polypus poliep (gezwel)
pomp pracht, praal
pompous hoogdravend
pond poel, vijver
ponder overwegen, peinzen (over, *on*)
ponderous zwaar(wichtig)
pontificate pontificaat *o*, pauselijke waardigheid
poodle poedel
pool poel, plas; potspel *o*; toto; inzet; syndicaat *o*
poor arm, behoeftig; schraal; gering; zielig; zwak
pop-corn gepofte maïs
pope paus
poplar populier
poppy klaproos, papaver
populace volk *o*; massa
popular volks-, gemeenzaam, populair
porch portiek *o*
porcupine stekelvarken *o*
pore porie
pork varkensvlees *o*
porous poreus
porridge (havermout)pap
port haven; patrijspoort; bakboord *o*; houding; port(wijn)
portable draagbaar; — (*gramophone*), koffergrammofoon; — (*typewriter*), kofferschrijfmachine
portal poort; portaal *o*
porter portier, kruier
portfolio portefeuille; aktentas, map
port-hole patrijspoort
portion aandeel *o*, portie; uitzet *m* & *o*; (*ww*) uitdelen
portly dik; welgedaan
portmanteau valies *o*

portrait portret *o*
Portuguese Portugees
pose zich voordoen als
position ligging; toestand; stelling, positie
positive stellig, zeker, positief
possess bezitten; — *oneself of*, bemachtigen
possessed bezeten
possession bezit *o*, bezitting
possibility mogelijkheid
possible mogelijk
possibly mogelijk, misschien
post post, ambt *o*; paal; (*ww*) posten, posteren; boeken
postage port *o*; *additional* —, strafport *o*
postage stamp postzegel
postal-van postwagen, -auto
post-box postbus; brievenbus
postcard briefkaart
poster aanplakbiljet *o*
posterior later, volgend
posterity nakomelingschap
postfree franco
postman postbode
post-meridian na de middag
post-mortem lijkschouwing
post office postkantoor *o*
post office order postwissel
post-paid gefrankeerd, franco
postpone uitstellen
postcript postscriptum *o*, naschrift *o*
postulate stellen; eisen
posture houding, pose; stand van zaken
post-war na-oorlogs
pot pot; kan; prijs
potable drinkbaar
potato aardappel
potent machtig, krachtig
potential mogelijk, potentieel; *sb* potentieel *o*

147

potion drank (medicijn)
pot-luck wat de pot schaft
potter prutsen, knutselen, rondscharrelen
pottery pottenbakkerij; aarde-werk o
potty getikt, gek
pouch beurs, tas; zak; buidel
poulterer poelier
poultry pluimvee o
pound pond o (= 453 gr); pond sterling o; (ww) fijn-stampen; bonken
pour gieten, storten
pout pruilen
poverty armoede
P.o.W. = *Prisoner of War*, krijgsgevangene
powder poeder o; buskruit o; (ww) poederen
powder-box poederdoos
powder-puff poederdons(je) o
power kracht; macht, gezag o, vermogen o; mogendheid; be-voegdheid; elektr. stroom
powerful machtig, krachtig; ge-weldig
power-house elektrische cen-trale
power-point stopcontact o
p.p. = *postage paid*, franco
practicable doenlijk, uitvoer-baar, bruikbaar; begaanbaar
practical praktisch, handig, bruikbaar
practice (uit)oefening, praktijk; toepassing, gewoonte
practice uit-, beoefenen, in praktijk brengen
practioner praktizerend genees-heer of advocaat
praise lofspraak; (ww) prijzen, loven
praiseworthy loffelijk

pram kinderwagen
prankish schelms, ondeugend
pray bidden, smeken, verzoe-ken
prayer gebed o
prayer-book gebedenboek o
preach prediken; verkondigen
preacher prediker
precarious onzeker, hachelijk
precaution voorzorg
precede voorafgaan, voorgaan; de voorrang hebben
precedence voorrang
preceding voorafgaand, voor-gaand
precept voorschrift o, stelregel
precinct gebied o, district o
precious kostbaar, dierbaar
precipice steilte, afgrond
precipitate overhaast, onbezon-nen; (sb) neerslag; (ww) neer-storten, verhaasten; doen neer-slaan
precise juist, stipt, precies
preclude uitsluiten; voorko-men, beletten
precocious vroegrijp, wijsneu-zig
precursor voorloper, -bode
predatory rovend, roof-
predecessor voorganger
predicate gezegde o, predikaat o; (ww) toekennen aan
predict voorspellen
predilection voorliefde; voor-keur
predominance overhand, over-heersing
prefab, prefabricated house montagewoning
preface voorwoord o, inleiding
prefer verkiezen, prefereren; verheffen; bevorderen
preferable verkieslijk

148

preference voorkeur; preferentie, prioriteit

prefix voorvoegsel *o*

pregnant zwanger, vruchtbaar; — with, vol van

prejudice vooroordeel *o*; (*jur*) schade, nadeel *o*

preliminary inleiding

prelude voorspel *o*; (*ww*) preluderen, inleiden

premature voortijdig; vroegtijdig; ontijdig, voorbarig

premeditated voorbedacht

premier minister-president

premises *pl* pand *o*, huis *o*; huis en erf

premium prijs; premie; pari *o*

premonition voorgevoel *o*

preoccupation bezorgdheid

preparation voorbereiding; preparaat *o*; instudering

preparatory voorbereidend

prepare voorbereiden, bereiden

prepay vooraf betalen

preponderance overwicht *o*

preposition voorzetsel *o*

prepossession vooringenomenheid; vooroordeel *o*

preposterous onzinnig

prerogative voorrecht *o*

presage voorteken *o*; (*ww*) voorspellen; voorbeduiden

prescribe voorschrijven

prescription voorschrift *o*, recept *o*

presence tegenwoordigheid; aanwezigheid; verschijning, — of mind, tegenwoordigheid van geest

present tegenwoordig, present; oplettend; (*sb*) cadeau *o*, geschenk *o*; (*ww*) voorstellen, aanbieden, vertonen

presentation voorstelling, vertoning, aanbieding

presentiment voorgevoel *o*

presently dadelijk; op 't ogenblik

preservation bewaring; behoud *o*; verduurzaming

preserve behouden, bewaren; inmaken, inleggen; —*s*, groenten enz. in blik

president voorzitter, president

press pers; gedrang *o*; (*ww*) (op)persen, (uit)drukken; haasten; duwen

press-button drukknop

press-cutting kranteknipsel *o*

pressman journalist

press-stud drukknoopje *o*

pressure drukking, gewicht *o*, druk, drang

pressure-cooker snelkookpan

presumable vermoedelijk

presume veronderstellen, aannemen

presumptuous aanmatigend

presupposition vooronderstelling

pretence voorwendsel *o*; pretentie, aanspraak

pretend voorwenden, doen alsof; beweren

pretender simulant; pretendent

pretension aanspraak

preternatural onnatuurlijk

pretext voorwendsel *o*

pretty lief, mooi; tamelijk

prevail de overhand hebben, heersen

prevalent overwegend

prevaricate zich van iets afmaken, uitvluchten zoeken

prevent voorkomen, beletten

previous voorafgaand; vorig; voorbarig

149

pre-war vooroorlogs
prey prooi
price prijs; (ww) prijzen
price-cutting (sterke) prijsverla-
price-list prijscourant   [ging
prick prik, steek, prikkel; angel, mikpunt o; wroeging; (ww)
prikken; steken, aansporen;
grieven; mikken
pride hoogmoed, trots; luister
priest priester
priggish ingebeeld, pedant
prim stijf, preuts
primarily voornamelijk
primary oorspronkelijk; eerst,
voornaamst; elementair
prime begin o, bloei; (adj)
eerste, primair; prima, best
primer boek o voor beginners;
grondverf
primeval eerste, oer-
primitive primitief
primrose sleutelbloem
prince prins, vorst
prince consort prins-gemaal
princess prinses, vorstin
principal hoofd o; hoofdpersoon; lastgever, patroon; (adj)
voornaamst, hoofdzakelijk
principality vorstendom o
principle beginsel o, principe o
print merk o; stempel m & o;
afdruk; prent; (ww) drukken;
inprenten
printed matter drukwerk o
printer drukker
printing-office drukkerij
prior prior; (adj) vroeger, voor-
prism prisma o   [afgaand
prison gevangenis
prisoner gevangene; — of war,
krijgsgevangene
privacy afzondering, privéleven
o

private gewoon soldaat; (adj)
heimelijk, vertrouwelijk; particulier, privé; onderhands;
in —, onder vier ogen
privation beroving, ontbering
privilege voorrecht o; (ww) be-
voorrechten
privy geheim, verborgen
prize prijs; beloning; buit;
(ww) op prijs stellen
pro voor
probable waarschijnlijk
probation proeftijd; voorwaar-
delijke veroordeling
probity eerlijkheid
problem vraagstuk o
procedure handelwijze, methode
proceed voortgaan; ontstaan
(uit); handelen; procederen
proceeding handelwijze; verrichting
proceedings handelingen mv (v.
genootschap); verslag o
proces voortgang, loop; handelwijze; proces o
procession stoet, processie
proclaim afkondigen; verkondigen
procrastinate uitstellen, verschuiven (v. dag tot dag)
procreation voortplanting
procure verschaffen, verstrekken, bezorgen, veroorzaken
prod steken, porren
prodigal verkwister; (adj) verkwistend; the — son de verloren zoon
prodigious wonderbaar
prodigy wonder o
produce opbrengst; produkt o;
(ww) voortbrengen; opleveren;
te voorschijn halen
producer producent; regisseur

product voortbrengsel *o*; produkt *o*; uitkomst
productive produktief, vruchtbaar
profane goddeloos, profaan; werelds
profess belijden; verklaren; uitoefenen
profession beroep *o*
professor hoogleraar, professor
proffer toereiken; aanbieden
proficient bedreven, bekwaam
profit winst, voordeel *o*; (*ww*) baten; profiteren, gebruik maken (van, *by*)
profitable voordelig
profligate losbol; (*adj*) losbandig, zedeloos
profound (diep)zinnig; grondig
profuse kwistig, overvloedig
progeny nageslacht *o*
prognosticate voorspellen
program(me) program(ma) *o*
progress vordering; voortgang, vooruitgang; (*ww*) vorderen
prohibit verbieden
prohibition verbod *o*
project ontwerp *o*, plan *o*; (*ww*) ontwerpen; projecteren; vooruitsteken
proletarian proletariër
prolific vruchtbaar
prolix wijdlopig, langdradig
prologue voorrede, inleiding
prolong verlengen
prolongation verlenging
prominent (voor)uitstekend, voornaam
promise belofte; (*ww*) beloven
promissory note accept *o*; promesse
promontory voorgebergte *o*
promote bevorderen, begunstigen; verhogen (in rang)

promotion promotie, bevordering
prompt direct, prompt, vlug; contant; (*ww*) inblazen; aansporen; souffleren
prompter souffleur
promulgate verkondigen, uitvaardigen
prone gebogen, voorover; geneigd tot
prong hooivork; tand (v. vork)
pronoun voornaamwoord *o*
pronunciation uitspraak
proof bewijs *o*; proef; (*adj*) beproefd; bestand (tegen)
prop steunen, schoren
propagation voortplanting; verspreiding
propel voortdrijven
propeller schroef
propelling-pencil vulpotlood *o*
proper eigen; geschikt; betamelijk, fatsoenlijk
property eigenschap; landgoed *o*; bezitting; eigendom *o*
property-tax vermogensbelasting
prophecy voorspelling
prophet profeet
prophetic(al) profetisch
propitious genadig; gunstig
proportion verhouding
proportional evenredig
proposal voorstel *o*; aanzoek *o*
propose voorstellen
proposition voorstel *o*
proprietary eigendom-, bezit-
proprietor eigenaar
propriety gepastheid; juistheid
propulsion voortdrijving
prorogue opschorten, verdagen
prosaic prozaisch
proscription verbanning
prose proza *o*

prosecute (gerechtelijk) vervolgen
prospect vooruitzicht o; hoop;
verschiet o
prosper gedijen, bloeien, voorspoed hebben; begunstigen
prosperity voorspoed
prostitute prostituée
prostrate uitgestrekt; nederge-
worpen; ootmoedig
protect beschermen
protective beschermend
protector beschermer
protest protest o; (ww) betuigen, protesteren
protestant protestants
protestation betuiging
protract verlengen; vertragen;
rekken
protrude uitsteken
protuberance uitwas, knobbel
proud trots, fier; prachtig; —
flesh, wild vlees o
prove bewijzen, beproeven; ondervinden; blijken te zijn
provenance herkomst
proverb spreekwoord o,
spreuk
proverbial spreekwoordelijk
provide verzorgen; verschaffen,
voorzien van, verstrekken
provided mits
providence voorzienigheid
province gewest o, provincie,
gebied o
provision voorziening, voorzorg; voorraad, proviand, provisie; —s, mondvoorraad
provisional voorlopig
proviso beding o, voorwaarde,
clausule   [ding
provocation uitdaging, aanlei-
provoke uitlokken; provoceren; prikkelen, tergen

prowl rondsluipen
proximate naast(bijzijnd)
proximity nabijheid
proxy volmacht; gevolmachtigde; procuratiehouder
prude preuts meisje o, nuf
prudent voorzichtig
prudish preuts
prune pruim (gedroogd); (ww)
snoeien
Prussian Pruis(isch)
pry gluren, turen, snuffelen;
(open)breken
psalm psalm
psychiatrist psychiater
psychic(al) ziel-; — research,
parapsychologie
P.T.O. = Please Turn Over,
zie ommezijde, z.o.z.
pub café o, kroeg
public publiek o; (adj) openbaar, algemeen
publication afkondiging; uitgave
public convenience openbaar
toilet
public house kroeg
publicity openbaarheid; publi-
citeit, reclame
public law volkenrecht o; publiek recht o
public prosecutor officier van
justitie
public sale veiling
public school particuliere kostschool
publish openbaar maken, afkondigen; publiceren, uitgeven
publisher uitgever
pudding pudding
puddle plas, poel
puddly modderig
puerile kinderachtig
puff windstootje o, zuchtje o;

trek (aan pijp); poederkwast;
soes; (ww) blazen, puffen; opblazen; in de hoogte steken
pugilist bokser
pugnacious strijdlustig
pull ruk, trek; teug; handvat o;
(ww) trekken, scheuren, rukken
pulley katrol
pulp vruchtvlees o; moes o;
pulp
pulpit kansel, preekstoel,
spreekgestoelte o
pulse pols
pulverize verpulveren, fijnstampen; verstuiven
pumice puimsteen
pump pomp; dansschoen; (ww)
pompen; uitvragen
pun woordspeling
punch doorslag, drevel; slag,
stoot, stomp; (ww) stompen;
knippen (v. kaartje)
punctual stipt, nauwgezet
puncture prik, gaatje o; lekke
band
pungent scherp, bijtend
punish straffen, kastijden
punishable strafbaar
punishment straf, boete
puny klein, zwak
pup jonge hond
pupil leerling, pupil
puppet marionet
puppet-show poppenkast
puppy jonge hond; kwast
purchase koop; gekocht goed
o; (ww) kopen, verwerven
pure zuiver, rein, puur
pure-bred rasecht, raszuiver
purgatory vagevuur o
purge purgeren; zuiveren
purification reiniging, zuivering
purity zuiverheid, reinheid
purl kabbelen; buitelen

purple purper o
purport inhoud, strekking;
(ww) beweren, voorgeven
purpose doel(einde) o; oogmerk o; (ww) van plan zijn
purposely met opzet
purr spinnen (kat)
purse portemonnee, beurs
purser (nav) administrateur
purslane postelein
pursuant overeenkomstig, ingevolge
pursue vervolgen; nastreven
pursuit vervolging; jacht (op)
purvey verschaffen, leveren
push duw, druk; krachtsin-
spanning; (ww) duwen; voort-
helpen; dringen
push-button drukknop
pushing voortvarend
puss kat, poes
pussy poesje o; katje o (van
wilg e.d.)
pustule puistje o
put (put; put) zetten, brengen,
plaatsen, leggen; maken; doen;
veroorzaken; — away, wegleggen; — out to contract, aanbesteden
putoff uitvlucht; uitstel o
putrefaction verrotting
putrefy verrotten
putrescence (ver)rotting, bederf
o
putrid verrot, bedorven
puttee beenwindsel o
putty stopverf
puzzle puzzel; verlegenheid;
(ww) verlegen maken; verbijsteren
pwt. = penny weight, gewicht
van 1.55 gr
pyjamas pyjama
pyre brandstapel

Q

quack kwakzalver, knoeier;
(ww) kwaken; snoeven
quadrangle vierhoek
quadrate kwadraat o
quadruped viervoeter
quadruple viervoudig
quail kwartel; (ww) de moed
benemen, verliezen
quaint eigenaardig; vreemd,
zonderling
quake beven, sidderen
quaker kwaker
qualification bevoegdheid, bekwaamheid; vereiste eigen-
schappen mv; beperking
qualified bevoegd, gediplomeerd
qualify bekwaam, bevoegd maken; in aanmerking komen
quality hoedanigheid, kwaliteit;
aard; rang
quantity hoeveelheid, kwantiteit, menigte
quarrel ruzie, twist; (ww)
twisten
quarrelsome twistziek
quarry steengroeve; prooi
quarter vierde deel o, kwartier
o; stadswijk; huisvesting; — of
an hour, kwartier o; — of a
year, kwartaal o
quaver trillen, vibreren
quay kade, gracht
queen koningin; vrouw (in het
kaartspel) [weduwe
queen-dowager koningin-
queer wonderlijk, raar
quench blussen, lessen, bekoelen, uitdoven

query vraag; vraagteken o
quest onderzoek o; nasporing
question vraag; kwestie; inter-
pellatie; (ww) ondervragen, betwijfelen
questionable twijfelachtig
question-mark vraagteken o
questionnaire vragenlijst
queue in de rij staan
quibble woordspeling; spits-
vondigheid, chicane
quick levend vlees o; levende
haag; (adj) levendig, vlug, snel
quicken verlevendigen, aanmoedigen, verhaasten
quick-heater snelkoker
quicksand drijfzand o
quick-sighted scherpziend
quicksilver kwik(zilver) o
quid (tabaks-)pruim; pond o
sterling
quiescent rustig, kalm, stil
quiet rust, vrede; (adj) rustig,
stil; (ww) kalmeren
quilt gewatteerde deken; (ww)
watteren
quinine kinine
quip kwinkslag
quit (quit or quitted; quitted)
weggaan; verlaten, ophouden;
(adj) vrij
quite geheel en al, volkomen;
—!, precies!, juist!
quits quitte
quiver trillen
quotation aanhaling; prijsnotering, koers
quote citeren, aanhalen
quotidian dagelijks

R

rabbet sponning
rabbit konijn *o*
rabble grauw *o*, janhagel *o*
rabid razend, woedend
rabies hondsdolheid
race wedloop, wedren, loop;
ras; (*ww*) rennen, wedlopen,
harddraven
race-course renbaan
race-horse renpaard *o*
rachitis Engelse ziekte
racing cyclist wielrenner
rack rek *o*, kapstok; bagagenet
o; pijnbank; rek *o*; zwerk *o*;
(*ww*) pijnigen; spannen; jagen
(van wolken)
racket raket; (*amer*) afper-
singstruc
rack railway tandradbaan
racy levendig, pittig
radiance glans; uitstraling
radiate (af-, uit)stralen
radical grondwoord *o*, stam,
wortel; (*adj*) radicaal; wortel-
radio radio
radioactive radioactief
radiogram radio(tele)gram *o*
radiographer röntgenoloog
radiotherapy röntgenbehande-
radio play hoorspel *o*   [ling
radish radijs
radius straal; — *of action*,
actieradius, vliegbereik *o*
R.A.F. = *Royal Air Force*,
Britse luchtmacht
raft (hout)vlot *o*
rag lomp, lor *o* & *v*, vod *o*
rage woede, razernij, manie;
(*ww*) razen, tieren
raging woedend
rag (and bone) man vodden-
raper

raid inval; vliegtuigaanval
rail leuning, hek *o*, reling;
slagboom; rail; (*ww*) omras-
teren; schimpen, lasteren
railing leuning, hekwerk *o*
railroad spoorbaan
railway spoorweg
railway-station spoorwegsta-
tion *o*
railway-yard stationsemplace-
ment *o*
rain regen; (*ww*) regenen
rainbow regenboog
raincoat regenjas
rainproof waterdicht
raise optillen; verhogen, opwekken, heffen; werven; bevorderen, aankweken
raisin rozijn
rake hark; lichtmis; (*ww*) harken; verzamelen; zoeken
rally hereniging; signaal *o*
„verzamelen"; herstel *o* van
krachten; sterrit; (*ww*) (zich)
verzamelen; zich herstellen
ram ram
ramble omzwerven
rambler zwerver; klimroos
ramify zich vertakken
ramp helling, oprit
rampart bolwerk *o*, wal
ramshackle gammel
ran zie *run*
ranch grote boerderij
rancid ransig
rancour wrok, rancune
rand rand, zoom
random goed geluk *o*, toeval *o*;
at —, op goed geluk (af), lukraak
rang zie *ring*
range rij; ruimte; draagwijdte;

155

fornuis *o*; (*ww*) rangschikken;
dragen (van geschut)
ranger zwerver; speurhond
rank rang, graad; rij, gelid *o*;
(*adj*) welig; grof; sterk sma-
kend; (*ww*) op één lijn plaatsen; indelen; een rang hebben
ransack doorsnuffelen; plunderen
ransom losprijs; (*ww*) af-, vrij-
kopen
rap slag; klop; tik; (*ww*) slaan,
kloppen, tikken (op)
rape roof, verkrachting; raap-
zaad *o*; (*ww*) verkrachten
rapid snel, vlug
rapid(s) stroomversnelling
rapine roof
rapt opgetogen
rapture verrukking; opgeto-
genheid, extase
rare zeldzaam; ijl, dun
rarity zeldzaamheid
rascal schelm, schurk
rash huiduitslag; (*adj*) overijld,
voorbarig, onbezonnen
rasher plak spek of ham
rasp rasp; gekras *o*
raspberry framboos
rat rat; onderkruiper
rate tarief *o*, prijs; koers, standaard, maatstaf; verhouding;
graad; gemeentebelasting; —
of exchange, wisselkoers; — *of
interest*, rentevoet; (*ww*) schatten; taxeren
rather liever, veeleer; tamelijk
ratify bekrachtigen
ration portie, rantsoen *o*; (*ww*)
rantsoeneren
rational redelijk, verstandig
rattle geratel *o*; ratel; (*ww*) ra-
telen, klepperen; reutelen
raucous schor hees

ravage verwoesting; plundering; (*ww*) verwoesten; plunderen
rave ijlen, raaskallen
raven raaf
ravenous vraatzuchtig, uitge-
hongerd
ravine ravijn *o*, gleuf, kloof
raving ijlend, razend
ravishment verrukking; ontro-
ving; wegvoering
raw rauw. onrijp; onervaren;
ruw, onbewerkt
ray straal; (*ww*) (uit)stralen
rayon rayon, kunstzijde
raze doorhalen, uitkrabben;
slechten
razor scheermes *o*
R.C. = *Roman Catholic*,
rooms-katholiek
reach bereik *o*; (*ww*) bereiken;
toereiken, uitstrekken
reach-me-down —*s*, confectie-
kleren *mv*
reaction reactie; terugwerking
read (read; read) lezen; studeren
readily grif; gaarne
reading-book leesboek *o*
readjust weer in orde brengen,
regelen
ready klaar, gereed, bereidwillig; vlug, bij de hand
ready-made clothes *pl* confectie-
kleren *mv*
real wezenlijk, werkelijk, echt,
waar; — *property*, onroerende
goederen *mv*
realize verwezenlijken; te gel-
de maken; realiseren
really werkelijk, waarlijk; (*adv*)
inderdaad
realm (konink)rijk *o*; gebied *o*
reanimate doen herleven

reap inoogsten, oogsten
reaping-hook sikkel
rear achterhoede, -kant; (ww) oprichten, opsteken; fokken, opkweken; steigeren
rearguard achterhoede
rearmament herbewapening
rear view mirror achteruitkijkspiegel
reason rede, verstand o; billijkheid; reden; (ww) redeneren, bespreken
reasoning redenering
reassure geruststellen
rebate rabat o, korting
rebel muiter, rebel; (adj) oproerig
rebound terugspringen, afstuiten
rebuff afwijzen, afpoeieren
rebuild herbouwen
rebuke berisping, standje o
recall terugroeping; (ww) herroepen; memoreren
recant herroepen, terugtreden
recapitulation samenvatting
recede terugwijken
receipt ontvangst; kwitantie, reçu o; recept o
receive ontvangen, aannemen; onthalen; helen
receiver ontvanger; (tel) hoorn; heler; reservoir o
recent vers, nieuw, recent
receptacle vergaarbak
reception ontvangst, receptie
recess inham; nis; opschorting (van zaken); reces o
recipe recept o
recipient ontvanger
reciprocal wederzijds, wederkerig
recital voordracht; vertelling; concert o

reckless roekeloos, doldriest
reckon rekenen; houden voor
reckoning (be)rekening
reclaim terugeisen; verbeteren; ontginnen
reclamation terugvordering; verbetering; ontginning
recline achteroverleunen
recognition herkenning; erkenning, erkentenis
recognize herkennen; erkennen
recoil terugdeinzen
recollect zich herinneren
recollection herinnering
recommendable aanbevelenswaardig
recommendation aanbeveling
recompense beloning; (ww) belonen; vergelden
reconcile verzoenen
reconnaissance, reconnoitring (mil) verkenning
reconstruction reconstructie, wederopbouw
record aantekening; document o; record o; grammofoonplaat; (ww) boekstaven, registreren, vermelden; op grammofoonplaat opnemen
record-library discotheek
records pl archief o
recover herkrijgen, herstellen, genezen
recovery herstel o
recreate herscheppen; (zich) ontspannen
recreation tijdverdrijf o, ontspanning
recruit rekruut; (ww) rekruteren; aan-, versterken
rectangle rechthoek
rectification verbetering; rechtzetting
rectitude rechtschapenheid

157

rector dominee; rector

recumbent (achterover) liggend

recur terugkomen; zijn toevlucht nemen [diek

recurrent terugkerend; periored rood

redaction redactie, bewerking

redden rood maken; blozen

reddish rossig, roodachtig

redeem loskopen, af-, in-, verlossen, vergoeden

redeemable aflosbaar, -koop-
Redeemer Verlosser [baar

redemption in-, verlossing; — money, afkoopsom

red-handed op heterdaad

red herring bokking; dwaalredirect nazenden [spoor

red-lead menie

redouble verdubbelen; (ca) redoubleren

redoubtable geducht

redress herstel o; (ww) verhelpen, redresseren, herstellen

redskin roodhuid

red tape bureaucratie

reduce terugbrengen, verminderen; herleiden, brengen (tot)

reduction herleiding, verkleining; degradatie; reductie; rabat o

redundant overbodig

reduplicate verdubbelen

reed riet o; rietje o

reef rif o

reek stinken, dampen

reel haspel, klos(je) (o); spoel; film; zekere Schotse dans; waggelende gang; (ww) wankelen

re-elect herkiezen

refer verwijzen (naar), in handen stellen (van); betrekking hebben op

referee scheidsrechter

reference verwijzing; referentie; referte, bewijsplaats; book of —, naslagwerk o

refill nieuwe vulling

refine zuiveren, raffineren; beschaven, verfijnen

refit herstellen, repareren

reflect terugwerpen, weerkaatsen; peinzen over

reflection weerschijn; terugkaatsing; overdenking

reflex weerkaatsing

reform hervormen, verbeteren; (sb) hervorming

reformation hervorming (ook v. kerk)

reformatory opvoedingsgesticht o

refractory weerspannig, weerbarstig; balsturig; vuurvast

refrain refrein o; (ww) zich bedwingen; zich onthouden van

refreshment verversing

refrigeration af-, verkoeling

refrigerator ijskast

refuel bijtanken

refuge toevlucht; vluchtheuvel

refugee uitgewekene, vluchteling

refund terugbetalen

refusal weigering

refuse afslaan; weigeren; (mil) afkeuren; (sb) uitschot o; afval o, vuilnis o

refuse bin vuilnisbak

refuse collector vuilnisauto

refute weerleggen

regain herkrijgen

regal koninklijk, konings-

regard achting, eerbied; betrekking; (ww) beschouwen, hoogachten, achtgeven; betreffen, aangaan

regatta roei-, zeilwedstrijd
regency regentschap
regenerate herboren; (ww) herscheppen, verjongen
regiment regiment o
region landstreek, gebied o
register register o, lijst; (ww) aantekenen, registreren
registered letter aangetekende brief
registration inschrijving, registratie
registry-office burgerl. stand
regress teruggang
regret verdriet o, leedwezen o; (ww) betreuren
regular regelmatig, geregeld
regulation regeling, schikking; reglement o; —s, statuten mv
rehearsal repetitie
rehearse repeteren
reign regering; (ww) regeren
rein teugel
reindeer rendier o
reinforce versterken
reinforcement versterking
reject verwerpen; (mil) afkeuren
rejection verwerping; afkeuring
rejoice (zich) verheugen, verblijden
rejuvenate verjongen
relapse weer instorten
relate vertellen; in verband brengen (met)
related verwant
relation verwantschap; bloedverwant; verhouding
relative betrekkelijk
relax verslappen, ontspannen
relay pleisterplaats; (rad) heruitzending
relay race estafetteloop
release ontslag o; verlossing,

kwijtschelding; eerste vertoning; (ww) loslaten, verlossen
relegate verwijzen (naar)
relevant toepasselijk, ter zake
reliable betrouwbaar
reliance vertrouwen o
relic relikwie
relief verlichting, opluchting; ondersteuning; (mil) aflossing; ontzet o; reliëf o
relieve verlichten, opbeuren; (mil) aflossen; ontheffen (v. belofte)
religion godsdienst
religious godsdienstig, vroom
relinquish laten varen; opgeven, afzien van
relish doen smaken; genieten van
reluctant node, onwillig
rely vertrouwen (op, on)
remain blijven; overschieten
remainder rest, restant o; overblijfsel o; overschot o
remains pl overblijfselen mv
remark opmerking; (ww) opmerken
remarkable opmerkelijk, merkwaardig
remedy geneesmiddel o, hulpmiddel o, redmiddel o
remember zich herinneren, gedenken
remembrance herinnering
remind herinneren (aan)
reminiscence herinnering
remit verzachten, kwijtschelden; remitteren
remittance remise, overmaking
remnant overblijfsel o, restant o, rest, coupon
remonstrance vertoog o
remonstrate protesteren
remorse wroeging, berouw o

remorseless onbarmhartig
remote ver, afgelegen
remould omwerken
removal verwijdering; verhuizing; opruiming
removal van verhuiswagen
remove verplaatsen, verhuizen; verwijderen; ontslaan
remunerate belonen
rend (rent; rent) scheuren
render terug-, overgave; (*ww*) terug-, overgeven; bewijzen
renew vernieuwen; (pas) ver
renewal vernieuwing   [lengen
renounce afzien, laten varen; verloochenen
renovation vernieuwing
renown vermaardheid, roem
rent scheur(ing); huur; huurprijs; pacht; (*ww*) (ver)huren, pachten; zie ook *rend*
renunciation verzaking; afstand
reopen heropenen
reorganize reorganiseren
repair herstelling, reparatie; (*ww*) herstellen, repareren
reparation herstelling
repartee gevat antwoord *o*
repay (repaid; repaid) terugbe
repeal herroeping   [talen
repeat herhalen
repeatedly herhaaldelijk
repel terugdrijven; afstoten
repentance berouw *o*
repercussion terugslag
repertory repertoire *o*
repetition herhaling, repetitie
replace teruggleggen; vervangen
replete vol, overladen
replica kopie   [woorden
reply antwoord *o*; (*ww*) ant
report verslag *o*; knal; gerucht *o*; (*ww*) verslag doen, berichten, rapporteren

reporter verslaggever
reporting reportage
repose uitrusten, verpozen; laten rusten
reprehensible afkeurenswaardig
represent voorstellen, vertegenwoordigen
representation voorstelling; vertegenwoordiging
representative vertegenwoordiger; (*adj*) vertegenwoordigend; typisch
repress onderdrukken
reprieve uitstel *o*, gratie
reprimand berisping
reprint herdrukken
reprisal represaille
reproach verwijt *o*
reprobate goddeloos
reproduce reproduceren
reproof berisping, standje *o*
reprove berispen, terechtwijzen
reptile reptiel *o*
republic republiek
republican republikein(s)
repudiate verwerpen, verstoten
repugnance afkeer, weerzin
repulse terugstoten, afschrikken   [acht
reputable achtenswaardig, ge
reputation goede naam
repute beschouwd worden (als)
request verzoek *o*, rek(w)est *o*; (*ww*) verzoeken
require eisen, vorderen
requisite vereist, nodig
requisition eis; vordering
rescind vernietigen, afschaffen
rescue redding; (*ww*) redden
research (wetenschappelijk) onderzoek *o*, nasporing; (*ww*) navorsen
resemblance gelijkenis
resent kwalijk nemen

resentful haatdragend
reservation voorbehoud *o*, reserve; reservering (van hotelkamer enz.)
reserve reserveren, bespreken; (*sb*) voorbehoud *o*, reserve
reserved terughoudend
reside wonen, resideren
residence woonplaats; residentie; verblijf *o*   [gunning
residence permit verblijfsver-
resident bewoner; (*adj*) woonachtig; inwonend
residential area woonwijk, villawijk
resign afstaan; ontslag nemen; opgeven
resignation berusting, gelatenheid; ontslag *o*
resigned gelaten
resilient veerkrachtig
resin hars *o* & *m*
resist weerstaan
resistance tegenstand, verzet *o*
resolute vastberaden, beslist
resolution besluit *o*; resolutie; oplossing   [besluiten
resolve oplossen, ontbinden;
resonant weerklinkend
resort vakantieoord *o*; toevlucht, hulpmiddel *o*; ressort *o*
resound weergalmen
resource hulpbron, -middel *o*, redmiddel *o*; uitkomst; —*s*, geldmiddelen *mv*
respect achting, eerbied, ontzag *o*; (*ww*) hoogachten, eerbiedigen; betreffen
respectable achtenswaardig
respectful eerbiedig
respiration ademhaling
respite uitstel *o*; schorsing
resplendent glansrijk
respond antwoorden (op),

reageren (op)
responsible verantwoordelijk
rest rust, pauze; rustpunt *o*; steun; rest; (*ww*) rusten; steunen; overblijven
restitution teruggave; schadeloosstelling
restive koppig, weerspannig
restless rusteloos, onrustig
restoration herstel *o*, restauratie; teruggave
restore herstellen, teruggeven
restrain weerhouden, bedwingen
restraint beperking, bedwang *o*
restrict beperken
restructuring herstructurering
result gevolg *o*, uitslag; slotsom *o*; resultaat *o*; (*ww*) voortvloeien, resulteren
resume hernemen, herkrijgen
resurrection opstanding
resuscitation opwekking (uit dood)
retail verkoop in 't klein
retain tegen-, vasthouden; houden, behouden; in dienst nemen
retainer honorariumvoorschot
retake heroveren   [*o*
retaliate vergelden, represaillemaatregelen nemen
retard vertragen; —*ed child* zwakbegaafd kind *o*
retardation vertraging
ret(r)d = *retired, gepensioneerd*, b.d.
reticent weinig spraakzaam
retina netvlies *o*
retire (zich) terugtrekken; gepensioneerd worden
retired teruggetrokken; rentenierend; gepensioneerd
retrace nagaan

retreat terugtocht; schuilplaats; (ww) wijken
retrieve herwinnen
retrospect terugblik
return terugkomst, retour o;
teruggave; verslag o; (ww)
terugkeren; teruggeven
return-ticket retourbiljet o
reunion hereniging
reveal openbaren, ontsluieren
revel fuiven, genieten (van)
revelation openbaring
revenge wraak
revenue inkomsten mv
reverberation terugkaatsing
reverence eerbied, ontzag o
reverend eerwaarde, dominee
reversal omkering, ommekeer;
omkeerfilm
reverse omkeren; achteruitrijden; (vonnis) vernietigen; (sb)
tegengestelde o; keerzijde;
(versnelling) achteruit
revert terugkeren; vervallen
review overzicht o; tijdschrift
o; revue; boekbespreking; wa-
penschouwing; (ww) overzien,
monsteren; recenseren; herzien
revile smaden, verguizen
revise herzien, nazien
revival herleving, wederop-
leving; reprise
revive herleven, opleven
revoke herroepen, intrekken
revolt opstand
revolting weerzinwekkend
revolution omloop; omwenteling, revolutie
revolve omwentelen
revolver revolver
revolving door draaideur
reward vergelden; belonen;
(sb) beloning

rhetorical retorisch
rheumatism reumatiek
Rhine Rijn
rhomb ruit
rhubarb rabarber
rhyme rijm o, rijmpje o
rib rib; (paraplu) balein
ribbon lint o, strook, band
ribbon building lintbebouwing
rice rijst
rice-milk rijstebrij, rijstepap
rich rijk; overvloedig, vruchtbaar; machtig (spijs)
riches pl rijkdom
rickets pl Engelse ziekte
rickety wankel, wrak
rid (of) bevrijd (van); get —
of, lozen, kwijtraken
ridden zie ride
riddle raadsel o; (ww) ziften;
ontraadselen
ride rit; ruiterpad o; (ww)
(rode; ridden) (be)rijden
ridge (berg)rug, kam, rand, nok
ridiculous belachelijk
riding-boot rijlaars
rifle buks; geweer o; (ww)
plunderen
rift spleet, scheur
rig optuigen; optakelen
rigging want o; tuigage
right recht o; billijkheid; rech-
terkant; (adj) rechter-, rechtvaardig, eerlijk, billijk, waar;
— of way, voorrang; be —, gelijk hebben; to the —, (naar)
rechts
righteous rechtvaardig
right-hand rechterhand
right-minded rechtgeaard
rigid stijf, strak, gestreng
rigmarole onzin, praatjes mv
rigorous streng, hard
rill beek

rim rand, velg, montuur o
rind korst, schil; zwoerd o
ring ring; piste; renbaan; klank; klokgelui o; (ww) (rang; rung) bellen, luiden, weergalmen; — one up, iem. opbellen
ring-finger ringvinger
ringleader belhamel
ring-road randweg
rink (kunst)ijs-, rolschaatsbaan
rinse omspoelen, uitspoelen
riot oploop, opstootje o
riotous bandeloos
rip openrijten, tornen
ripe rijp; belegen
ripen rijpen
ripping (pop) prachtig, enig
ripple rimpelen; murmelen
rise opstaan o; opkomst; verhoging; bron; (ww) (rose; risen) opstaan, (op)-rijzen, stijgen, opkomen, zich verheffen; ontspringen
risk kans; gevaar o, risico o; (ww) wagen
rite ritus, kerkgebruik o
ritual ritueel o
rival mededinger, -minnaar; (ww) wedijveren
river rivier
rivet klinknagel; (ww) klinken
road weg, rijweg, straat
road accident verkeersongeval o
roadholding wegligging
Road Patrol Service wegenwacht
roads, roadsted (nav) rede
roadway rijweg
roam (om)zwerven
roar gebrul o, geloei o; (ww) brullen, loeien; fig. bulderen
roast gebraad o; (ww) braden, roosteren
robber rover

robbery roof
robe robe, toga
robin roodborstje o
robust sterk, fors, robuust
rock rots, gesteente o; (ww) schommelen
rocket vuurpijl, raket
rocking-chair schommelstoel
rocking-horse hobbelpaard o
rocky rotsachtig
rod roede, stang, staf, staaf
rode zie ride
rodent knaagdier o
roe ree; viskuit
rogue schurk, schelm
roguish schurkachtig; guitig
roll rol, lijst; roffel; (rond) broodje o; deining; rollen o; (ww) rollen, wentelen, golven; pletten
roller rol, wals; zwachtel
rollerskate rolschaats
rolling shutter rolluik o
Roman Romein; (adj) Romeins; Rooms
romantic romantisch
romp stoeien; (sb) wildebras
roof dak o; gewelf o
room kamer; ruimte; plaats
roost rek o; stok
root wortel; oorsprong
rope touw o, koord o, streng
rope-dancer koorddanser
rosary rozenkrans; rozentuin
rose roos; rozekleur; (adj) roze; zie ook rise
rosy rooskleurig, blozend
rot verrotting; (ww) (doen) rotten; rotten
rotary draaiend; rotatie-
rotate draaien; rouleren
rotten verrot, rot; — ripe, beurs
rough ruw, grof, bars; ruig,

oneffen; wrang
roughly ruwweg, ongeveer
Roumania Roemenië *o*
round ronde; kring; bol; salvo
o; *(adj)* rond; *(ww)* afronden;
rondlopen
roundabout omlopend, rondom;
omweg; rotonde; draaimolen
round game gezelschapsspel *o*
round up bijeendrijven
rouse opwekken, opjagen;
wakker worden (maken)
rout zware nederlaag; *(ww)* opjagen
routine sleur, routine
rove omzwerven, rondzwerven
row (huizen)rij; roeitocht;
standje *o*; herrie; *(ww)* roeien
rowing-boat roeiboot
royal koninklijk
royalty koningschap *o*; leden
der koninklijke familie; tantième *o*
rub wrijving; hinderpaal;*(ww)*
wrijven, boenen
rubber rubber *m & o*, gum *o*;
wrijver; *(ca)* robber; *India —*,
vlakgom
rubbish rommel, afval *o*; onzin
rubble puin *o*
rubric rubriek
ruby robijn
rudder roer *o*
ruddy rood, blozend
rude ruw, grof, onbeleefd; onbeschaafd
ruffian schurk, woesteling
ruffle plooien; rimpelen; *(sb)*
plooi; rimpel
rug reisdeken, (haard)kleedje *o*
rugged ruig, hobbelig, ruw
ruin ondergang, verderf *o*,
ruïne, puinhoop; *(ww)* verwoesten, te gronde richten

rule (levens)regel; richtsnoer *o*;
bestuur *o*; duimstok; *(ww)* regelen, regeren
ruler heerser; liniaal
rum rum; *(adj)* vreemd, raar
rumble rommelen, dreunen
ruminant herkauwend (dier *o*)
rummage rommelen; doorzoeken
rumour gerucht *o*; *(ww)* verspreiden, uitstrooien
rumple verkreukelen
rumpsteak biefstuk
run (toe)loop, ren, bestorming; gang, vaart; uitstapje *o*;
traject *o*; slag *o*, type *o*; punt
(bij cricket); *in the long —*, op
de (lange) duur; *(ww)* **(ran;
run)** lopen, rennen; druipen,
geldig zijn; vloeien; luiden
runaway vluchteling; deserteur; hollend paard *o*
rung sport (van ladder); zie
ook *ring*
run in inrijden (auto)
runway start-, landingsbaan
rupture breuk, scheuring
rural landelijk, plattelands-
ruse krijgslist
rush bies; haast, vaart; storm-
loop, bestorming; *(ww)*
(voort-)snellen, rennen, jagen,
haast maken met
rush hours *pl* spitsuren *mv*
rusk beschuitje *o*
Russia Rusland *o*
Russian Rus; *(adj)* Russisch
rust roest *m & o*; *(ww)* roesten
rustic boers, landelijk
rustle ritselen, ruisen
rusty roestig
rut wagenspoor *o*; sleur
rye rogge
rye-bread roggebrood *o*

S

S.A. = 1 *South Africa*, Zuid-Afrika; 2 *South America*, Zuid-Amerika; 3 *Salvation Army*, Leger des Heils
sabotage sabotage
sabre sabel
saccharin sacharine
sack zak; plundering; (ww) (uit)plunderen; *get, give the —*, de bons (ontslag) krijgen, geven
sacrament sacrament *o*
sacred heilig, gewijd (*to*, aan)
sacrifice offerande, offer *o*, opoffering; (ww) opofferen
sacrilege heiligschennis
sad treurig, somber; donker
sadden bedroeven; versomberen
saddle zadel *m* & *o*; lendestuk *o*; (ww) zadelen
safe brandkast; provisiekast; (*adj*) veilig, vertrouwd, solide
safe-deposit kluis
safeguard vrijgeleide *o*; (ww) beschermen
safety veiligheid
safety-belt reddingsgordel, veiligheidsriem
safety-brake noodrem
safety-pin veiligheidsspeld
sag ineenzakken
sagacious schrander
sago sago
said voornoemd; zie *say*
sail zeil *o*; (ww) zeilen
sailcloth zeildoek *o*
sailing-boat zeilboot
sailor matroos, zeeman
saint sint, heilige
sake doel *o*; *for the — of*, ter wille van

salad salade, sla
salad-dressing slasaus
salary salaris *o*, loon *o*
sale verkoping; *—s pl*, uitverkoop
salesgirl verkoopster
salesman verkoper, vertegenwoordiger, handelsreiziger
saliva speeksel *o*
sallow bleek, vuilgeel, vaal
salmon zalm
saloon zaal, salon; bar
salt zout *o*; vernuft *o*, geestigheid; (ww) zouten; (*adj*) zout, gezouten
salt cellar zoutvaatje *o*
salt fish zoutevis
salubrious heilzaam
salutary heilzaam
salutation groet, begroeting
salute salueren; (be)groeten; (*sb*) begroeting; groet; saluut *o*
salvage berging, bergloon *o*
salvation zaligmaking, redding
Salvation Army Leger *o* des Heils
salver presenteerblad *o*
same zelfde; gelijk; genoemde; *all the —*, toch, hoe dan ook
sample staal *o*, monster *o*; *— of no value*, monster zonder waarde
sanction goedkeuring, sanctie; (ww) bevestigen, bekrachtigen
sanctuary heiligdom *o*
sand zand *o*
sandbank zandbank
sandpaper schuurpapier *o*
sandwich sandwich
sandy zanderig
sane gezond van verstand
sang zie *sing*

165

sanguinary bloeddorstig
sanitary hygiënisch, gezondheids-
sanitary towel maandverband
sank zie *sink*
sap sap; ondermijning
sarcastic sarcastisch
sardine sardine
sash ceintuur; (schuif)raam *o*
sat zie *sit*
satchel (boeken)tas; ransel
satiate verzadigen
satin satijn *o*
satisfaction voldoening, tevredenheid
satisfy voldoen, bevredigen; verzadigen
saturate verzadigen
Saturday zaterdag
sauce saus; onbeschaamdheid
sauce-boat sauskom
sauce-pan steelpan
saucer schoteltje
saucy brutaal; chic
sauerkraut zuurkool
saunter slenteren
sausage saucijs, worst
sausage-roll saucijzebroodje *o*
savage wild, wreed
save redden, behoeden; besparen; (*prep*) behalve
savings spaargeld *o*
savings-bank spaarbank
Saviour Zaligmaker
savour smaak, geur; (*ww*) smaken, rieken
savoury smakelijk, geurig; (*sb*) tussengerecht *o*
savoy (cabbage) savooiekool
saw zaag; (*ww*) zagen; zie ook *see*
sawdust zaagsel *o*
Saxon Saks; (*aj*) Saksisch
say (said; said) zeggen

saying gezegde *o*, zegswijze
scab korst (op wond)
scab, scabies schurft
scaffold steiger; schavot *o*
scaffolding steiger; stelling, stellage
scald zich branden
scale weegschaal; schaal; schilfer; schub; ketelsteen *o* & *m*
scalp hoofdhuid
scaly schubbig, schilferig
scamp schelm   [holletje
scamper hollen; *at a —*, op een
scandal ergernis, schande, laster; schandaal *o*
scandalous ergerlijk
scanty krap, schaars
scapegoat zondebok
scar litteken *o*; klip
scarce schaars, zeldzaam
scarcely nauwelijks
scare ver-, afschrikken
scarecrow vogelverschrikker
scarf sjerp, sjaal, das
scarlet scharlaken-, vuurrood
scarlet fever roodvonk *v* & *o*
scatter strooien, verspreiden
scene toneel *o*; decor *o*
schouwspel *o*; tafereel *o*
scenery decor *o*, natuurschoon *o*, landschap *o*
scent reuk, geur; parfum *o*; (reuk)spoor *o*; (*ww*) ruiken (het wild); geur geven aan
sceptical sceptisch, twijfelend
schedule lijst; programma *o*
schema *o*
scheme schema *o*, plan *o*; komschism scheuring   [plot *o*
scholar geleerde
scholastic school-, onderwijsschool school; (*ww*) onderwijzen, oefenen
schoolmaster onderwijzer

schoolmistress onderwijzeres
science wetenschap; natuur-
wetenschappen *mv*
scientific wetenschappelijk
scintillate fonkelen
scion spruit, loot
scissors *a pair of* —, schaar
scoff schimpen; (*sb*) bespotting; beschimping
scold schelden, kijven, berispen
scoop schep; hoosvat *o*; pri-
meur; (*ww*) uitscheppen, uit-
hozen
scooter scooter; autoped
scope doelwit *o*; ruimte; ge-
zichtskring, gebied *o*
scorch schroeien, (ver)zengen
score rekening, aantal *o* be-
haalde punten; kerf, keep;
twintigtal *o*; partituur; (*ww*)
optekenen; op noten zetten;
(punten) behalen
scorn verachting, hoon; (*ww*)
smaden, verachten
scornful schamper; honend
Scotch Schots
Scotchman Schot
scoundrel fielt; schurk
scour schuren; nauwkeurig
doorzoeken
scourer pannespons
scourge gesel, plaag; (*ww*) geselen, teisteren
scout padvinder; verkennings-
vaartuig, -vliegtuig *o*; wegenwacht
scouting padvinderij
scowl 't voorhoofd fronsen; —
at, dreigend aanzien
scramble grabbelen; klauteren
scrambled eggs (*pl*) roereieren
(*mv*)
scrap snipper; afval *o*; uitknipsel *o*; *scrap-book* plakboek *o*

scrape verlegenheid, moeilijkheid; gekras *o*; schram; (*ww*)
schrappen, schrapen; uitkrabben, afkrabben
scratch schram, krab; kras;
(*ww*) krabben, krassen
scrawl haal, krabbel
scream gil; (*fig*) giller; (*ww*)
gillen
screen scherm *o*, (witte) doek *o*,
rooster *o*; grove zeef; voorruit; (*ww*) afschutten; ziften;
verfilmen
screw schroef; vrek; loon *o*;
(*ww*) schroeven
screwdriver schroevedraaier
scribble krabbelschrift *o*
scribe schrijver, klerk
scrimmage worsteling (om de
voetbal); schermutseling
scrip bewijs *o* van storting
script geschrift *o*; draaiboek *o*
Scripture H. Schrift
scrub schrobben, afboenen
scrubby armzalig, miezerig;
borstelig
scruple schroom, (gewetens-)
bezwaar *o*
scrupulous nauwgezet; angstvallig
scrutiny nauwkeurig onderzoek
o
scuffle handgemeen *o*
scull roeiriem
scullery bijkeuken
sculptor beeldhouwer
sculpture beeldhouwkunst;
beeldhouwwerk *o*
scum schuim *o*; uitschot *o*;
(*ww*) afschuimen
scurf (hoofd)roos
scurry haasten, reppen
scurvy scheurbuik *m* & *o*; (*adj*)
laag, gemeen

167

scuttle (kolen)kit
scythe zeis
S.E. = *South East*, zuidoost
sea zee, golf; *at* —, ter zee; *be at* —, het spoor bijster zijn
sea-borne overzees
sea-gull zeemeeuw
seal zegel *o*; rob, zeehond; (*ww*) verzegelen; ijken
sealing wax lak *o* & *m*
seal-ring zegelring
sealskin robbevel *o*
seam zoom; (*ww*) zomen
seaman zeeman
seamstress naaister
sea-plane watervliegtuig *o*
seaport zeehaven
search onderzoek *o*, speurtocht; (*ww*) zoeken, navorsen, peilen; onderzoeken, fouilleren
searchlight zoeklicht *o*
seasickness zeeziekte
seaside zee; —*resort*, badplaats
season seizoen *o*, jaargetijde *o*; (*ww*) kruiden
seasonable geschikt, gelegen
season-ticket abonnementskaart; —*holder*, abonnee
seat zitting; (zit)plaats; zetel; (*ww*) plaatsen; *be seated*, zitten; gaat u zitten!
seaworthy zeewaardig
secateurs (*pl*) snoeischaar
secede zich afscheiden
secession afscheiding
seclude afzonderen, uitsluiten
second secondant; seconde; (*adj*) tweede, ander; (*ww*) bijstaan, steunen
secondary ondergeschikt
secondary school middelbare school
second-hand tweedehands-
second-rate tweederangs-

secret geheim *o*; (*adj*) heimelijk, verborgen
secretary secretaris; minister; *Secretary of State*, minister; (*amer*) Minister van Buitenlandse Zaken
secrete verbergen; afscheiden
sect sekte, gezindheid
section sectie; afdeling; (door)snede; traject *o*, baanvak *o*
secular wereldlijk; eeuwenoud; honderdjarig; (*sb*) leek; wereldlijk priester
secure vast, zeker (van, *of*); veilig; (*ww*) beveiligen, vastmaken
security veiligheid, beveiliging, waarborg, waarborgsom; (*comm*) effect *o*
Security Council Veiligheidsraad
sedate bezadigd, rustig
sedative kalmerend middel *o*
sediment neerslag *m* & *o*, bezinksel *o*
sedition oproer *o*, muiterij
seduce verleiden
see (saw; seen) zien, kijken; begrijpen; zorg dragen; bezoeken; ontvangen (iem.)
seed zaad *o*; (*ww*) inzaaien
seedy vol zaad; (*fig*) sjofel; niet fit
seek (sought; sought) zoeken; *much sought after*, gezocht (v. waren)
seem schijnen
seen zie *see*
seethe (seethed or **sod; sodden)** zieden, koken
segregation afscheiding
seize grijpen, in beslag nemen
seizure beslaglegging; aanval, beroerte

seldom zelden
select uitgezocht, keurig; (ww) uitkiezen
self zelf   [matisch
self-acting zelfwerkend, auto-
self-command zelfbeheersing
self-conceited verwaand
self-confidence zelfvertrouwen o
self-conscious verlegen
self-evident vanzelfsprekend
self-ignition zelfontsteking
self-interested baatzuchtig
selfish egoïstisch
self-made door zichzelf iets ge-worden; eigengemaakt
self-preservation zelfbehoud o
self-starter automatische star-ter
sell koopje o; (ww) (sold; sold) verkopen
semaphore seinpaal
semi half
seminary seminarie o
semi-official officieus
semolina griesmeel o
senate senaat
send (sent; sent) zenden
senile seniel, ouderdoms-
senior ouder, oudste
sensation gewaarwording, op-winding, opzien o, sensatie
sensational opzienbarend
sense gevoel o; verstand o; begrip o; zin, betekenis; make —betekenen; (ww) (aan)voelen, begrijpen
senseless zinloos
sensible verstandig; merkbaar
sensitive fijngevoelig
sensual zinnelijk
sent zie send
sentence vonnis o; volzin
sentiment gevoel o, gevoelen o; mening

sentry schildwacht, post
sentry-box schilderhuisje o
separate afzonderlijk; (ww) scheiden, afzonderen
separation scheiding
sepsis bloedvergiftiging
September september
sepulchre graf o
sequence volgorde, reeks; (ca) suite
Serb, Serbian Servisch; Serviër
serene kalm, helder, doorluch-tig
sergeant sergeant; brigadier van politie
serial(-tale) feuilleton o
series reeks, serie
serious ernstig, plechtig
sermon preek; vermaning
serpent slang
servant bediende; dienstmeisje o
serve dienen, bedienen, baten; voorzien van
service dienst, bediening, nut o; servies o; kerkdienst
serviceable dienstig
service-station pompstation o
servile slaafs, kruipend
session zitting
set stel o, garnituur o; servies o; partij; spel o; span o; (adj) gezet, bepaald, bestendig; (ww) (set; set) zetten plaatsen, stel-len, bepalen; stollen; — in, invallen
settle vestigen; regelen, bepa-len; vereffenen
settlement vestiging; afreke-ning; kolonie, nederzetting; jaargeld o
seven zeven
seventeen zeventien
seventh zevende

169

seventy zeventig
sever scheiden, afsnijden, verbreken
several verscheiden
severe streng, hard, straf
sew (sewed; sewn or sewed) naaien
sewer riool o
sewing-machine naaimachine
sex geslacht o, sekse
sex-appeal aantrekkingskracht voor het andere geslacht
sexton koster; doodgraver
sexual seksueel
Sh. = shilling
shabby kaal, haveloos, sjofel
shackles pl boeien
shade schaduw; kap, scherm o; nuance; (ww) (be-)schaduwen, beschermen, arceren
shadow schaduw, schim
shady beschaduwd; schaduwrijk; verdacht, louche
shaft schacht; steel; zuil; pijl
shag ruig haar o; shag
shake schok; triller (muziek), handdruk; (ww) (shook; shaken) schudden, beven; — hands, elkaar de hand geven
shaky beverig, onvast; wankel
shall (should) zal, zullen
shallow ondiep; oppervlakkig
sham bedrog o, voorwendsel o; (adj) voorgewend; (ww) simuleren, zich (slapend) houden
shame schaamte, schande; (ww) beschamen
shameful schandelijk
shameless schaamteloos
shamrock klaverblad o
shape gedaante; vorm; (ww) (shaped; shaped or shapen) vormen
share deel o, aandeel o; ploeg-

schaar; (ww) delen
shareholder aandeelhouder
shark haai; gauwdief
sharp scherp, spits; bits; scherpzinnig; bijtend; (sb) (muz) kruis o
sharpen scherpen
sharpshooter scherpschutter
sharp-sighted scherpziend
shatter verbrijzelen, verstrooien
shave (shaved; shaved or shaven) scheren, schaven; het vel over de oren halen
shaver scheerapparaat o
shaving krul
shaving-brush scheerkwast
shaving-cream scheercrème
shaving-soap scheerzeep
shaving-tackle scheergerei o
shawl sjaal, omslagdoek
she zij; (sb) wijfje o
sheaf schoof
shear (sheared; shorn) afsnijden; (schapen) scheren
sheath schede
shed (shed; shed) vergieten; laten vallen, afwerpen, storten; verspreiden; (sb) loods, schuur
sheep (pl sheep) schaap o
sheepskin schapevacht
sheer louter; volslagen; steil
sheet beddelaken o; vel o papier; schoot (v. zeil)
shelf (boeken)plank; klip
shell schelp, schil, bolster, dop; (mil) granaat; (ww) schillen, pellen, doppen; beschieten
shellproof bomvrij
shell splinter granaatscherf
shelter schuilplaats; bescherming; tramhuisje o; schuilkelder; take —, schuilen; (ww) beschermen, schuilen

shepherd herder
sheriff schout; (amer) politie-
sherry sherry   [chef
shield schild o; (ww) beschermen
shift verandering, verschui-
ving; ploeg werklieden; (ww)
verwisselen; verleggen; verruilen
shilling vroegere Eng. munt
1/20 v.e. pond sterling
shimmer glinsteren
shin scheen(been)
shine schijn, luister; zonneschijn; (ww) (shone; shone)
schijnen, uitblinken
ship schip o; (ww) inschepen,
verschepen
ship-broker cargadoor
shipload scheepslading
shipment verscheping, verzending; lading
ship-owner reder
shipwreck schipbreuk
shipwrecked be —, schipbreuk
lijden
shipyard scheepstimmerwerf
shire (Engels) graafschap o
shirk ontduiken
shirt (over)hemd o
shiver splinter, scherf; rilling;
(ww) versplinteren; rillen
shoal school (vis); ondiepte;
(adj) ondiep; (ww) samenscho-
len
shock schok; botsing, schrik;
(ww) schokken; ergeren
shock-absorber schokbreker
shocking stuitend, ergerlijk
shoe schoen; hoefijzer o
shoe-lace schoenveter
shoe-maker schoenmaker
shone zie shine
shook zie shake

shoot scheut; (ww) (shot; shot)
schieten; uitbotten
shooting-range schietbaan
shop winkel; werkplaats; (ww)
winkelen, inkopen doen
shop-assistant winkelbediende
shop-girl winkeljuffrouw
shopkeeper winkelier
shop-lifter winkeldief
shopping centre winkelcentrum
shop-worn verlegen (goed)
shore kust oever; stut; (ww)
schoren, stutten
shorn zie shear
short kort, klein; bros; krap;
for —, kortheidshalve; in —,
kortom; be — of, tekortkomen
shortbread soort bros gebak
short-circuit(ing) kortsluiting
shorten verkorten, verminderen
shortening vet o
shorthand stenografie
shortly weldra
short-sighted bijziend, kortzichtig
short-winded kortademig
shot schot o; gooi; opname,
kiekje o; schutter; zie ook
shoot
should zie shall
shoulder schouder; berm
shoulder-blade schouderblad o
shout geroep o, gejuich o; (ww)
roepen, juichen, schreeuwen
shove stoot, duw; (ww) stoten,
duwen, schuiven
shovel schop
show vertoning, tentoonstelling; schijn; voorkomen o;
(ww) (showed; shown) tonen,
laten zien; aanwijzen, schijnen
show-bill reclamebiljet o
show-case uitstalkast
shower regen-, stortbui;

douche; (ww) begieten, stort-
regenen; douchen
shower-bath stortbad o, douche
shown zie *show*
showroom toonzaal
show-window winkelraam o
shrank zie *shrink*
shrapnel granaatscherven *mv*
shred lapje o, flard, snipper
shrewd schrander; scherp
shriek gil, schreeuw; (ww) gillen, gieren
shrill schel, snerpend, schril
shrimp garnaal
shrine heiligdom o; reliek-
schrijn o
shrink (shrank; shrunk) ineenkrimpen, slinken, terugdeinzen
shrivel verschrompelen
shroud (doods)kleed o; sluier;
(ww) bedekken, omhullen
Shrovetide, Shrove Tuesday
vastenavond
shrub struik, heester
shrug de schouders ophalen
shrunk zie *shrink*
shudder huiveren, sidderen
shuffle geschuifel o; (ww)
schudden; (ca) wassen; schuifelen
shun vermijden, schuwen
shunt rangeren; (el) aftakken;
(sb) aftakking
shut (shut; shut) (op)sluiten;
(adj) dicht, gesloten
shutter luik o, blind o; sluiter
shy schuw, verlegen; (ww)
schichtig worden
sick misselijk, (amer) ziek;
sickle sikkel   [beu (van)
side zijde; kant; partij; (ww)
partij kiezen voor
sideboard buffet o, dressoir o
side-car zijspan

sidelong, sideways, sidewise zijdelings, zijwaarts
side-walk (amer) trottoir o
siege belegering, beleg o
sieve zeef
sift schiften, zeven
sigh zucht; (ww) zuchten
sight gezicht o, zicht o, schouwspel o
sight-seeing het bezoeken van
bezienswaardigheden
sign teken o, wenk; uithangbord o; (ww) tekenen, ondertekenen; een teken geven
signal teken o; sein o, signaal
o; (ww) seinen; melden
signal-box seinhuis o
signalize onderscheiden
signal-post seinpaal
signature handtekening
signature tune (rad) herkenningsmelodie
signboard uithangbord o
signet-ring zegelring
significance betekenis
significant veelbetekenend; belangrijk
signify betekenen, beduiden;
te kennen geven
signpost wegwijzer
silence stilzwijgen o; stilte;
zwijg!, stil daar!
silencer geluiddemper (machine), knalpot
silent stil, stilzwijgend, rustig
silk zijde; (adj) zijden
silkworm zijderups
silky zijdeachtig, zacht
sill drempel: vensterbank
silly onnozel, dwaas, dom;
kinderachtig
silver zilver o; (adj) zilverach-
tig
silverware tafelzilver o

similar dergelijk, gelijksoortig, soortgelijk
similarity overeenkomst
simmer sudderen; (fig) smeulen
simple eenvoudig, enkelvoudig
simplicity eenvoud, onnozelheid
simplify vereenvoudigen
simulate veinzen; (bedrieglijk) nabootsen
simultaneous gelijktijdig
sin zonde; original —, erfzonde
since sedert, sinds
sincere oprecht
sinew pees, spier
sinful zondig
sing (sang; sung) (be)zingen
singe zengen, schroeien
singer zanger; zangeres
single enkel; éénpersoons; alleen, ongehuwd
single entry enkel boekhouden o
singular (adj) enkelvoudig, bijzonder, zonderling; (sb) enkelvoud
sinister onheilspellend
sink gootsteen; riool o; (ww) (sank; sunk) zinken, zakken; verminderen; doen zakken; dalen
sinner zondaar, zondares
sinuous bochtig, kronkelig
sip teugje o; (ww) nippen
siphon hevel; sifon
sir heer, mijnheer; predikaat o (vóór doopnaam van „baronet" of „knight")
siren sirene
sister zuster
sister-in-law schoonzuster
sit (sat; sat) zitten; broeden; zitting houden; poseren; —

down, gaan zitten
sit-down — strike, bezettingsstaking
site ligging; plekje o; bouwterrein o
sitting zitting, seance
sitting-room huis-, zitkamer
situated gelegen
situation ligging, toestand; situatie, betrekking
six zes
sixteen zestien
sixth zesde
sixty zestig
size grootte, omvang, formaat o; maat, (ww) sorteren, rangschikken
skate schaats; (ww) schaatsen
skating-rink ijs-, rolschaatsbaan
skeleton geraamte o, skelet o; schema o; (mil) kader o
skeleton key loper
sketch schets; (ww) schetsen
skid slippen
skilful bekwaam, handig
skill bekwaam-, handigheid
skim (af)schuimen, afromen; scheren over
skimp beknibbelen
skin huid, vel o; schil; (ww) stropen, villen
skinny broodmager
skip springen, huppelen
skirmish schermutseling; (ww) schermutselen
skirt rok; rand; (ww) omzomen; omzeilen
skittle kegel; —s, kegelspel o
skull schedel
skunk stinkdier o
sky lucht, uitspansel o, hemel
skylark leeuwerik
skylight dakraam o

173

sky-scraper wolkenkrabber
slab plaat, platte steen, schaal; plak, moot
slack slapte; *(adj)* slap, los, traag; *(ww)* verslappen; verminderen
slacken verslappen; vieren; (vaart) minderen
slacks *pl* lange broek
slag slakken, sintels *mv*
slain zie *slay*
slam dichtsmijten
slander laster; *(ww)* lasteren
slang groepstaal, jargon *o*
slanting hellend, schuin
slap klap, mep; *(ww)* een klap geven
slash om zich heen slaan, ranselen; snijden
slate lei
slate-pencil griffel
slattern slons, morsebel
slaughter slachting, bloedbad *o*; *(ww)* slachten, vermoorden
slave slaaf, slavin; *(ww)* zich afsloven
slavery slavernij   [moorden
slay (slew; slain) doden, vermoorden
sled, sledge slede, ar
sledge-hammer voorhamer
sleek glad, glanzend; *fig* glad
sleep slaap; *(ww)* **(slept; slept)** slapen; — *one's fill*, uitslapen
sleeper slaper; slaapwagen; dwarsligger
sleeping-bag slaapzak
sleeping-car slaapwagen
sleeping-compartment slaapcoupé
sleeping partner stille vennoot
sleepless slapeloos
sleep-walker slaapwandelaar
sleepy slaperig; slaapwekkend
sleet natte sneeuw

sleeve mouw; *laugh in his* —, in zijn vuistje lachen
sleeve-links *pl* dubbele manchetknopen *mv*
sleigh slede, ar
slender dun, slank; gering
slept zie *sleep*
sleuth speurhond; detective
slew zie *slay*
slice sneetje *o*, schijfje *o*
slide glijbaan, hellend vlak *o*; schuif; ventiel *o*; lawine; *(ww)* **(slid; slid** or **slidden)** glijden, glippen, laten slippen
sliding door schuifdeur
sliding roof schuifdak *o*
slight geringschatting; *(adj)* dun; licht, gering, onbeduidend; *(ww)* versmaden
slightly enigszins, ietwat
slim schraal; slank, tenger; *(ww)* slank worden, vermageren
slime slib *o*; slijm *o*
sling slinger, zwaai; draagband; *(ww)* **(slung; slung)** slingeren; werpen; ophangen
slink (slunk; slunk) (weg)sluipen
slip vergissing; abuis *o*; kussensloop *o*; stek; reepje *o*; drukproefstrook; onderjurk; *(ww)* slippen (uit)glijden; sluipen, glippen
slip-of-the-pen verschrijving
slipper muiltje *o*, pantoffel
slippery glibberig, glad
slip-road rondweg; toegangsweg tot autoweg
slipshod slordig
slit scheur, gleuf, spleet; split *o*; *(ww)* **(slit; slit)** splijten
slogan strijdkreet; leuze; slagzin

sloop sloep
slop morsen; (sb) vuil water
slope schuinte, helling; talud o;
(ww) hellen; schuin aflopen
sloping hellend, schuin aflo-
pend
sloppy morsig, slordig
slot gleuf, sleuf
sloth lui-, traagheid
slot-machine (verkoop)auto-
maat
slouchy slungelig, slordig
slovenly slonzig
slow langzaam, traag; be —,
achterlopen; (ww) — down,
vaart minderen
slow-motion picture vertraagde
slug naakte slak   [film
sluggard luiaard
sluggish traag, lui
sluice sluis; (ww) spoelen
slum achterbuurt
slumber sluimering; (ww) sluimeren
slump plotselinge of grote
prijsdaling, malaise
slung zie sling
slunk zie slink
slur smet, schandvlek; (muz)
koppelboog; (ww) besmeuren,
laten ineenvloeien
slush blubber
slut slons
sluttish slonzig, morsig
sly listig, sluw, slim
smack klap; (ww) smakken
small klein, gering, weinig,
kleingeestig
smallpox waterpokken mv
smart scherp, pijnlijk, vinnig;
levendig, vlug, gevat, knap;
bijdehand; chic; (ww) zeer
doen; lijden, schrijnen, steken
smarten mooi maken

smash smak, slag; bankroet o;
(ww) breken, verbrijzelen
smear vlek, vette veeg; (ww)
besmeren, bezoedelen, smeren
smell reuk, geur; (ww) (smelt
or smelled; smelt or smelled)
ruiken, rieken
smelt spiering; (ww) (erts)
smelten   [lachen
smile glimlachje o; (ww) glim-
smirch besmeuren, bezoedelen
smirk meesmuilen, grijnslachen
smite (smote; smitten) slaan
smith smid
smithy smederij; smidse
smoke roken; (sb) rook
smoking het roken
smoking-compartment rook-
coupé
smooth glad. vlak; zacht; vlei-
end; (ww) glad maken; glad-
strijken, effenen
smoothly vlot, gesmeerd
smote zie smite
smother damp, rook, walm;
(ww) verstikken; inhouden
smoulder smeulen
smudge vlek, veeg
smug zelfgenoegzaam
smuggle smokkelen
smuggler smokkelaar
smutty vuil, smerig
snackbar snelbuffet o
snag knoest; obstakel o
snail slak
snake slang
snap happen, klappen, knippen; (sb) snap, hap, knip
snappish snibbig
snap-shot momentopname,
kiekje o
snare strik; (ww) verstrikken
snarl (toe)snauwen, grom-
men; verwikkeld raken

snatch ruk, greep; stukje *o*
eten; (*ww*) rukken, grijpen
sneak sluipen
sneaky geniepig
sneer grijnslachen; (*sb*) grijns
sneeze niezen
sniff opsnuiven; snuffelen
snigger grinniken
sniper sluipschutter
snivel snotteren
snoop rondneuzen
snore snorken, ronken
snort briesen, snuiven
snout snuit
snow sneeuw; (*ww*) sneeuwen
snowdrop sneeuwklokje *o*
snub afsnauwen
snuff snuif; (*ww*) (op)snuiven
snug knus, gezellig
so dus, zodanig, zulk, zo; — *that*, zodat
soak weken, inzuigen, opslurpen; doorweken
soap zeep
soap-dish zeepbakje *o*
soap-suds *pl* zeepsop *o*
soar hoog vliegen, zich verheffen
sob snik; (*ww*) snikken
sober matig, sober, nuchter
sobriety matigheid
Soc. = *Society*, vereniging
so-called zogenaamd, z.g.
sociable sociabel, gezellig
social maatschappelijk, sociaal; gezellig
socialism socialisme *o*
social worker maatschappelijk werkster
society maatschappij; uitgaande wereld; vereniging, genootschap *o*, samenleving
sock sok
socket kas, holte; houder

sock-suspender sokophouder
sod zode
soda-water spuitwater *o*
sodden doorweekt
soft zacht, mals; slap (boord); verwijfd, zoetsappig; onnozel; —*drink*, frisdrank
soften zacht maken (worden)
soft soap groene zeep
soil land *o*, grond; (*ww*) bezoedelen
sojourn (tijdelijk) verblijf *o*
solace troost, verlichting
solar system zonnestelsel *o*
sold zie *sell*
solder soldeersel *o*; (*ww*) solderen
soldier soldaat, krijgsman
sole zool; tong (vis); (*adj*) enig
solemn plechtig, ernstig
solicit verzoeken, dingen naar
solicitor rechtskundig adviseur, procureur
solicitous bezorgd; begerig
solicitude zorg, ongerustheid
solid vast, massief; stevig; degelijk
soliloquy alleenspraak
solidarity solidariteit
solitary eenzaam
solitude eenzaamheid
soloist solist
soluble oplosbaar
solution oplossing
solve oplossen
solvent solvent, kredietwaardig
some enige, sommige; ongeveer
somebody iemand
somehow op een of andere wijze
someone iemand
something iets
sometimes somtijds, soms

somewhere ergens
son zoon
song zang, lied o
son-in-law schoonzoon
sonorous welluidend
soon spoedig, vroeg, gauw
soot roet o
soothe verzachten, sussen, kalmeren
sop soppen   [fijnd
sophisticated wereldwijs; **versoporific** slaapmiddel o
soprano sopraan
sorcery toverij, hekserij
sordid laag, gemeen; smerig
sore pijnlijke plek; (adj) pijnlijk, zeer; hevig
sorely schromelijk
sorrow droefheid, smart; zorg
sorry bedroefd; armzalig; I am —, het spijt mij; neem mij niet kwalijk, pardon!
sort soort, slag o; wijze; aard; (ww) schikken, sorteren
S.O.S. = Save our Souls, noodsignaal o v. schepen
sought zie seek
soul ziel
sound geluid o, klank; (adj) gezond, gaaf, betrouwbaar; (ww) klinken, luiden; peilen
sound-damper, sound-deadener geluiddemper
sound-proof geluiddicht
soup soep
sour zuur, bitter; (ww) verzuren
source bron, oorsprong
south zuiden o
South-Africa Zuid-Afrika o
southern zuidelijk; — latitude, zuiderbreedte
south-pole zuidpool
sovereign souverein
sow zeug; (ww) (sowed; sown or sowed) zaaien
spa badplaats
space wijdte, ruimte
space travel ruimtevaart
spacious ruim, uitgestrekt
spade spade, schop; schoppen (in het kaartspel)
Spain Spanje o
span span o; spanne tijds; spanning van een boog of brug; (ww) spannen; zie ook spin
Spaniard Spanjaard
Spanish Spaans
spank op de broek geven
spanner schroefsleutel
spare schraal; reserve-; extra-; — (bed)room, logeerkamer; — part, reservedeel o; — time, vrije tijd; — wheel, reservewiel o; (ww) (be)sparen; missen
sparing zuinig, karig
spark vonk, sprank
sparking-plug bougie
sparkle fonkelen
sparrow mus
sparse dun gezaaid, ijl
spasm kramp
spasmodic krampachtig
spat zie spit
spatter bespatten
spawn viskuit
speak (spoke; spoken) spreken, zeggen, praten
speaker spreker, Voorzitter van het Lagerhuis
spear speer, spies
special bijzonder, extra extra-; (sb) bijzondere correspondent, extra-editie (dagblad)
speciality specialiteit
specially zin 't bijzonder
specific precies; speciaal; — gravity, soortelijk gewicht o

177

specify in bijzonderheden vermelden, specificeren
specimen proef, staaltje o
speck vlekje o
speckle spat, spikkel
spectacle schouwspel o
spectacles pl bril
spectator toeschouwer
spectre spook o
speculation bespiegeling; speculatie
speech spraak; redevoering,
toespraak
speechless sprakeloos
speed spoed, snelheid, haast
speed-limit maximumsnelheid
speedometer snelheidsmeter
speedway (auto)snelweg; racebaan
speedy spoedig
spell betovering; tijdje o;
beurt; (ww) (spelt or spelled;
spelt or spelled) spellen; betoveren
spellbound gefascineerd
spelling spelling
spend (spent; spent) uitgeven,
besteden
spendthrift verkwister
sphere sfeer; globe; bol
spice specerij; kruiderij; (ww)
kruiden
spick and span brandschoon,
piekfijn
spicy gekruid, pikant
spider spin
spike aar; spijl; punt; —s
atletiekschoenen mv
spill spil; spijl; val; (ww) (spilt;
spilt) morsen, vergieten
spin (span; spun) spinnen;
ronddraaien
spinach spinazie
spinal ruggegraats-

spinal column ruggegraat
spinal cord (marrow) ruggemerg o
spindle spil, as; spoel, klos
spine ruggegraat, doorn, stekel
spin-drier centrifuge
spinster ongehuwde vrouw,
oude vrijster
spiral spiraal; (adj) spiraal-
vormig; —staircase, wenteltrap
spire (toren)spits
spirit geest, bezieling; moed;
spiritus; (ww) bezielen, aansporen
spirits pl spiritualiën mv
spiritual geestelijk, geestes-
spirituous alcoholisch
spit braadspit o; landtong;
(ww) (spat; spat) spuwen
spite wrok, wrevel; (ww) krenken, verteornen
spiteful nijdig; afgunstig
spittle speeksel o
splash spatten, plassen
splash-board spatbord o
spleen milt; zwaarmoedigheid
splendid prachtig, luisterrijk
splendour glans, pracht
splice splitsen (touw)
splint spalk
splinter splinter; (ww) versplinteren
split (split; split) splijten; (sb)
spleet, scheur
spoil buit; (ww) (spoiled or
spoilt; spoilt) bederven; beroven van
spoke spaak
spoke(n) zie speak
spokesman woordvoerder
sponge spons; (ww) sponsen
sponsor borg; begunstiger;
(ww) steunen

spontaneous spontaan
spoon lepel
sport sport; vermaak o; scherts; (ww) dartelen; er op na houden
sportive vrolijk; sportief
sportsmanlike sportief
spot spat, vlek, plek, smet; (biljart) acquit o; (ww) bevlekken, spikkelen; acquit geven; ontdekken, snappen
spotless smetteloos, onbevlekt
spotlight zoeklicht o; voetlicht o; bermlamp
spotted gevlekt, gespikkeld
spouse echtgenoot, -note
spout spuit, pijp, tuit; straal; (ww) spuiten; opspuiten
sprain verstuiken, verzwikken, verrekken
sprang zie spring
sprat sprot
sprawl breeduit (gaan) liggen; (zich) onregelmatig uitbreiden, (zich) breed uitstrekken
spray takje o; vaporisator, spuit, verstuiver; stofregen; (ww) sproeien
spread (spread; spread) (ver-) spreiden, strooien, uitslaan
spree fuif
sprig twijg
sprightly levendig
spring bron, oorsprong; veer; veerkracht; lente; fontein; (ww) (sprang; sprung) springen; (uit)spruiten, ontstaan
sprinkle besprenkelen
sprint korte afstandswedloop
sprout spruit; loot; (ww) (uit-) spruiten
spruce netjes, knap; (sb) spar
sprung zie spring
spun zie spin

spur spoor; prikkel; uitloper; (ww) de sporen geven; aansporen
spurt (ww) spuiten; (sp) spurten; (sb) straal, guts; uitbarsting
spy spion; (ww) bespieden
sq. = square, plein o
squadron eskadron o, escadrille; eskader o; smaldeel o
squalid morsig, vuil
squander verkwisten
square vierkant o; plein o; ruit (op dambord enz.); kwadraat o; winkelhaak; (adj) eerlijk, ronduit; vierkant, rechthoekig; ouderwets, bekrompen
squash kneuzen, platdrukken
squat (down) hurken
squatter kraker, dakloze (die in een leegstaand gebouw trekt)
squeak geschreeuw o, gepiep o; (ww) schreeuwen, piepen
squeal krijsen; verraden, doorslaan
squeamish kieskeurig
squeeze druk; afpersing; (ww) drukken, uitpersen
squint scheel, loens
squire landedelman, landjonker
squirrel eekhoorntje o
squirt spuiten
st = 1 street straat; 2 saint sint
stab steek; stoot; (ww) doorsteken, steken
stable stal; (adj) vast; stabiel
stack stapel; hoop; mijt, schelf
stadium stadium o, stadion o
staff staf, stok; schacht; notenbalk
stag hert o
stage toneel o; halte; etappe; fase, stadium o; (ww) monteren
stage-manager regisseur

179

stagger wankelen, waggelen, versteld (doen) staan

stagnancy stilstand

stain vlek, smet; (ww) (be-) vlekken, bezoedelen; verven, beitsen

stained-glass gebrandschilderd glas o, glas-in-lood o

stainless vlekkeloos

stain remover vlekkenwater o

stair trede, trap; —s, trap

stair-carpet traploper

staircase trap

stake staak, paal; inzet, inleg; *at —,* op 't spel; (ww) inzetten, in de waagschaal stellen; afbakenen; steunen

stale oudbakken, muf

stalemate pat; (ww) vastzetten

stalk stengel; steel; halm; (ww) (deftig) stappen

stall box (v. paard); kraam; (ww) afslaan (motor), afglijden (vliegmachine)

stallion hengst

stalls *pl* stalles *mv*

stalwart fors, krachtig; trouw

stamina uithoudingsvermogen o

stammer stamelen, stotteren

stamp stempel; (post)zegel; (ww) stampen; stempelen

stamp machine postzegelautomaat

stamp-paper gezegeld papier o

stanch stelpen; stremmen

stand stand, stilstand; standplaats; stelling; (ww) (**stood**; **stood**) staan, blijven, standhouden; —*still*, stilstaan

standard standaard; vlag; gehalte o, klasse

standardization normalisatie

stand-by steun; reserve

stank zie *stink*

stanza couplet o

staple hoofdprodukt o; stapel; markt; nietje o; (adj) stapel-, hoofd-

star ster, gesternte o; sterretje (*) o; (ww) de hoofdrol vervullen

starboard (nav) stuurboord o

starch stijfsel; zetmeel o; (ww) stijven   [staren

stare starende blik; (ww) (aan-)

stark stijf; strak; geheel en al; — *blind*, stekeblind; — *mad*, stapelgek; — *naked* spiernaakt

starling spreeuw

start vertrek o; afrit; begin o; schrikbeweging; (ww) aan de gang brengen; vertrekken; opschrikken

starting-point uitgangspunt

startle (ver)schrikken

startling verrassend

starvation verhongering, hongerdood

starve (ver)hongeren

state staat, toestand; luister, staatsie; (ww) opgeven, vaststellen; constateren

stately statig, deftig

statement mededeling, bewering, verklaring; (bank) overzicht o, staat; opgaaf

statesman staatsman

station standplaats; post; rang, stand; station o

stationary stilstaand, vast

stationer kantoorboekhandelaar

stationery schrijfbehoeften *mv*

station-master stationschef

statistics *pl* statistiek

statuary beeldhouwkunst; -werk o

statue standbeeld *o*, beeld *o*

status status, positie

statute statuut *o*, wet

staunch sterk, hecht; verknocht, betrouwbaar

stave notenbalk

stay verblijf *o*; stilstand; steun; (*ww*) blijven, logeren; tegenhouden

stay down blijven zitten (school)

staying-power uithoudingsvermogen *o*

stays *pl* keurslijf *o*, korset *o*

stead plaats

steadfast standvastig; vast

steady vast, bestendig; solide

steak biefstuk; moot (vis)

steal (stole; stolen) stelen; sluipen

stealthily tersluiks, steelsgewijze

steam stoom, damp; (*ww*) stomen

steam-boiler stoomketel

steam-engine stoommachine

steamer stoomboot

steel staal *o*; (*adj*) stalen, van staal; (*ww*) stalen

steep steilte; (*adj*) steil

steeple spitse toren

steeplechase wedren met hindernissen

steer sturen, stevenen

steerage stuurmanskunst; tussendek *o*

steering wheel stuur(wiel) *o*

steersman stuurman, roerganger

stem stam; steel; stengel; loot; boeg, steven

step trap; trede; (voet) stap; (*ww*) stappen, treden

step-child stiefkind *o*

steps *pl* stoep

sterile onvruchtbaar, dor; steriel

stern (*nav*) achtersteven; (*adj*) streng, bars

stew stoven, smoren; (*sb*) gestoofd vlees *o*; *Irish* —, soort hutspot [meester

steward rentmeester; hof-

stick stok; staaf; (*ww*) (**stuck**; **stuck**) kleven; steken, insteken; vastzitten; blijven steken; zich hechten

sticking-plaster hechtpleister

sticky kleverig

stiff stijf, star, strak

stiffen stijven

stifle smoren, onderdrukken

stifling broeierig, verstikkend

stigma schandvlek; brandmerk *o*; stempel (v. bloem)

stile deurstijl; overstap

still stil, zacht; (*ww*) stillen, kalmeren; (*adv*) nog steeds, nog

still life stilleven *o*

stimulate prikkelen, aansporen

sting prikkel, angel, stekel; steek; (*ww*) (**stung**; **stung**) steken, prikken; kwetsen; grieven

stingy vrekkig, schriel

stink stank; (*ww*) (**stank**; **stunk**) stinken

stint beknibbelen

stipulate bedingen, bepalen

stir geraas *o*, opwinding, sensatie; (*ww*) bewegen, (om)roeren, (iemand) aansporen

stirrup stijgbeugel

stitch steek; (*ww*) stikken, hechten

stock voorraad; stam; blok *o*; effecten *mv*; kapitaal *o*; veestapel; bouillon; (*ww*) in voorraad hebben, nemen, bevoorraden

stock-broker commissionair in effecten

stock exchange effectenbeurs

stockfish stokvis

stocking kous

stole(n) zie *steal*

stolid flegmatiek

stomach maag, buik; eetlust; (*ww*) *fig* kunnen verkroppen, slikken

stone steen; pit; gewicht *o* van 6.35 kg

stone-blind stekeblind

stone-deaf stokdoof

stony steenachtig, stenig; onbewogen, ijskoud

stood zie *stand*

stool taboeretje *o*, kruk; —*s*, *pl*, ontlasting

stoop bukken, buigen

stop halte, tussenlanding, pauze; leesteken *o*; (*ww*) beletten; ophouden, stoppen, staken; stelpen

stopper stop

storage berging, opslag

store voorraad; winkel; opslagplaats, magazijn *o*; warenhuis *o*; (*ww*) inslaan; voorzien; opbergen

storey verdieping

stork ooievaar

storm storm; aanval; onweersbui; *by* —, stormenderhand; (*ww*) bestormen; stormen, razen

stormy stormachtig

story geschiedenis, verhaal *o*; leugentje *o*

stout stout, zwart bier *o*; (*adj*) kloek, dapper; corpulent

stove kachel, fornuis *o*

stow stuwen, stouwen

stowaway verstekeling

straddle wijdbeens staan (lopen), schrijlings zitten

straggle dwalen, zwerven

straight recht; glad; eerlijk, betrouwbaar; in orde

straighten recht maken; in orde brengen

straightforward oprecht, rond(uit); ongecompliceerd

straight on rechtdoor

strain (in)spanning; druk; verrekking; erfelijk trekje *o*; ras *o* (*ww*) inspannen, verrekken, forceren

strait eng, nauw, bekrompen; (*sb*) (zee)straat

straits *pl* zeeëngte, straat

strand strand *o*; kust; streng (touw); (*ww*) stranden

strange vreemd, zonderling

stranger vreemdeling

strangle worgen

strangulated ingesnoerd; (*med*) beklemd

strap (schouder)riem; (tram) lus; bandje *o*

strapless zonder schouderbandjes

strapping groot, stevig; (*sb*) pak slaag *o*

stratagem (krijgs)list

straw stro *o*; rietje *o*

strawberry aardbei

stray af-, verdwalen

streak streep; zweem

stream stroom; (*ww*) stromen

streamer wimpel

stream-lined gestroomlijnd

street straat

street-walker prostituee

strength sterkte, kracht, macht

strengthen (ver)sterken

strenuous krachtig, energiek, inspannend

stress nadruk, accent o, (geestelijke) spanning, druk; (ww)
benadrukken
stretch rek, spanning; uitgestrektheid; (ww) rekken, strekken, spannen
stretcher draagbaar, brancard
strew (strewed; strewn) (be-)
strooien
stricken geslagen, getroffen,
bedroefd; zwaar beproefd
strict nauwkeurig, strikt, stipt
stride schrede; (ww) (strode;
stridden) schrijden
strife twist, strijd
strike slag; werkstaking; (ww)
(struck; struck or stricken)
slaan; munten; strijken; op-
vallen, vóórkomen; inslaan;
werkstaken; — out, schrappen
striking treffend, opvallend
string touw o, koord o; snaar,
pees; snoer o; (ww) (strung;
strung) snoeren, rijgen, van
banden of snaren voorzien
string-bean sperzieboon
stringent strikt, bindend;
schaars (geld)
stringy vezelig, draderig
strip reep, strookje o; beeldroman; (ww) uitkleden; afstro-
pen
stripe streep; chevron
strive (strove; striven) pogen,
streven, zich inspannen; wor-
stelen, strijden
strode zie stride
stroke slag, trek; streep; beroerte; (ww) strelen, strijken
stroll wandeling; (ww) slenteren, kuieren
strong sterk, flink, krachtig
stronghold burcht, bolwerk o
strong-room kluis

strove zie strive
struck zie strike
structure structuur, bouw; gebouw o, bouwsel o
strung zie string
stub stompje o; peuk; (ww)
stoten; —out, uitdrukken (v.
sigaret)
stubble stoppel
stubborn hardnekkig, onverzettelijk, weerspannig
stuck zie stick
stud knop; overhemds-, boord-
deknoopje o; stoeterij; (ren-)
stal
student student; beoefenaar
studied geleerd, bestudeerd, gewild, onnatuurlijk
studious vlijtig; nauwgezet
study studie; studeerkamer;
(ww) (be)studeren
stuff stof, materiaal o; goedje o,
spul o; (ww) volstoppen, opzetten
stultify ontzenuwen, verlam-
men; belachelijk maken
stumble struikelen, strompelen
stump (boom)stronk, stomp;
stump (cricketpaaltje)
stun bedwelmen, verdoven;
verbluffen
stung zie sting
stunk zie stink   [vlucht
stunt toer, foefje o; truc; kunst-
stupefaction verdoving, stomme verbazing
stupendous kolossaal
stupid dom, stom
stupor verdoving
sturdy stoer, stevig
stutter stotteren, hakkelen
sty varkenshok o, kot o
style stijl, (schrijf)trant; genre
o

stylish chic, elegant
suave minzaam
subconscious onderbewust
subdue onderwerpen, bedwingen, beheersen; dempen, temperen
subject onderdaan; onderwerp o; (leer)vak o, motief o; (adj) onderworpen, onderhevig; (ww) onderwerpen; blootstel-
subjugate onderwerpen   [len
sublime hoog, verheven
submarine onderzeeboot
submerge onderdompelen, onder water zetten
submission onderwerping
submissive onderdanig
submit onderwerpen
subordinate ondergeschikt
subscribe inschrijven, intekenen; onderschrijven — to, zich abonneren op
subscriber abonnee, intekenaar; ondertekenaar
subscription ondertekening, intekening; contributie; abonnement o
subsequent volgend
subside zinken, zakken; bedaren, gaan liggen (wind)
subsidiary hulp-, ondergeschikt; — company, dochtermaatschappij
subsidy subsidie v & o
subsistence bestaan o, levensonderhoud o
substance zelfstandigheid, stof; substantie
substantial aanzienlijk; flink; stoffelijk; stevig; solide; welgesteld
subterraneous onderaards
subtle fijn; spitsvondig, scherpzinnig

subtract aftrekken
suburb voorstad, buitenwijk
subvention subsidie v & o
subvert omverwerpen
subway (perron) tunnel; (amer) ondergrondse spoorweg
succeed opvolgen; slagen
success succes o; voorspoed
succession op(een)volging, reeks; in—, achtereen
successive opeenvolgend
successor opvolger
succour bijstaan, helpen
succulent sappig
succumb bezwijken
such zodanig, zulk, zo; der-
suck zuigen   [gelijk
suckle zogen; grootbrengen
suckling zuigeling
suction zuiging
sudden plotseling
suds pl zeepsop o
sue in rechten aanspreken
suffer lijden, dulden
sufficient voldoende, genoeg
suffix achtervoegsel o
suffocate verstikken, smoren; stikken   [men
suffuse overvloeien, overstro-
sugar suiker
sugar-basin suikerpot
sugar-beet suikerbiet
sugar-cane suikerriet o   [rij
sugar-refinery suikerraffinade-
suggest opperen, ingeven doen denken aan
suggestion suggestie, ingeving, voorstel, idee
suicide zelfmoord(enaar)
suit rechtsgeding o, verzoekschrift o, aanzoek o; (ca) kleur; pak o (kleren); stel o; (ww) passen, schikken, gelegen komen

suitable gepast, geschikt
suitcase platte koffer
suite gevolg *o*, stoet; serie, stel *o*; (*mus*) suite
suitor vrijer; (*jur*) eiser
sulk pruilen, mokken
sulky licht rijtuigje *o* voor één persoon; (*adj*) pruilend, mok- sullen bokkig, nors [kend
sulphur zwavel
sulphuric acid zwavelzuur *o*
sultry zwoel, drukkend
sum som, bedrag *o*; inhoud
summary samenvatting, kort overzicht *o*
summer zomer; *Indian* —, na- zomer
summer-school vakantiecursus
summing-up slotsom; (*jur*) re- quisitoir *o*
summit top, kruin
summon(s) dagvaarden, bekeu- ren; oproepen
summons dagvaarding
sumptuous weelderig
sun zon; zonneschijn
sunbeam zonnestraal
sun-blind zonnescherm
sunburnt verbrand, gebruind
Sunday zondag
sun-dial zonnewijzer
sundry diverse, allerhande
sunflower zonnebloem
sung zie *sing*
sun-glasses *pl* zonnebril
sunk zie *sink*
sun-lamp hoogtezon
sunlight zonlicht *o*
sunny zonnig
sun-proof kleurecht
sunrise zonsopgang
sunset zonsondergang
sunshade parasol; zonne- scherm *o*; zonneklep

sunshine zonneschijn
sunstroke zonnesteek
sup souperen
super figurant(e); zeer goed
superannuation pensionering
superb prachtig
supercilious verwaand
superficial oppervlakkig
superfluous overtollig
superintend het toezicht hebben op, controleren
superintendent opzichter, in- specteur; directeur
superior opper, opperst, bo- venst, hoger, beter, over-
superiority meerderheid, over- macht; voortreffelijkheid; voorrang
superlative alles overtreffend, hoogste; (*sb*) (*gr*) overtreffende trap
supermarket supermarkt
supernumerary extra-
supersede vervangen; afschaf- fen; afzetten
superstition bijgeloof *o*
supervision toezicht *o*, con- trole
supine achteroverliggend; na- latig; laks; slap
supper avondmaal *o*, souper *o*
supplant verdringen
supple zacht, lenig, buigzaam
supplement supplement *o*, bij- voegsel *o*, aanvulling
suppliant smekeling
supplicate smeken
supplication smeekbede
supplier leverancier
supply voorraad, aanvoer; ver- sterking; leverantie; — *and demand*, vraag en aanbod; (*ww*) verzorgen, voorzien, aan- vullen, bevoorraden

support ondersteuning; onderstand, steun; (ww) helpen, onderhouden, steunen, schoren verdragen
supporter aanhanger, voorstander; (sp) supporter
supposal veronderstelling
suppose (ver)onderstellen, vermoeden, aannemen
supposition onderstelling
suppository zetpil
suppress onderdrukken; bedwingen; verzwijgen
suppurate etteren
supremacy oppermacht
supreme (aller)hoogst
surcharge overlading; opdruk; strafport o; (ww) overladen
sure zeker, veilig
surety borg, borgtocht
surf branding (van de zee)
surface oppervlakte
surfeit de maag overladen, ververzadigen
surf-riding 't glijden (op een plank) door de branding, „planken"
surge golf
surgeon chirurg
surgery chirurgie; spreekkamer (v. dokter); — hours, pl spreekuur
surly nors, stug, bokkig, stuurs
surmise vermoeden o, waan; (ww) vermoeden
surmount overkomen, te boven komen
surname achternaam
surpass overtreffen
surplus overschot o
surplus population overbevolking; bevolkingsoverschot o
surprise verrassing, verwondering; (ww) verrassen

surrender overgave; (ww) overgeven, uitleveren
surround omringen, omgeven
surroundings pl omgeving
survey overzicht o, inspectie, onderzoek; expertise; opmeting; onderzoeken; (op)meten (land)
surveyor opzichter; landmeter
survival overblijfsel o, overleving, voortbestaan o
survive overleven
susceptibility vatbaarheid, fijngevoeligheid
suspect verdacht; (ww) wantrouwen, verdenken; vermoeden
suspend ophangen; opschorten, schorsen
suspender sokophouder; jarretel; —s pl, (ook) bretels mv
suspense spanning
suspension schorsing, staking; — of arms, wapenstilstand
suspicion achterdocht, argwaan; vermoeden o
suspicious argwanend, achterdochtig; verdacht
sustain onderhouden, ondersteunen, verdragen
sustenance (levens)onderhoud o
swagger snoeven
swallow zwaluw; slok; (ww) verzwelgen, slikken, opslokken
swam zie swim
swamp moeras o
swan zwaan   [wemelen
swarm zwerm; (ww) zwermen,
sway zwaai; heerschappij; overwicht o; (ww) zwaaien, zwenken; leiden
swear (swore; sworn) zweren; beëdigen; vloeken; — off, afzweren

swear-word vloek

sweat (sweat or sweated; sweated) zweten, zwoegen; uit-zuigen; (sb) zweet o

sweater trui

Swede Zweed

Sweden Zweden o

sweep veeg, zwaai; oprit; om-trek; (pop) schoorsteenveger; (ww) (swept; swept) weg-, schoonvegen; vegen; zwenken, zwieren

sweet zoet, lief(e)lijk; (sb) toetje o, snoepje o, lekkers o

sweetbread zwezerik

sweeten zoet maken; verzach-ten

sweetheart geliefde

sweetmeat bonbon

sweets pl (pop) lekkers o, snoep

swell zwelling; deining; grote piet; (ww) (swelled; swollen or swelled) (op)zwellen; toene-men; (adj) chic; fijn, prima

swept zie sweep

swift snel, vlug

swiftness snelheid

swim (swam; swum) zwemmen; drijven [bad o

swimming-bath (binnen) zwem-

swimming-belt zwemgordel

swimming-pool (buiten) zwem-bad o

swimming-trunks pl zwembroek

swim suit zwempak

swindle afzetten, oplichten; (sb) oplichterij

swine zwijn o; smeerlap

swing schommel; schomme-ling, slingering; in full —, in volle gang; (ww) (swung; swung) schommelen, zwaaien, zwenken

swing-door tochtdeur

swirl warrelen, draaien

Swiss Zwitsers; (sb) Zwitser

switch wissel; schakelaar; (ww) schakelen; — on, off, aan-, uit-draaien (licht); — to overscha-kelen (naar, op)

switch-board schakelbord o

Switzerland Zwitserland o

swivel draaien

swollen zie swell

swoon bezwijming, flauwte; (ww) flauwvallen

swoop neerduiken (op)

sword zwaard o

swore, sworn zie swear

sworn beëdigd; gezworen

swot blokken

swum zie swim

swung zie swing

syllable lettergreep

symbol zinnebeeld o, symbool o

symmetrical symmetrisch

sympathy sympathie

symphony symfonie

symptom verschijnsel o, symp-toom o

syringe (injectie)spuit

system stelsel o, systeem o; (spoorweg)net o

systematic(al) stelselmatig, sys-tematisch

T

table tafel; tabel, staat; register o; plateau o
table-cloth tafellaken o
table-cover tafelkleed o
taboo taboe
tabular tabellarisch
taciturn stil, zwijgend
tack spijkertje o
tackle tuig o, takel; (ww) flink aanpakken
tact tact
tactics pl taktiek
tag nestel; label; aanhangsel; (sp) krijgertje o; (ww) aanhechten; meelopen
tail staart; sleep; gevolg o; (jas)pand m & o
tail-light achterlicht o
tailor kleermaker
tailor-made mantelpak o
taint vlek, blaam; (ww) bederven; bezoedelen
take (took; taken) nemen, vatten, grijpen; krijgen, ontvangen; gebruiken, bezigen; — care, pas op; — off, opstijgen (v. vliegmachine)
tale verhaal o, sprookje o
talebearer aanbrenger
talent talent o, gave
talk praten, spreken
talkative spraakzaam
talking picture, talkie sprekende film
talk rubbish zwammen
tall lang, hoog
tallow talk, kaarsvet o
talon talon
tame tam, gedwee; (ww) temmen
tamper knoeien, peuteren
tan gebruinde huid (door zon);

run, taan; (ww) looien, tanen; bruin verbranden
tangerine mandarijntje o
tangible tastbaar, voelbaar
tangle warboel, verwarring
tank waterbak, reservoir o; tank, gevechtswagen
tanner looier
tantrum kwaaie bui, driftbui
tap tikje o; kraan; tap; gelagkamer, tapperij; (ww) (vat) opsteken; aftappen; tikken
tape lint o, band o; papierstrook (aan telegraaftoestel)
tape-measure meetlint o
taper spits toelopen
tape-recorder bandrecorder
tapestry wandtapijt o
tapeworm lintworm
taproom gelagkamer
tap-water leidingwater o
tar teer m & o; pikbroek; (ww) teren
tardy traag; langzaam
tare tarra
target schietschijf; mikpunt o
tariff tarief o
tarnish dof maken of worden; (doen) tanen
tarpaulin dekzeil o
tarry toeven, dralen
tart vruchtentaart; gebakje o; (adj) wrang, zuur; bits
tartness wrangheid
tartserver taartschep
task taak
tassel kwast
taste smaak, zweempje o; (ww) proeven; smaken
tasteful smaakvol
tatter lap, vod o, flard   [o]
tattle babbelen; (sb) gebabbel

tattoo taptoe; (ww) tatoeëren
taught zie *teach*
taunt smaad, hoon; (ww) (be)-schimpen, honen
taut strak, gespannen
tavern kroeg, herberg
tawdry opzichtig
tawny taankleurig, tanig
tax belasting; schatting, last; (ww) taxeren, belasten
taxation belasting, schatting
tax-collector ontvanger der belastingen
tax consultant belastingconsulent
tax-form belastingbiljet *o*
taxi, taxi-cab taxi
taxi-driver taxichauffeur
tea thee
teach (taught; taught) onderwijzen, leren
teacher onderwijzer
tea-cloth theedoek
tea-cosy theemuts
team ploeg, elftal *o*
tea-pot theepot, trekpot
tear traan; scheur, torn; (ww) (tore; torn) scheuren; rukken;
tease plagen   [razen
tea-set theeservies *o*
teaspoon theelepel
teatowel theedoek
tea-tray theeblad *o*
technical technisch
technician technicus
tedious vervelend, saai
teen-ager tiener
teeny piepklein
teeth *pl* tanden *mv*
teetotaller geheelonthouder
telegraph telegraaf; (ww) telegraferen
telegraphic **adress** telegramadres *o*

telephone telefoon(toestel *o*); (ww) telefoneren
telephone-booth telefooncel
(telephone) directory telefoongids
teleprinter telex(toestel *o*
television set televisietoestel *o*
tell (told; told) zeggen, vertellen; bevelen; onderscheiden
teller kassier (in bank)
telltale verklikker; (adj) verraderlijk
temerity vermetelheid
temper stemming, humeur *o*; hardheid (v. staal); (ww) matigen, temperen
temperament temperament *o*
temperance matigheid
temperate matig, gematigd
temperature temperatuur
tempest hevige storm
temple tempel; slaap (v. h. hoofd)
temporal tijdelijk, wereldlijk
temporary tijdelijk; — *house*, noodwoning
temporize dralen, draaien
temptation verzoeking
tempting verleidelijk
ten tien
tenable houdbaar
tenacious kleverig; taai; vasthoudend, hardnekkig
tenant pachter, huurder
tench zeelt
tend neigen, leiden tot; oppassen
tendency neiging
tender oppasser; tender; aanbieding, offerte; inschrijvingsbiljet *o*; (adj) teder, zacht; mals
tenderloin filet
tendon pees

tendril (hecht)rank
tennis-court tennisbaan
tenor tenor; strekking
tense (gram) tijd; (adj) stijf,
strak, gespannen
tension spanning, inspanning
tent tent
tentacle vangarm, voelhoren,
voeldraad
tentative proberend, voorzichtig
tenth tiende
tenuous fijn, dun, ijl
tenure eigendomsrecht o, bezit
o
tepid lauw
term term, uitdrukking, voorwaarde; termijn; gerechtszit-
ring; collegetijd; lid o (v. vergelijking); on good —s, op goede voet
terminate eindigen, beëindigen
terminus eindpunt o, eindsta-
tion o
terrace terras o
terrestrial aards
terrible, terrific verschrikkelijk
terrify verschrikken, angst
aanjagen
territory gebied o, landstreek
terror vrees, ontzetting; schrik-
beeld o
terse kort, beknopt
test toetssteen; beproeving;
proef; proefwerk o, test
testator erflater
testify getuigen
testimonial getuigschrift o
testimony getuigenis o & v, bewijs o
test-paper(s) reageerpapier o;
schriftelijk examen o, proefwerk o
test-pilot invlieger

test-tube reageerbuisje o
text inhoud, tekst
textile geweven (stof); —s, textiel
texture weefsel o
than dan
thank dank; (ww) (be)danken
thankful dankbaar
thanks dank u
that dat, die, welke; zo
thatch stro-, rieten dak o
thaw dooi; (ww) (ont)dooien
the de, het
theatre toneel o; schouwburg,
theater o
thee (dichterlijk) u
theft diefstal
their (bez. vnw) hun, haar
them (pers. vnw) hen, hun, haar
theme thema o, onderwerp o
themselves pl zich(zelf), zij-
(zelf)
then toen, dan, vervolgens
thence vandaar, daaruit, -door
theology godgeleerdheid
theory theorie
there daar, aldaar, er
thereabout daaromtrent
thereby daardoor; daarbij
therefore daarom, derhalve
thermometer thermometer
these deze
thesis stelling; dissertatie
they zij, degenen
thick dik, dicht, troebel; mistig; verstikt (stem); dom
thicket kreupelhout o
thickness dikte, dichtheid
thief (pl thieves) dief
thigh dij
thimble vingerhoed
thin dun, mager; schaars, ijl
thine de (het) uwe
thing ding o, zaak

think (thought; thought) denken, bedenken; vinden
thinking gedachte; mening;
(adj) denkend
third derde; derde deel o
thirst dorst
thirsty dorstig
thirteen dertien
thirty dertig
this dit, deze
thistle distel
thither derwaarts
thorn doorn, stekel
thorough volledig; grondig;
doortastend; degelijk
thoroughbred volbloed; welopgevoed
those die, diegenen
thou (dichterlijk) gij, u
though hoewel, ofschoon, al
thought gedachte, gevoelen o;
zie ook think
thousand duizend
thrash afrossen; (ver)slaan
thread draad, garen o
threadbare kaal, versleten
threat bedreiging
threaten (be)dreigen
three drie
threefold drievoudig
three-ply (wood) triplex o
thresh dorsen
threshold drempel
threw zie throw
thrice driemaal
thrift zuinigheid
thrifty zuinig; tierig
thrill sensatie, opwinding; (ww)
opwinden, ontroeren; huiveren, rillen
thriller sensatieroman, -stuk o,
-film
thrive (throve; thriven) gedijen
thriving voorspoedig; bloeiend

throat keel, strot, hals
throb kloppen (v. hart enz.)
throne troon
throttle klep, afsluiter, luchtpijp; (ww) wurgen, smoren
through door
throughout door en door
throve zie thrive
throw worp; gooi; (ww) (threw;
thrown) werpen, gooien
throw-away strooibiljet o
thrush lijster
thrust stoot; (ww) (thrust;
thrust) stoten, dringen; indrin- [gen
thud plons, plof, bons
thumb duim
thumb-tack punaise
thump stompen, bonzen
thunder donder; (ww) donderen
thunderbolt donderslag; blik-
seminslag
thunderstorm onweer o
Thursday donderdag
thus dus, alzo, zo
thwart dwarsbomen
thy (dichterlijk) uw, uwe
thyroid gland schildklier
tick krediet o; tijk o & m;
tikje o, getik o; (ww) tikken
ticket biljet o, kaartje o, lot o,
prijsetiket o
tickle kietelen, kriebelen
ticklish delicaat, netelig
tide (ge)tij o; vloed, stroom
tidings pl tijding; nieuws o
tidy netjes, zindelijk; aardig,
flink; — (up), opruimen
tie band, knoop, (strop)das;
verbinding(steken) o; (ww) binden, strikken, knopen
tie-pin dasspeld
tier rij, rang (stoelen)
tiffin lunch
tiger tijger

tight vast, strak; compact; gierig; dronken

tighten spannen; aan-, toehalen

tights *pl* tricot *o*, maillot; panty

tigress tijgerin

tile dakpan; tegel

till geldla(de); (*prep, conj*) totdat, tot aan; (*ww*) bebouwen

till-money kasgeld *o*

tilt huif, dekzeil *o*; overhellen *o*; (*ww*) overhellen, kantelen

timber timmerhout *o*, hout *o*

time tijd; keer; maal; maat

time-exposure tijdopname

timely tijdig, op het juiste ogenblik

timepiece uurwerk *o*, klok

time-signal tijdsein *o*

time-table dienstregeling; spoorboekje *o*, lesrooster *o*

timid schuchter, bang, bedeesd

timorous vreesachtig

tin tin *o*; blik *o*; blikje *o*

tincture verf, tinctuur; (*ww*) kleuren

tinfoil (aluminium) folie

tinge kleur, tint, zweem, vleugje *o*; (*ww*) kleuren, tinten

tingle tintelen, prikkelen

tinker prutsen, sleutelen

tinkle tinkelen, klinken

tin-opener blikopener

tint tint; (*ww*) tinten, kleuren

tiny heel klein, miniem

tip tip; punt; top; fooi; inlichting; (*ww*) beslaan; (doen) kantelen; een fooi (wenk) geven

tipsy aangeschoten, dronken

tiptoe *on* —, op de tenen

tiptop prima, het beste

tip-up klapzitting, -stoel

tire (fiets)band; (*ww*) vermoeien, afmatten

tired vermoeid, moe; beu

tireless onvermoeid

tiresome vermoeiend; vervelend

tissue weefsel *o*

titbit lekkerbeetje *o*, versnapering

title titel; recht *o*

T.O. = *Turn Over*, z.o.z.

to te, tot, ter, aan, naar, tegen, in, tot aan, voor, bij; — *and fro*, heen en weer

toad pad

toadstool paddestoel

toast geroosterd brood *o*; toost, heildronk; (*ww*) roosteren; een toost instellen

toaster broodrooster *o*

tobacco tabak

tocsin alarmgelui *o*, klok

to-day heden, vandaag

toddler peuter

toddy grogje *o*

toe teen

together samen, tezamen, tegelijk

toil hard werken *o*; (*ww*) werken, zwoegen

toilet toilet *o*

toilet-paper closetpapier *o*

toilsome moeilijk, zwaar

token (ken)teken *o*; bewijs *o*, bon

told zie *tell*

tolerable draaglijk; redelijk, tamelijk

tolerant verdraagzaam

toll tol, schatting; gelui *o*; (*ww*) luiden

tomato tomaat

tomb tombe, grafkelder

tomboy robbedoes, wildzang

tombstone grafsteen

tome boekdeel *o*

tomorrow morgen
ton ton (maat)
tone toon, klank
tongs *pl* tang
tongue tong; taal; landtong
tonight vanavond
tonnage tonnenmaat
tonsil (keel)amandel
too ook; te, al te
took zie *take*
tool gereedschap *o*; werktuig *o*
toot toeteren
tooth (*pl* teeth) tand, kies;
back —, kies
toothache tand-, kiespijn
toothbrush tandenborstel
toothpaste tandpasta
toothpick tandestoker
top top; kruin, spits; boven-
stuk *o*, boveneinde *o*; (*nav*)
mars; (*ww*) overtreffen, bedekken; toppen
top-boot kaplaars
top-hat hoge hoed
top-heavy topzwaar
topic onderwerp *o* (van gesprek)
topical actueel
topple over kantelen, omvallen
topsy-turvy ondersteboven
torch toorts; zaklantaarn
tore zie *tear*
torment foltering, kwelling,
plaag; (*ww*) plagen, martelen
torn zie *tear*
torrent vloed, bergstroom
torrid heet, brandend
torsion verdraaiing, wringing
torso romp
tortoise schildpad
tortuous gekronkeld, gedraaid
torture foltering, pijniging;
(*ww*) folteren, kwellen
toss werpen *o*; opgooi; (*ww*)

opgooien; tossen; slingeren,
woelen
tot optelling; borreltje *o*
total geheel, totaal
total abstainer geheelonthouder
totalitarian totalitair, onder een
dictator
totter waggelen, wankelen
touch gevoel *o*, aanraking; contact *o*; (*ww*) (aan)raken, aan-
roeren; grenzen
touch-and-go riskant; op 't nippertje
touching roerend
touch-me-not kruidje-roer-mij-
niet *o*
touchstone toetssteen
touchy lichtgeraakt
tough taai; ruw, hard
tour reis; toer
tourist reiziger, toerist
tourist traffic vreemdelingenverkeer *o*
tournament toernooi *o*
tousle woelen; in de war brengen
tow slepen
toward(s) naar toe, tegen, jegens, omtrent, om
tow-boat sleepboot
towel handdoek
towel-horse handoekenrekje *o*
towelling badstof
towel-rack handdoekenrekje *o*
tower toren, burcht; kasteel *o*;
(*ww*) zich verheffen, uitsteken
town stad   [boven
town-hall stadhuis *o*
townsman stedeling; stadge-
noot
toy speelgoed *o*; (*ww*) spelen
trace (voet)spoor *o*; streng;
(*ww*) nasporen, nagaan; schetsen

tracing-pen trekpen
track voet-, wagenspoor o; pad o; (ww) het spoor volgen; slepen
tracker dog speurhond
track suit trainingspak
tract uitgestrektheid, streek; brochure, verhandeling
tractable handelbaar
traction trekkracht, tractie
trade handel, ambacht o, beroep o; *black* —, zwarte handel; (ww) handelen; (in)ruilen
trade-mark handelsmark o
trader handelaar, koopvaardijschip o
tradesman winkelier, leverancier
trade-union vakbond
tradition overlevering, traditie
traduce (be)lasteren
traffic (koop)handel; verkeer o
traffic jam verkeersopstopping
traffic light verkeerslicht
tragedy treurspel o
tragic(al) tragisch
trail sleep, spoor o; staart; (ww) slepen
trailer aanhangwagen, oplegger
train (spoor)trein; stoet; gevolg o; sleep; reeks; (ww) opleiden, oefenen, drillen
trained geoefend, geschoold; — *nurse*, gediplomeerd verpleegster
trainer trainer, oefenmeester, dresseur; lestoestel o
training opleiding; training, oefening, africhting
train-oil traan
traitor verrader
tramp gestamp o; landloper, zwerver; wilde boot

trample (ver)treden; (ver)trappen, trappelen
tramway tramweg
tranquillity kalmte
transact verrichten, doen; zaken doen
transcend te boven gaan
transcribe overschrijven
transcript afschrift o
transfer overdracht, overmaking, remise; overplaatsing; overstapkaartje o; (ww) overboeken, -dragen, -brengen; -plaatsen; gireren, afdrukken
transfer-ticket overstapje o
transform van gedaante veranderen, herleiden
transformer transformator
transfuse overgieten; (bloed)-transfusie toepassen
transgress overtreden, schenden
transient vergankelijk
transit doorvoer, doorreis
translate vertalen
transmit overzenden, overhandigen; overdragen; uitzenden
transmitter (*rad*) zender, microfoon
transmitting set zendtoestel o
transmute veranderen
transom dwarsbalk; bovenlicht o
transparent doorzichtig
transpiration uitwaseming, transpiratie
transplant verplanten; overbrengen, transplanteren
transport transport o, vervoer o; vervoering; (ww) vervoeren; transporteren; in vervoering brengen
trap val, strik, hinderlaag; (ww) verstrikken, vangen

trash uitschot *o*, afval *o* & *m*, prul *o*; vodden *mv*

travel reizen, trekken; (*sb*) reis; reisbeschrijving

travel association reisvereniging; Vereniging voor Vreemdelingenverkeer

traveller reiziger; *commercial* —, handelsreiziger; —'s *cheque*, reischeque

traverse dwarsbalk; -stuk *o*, -gang; (*ww*) kruisen, oversteken, dwarsbomen

trawl sleepnet *o*

trawler treiler

tray presenteerblad *o*

treacherous verraderlijk

tread gang, schrede, stap; (*ww*) (trod; trodden) trappen, (be-)treden

treason verraad *o*

treasure schat

treat onthaal *o*; traktatie; (*ww*) onthalen; handelen; onderhandelen (met, *with*)

treatment behandeling

treaty verdrag *o*, traktaat *o*; — *of peace*, vredesverdrag *o*

tree boom

tremble beven, rillen, trillen

tremendous vreselijk, geducht

tremulous sidderend

trench sloot, greppel; loopgraaf; (*ww*) doorsnijden

trend loop; tendens; gang; richting; (*ww*) neigen, gaan

trespass overtreding; (*ww*) overtreden, zondigen

tress haarlok, vlecht

trial proef; verhoor *o*; openbare behandeling; beproeving, bezoeking

trial-order proeforder

triangle driehoek

tribe stam, geslacht *o*

tribulation kwelling, leed *o*

tribune tribuun; gaanderij; tribune; spreekgestoelte *o*

tributary (river) zijrivier

tribute schatting, tol; hulde

trice *in a* —, in een ommezien

trick streek, grap; trek, slag, zet, toer; kunstje *o*; (*ww*) bedotten

trickling tappelings

tricycle driewieler

trifle beuzeling; (*ww*) dartelen, verbeuzelen

trill triller; trilling; (*ww*) trillen, trillers maken

trim opschik; (*adj*) netjes, keurig; (*ww*) in orde brengen; bijknippen, opknappen

trinity drietal *o*; drieëenheid; *the T*—, de H. Drievuldigheid

trinket kleinood *o*

trip struikeling, val; getrippel *o*; uitstapje *o*; (*ww*) struikelen; trippelen; een beentje lichten

triple drievoudig

trite alledaags, banaal

triumph zege(praal), triomf; (*ww*) zegevieren

trivial alledaags, plat

trod(den) zie *tread*

trolley rolwagentje *o*; lorrie; contactrol; trolley(bus)

troop troep; bende

trooper cavalerist; troepentransportschip *o*

trooping — *of the colour*, vaandelparade

trophy zegeteken *o*

tropic keerkring

tropic(al) tropisch

trot draf; (*ww*) draven

trouble onrust; moeite, moeilijkheid; last; verdriet *o*; (*ww*)

195

storen, verontrusten, kwellen,
verdrieten
troublesome lastig
trounce afrossen
troupe troep (acteurs)
trousers *pl* broek
trousseau uitzet *m* & *o*
trout forel
truce wapenstilstand
truck ruilhandel; onderstel *o*;
steekwagen, open wagen; (*ww*)
ruilen
truculent woest, ruw
true waar, echt, oprecht
truly waarlijk, inderdaad
trump troef(kaart); kranige kerel; (*ww*) troeven; *declare —s*
troef maken
trumpet trompet, scheepsroe-
per
truncheon gummistok
trundle rollen; kruien
trunk (kast)koffer; romp; stam,
slurf; *—s pl*, zwembroek
trunk call interlokaal gesprek *o*
trunk-road hoofdweg
trust vertrouwen *o*; krediet *o*;
trust; (*ww*) vertrouwen, krediet geven
trustee beheerder, gevolmachtigde, curator
trustworthy betrouwbaar
trusty (ge)trouw, beproefd
truth waarheid
truthfully naar waarheid
try (tried; tried) proberen,
trachten; passen; onderzoeken, berechten   [lastig
trying vermoeiend, moeilijk,
try-on proefballonnetje *o*
tub tobbe, badkuip; vat *o*
tube tube, buis, pijp; binnenband; ondergrondse spoorweg
tuber knol

tuck opnaaisel; snoep; (*ww*)
— in, wegstoppen
Tuesday dinsdag
tuft bosje *o*, kuif
tug ruk, haal; sleepboot; (*ww*)
rukken, trekken; slepen
tuition onderwijs *o*, lessen *mv*
tulip tulp
tumble buiteling; (*ww*) buitelen, tuimelen, gooien
tumbler buitelaar, tumbler
tumefaction zwelling
tumefy (doen) opzwellen
tummy buikje *o*, maag
tumour gezwel *o*
tumult oproer *o*, oploop
tun ton, vat *o*
tune toon; (herkennings)melo-
die; liedje *o*; stemming; (*ww*)
(*muz*) stemmen; *— in*, afstemmen op
tuneful melodieus
tunnel tunnel
turban tulband
turbot tarbot
turbulent onstuimig, woelig
tureen (soep)terrine
turf zode; turf; renbaan
turgid gezwollen
turkey kalkoen
Turkish Turks
turmoil onrust, beroeting, opschudding
turn wending, bocht; verandering; neiging; beurt; toer,
draai; (*ww*) draaien, keren,
wenden; veranderen; *— up*,
(voor de dag) komen
turning draai, bocht, keerpunt
o; zijstraat
turnover ommekeer
turnpike tolhek *o*; (*amer*) tol-
turnstile tourniquet   [weg
turret torentje *o*

turtle tortelduif; zeeschildpad
tusk slagtand
tussle vechtpartij
tutor voogd, huisonderwijzer, leermeester; (ww) onderwijzen; bedillen
tuxedo (amer) smoking
twaddle geklets o, geleuter o
tweak knijpen
tweezers pincet o
twelfth twaalfde
twelve twaalf
twenty twintig
twice tweemaal
twig takje o, twijg
twilight schemering
twin tweeling; dubbelganger
twin beds lits jumeaux mv
twin-brother tweelingbroer
twine vlechten, (om)strengelen
twin-engined tweemotorig
twinge steek, scheut; wroeging; (ww) steken, pijn doen
twinkle twinkelen, flikkeren
twins tweeling
twirl (snelle) draaiing; (ww)

rondtollen, (rond)draaien
twist draaiing, kronkeling; vlecht; (ww) draaien, vlechten, strengelen, kronkelen
twitch ruk, zenuwtrekking; (ww) trekken
twitter gekwetter o, getjilp o; (ww) kwetteren
two twee
twofold tweevoudig
two-seater tweepersoonswagen
two-way tweewegs-, tweerichtings-
type type o, toonbeeld o; zetsel o; (ww) drukken, typen, tikken   [machine
type-setter letterzetter, zettypewriter schrijfmachine
typist typiste
typhoid fever tyfus
typhus vlektyfus
typical typisch
tyrannical, tyrannous tiranniek
tyre luchtband
tyre lever bandafnemer
tyre trouble bandepech

U

ubiquity alomtegenwoordigheid
udder uier
ugly lelijk
U.K. = United Kingdom, Verenigd Koninkrijk o
ulcer zweer
ulterior later, in de toekomst liggend, verder; heimelijk, verborgen
ultimate laatste, uiteindelijke
ultimately eindelijk, tenslotte

umbel (bloem-)scherm o
umbilical cord navelstreng
umbrage aanstoot, ergernis
umbrella paraplu
umpire scheidsrechter
unabated onverflauwd
unable onbekwaam, niet in staat, onvermogend
unacceptable onaanvaardbaar
unalterable onveranderlijk
unanimity eenstemmigheid, eensgezindheid

197

unanimous eenstemmig, unaniem, eensgezind
unapproachable ongenaakbaar
unapt onbekwaam
unattainable onbereikbaar
unavoidable onvermijdelijk
unaware(s) niet lettend op; onverwachts, onverhoeds
unbalanced onevenwichtig, in de war
unbearable ondraaglijk
unbeaten ongebaand
unbelievable ongelooflijk
unbeloved onbemind
unbend ontspannen, losmaken
unceasing onophoudelijk
uncertain onzeker
unchain ontketenen
unchangeable onveranderlijk
uncharitable onbarmhartig
unchecked onbeteugeld, onbelemmerd
uncivil onbeleefd
uncivilized onbeschaafd
uncle oom
unclose ontsluiten, openen
unclouded onbewolkt
uncomfortable ongemakkelijk, onbehaaglijk   [der
uncommon ongewoon, bijzon-
unconcerned onbezorgd, onbekommerd; onverschillig
unconditional(ly) onvoorwaardelijk
unconnected onsamenhangend
unconscious onbewust; bewusteloos
unconstitutional ongrondwettig
uncontrollable niet te beheersen, onbestuurbaar
uncontrolled onbedwongen, onbeteugeld
uncork ontkurken
uncover ontbloten; onthullen

unction zalving; oliesel o
unctuous zalfachtig, vettig
uncultivated onbebouwd; onbeschaafd
uncut on(aan)gesneden; ongeknipt; onopengesneden
undaunted onversaagd
ubdecided onbeslist; weifelend
undefinable ondefinieerbaar
undeliverable onbestelbaar
undeniable onloochenbaar
under onder, in, beneden
undercarriage onderstel o; landingsgestel o
underclothes pl onderkleren mv
underdeveloped onderontwik-
underdone ongaar   [keld
undergo (underwent; undergone) ondergaan
undergraduate student
underground onderaards, ondergronds; (fig) geheim; (sb) the —, de ondergrondse spoorweg
undergrowth kreupelhout o
underhand clandestien, slinks
undermine ondermijnen
undermost onderste
underneath onder, beneden
underpants pl onderbroek
underrate onderschatten
undersigned I the —, ondergetekende
understaffed onderbezet
understand (understood; understood) verstaan, begrijpen, vernemen
understanding begrip o, verstandhouding; (adj) verstandig, schrander
understood zie understand
undertake (undertook; undertaken) ondernemen, op zich nemen

undertaker bezorger van be-
grafenissen; —'s man, aanspre-
ker
underthings *pl* ondergoed *o*
underwear ondergoed *o*
underwood kreupelhout *o*
underwriter assuradeur
undesigned(ly) onopzettelijk
undesirable ongewenst
undetermined onbeslist
undeveloped onontgonnen
undisguised onverholen
undisputed onbetwist
undisturbed ongestoord
undo (undid; undone) losmaken,
openen; ontbinden; ongedaan
maken, ongeldig maken; vernietigen
undoing verderf *o*, ondergang
undoubtedly ongetwijfeld
undress uitkleden
undressed ongekleed, niet gekleed
undrinkable ondrinkbaar
undue onredelijk, bovenmatig
undulate (doen) golven
unearth opgraven
uneasy ongerust, onbehaaglijk
unemployed ongebruikt, werkloos
unemployment werkloosheid
unequalled ongeëvenaard
unequal(ly) ongelijk
unequivocal ondubbelzinnig
uneven oneven, ongelijk, oneffen, ongelijkmatig
unexpectedly onverwachts
unfair onbillijk; oneerlijk
unfaithful ontrouw
unfaltering onwankelbaar
unfamiliar onbekend, vreemd
unfashionable niet naar de mode, niet chic
unfavourable ongunstig

unfeasible ondoenlijk
unfeigned ongeveinsd
unfit ongeschikt, onbekwaam
unfold ontvouwen
unforgettable onvergetelijk
unforgivable onvergeeflijk
unfortunate ongelukkig
unfortunately helaas
unfounded ongegrond
unfriendly onvriendelijk
ungainly onbevallig, lomp
ungovernable ontembaar
ungrateful ondankbaar
unguarded onbewaakt
unguent zalf
unhappy ongelukkig
unharmonious onwelluidend
unhealthy ongezond
unheard of ongehoord
unholy onheilig, onzalig
unhurt ongedeerd, ongeschonden
unicorn eenhoorn
uniform uniform *o*; (*adj*) een-
vormig, eensluidend
unify één maken, verenigen
unimpeded ongehinderd
unimportant onbelangrijk
uninformed niet ingelicht, onwetend
uninhabitable onbewoonbaar
uninhabited onbewoond
uninhibited ongeremd
unintelligible onduidelijk, onverstaanbaar
unintentional onopzettelijk
uninterrupted onafgebroken
uninvited ongenood, onge-
vraagd
uninviting weinig aanlokkelijk
union vereniging; verbond *o*;
verbinding; unie
unique enig
unit eenheid, onderdeel

unite

unite (zich) verenigen, verbinden, samenvoegen
United Nations Verenigde Naties
United States of North America (The) de Verenigde Staten van Noord-Amerika
unity eenheid, eendracht, overeenstemming
universe heelal *o*
university universiteit
university extension volksuniversiteit
unjust onbillijk; onrechtvaardig
unkempt ongekamd, slordig
unkind onvriendelijk
unknowingly zich (daarvan) niet bewust
unknown onbekend
unlawful onwettig
unlearn afleren
unless tenzij, indien niet
unlike verschillend van, niet gelijkend (op)
unlikely onwaarschijnlijk
unlimited onbegrensd; onbeperkt
unload ontladen, lossen
unlooked for onverwacht
unluckily ongelukkig(erwijs)
unlucky ongelukkig
unmanageable onbestuurbaar; lastig; onhandig
unmarried ongetrouwd
unmask ontmaskeren
unmatched weergaloos, enig
unmistakable onmiskenbaar
unmitigated doortrapt
unmoved onbewogen
unnatural onnatuurlijk; ontaard
unnecessary onnodig, overbodig

unnerve ontzenuwen
U.N.O. = *United Nations Organization*, Organisatie der Verenigde Naties
unobserved onbemerkt
unobtrusive onopvallend, bescheiden
unpack uitpakken, afladen
unpaid onbetaald, onbezoldigd
unpardonable onvergeeflijk
unperturbed onverstoord
unpleasant onaangenaam, onbehaaglijk
unpolished onbeschaafd
unprecedented zonder voorbeeld, weergaloos
unprejudiced onbevooroordeeld
unprepared onvoorbereid
unprincipled beginselloos; gewetenloos
unprofitable onvoordelig
unprovided — *for*, onverzorgd; — *with*, niet voorzien van
unqualified onbevoegd; onverdeeld, absoluut
unquestionable ontwijfelbaar
unreasonable onredelijk
unreliable onbetrouwbaar
unrighteous onrechtvaardig, slecht
unripe onrijp
unroll afrollen, -wikkelen
unruly ongezeglijk, lastig
unsafe onveilig, onzeker
unsaleable onverkoopbaar
unsanitary onhygiënisch
unsatiable onverzadigbaar
unsatisfied onbevredigd, onvoldaan
unscathed ongedeerd, onbeschadigd
unscrupulous gewetenloos
unsearchable ondoorgrondelijk

unseasonable ongelegen
unsettle in de war sturen, onzeker maken
unsettled onbeslist, onbestendig (weer); overstuur, in de war
unshak(e)able onwankelbaar
unshaken ongeschokt
unship ontschepen
unshrinkable krimpvrij
unsightly onooglijk
unskilled onbedreven; ongeschoold; geen vakkenis ver-
eisend
unsociable ongezellig
unsound ongezond, wrak
unspoiled onbedorven
unsporting onsportief
unstable onbestendig, onvast;
labiel
unsteady wispelturig
unsuspecting argeloos
untangle ontwarren
untenable onhoudbaar
unthankful ondankbaar
untidy slordig
untie losmaken
until totdat, voordat; — then,
tot die tijd toe; not — then,
pas toen (dan) ...
untimely ontijdig
untired onvermoeid
unto tot, aan, tot aan
untrodden ongebaand
untroubled ongestoord; kalm
untrue onwaar; ontrouw
unusual ongewoon, -gebruike-
lijk
unvarying onveranderlijk
unwary onvoorzichtig
unwell ongesteld
unwholesome ongezond
unwieldy log, zwaar
unwillingness onwil
unwind afwikkelen

unwise onwijs
unwitting onwetend, onbewust
unworthy onwaardig
unzip openritsen
up op, boven, toe, bij uit; —
and down, op en neer; — to,
tot aan
uphill bergop; moeilijk, zwaar
uphold (upheld; upheld) ondersteunen; staande houden; (fig)
verdedigen
upholsterer stoffeerder
uplift optillen, opheffen
upmost bovenste   [ter, bij
upon op, aan, omtrent, nabij,
upper opper, boven, over,
hoogst
uppermost bovenst, hoogst
upraise opheffen, oprichten
upright rechtstandig; oprecht
uproar lawaai o, rumoer o
upset (upset; upset) omverwerpen; verijdelen; omslaan; (adj)
ontdaan, van streek
upside down ondersteboven
upstairs boven, naar boven
upstart parvenu
upstream stroomop
up-to-date modern
upward(s) opwaarts, op
urbane hoffelijk, beschaafd
urchin dreumes, kleuter
urge aandringen, aansporen
urgent dringend
urn vaas, urn
us ons, aan ons
U.S.(A.) = United States (of
America), Verenigde Staten (v.
Noord-Amerika)
usage gebruik o, gewoonte; behandeling
use gebruik o, nut o, gewoonte,
oefening; (ww) gebruiken, gewennen; plegen

useful nuttig
useless nutteloos, onbruikbaar
usher portier, suppoost; deurwaarder; ceremoniemeester; (ww) binnenleiden
usherette ouvreuse
usual gebruikelijk, gewoon, gewoonlijk
usually meestal
usurer woekeraar
usurp zich toeëigenen

usury woeker
utensil gereedschap o, werktuig o
utility nut o, nuttigheid, bruikbaarheid
utilize benutten
utmost uiterste o, hoogste o
utter volslagen, geheel, uiterst; (ww) uiten, uitspreken
utterance uiting
utterly volslagen, geheel

V

vacancy ledigheid; ledige ruimte; vacature
vacant ledig, onbezet, vacant
vacation vakantie; ontruiming
vaccinate inenten, vaccineren
vacillate wankelen, weifelen
vacuum ledige ruimte, leegte, luchtledig o; (adj) luchtledig
vacuum cleaner stofzuiger
vacuum flask thermosfles
vagrant zwervend
vague vaag
vain vergeefs; ijdel; in —, tevergeefs
valet kamerdienaar
valiant dapper
valid krachtig, deugdelijk, geldig, bindend
validity kracht, geldigheid
valley dal o, vallei
valorous dapper
valour dapperheid
valuable kostbaar
valuation schatting, waardering
value waarde, prijs; (ww) waarderen, schatten

Value Added Tax (VAT) Belasting Toegevoegde Waarde (BTW)
valve klep, ventiel o; radiolamp, -buis
van bestel-, verhuiswagen; voorhoede
vane vaantje o, weerhaan; (molen)wiek
vanguard voorhoede; spits
vanilla vanille
vanish verdwijnen
vanity ijdelheid   [gen
vanquish overwinnen, weerleggen
vantage voordeel o, winst
vapid flauw, laf; verschaald
vaporize verstuiven
vapour damp, wasem
variable veranderlijk
variance geschil o; be at — with, het oneens zijn, overhoop liggen met
variation variatie, verandering, afwijking; variëteit
variegation schakering
variety verscheidenheid, verandering, afwisseling

variola pokken *mv*
various verscheiden, verschillend
varnish vernis *o* & *m*, lak *o* & *m*; (*ww*) vernissen, verlakken
varsity roeiwedstrijd tussen Oxford en Cambridge
vary afwisselen, afwijken
vase vaas; vat *o*
vast uitgestrekte vlakte; onmetelijkheid; (*adj*) uitgestrekt, veelomvattend
vat vat *o*, kuip
vault gewelf *o*, hol *o*, kelder; (*ww*) (over)welven; voltigeren
vaunt pochen, snoeven
veal kalfsvlees *o*
veal escalope kalfsoester
veer draaien (v. wind)
vegetable gewas *o*; plant; groente; (*adj*) plantaardig
vegetarian vegetariër
vegetation vegetatie; plantengroei
vehemence hevigheid, drift
vehement hevig, geweldig
vehicle voertuig *o*, rijtuig *o*
veil sluier, voile; (*ww*) sluieren, bewimpelen
vein ader; stemming
velocity snelheid
velvet fluweel *o*
velveteen katoenfluweel *o*
vend verkopen
vending machine automaat
venerable eerbiedwaardig
vengeance wraak
Venice Venetië *o*
venom venijn *o*, vergif *o*
venomous (ver)giftig, venijnig
vent luchtgat *o*, opening, uitweg; (*ww*) lucht geven; ruchtbaar maken
ventilate ventileren; luchten

ventilator ventilator, luchtkoker
venture waagstuk *o*, risico *o*; (*ww*) wagen
veracious waarheidlievend
verb werkwoord *o*
verbal mondeling, woordelijk
verbose breedsprakig
verdict uitspraak, vonnis *o*
verge rand, berm; (*ww*) hellen, grenzen (aan); *on the — of,* op het punt om
verify verifiëren; nazien; bekrachtigen
veritable waar(achtig), echt
vermiform wormvormig
vermin ongedierte *o*
vernacular (*adj*) inheems, vaderlands; (*sb*) landstaal, dialect *o*; vakjargon *o*
vernal lente-, voorjaars-; jeugd-
versatile veelzijdig, veranderlijk
verse vers *o*, versregel, strofe, poëzie
versed ervaren, bedreven
versify berijmen
version verhaal *o*; versie; overzetting
versus tegen
vertebra wervel
vertebrate gewerveld (dier *o*)
vertex toppunt *o*, zenit *o*
vertical loodrecht, verticaal
verve geestdrift, gloed
very (*adv*) zeer, heel, erg; (*adj*) waar, echt
vessel vat *o*; vaartuig *o*; schip *o*
vest hemd *o*; vest *o*
vestibule portaal *o*; vestibule
vestige spoor *o*
vet zie *veterinary surgeon*
veterinarian, veterinary surgeon dieren-, veearts

203

vex plagen, ergeren
vexation ergernis, kwelling
vibrate slingeren, trillen
vicar predikant, dominee; vicaris
vicarage pastorie
vice slechtheid, ondeugd; bankschroef; (adj) onder-, plaatsvervangend, vice-   [cus
vice-chancellor rector magnificinity buurt, nabijheid
vicious slecht, verdorven
vicissitude wisselvalligheid
victim slachtoffer o
victor overwinnaar
victorious zegevierend
victory overwinning, zege
victuals pl levensmiddelen mv, proviand
vie wedijveren
Vienna Wenen o
view uitzicht o, kijk; opvatting; bezichtiging; bedoeling; (ww) beschouwen, bezichtigen
viewfinder zoeker
viewpoint gezichtspunt o
vigilant waakzaam
vigorous sterk, krachtig
vigour kracht, sterkte
vile slecht, verachtelijk, laag
village dorp o
villager dorpeling
villainous laag, gemeen
vindicate handhaven; bewijzen; rechtvaardigen
vindictive wraakgierig
vine wijnstok, wingerd; rank
vinegar azijn
vineyard wijngaard
vintage wijnoogst; jaargang (v. wijn)
violate schenden; verkrachten
violation schending, inbreuk, verkrachting

violence geweld o, hevigheid
violent geweldig, hevig
violet viooltje o; (adj) violet, paars
violin viool
violinist violist
violoncello violoncel
V.I.P. = very important person, belangrijk persoon
viper adder
virgin maagd; (adj) maagdelijk
virginal maagdelijk
virile mannelijk
virtual eigenlijk; feitelijk
virtue deugd, kracht, verdienste
virtuosity virtuositeit
virtuous deugdzaam
virulent kwaadaardig, venijnig
visa visum o
viscount burggraaf
viscous kleverig
visible zichtbaar
visibly zichtbaar, merkbaar
vision visioen o
visit bezoek o, visite; inspectie; (ww) bezoeken, bezichtigen
visiting-card visitekaartje o
visitor bezoeker
vital vitaal, levens-
vitreous glazen, glasachtig
vitriol vitriool o
vituperate schelden
vivacious levendig, opgewekt
vivacity levendigheid
vivid levendig, helder
vivify verlevendigen, bezielen
vixen wijfjesvos; feeks
viz. = videlicet, namelijk, te weten
vocabulary woordenlijst, woordenschat
vocal stem-; mondeling
vocation roeping; beroep o

vocational beroeps-
vociferate schreeuwen; tieren
vogue mode; populariteit
voice stem, spraak; (ww) uiten,
vertolken
void ledige ruimte; (adj) ledig,
nietig; ontbloot (van, of); (ww)
ledigen, vernietigen
volatile vluchtig
volcanic vulkanisch
volcano vulkaan   [volley
volley salvo o, hagelbui; (sp)
voltage (el) spanning
voluble welbespraakt; rad
volume volume o; massa; boekdeel o
voluminous omvangrijk, lijvig
voluntary vrijwillig
volunteer vrijwilliger; (ww) vrij-

willig iets doen; vrijwillig dienen
voluptuous wellustig, wulps
vomit braken
voracious gulzig, vraatzuchtig
vote stem, votum o; stemrecht
o; (ww) stemmen
voting-paper stembiljet o
vouch getuigen, verklaren
voucher bewijs o, bon, reçu o
vouchsafe zich verwaardigen;
verlenen; toestaan   [doen
vow gelofte; (ww) een gelofte
vowel klinker   [bewaren
voyage zeereis; (ww) bereizen,
vulcanize vulcaniseren
vulgar algemeen, gewoon, vul-
gair, ordinair; volks-
vulnerable kwetsbaar

W

wadding watten mv
wade waden, doorwaden
wafer wafel, ouwel
waffle wafel
wag grappenmaker; (ww)
schudden; kwispelen
wage-earner loontrekker
wager weddenschap; (ww)
(ver)wedden
wages pl loon o
wagework loonarbeid
waggon vrachtwagen, wagon
wagtail kwikstaart
wail weeklacht; (ww) weeklagen, bewenen, jammeren; loei-
en (sirenes)
wainscot lambrizering
waist middel o; lijfje o;
middendek o

waistcoat vest o
wait wachten; afwachten; bedienen
waiter kelner
waiting-room wachtkamer
waitress kelnerin
waive afzien van
wake (woke or waked; waked)
ontwaken; wekken; opwekken
walk wandeling, gang; voetpad o; (ww) lopen; wandelen;
rondwaren, spoken
walker voetganger; wandelaar
walking-stick wandelstok
walking-tour voetreis
walk-over wedstrijd zonder me-
dedingers; gemakkelijke overwinning
wall muur, wand

205

wallet

wallet portefeuille
wallflower muurbloem
Walloon Waal; (*adj*) Waals
wallow wentelen; zich rond-
wentelen; (*fig*) zwemmen in
wall-painting muurschildering
wallpaper behangselpapier *o*
walnut okkernoot
waltz (*mus*) wals
wan bleek, flets
wander zwerven, dwalen, afdwalen, raaskallen, ijlen
wanderer zwerver
wandering omzwerving; afdwaling; (*adj*) zwervend
wane afnemen (v. d. maan);
tanen
want gebrek *o*, behoefte; (*ww*)
nodig hebben; behoeven, moeten; wensen; mankeren; gebrek
hebben
wanted gevraagd, gezocht
wanton dartel, uitgelaten; baldadig, moedwillig; wulps; (*ww*)
dartelen, stoeien
war oorlog; (*ww*) oorlog voe-
warble kwelen   [ren
ward bescherming; hechtenis;
pupil; voogdijschap *o*; zaal (in
hospitaal); (*ww*) bewaken, beschermen
warden opziener, voogd
warder cipier
wardrobe kleerkast; garderobe; — *trunk*, kastkoffer
ware waar; (*adj*) voorzichtig
warehouse pakhuis *o*, magazijn
o
warfare oorlogvoering
warily voorzichtig, behoedzaam
wariness behoedzaamheid
warm warm; verhit; vurig;
(*ww*) verwarmen

warmth warmte
warn waarschuwen
warning waarschuwing; alarm-
signaal *o*; opzegging (v. dienst)
War-office Ministerie *o*, Departement *o* van Oorlog
warp kromtrekken, verdraaien
warrant volmacht, procesver-
baal *o*; bevel *o* tot inhechtenisneming; dwangbevel *o*; waarborg; (*ww*) garanderen; machtigen; waarborgen
warrior krijgsman
war-ship oorlogsschip *o*
wart wrat
wary omzichtig, behoedzaam
was zie *be*
wash was, spoeling; toiletwa-
ter *o*; waterverf; (*ww*) wassen;
(be)spoelen
washable wasecht
washbasin waskom; *fitted* —,
vaste wastafel
washer wasmachine, afwasmachine
washing-machine wasmachine,
wasautomaat
wash-out (*pop*) flop
wash-stand wastafel
wasp wesp
waste verwoesting; verkwisting; wildernis, verlies *o*; (*adj*)
woest; onbebouwd; (*ww*) verwoesten; verspillen; verkwisten, vermorsen; kwijnen
waste-paper scheurpapier *o*
waste-paper basket prullenmand
watch wacht, waakzaamheid;
horloge *o*; (*ww*) (be)waken, bespieden
watch-dog waakhond
watchful waakzaam
watchword wachtwoord *o*

206

water water *o*; (*ww*) besproei-
en, water geven; watertanden;
drenken
water-bottle karaf; veldfles
watercloset toilet, W.C.
water-colour waterverf
waterfall waterval
water-glass waterglas *o* (stof)
watering-can gieter
watering-place wed *o*; badplaats (met geneeskrachtige
wateren)
water-level waterspiegel
water-lily waterlelie
watermark watermerk *o*
waterproof waterdicht
water-supply wateraanvoer,
watervoorziening
watertight waterdicht
waterworks waterleiding, wa-
terwerken *mv*
wave golf, gewuif *o*; (*ww*) golven, onduleren; wuiven, wenken, wapperen
wave-length golflengte
waver aarzelen, weifelen, wankelen
wavering besluiteloos, weifelend
wax was *m* & *o*; (*ww*) (waxed;
waxed or waxen) met was be-
strijken, wassen; toenemen
wax-cloth wasdoek *o* & *m*;
vloerzeil *o*
waxy wasachtig
way weg, kant; richting, manier, handelwijze
way out uitgang
wayside kant van de weg
W.D. = *War Department*,
(*amer*) Ministerie *o* van Oorlog
Wd. = warranted gewaar-
borgd; gewettigd

we wij
weak zwak, week
weaken verzwakken
weakness zwakte
wealth rijkdom, welstand
wealthy rijk
weapon wapen *o*
wear dracht, mode; slijtage;
(*ww*) (wore; worn) dragen; verslijten; zich goed houden; —
out, afdragen, verslijten; uitputten
weariness vermoeienis
weary moe, mat; (*ww*) vermoeien, afmatten
weather weer *o*
weather-beaten verweerd
weathercock weerhaan
weather-forecast, weather
report weerbericht *o*
weave (wove; woven) weven
web web *o*, weefsel *o*; vlies *o*
wed trouwen, huwen
wedding huwelijk *o*, bruiloft
wedding-cake bruiloftstaart
wedding-gift huwelijkscadeau *o*
wedding-ring trouwring
wedge wig; punt v. taart; (*ww*)
een wig inslaan
wedlock huwelijk *o*
Wednesday woensdag
weed onkruid *o*; (*ww*) wieden
week week
week-end weekeinde *o*
weekly weekblad *o*; (*adj*) wekelijks
weep (wept; wept) wenen
weeping willow treurwilg
weigh wegen, overwegen
weigh(ing)-house waag
weight gewicht *o*
weighty zwaar; gewichtig
weird spookachtig, griezelig,
vreemd

welcome welkomst; (*ww*) ver-welkomen; (*int*) welkom!
weld lassen, aaneensmeden
welfare welzijn *o*; *child* —, kin-derzorg; — *state*, verzorgings-staat; —*work*, maatschappe-lijk werk *o*
well wel, bron; (*adj*) gezond; (*adv*) goed, wel, welnu, zeer; (*ww*) opwellen
well-being welzijn *o*
well-bred welopgevoed
well-done goed; bravo!
well-to-do welgesteld
Welshman inwoner van Wales
welter wentelen
went zie *go*
wept zie *weep*
west westen *o*; (*adj*) west
western westelijk, west-
wet vocht *o*; (*adj*) nat, vochtig; (*ww*) nat maken
wet-nurse min
whacking pak *o* slaag; (*adj*) kolossaal
whale walvis
whalebone balein
wharf aanlegplaats, steiger
what wat, dat, welke
whatever hoedanig ook, wat ook
wheat tarwe
wheedle flikflooien, vleien
wheel wiel *o*; (stuur)rad *o*; (*ww*) kruien, draaien, voortrol-len
wheelbarrow kruiwagen
wheel-chair rolstoel
wheezy kortademig
when wanneer, toen, als
whence vanwaar, waaruit
whenever wanneer ook; telkens wanneer
where (al)waar, waarheen

whereabouts waar
whereas terwijl
wherefore waarom
wherein waarin
whereon waarop
wherever waar ook
wherry wherry, roeiboot
whet wetten, slijpen; prikkelen
whether welk van beide; of, hetzij
whetstone slijpsteen
which welk(e), wie, wat
whiff vleugje *o*, trekje *o*
while tijdje *o*, poos; (*conj*) ter-wijl
whilst terwijl
whim gril, kuur
whimper jammeren, janken
whimsical grillig
whine gejank *o*, gejammer *o*
whinny hinniken
whip zweep; (*ww*) slaan, zwe-pen; wippen
whipped cream slagroom
whirl draai; wervelwind; (*ww*) snel ronddraaien, dwarrelen
whirlpool draaikolk
whirlwind wervelwind
whisk borstel; (eier)klopper; veeg, slag; (*ww*) wegvegen, -slaan; afborstelen; klutsen
whisker(s) bakkebaard(en) (*mv*)
whiskey and soda whiskysoda
whisper gefluister *o*; (*ww*) fluis-teren
whistle fluitje *o*; (*ww*) fluiten
whit *not a* —, geen zier
white blanke; (*adj*) wit, blank; — *lie*, leugentje *o* om bestwil
white-lead loodwit *o*
whitewash witkalk; (*ww*) wit-ten; (*fig*) schoonwassen
whither waarheen

Whit Monday Pinkstermaandag
Whitsuntide Pinksteren
whittle snijden, besnoeien
whiz(z) fluiten, snorren
who wie, die
whoever wie ook, al wie
whole geheel; ongeschonden
whole-hearted oprecht, met hart en ziel
wholesale groothandel; (adv) in het groot
wholesome gezond, heilzaam
wholly geheel, in 't geheel
whom wie, die
whomsoever (aan) wie ook
whooping-cough kinkhoest
whore hoer
whose wiens, welks
whosoever wie ook
why waarom; wel, nu; —! nee maar!
wicked goddeloos, slecht; boosaardig, ondeugend
wicket deurtje, poortje; (sp) wicket o
wicket-gate hekje o, poortje o
wide wijd, ruim, breed
wide-awake klaar wakker
widen verwijden
widow weduwe
widower weduwnaar
width wijdte, breedte
wield zwaaien, hanteren, voeren
wife (pl wives) vrouw, echtgenote
wig pruik
wild wild, verwilderd, woest
wilderness wildernis; woestijn
wile list, kunstgreep
wilful moedwillig; met voorbedachten rade
wiliness listigheid

will wil; wilskracht; testament o; (ww) (would) willen; zullen
willing gewillig, willig
will-o'-the-wisp dwaallicht o
willow wilg
wilt verwelken
wily listig, slim
win (won; won) winnen; verdienen; krijgen; behalen
wince terugdeinzen, ineenkrimpen (v. schrik)
winch dommekracht, lier; windas o
wind wind; tocht, adem; (ww) (wound; wound) winden, wikkelen; wenden
windfall afgewaaid ooft o; buitenkansje o, voordeeltje o
winding kromming, bocht
winding-stairs pl wenteltrap
wind-instrument blaasinstrument o
windlass windas o
windmill windmolen
window venster o, raam o
window-blind zonneblind o; rolgordijn o; jaloezie
window-pane (venster)ruit
windpipe luchtpijp
windscreen windscherm o; voorruit (van auto); — wiper, ruitewisser
windy winderig
wine wijn
wine-list wijnkaart
wing vleugel, wiek; groep vliegers; spatbord o; coulisse
wink wenk; knipoogje o; (ww) wenken, knipoogjes geven
winner winner
winning winst, gewin o; (adj) innemend
winsome innemend   [ren
winter winter; (ww) overwinte-

wipe veeg, uitbrander; (ww) vegen; (af)wissen   [gram o
wire metaaldraad m & o; telewireless draadloos; (sb) radio
wireless operator marconist
wiring bedrading
wisdom wijsheid
wise wijze, manier; (adj) wijs, verstandig
wiseacre wijsneus
wish wens, begeerte; (ww) wensen, verlangen
wished for gewenst, gewild
wisp sliert, piek; bosje o
wistful peinzend; droefgeestig
wit vernuft o, geest; geestig man; geestigheid; to —, te weten, namelijk
witch heks, ondeugend nest o; (ww) betoveren
witchcraft toverij, hekserij
with met, mede, bij, van, door
withdraw (withdrew; withdrawn) terugtrekken, onttrekken, herroepen
withdrawal terugtrekking; intrekking
wither verwelken, verdorren
withhold (withheld; withheld) achter-, terug-, weerhouden
within (van)binnen, in huis
without zonder, buiten, uit, van buiten; tenzij
witness getuige; getuigenis o; (ww) getuigen, bijwonen
witty geestig; vernuftig
wives pl vrouwen mv
wizard tovenaar
wizen(ed) verschrompeld, dor
wobble hobbelen, wiebelen
woe wee o, ellende
woke zie wake
wolf (pl wolves) wolf; (ww) verslinden, schrokken

woman (pl women) vrouw
womanlike, womanly vrouwelijk
womb schoot
won zie win
wonder wonder o, verwondering; (ww) zich verwonderen; benieuwd zijn
wonderful wonderbaarlijk; prachtig
woo vrijen, aanzoek doen om
wood hout o, bos o
woodcut houtsnede
wood-cutter houthakker; houtgraveur
wooden houten, van hout
wood-engraving houtsnijkunst, houtsnede
woodlouse pissebed
woodpecker specht
woodwind houten blaasinstrument o
wooing het vrijen
wool wol
woollen van wol, wollen
woolly wollig
word woord o, bericht o; bevel o, commando o
wore zie wear
work werk o, arbeid, bezigheid; —s, werkplaats, fabriek; (ww) (worked; or wrought; wrought) werken, veroorzaken; borduren
workday werkdag
worker werker; werkman
working-capital bedrijfskapitaal o
working-plant bedrijfsinstallatie
working-top aanrecht
workman werkman
workmanlike bekwaam, degelijk

workmanship bekwaamheid; techniek; bewerking
workshop werkplaats
world wereld   [oen
world champion wereldkampi-
worldly werelds
world record wereldrecord *o*
world-shaking wereldschokkend
worm worm; schroefdraad; wroeging
worm-eaten wormstekig
worn zie *wear*
worry zorg, bezorgdheid; plagerij, kwelling; (*ww*) kwellen; lastig maken, ongerust maken; zich bezorgd maken, tobben; piekeren
worse erger, slechter
worship aanbidding, eredienst; (*ww*) aanbidden, vereren
worst slechtste, ergste
worsted kamgaren *o*   [waard
worth waarde, verdienste; (*adj*)
worthless waardeloos
worthwhile de moeite waard
worthy deugdzaam, achtens-waardig; waard, waardig
would zie *will*
would-be zogenaamd, voorge-wend, vermeend
wound wond; (*ww*) verwonden; zie ook *wind*
wounded gewond
wove(n) zie *weave*
wrangle kibbelen
wrap inpakken, inwikkelen
wrapper omslag *m* & *o*, kaft *o* & *v*; kimono, peignoir; kruis-band; dekblad *o*   [king
wrapping omhulsel *o*, verpak-
wrath toorn, gramschap
wreath krans, guirlande
wreathe bekransen, omstrenge-len, kronkelen

wreck wrak *o*, strandvonderij; verwoesting, ondergang; (*ww*) vergaan; stranden
wreckage schipbreuk; wrak-stukken *mv*
wrecked be —, vergaan
wrench ruk; verstuiking, ver-wringing; schroefsleutel; (*ww*) wringen, rukken; verdraaien, verwringen
wrest verdraaien, verwringen; (ont)wringen, afpersen
wrestle worsteling; (*ww*) wor-stelen
wrestler worstelaar
wretch ongelukkige stakker; schelm, ellendeling
wretched ellendig, armzalig
wriggle wriemelen, kronkelen
wring (wrung; wrung) wringen; knellen, persen
wrinkle rimpel; (*ww*) rimpelen, fronsen
wrist pols
wrist-watch armbandhorloge *o*
writ geschrift *o*; bevel *o*; som-matie, dagvaarding
write (wrote; written) schrijven
writer schrijver, auteur; klerk
writhe (zich) draaien, kronke-len, (ineen) krimpen
writing geschrift *o*, opschrift *o*
writing-pad schrijfblok *o*
writing-paper schrijfpapier *o*
written zie *write*
wrong onrecht *o*, kwaad *o*; grief; (*adj*) verkeerd, slecht, mis
wrongly ten onrechte
wrote zie *write*
wrought bewerkt, gesmeed; zie ook *work*
wrung zie *wring*
wry scheef, verdraaid; bitter

211

X

xeres sherry

X-rays *pl* x-stralen, röntgen-stralen *mv*

Y

yacht jacht *o*
Yankee Amerikaan
yap keffen; kwekken, kleppen
yard plaats, erf *o*; Engelse el (0.914 m); ra
yarn garen *o*, draad; verhaal *o*, boom
yawl jol
yawn geeuw; (*ww*) geeuwen
yd = *yard*, 0.914 m
year jaar *o*
yearling eenjarig (dier *o*), van één jaar
yearly jaarlijks
yearn smachten, reikhalzen
yeast gist
yell gil; (*ww*) gillen
yellow geel
yelp janken, keffen
yeoman kleine landeigenaar; landweercavallerist
yes ja

yesterday gisteren
yet nog, vooralsnog; *not* —, nog niet
yield opbrengen, opleveren; onderdoen voor; zwichten; wijken voor
Y.M.C.A. = *Young Men's Christian Association*, Chr. Jonge Mannen Vereniging
yoke juk *o*, span *o*; (*ww*) ver-enigen, onder het juk brengen
yolk eierdooier
yonder ginder
you gij, u, jij, jullie, jou
young jong
your uw, jouw, je
yours de (het) uwe, jouwe
yourself u, gij zelf, jij, jezelf
youth jeugd, jongeling
youthful jeugdig
youth hostel jeugdherberg
Yule(-tide) kersttijd

Z

zeal ijver, geestdrift
Zealand Zeeland *o*; (*adj*) Zeeuws
zealot ijveraar, dweper
zealous ijverig
zenith hoogtepunt *o*
zephyr zacht windje *o*; zefier
zero nul; nulpunt *o*

zest smaak, geur; (*ww*) kruiden
zinc zink *o*; *of* —, zinken
zip fastener, -ing ritssluiting
zodiac dierenriem
zone luchtstreek, gordel
zoo (*pop*) dierentuin
zoological dierkundig, zoölo-gisch

A

aaien stroke, caress
aal eel
aalbes currant
aalmoes alms
aalmoezenier chaplain
aambeeld *o* anvil
aambeien *mv* hemorrhoids, piles
aan to, at, in, on, upon, near, against, of
aanbellen ring (the bell)
aanbesteden put out to contract
aanbesteding public tender, putting out to contract
aanbetaling down payment, initial deposit
aanbevelen recommend
aanbevelenswaardig recommendable
aanbeveling recommendation
aanbiddelijk adorable
aanbidden adore, worship
aanbieden offer, present
aanbieding offer
aanblik look, sight, aspect
aanbod *o* offer, tender; *vraag en —*, supply and demand
aanbouw construction (buildings); building (ships)
aanbranden burn
aanbreken break into, cut into; (dag) break; (nacht) fall
aanbrengen bring, carry; place, fit; (klikken) denounce
aandacht attention
aandachtig attentive(ly)
aandeel *o* share, portion, part
aandeelhouder shareholder
aandenken *o* memory, remembrance; keepsake
aandienen announce; introduce

aandoen put on; cause; affect
aandoening emotion; affection
aandoenlijk moving, touching, pathetic
aandrang pressure
aandrift impulse; instinct
aandrijving drive
aandringen op insist (up)on
aanduiden indicate, point out
aandurven dare
aaneen together   [series
aaneenschakeling sequence,
aangaan go on; (voorstelling) begin; (vuur) catch fire; (huwelijk enz.) enter into; (betreffen) concern
aangaande about, concerning, as to
aangeboren innate, inborn, congenital
aangedaan touched, affected, moved
aangelegenheid matter, concern, affair
aangenaam agreeable, pleasant
aangenomen accepted; (kind) adopted; (naam) assumed; (werk) contract
aangeschoten tipsy
aangetekende brief registered letter
aangeven give, hand, reach; indicate, mark; (douane) declare; (politie) denounce
aangezicht *o* face, countenance
aangezien as, since
aangifte declaration, entry; — *doen*, give notice
aangrenzend adjacent, neighbouring, contiguous
aangrijpen seize, take hold of; effect, move

aangrijpend touching, moving
aangroei growth
aanhalen draw tighter; (citeren) quote; (liefkozen) caress
aanhalig caressing
aanhaling (citaat) quotation
aanhalingstekens quotation marks
aanhang followers, supporters
aanhanger adherent, supporter; trailer
aanhangig maken lay (bring) before a court
aanhangsel *o* appendix
aanhangwagen trailer
aanhankelijk attached (to), affectionate
aanhebben have on, wear
aanhef opening words *pl*
aanheffen start singing
aanhoren listen to
aanhouden stop, detain, arrest; (volhouden) keep on, persevere
aanhoudend continual, incessant
aanhouding (persoon) arrest, (goederen) detainment
aankijken look at
aanklacht accusation, charge
aanklagen accuse of
aankleden dress
aankloppen knock
aanknopen open, enter into
aanknopingspunt *o* point of contact; starting-point
aankomen arrive, come
aankomst arrival
aankondigen announce
aankondiging advertisement, announcement
aankoop purchase, acquisition
aanleg plan, aim; natural disposition, construction
aanleggen put, place; (spoor-

weg) construct; (kanaal) cut; (geweer) level; (schip) moor
aanlegplaats, -steiger landing-stage
aanleiding inducement, occasion, motive
aanlokkelijk alluring, enticing, attractive
aanloop run, rush
aanlopen (bij iem) drop in; — *tegen*, run into; *blauw* —, turn blue; (rem) drag; (haven) call at
aanmaak making, manufacture
aanmaken manufacture; (vuur) light; (sla) dress
aanmaning exhortation
aanmatigend presumptuous, arrogant
aanmelden announce; *zich* —, apply (for), enter (for)
aanmerkelijk considerable
aanmerking remark; *in* — *komen*, qualify
aanmoedigen encourage
aannemelijk acceptable, plausible, likely
aannemen accept; adopt (as child); (onderstellen) suppose; assume; (in dienst nemen) engage
aannemen! waiter!
aannemer contractor
aanpak approach
aanpakken seize; (de gezondheid) tell upon; (*fig*) handle
aanpassen try on; adapt (to)
aanpassing adjustment
aanpassingsvermogen *o* adaptability
aanplakbiljet *o* placard, poster
aanplakbord *o* bill-board
aanplant planting; plantation
aanprijzen recommend
aanraden advise; recommend

aanraken touch
aanraking touch, contact
aanranden assault
aanrecht *o* working-top; kitchen-unit
aanreiken reach, hand, pass
aanrichten do, work, cause
aanrijding collision
aanroepen call, hail; (God) invoke
aanschaffen purchase, buy
aanschaffing acquisition
aanschouwelijk clear; — *onderwijs o*, object teaching
aanschouwen behold, regard
aanslaan (motor) start; (noot) strike; (op kassa) check
aanslag attempt; (belasting) assessment; (pianist) touch
aanslagbiljet *o* notice of assessment
aansluiten connect, join; (*tel*) put on to; (trein) correspond
aansluiting connection
aansporen spur on, incite
aansporen incitement, stimulation, excitation
aanspraak (eis) claim
aansprakelijk responsible, answerable, liable
aansprakelijkheid liability; *wettelijke —s verzekering*, third-party insurance
aanspreken speak to, address
aanstaande next; (*sb*) intended
aanstalten *mv* preparations *pl*
aanstekelijk infectious, contagious, catching
aansteken (lamp) light; (vuur) kindle; (ziekte) infect
aanstellen appoint; *zich —*, pose
aanstellerig affected(ly)
aanstellerij posing

aanstelling appointment
aanstichten instigate
aanstonds presently
aanstoot offence, scandal
aanstotelijk offensive
aantal *o* number
aantasten touch; affect
aantekenen note, put down; (brief)register
aantekening note
aantocht *in —*, coming, on the way
aantonen show, demonstrate
aantreffen meet (with), find
aantrekkelijk attractive
aantrekken attract; (vaster) draw tighter, tighten up; (kleren) put on; *zich iets —*, take sth. to heart
aantrekking attraction
aantrekkingskracht *v* attractive power
aanvaarden accept; assume; take possession of; take up
aanval attack, assault
aanvallen attack, assail
aanvaller attacker, assailant
aanvang beginning, commencement
aanvangen commence, begin
aanvangssalaris *o* commencing salary
aanvankelijk (*adj*) initial; (*adv*) in the beginning, at first
aanvaring collision
aanvechtbaar debatable
aanvechting temptation
aanvegen sweep
aanvoer supply
aanvoerder commander, chief, leader; (*sp*) captain
aanvoeren bring to, supply; command
aanvraag demand; inquiry

aanvraagformulier *o* form of application

aanvragen apply for, ask for

aanvullen fill up, fill; replenish (one's stock); complete

aanvulling amplification; supplement

aanvuren fire, stimulate

aanwakkeren stimulate; increase

aanwas growth, increase

aanwenden use, employ, apply

aanwensel *o* habit, trick

aanwezig present

aanwezigheid presence   [out

aanwijzen show, indicate, point

aanwijzing indication; instruction

aanwinst gain, acquisition

aanzetten put on, turn on, start; — (*tot*) urge, incite

aanzien look at; consider

aanzien *o* look, aspect; consideration; *ten* — *van*, with respect to

aanzienlijk considerable, important, distinguished

aanzoek *o* request; proposal

aap monkey

aar ear

aard kind; nature

aardappel potato; *gebakken* —*en*, fried potatoes

aardappelpuree mashed potatoes

aardbei strawberry

aardbeving earthquake

aardbol globe

aarde earth; mould

aarden thrive; (*rad*) earth

aardewerk *o* earthenware, crockery, pottery

aardgas *o* natural gas

aardig pretty, nice; pleasant

aardigheid pleasure, fun

aardleiding earth connection

aardolie petroleum

aardolieproduct *o* oil product

aardrijkskunde geography

aards terrestrial, worldly

aardverschuiving landslide

aartsbisschop archbishop

aartsvader patriarch

aarzelen hesitate, waver

aarzeling hesitation

aas *o* bait; (kaart) ace

abattoir *o* slaughter-house

abc *o* ABC, alphabet

abces *o* abscess

abdij abbey

abnormaal abnormal

abonnee subscriber, season-ticket holder

abonneenummer *o* telephone number

abonnement *o* subscription; season-ticket

abonneren op, zich subscribe to

abortus abortion

abrikoos apricot

abt abbot

abuis *o* mistake, error

academie academy, university college

accent *o* accent, stress

accepteren accept

accijns excise(-duty)

accountant (chartered) accountant

accu(mulator) accumulator, storage-battery

accuraat exact, precise

ach ah, alas

acht eight; *geef* —, attention

achteloos careless, negligent

achten esteem; consider

achter behind; after

achteraf later; out of the way

achteras rear (back) axle
achterbaks underhand, behind one's back
achterband back tyre
achterbank back seat
achterblijven stay behind
achterbuurt slum(s)
achterdeur backdoor
achterdocht suspicion
achterdochtig suspicious
achtereen in succession
achtereenvolgens successively
achtergrond background
achterhoede rear-guard
achterhoofd back of the head
achterhalen recover; trace
achterin at the back
achterkant back, rear; *aan de* —, at the back
achterlaten leave behind
achterlicht o tail-light, rear-light
achterlijk backward; — *kind*, retarded child
achterlopen be slow
achterna after, behind
achternaam surname
achterneef great-nephew
achterop behind, at the back
achterover backward
achterstallig outstanding
achterstand arrears *pl*
achterste hind(er)most; (*sb*) bottom, behind
achtersteven stern
achterstevoren reversed, backward
achteruit backward(s); (*sb*) reverse
achteruitgang rear-exit; (verval) decline
achteruitkijkspiegel rear view mirror
achteruitrijden back

achteruitrijlicht o reversing light
achtervoegsel o suffix
achtervolgen run after; persecute
achterwaarts backward
achterwege — *laten*, drop, omit
achterwielaandrijving rear wheel drive
achterzijde back, rear
achting regard, esteem, respect
achtste eighth
achttien eighteen
acteur actor, player
actie action; lawsuit
actief active, diligent
actiegroep action group
actieradius radius of action
activiteit activity
actrice actress
actueel of present interest; topical, timely
acuut acute(ly), prompt(ly)
adder viper
adel nobility
adelaar eagle
adelborst midshipman
adellijk noble; (wild) high
adem breath
ademen breathe
ademhaling respiration, breathing
ademloos breathless
ademproef breath test
ader vein
adjudant adjutant
administrateur administrator, manager; (ship) purser
administratie administration
admiraal admiral
adres o (brief) address, direction; (memorie) petition; *per* —, (to the) care of, c/o
adresboek o directory

217

adreskaart dispatch-note
adresseren direct; address
advertentie advertisement
advies *o* advice
adviseur adviser
advocaat solicitor, lawyer, barrister(-at-law); (drank) egg-nog
af off, down
afbakenen trace (out), mark out
afbeelding picture, portrait
afbestellen cancel
afbetaling payment; *op — kopen*, buy on the instalment plan
afblijven let alone, leave alone, keep one's hands off
afborstelen brush
afbraak rubbish, demolition
afbreken (huis) pull down, demolish; (betrekking) break off, cut
afbreuk damage, derogation; *— doen aan*, damage, do harm to
afdak *o* shed
afdalen descend
afdanken dismiss; discard
afdeling division, section; paragraph; department
afdingen bargain; beat down the price
afdoen take off; wipe; finish, settle
afdoend conclusive, settling the matter
afdragen (kleren) wear out; (geld) hand over
afdrogen dry, wipe off
afdruk print; impression, copy
afdrukken print
afdwalen stray off (from)
afdwaling digression; aberration
afdwingen compel, command; extort (from)

affaire affair, business
affiche *o* poster, play-bill
afgelasten cancel, call off
afgeleefd decrepit
afgelegen distant, remote
afgemat weary, exhausted
afgemeten measured, formal
afgepast geld *o* the exact sum; *met — betalen!* no change given; (*in bus*) exact fare
afgevaardigde deputy, delegate, representative   [enz.) issue
afgeven deliver, hand (in); (pas
afgezaagd trite; stale
afgezant ambassador, messenger
afgezonderd secluded, separate
afgifte delivery, issue
afglijden (*aer*) stall
afgod idol
afgrijselijk horrible, atrocious
afgrijzen *o* horror
afgrond abyss, precipice
afgunst envy, jealousy
afgunstig jealous (of)
afhalen fetch down; meet at (the station); (bed) strip
afhandelen settle, conclude
afhangen depend
afhankelijk dependent
afkeer aversion, dislike
afkerig averse (from)
afkeuren disapprove; (*mil*) reject
afkeurenswaardig condemnable; objectionable
afkeuring disapproval; (*mil*) rejection
afknippen cut off
afkoelen cool (down)
afkomst descent, birth
afkomstig coming from
afkondigen proclaim, publish (the banns)

afkondiging proclamation
afkooksel *o* decoction
afkoopsom ransom
afkopen buy off; redeem
afkorting abbreviation
afleggen lay down, take off; (visite) pay; (*lijk*) lay out; (*verklaring*) make
afleiden divert; distract; deduce, derive
afleiding distraction, diversion; derivation
afleren unlearn
afleveren deliver
aflevering delivery; (tijdschrift) number, part
afloop end, result
aflopen end; expire; (klok) go off
aflosbaar redeemable
aflossen (wacht) relieve, (betalen) redeem, pay off
aflossing relief; redemption
afluisteren overhear
afmaken finish, complete, settle; (doden) kill
afmatten wear out
afmeting dimension
afnemen take away, off; (tafel) clear; wipe off, dust; diminish, decrease
afnemer client
afpersen extort
afraden dissuade from
afranselen thrash
afrastering railing, fence
afrekenen settle
afrekening settlement
africhten train
Afrikaan(s) African
afronden round off
afrossen thrash, trounce
afschaffen abolish; part with, give up

afscheid *o* departure, leave
afscheiden separate, sever from; (vocht) secrete
afscheiding separation; secretion
afschepen *iem.* —, put one off
afscheuren tear off
afschieten discharge; let off
afschilderen paint, portray
afschrift *o* copy
afschrijven copy; finish; (verlies) write off
afschrijving writing off
afschrik horror
afschrikken discourage
afschrikwekkend forbidding
afschuw horror   [inable
afschuwelijk horrible, abomaf
afslaan beat off; decline, refuse; (prijs) go down; (motor) cut out
afslag abatement
afsloven zich, slave
Afsluitdijk Barrier Dam
afsluiten shut (up), lock; (rekening) close; (contract) conclude
afsnauwen snarl at; snub
afsnijden cut off
afspiegeling reflection
afspraak agreement, appointment, engagement; *vol ens* —, as agreed; by appointment
afspreken agree upon, arrange; *afgesproken!*, done!
afspringen jump off; (v. parachutist) bale out; (mislukken) break down
afstaan yield, cede
afstammeling descendant
afstammen be descended from
afstamming descent
afstand distance; abdication; cession

219

afstappen get off
afstellen adjust
afstemmen tune (in)
afstijgen alight, dismount
afstoffen dust
afstoten push down; repel
afstuiten rebound
aftakelen be on the decline
aftakken shunt; branch off
aftakking (*rad*) shunt; branch
aftands — *worden*, to be on the decline; grow senile
aftappen draw off, (*tel*) tap, bug
aftekenen draw, mark
aftellen count off; count down
aftocht retreat
aftreden resign, retire
aftrek deduction; (*waar*) sale, demand
aftrekken deduct; (*rek*) subtract; (*weggaan*) withdraw
aftreksel *o* extract, infusion
aftroeven trump
afvaardigen delegate, depute
afvaardiging delegation
afvaart sailing, departure
afval waste, refuse (matter); (eten) left-overs, remains; (geloof) apostasy
afvallen fall down; (mager worden) lose weight; (spel) drop out; (geloof) apostatize
afvallig apostate, unfaithful
afvaren sail, leave
afvegen wipe (off)
afvoer conveyance; transport; carrying off
afvoeren carry off; transport
afwachten wait (stay) for, abide, await
afwachting expectation
afwasautomaat, -machine dishwasher

afwasbaar washable
afwasmiddel *o* detergent
afwassen (vaatwerk) wash up
afwateren drain
afweer defence
afweerstof anti-body
afwenden turn away; avert
afwennen unlearn
afweren keep off; (slag) parry
afwerken finish (off)
afwerking finishing (off)
afwezig absent
afwijken deviate; diverge
afwijkend divergent; different
afwijking deflection, declination, divergence, deviation
afwijzen reject, refuse, decline
afwijzing refusal, denial, rejection
afwikkelen unroll, unwind; (afhandelen) settle
afwisselen alternate
afwisselend alternate; varied; (*adv*) alternately, by turns
afwisseling change, variation
afzeggen put off; cancel
afzenden send off, away; disafzender sender   [patch
afzet sale
afzetgebied *o* outlet, market
afzetten (hoed) take off; (uit bus) put down; (uit auto) drop; (been) cut off, amputate; (weg) close; (waar) sell; (bedriegen) cheat; (vorst) depose; (machine) shut off, switch off
afzetterij swindling
afzichtelijk ugly, hideous
afzien — *van*, give up, renounce
afzienbaar *binnen* —*bare tijd*, in the near future
afzijdig *zich* — *houden*, hold aloof

afzonderen separate, put aside
afzondering separation, retirement, isolation
afzonderlijk separate, private; apart
afzweren swear off; abjure
afzwering abjuration
agenda diary; agenda (of an assembly)
agent agent, representative
agentschap *o* agency
air *o* air, look, appearance
akelig dreary; nasty, dreadful
Aken *o* Aix-la-Chapelle
akker field
akkoord *o* arrangement, agreement, settlement; (*mus*) chord; — !, agreed!
akte document, deed; diploma, certificate
aktentas brief case
al, alle (*num*) all, every; (*adv*) already; (*conj*) though, even if
alarm *o* alarm
album *o* album
alcohol alcohol
aldaar there, at that place
aldoor all the time
aldus thus, in this way
alfabet *o* alphabet
alfabetisch alphabetic(al)
algemeen common(ly), universal(ly), general(ly); (*sb*) *o* public
alhier here, at this place
alhoewel although; though
alibi *o* alibi
alimentatie alimony
alinea paragraph
alle zie *al*
allebei both (of them)
alledaags daily, every day; ordinary, commonplace; trite, trivial   [only
alleen alone, single; merely,

alleenheerser autocrat
alleenspraak monologue, soliloquy
alleenstaand single, isolated
alleenverkoop sole sale
alleenvertegenwoordiger sole agent
allemaal all; altogether
allengs gradually, by degrees
allerbest very best
allereerst (*adv*) first of all
allergie allergy
allerhande, allerlei of all sorts, all kinds of
Allerheiligen All-Saints' day
allerliefst charming, sweet
allermeest most of all
allerminst (*adv*) least of all
allerwegen everywhere
Allerzielen All-Souls' day
alles all, everything
allesbehalve anything but
alleszins in every respect
allicht of course; probably
allooi *o* alloy; kind, sort
almachtig almighty, omnipotent
almanak almanac, calendar
alom everywhere
Alpen *de* —, the Alps
als as, when, like, if
alsnog yet, still
alsof as if; *doen* —, pretend
alstublieft (bij geven) here is ...; [(vraag) please
alt alto
altaar *o* altar
althans at least, at any rate
altijd always, ever
alvorens before
alweer (once) again
alwetend omniscient
amandel almond; (klier) tonsil
amateur amateur
ambacht *o* trade, handicraft

221

ambassade embassy
ambitie zeal; ambition
ambt *o* office, place, post, function
ambtelijk official
ambtenaar official, civil servant
ambtgenoot colleague
ambtshalve officially
ambulance ambulance
amechtig out of breath
amendement *o* amendment
Amerikaan(s) American
ameublement *o* furniture
ammunitie (*amer*) munition
amnestie amnesty
amper hardly, scarcely
amusant amusing
amusement *o* entertainment
amuseren amuse; *zich* —, enjoy oneself
ananas pine-apple
anatomie anatomy
ander other, another; *onder* —*e*(*n*), among other things
anderhalf one and a half
anders other, different; otherwise, else
andersom the other way round
anderzijds on the other hand
andijvie endive
angel (wesp) sting; (vishaak) hook
angst fear, terror
angstig fearful(ly)
angstvallig scrupulous
anijs anise
animeren encourage
animo gusto, energy
anjelier, anjer pink, carnation
anker *o* anchor
annexatie annexation
annexeren annex
annuleren cancel
anoniem anonymous

ansichtkaart picture postcard
ansjovis anchovy
antenne aerial; antenna
anticonceptie contraception
antiek (*adj*) antique; (*sb*) antiques (*pl*)
antilope antelope
antipathie antipathy, dislike
antiquair antiquary, antiquarian
antiquariaat *o* second-hand bookshop
antiquiteit antiquity, antique
antislipband non-skid tyre
antivriesmiddel *o* anti-freeze
antraciet anthracite
Antwerpen *o* Antwerp
antwoord *o* answer, reply; — *betaald*, reply paid
antwoorden reply; answer
anus anus
apart separate, apart
aperitief *o* drink, aperitive
apostel apostle
apotheek pharmacy, chemist's shop
apotheker (dispensing) chemist
apparaat *o* apparatus
appartement *o* apartment
appel *o* apple; appeal; (*mil*) roll-call
appelmoes *o* & *v* apple-sauce
appeltaart apple-pie
applaudisseren applaud, cheer
applaus *o* applause
april April
aquarel water-colour (picture)
Arabier Arab(ian)
Arabisch Arabian, Arab
arbeid work, labour, toil
arbeider labourer; worker
arbeidsbeurs, -bureau *o* labour exchange   [tract
arbeidscontract *o* labour con-

arbeidsgeschil *o* labour-dispute
arbeidsloon *o* wage(s), pay
arbeidsongeschikt unfit for work
arbeidsvermogen *o* energy
arbeidsvoorwaarden conditions *pl* of employment
arbeidzaam laborious, industrious, hard-working
arbitrage arbitration; (aan de beurs) arbitrage
arceren hatch, shade
archief *o* archives *pl*
archipel archipelago
architect architect
arend eagle
argeloos innocent, harmless; unsuspecting
arglist craft(iness), cunning
arglistig crafty, cunning
argument *o* argument
argwaan suspicion
argwanend suspicious
aria (*mus*) air, aria
aristocratie aristocracy
ark ark
arm arm; (zijtak) branch; (*adj*) poor, indigent
armband bracelet
armbandhorloge *o* wrist-watch
armleuning arm-rest
armoede poverty
armsgat *o* arm-hole
armzalig pitiful, miserable
arrest *o* custody, arrest; (besluit) decision
arrestant prisoner
arresteren arrest, take into custody; (notulen) confirm
artiest, artieste artist
artikel *o* article; (koopwaar, ook) commodity; (van wet) section
artillerie artillery

artistiek artistic
arts physician, doctor
as (bij wielen) axle, axletree; (aarde) axis; (*techn*) shaft; (na vuur) embers, cinders; (stof) ash(es)
asbak ash-bin, dust-bin
asbakje *o* ash-tray
asfalt *o* asphalt, bitumen
asiel *o* asylum; home
aspect *o* aspect
asperge asparagus
aspirine aspirin
assistent assistant
assortiment *o* assortment
assuradeur insurer, underwriter
assurantie insurance, assurance (of life or property)
aster aster
astma asthma
astronaut astronaut
atelier *o* studio; workshop
atheneum (type of) secondary school
atlas atlas
atletiek athletics *pl*
atmosfeer atmosphere
atoom *o* atom
atoombom atomic bomb
atoomenergie atomic energy
atoomsplitsing nuclear fission
attent attentive; considerate
attentie attention; consideration
attest *o* certificate, testimonial
audiëntie audience
augurk gherkin
augustus August
aula auditorium
Australië *o* Australia
auteur author
auteursrecht *o* copyright
auto (motor-)car

223

autobaan motorway
autoband (motor) tyre
autobus bus; touringcar, coach
autodidact a self-taught man
automaat automaton; penny-in-the-slot machine, vending machine
automatisch automatic, self-acting
automobiel (motor)car
automobilist motorist
auto-ongeluk o motor-car accident
autoped scooter
autorijles driving lesson
autorijschool school of motoring
autoriteit authority

autoweg motor-road, motor-way
averechts wrong; (breisteek) inverted
avond evening, night; goeden—, (bij komen) good evening; (bij gaan) good night
avondblad o evening paper
avondeten o supper
avondmaal o supper; het Heilig A—, the Lord's Supper
avondtoilet o evening-dress
avonturier adventurer
avontuur o adventure
avontuurlijk adventurous
Aziatisch Asiatic
Azië o Asia
azijn vinegar

B

baai (inham) bay
baal bale, bag
baan path, way, road; (ren-) track; (planeet) orbit; (tennis) court; (werk) job
baanbrekend epoch-making
baantje o job
baanvak o section
baar (lijkbaar) bier; (draag-) litter; (staaf) bar, ingot; (adj) ready (money), cash
baard beard; (sleutel) bit
baarmoeder womb, uterus
baars perch
baas master, foreman, boss; (aanspreektitel) mister
baat profit, benefit; te — nemen, use, employ
babbelen chatter
babbeltje o chat

babysit baby sitter
bacil bacillus
bacterie bacterium
bad o bath
baden bathe; (sb) o bathing
badhanddoek bath towel
badhuis o public baths pl
badjas bath-robe
badkamer bathroom
badkuip bath(-tub)
badmuts bathing-cap
badpak o bathing-costume, swim-suit
badplaats watering-place, spa; (aan zee) seaside resort
badschuim bath foam
badstof towelling
bagage luggage; (amer) baggage
bagagedepot o cloak-room

bagagenet *o* rack
bagageruim (auto) boot
bagatel *v & o* trifle
baggeren dredge; (*fig*) wade
baggerlaarzen *mv* waders *pl*
baggermolen dredger
bajonet bayonet
bajonetsluiting bayonet catch
bak bowl, basin; (water) tank;
voeder —, trough; (mop) joke
bakboord port
baken *o* beacon
bakermat cradle
bakfiets carrier, (tri)cycle
bakkebaard whisker(s)
bakkeleien be at loggerheads
bakken (bakte; gebakken)
bake, fry
bakker baker
bakkerij baker's shop, bakery
baksel *o* batch, baking
baksteen brick
bakvis teen-ager
bal ball; *— o*, ball
balans balance, scales; (*comm*)
balance-sheet
baldadig wanton
balie bar; balustrade
balk beam, joist; (*mus*) staff,
stave
Balkan the Balkans
balkon *o* balcony; (tram) platform; (theater) dress-circle
ballade ballad
ballast ballast
ballet *o* ballet
balletdanseres ballet-dancer,
ballerina
balling exile
ballingschap exile, banishment
ballon balloon; (lamp) bulb
balsem balm, balsam
balsemen embalm
balsturig obstinate, refractory

balustrade banisters *pl*
balzaal ballroom
bamboe *o* bamboo
ban excommunication, interdict, ban; jurisdiction
banaal trite, commonplace
banaan banana
band tie; (boek) binding; (fiets
enz.) tyre; (om arm) band;
(biljart) cushion; (*fig*) tie,
bond; *lopende —*, conveyor
belt
bandelichter tyre-lever
bandeloos licentious, riotous
band(en)spanning tyre pressure
bandepech a puncture
bandiet bandit, ruffian
bang afraid (of), fearful
banier banner
bank (zit-) bench, seat, (kerk-)
pew; (school-) desk; (geld)
bank; *— van lening*, pawnshop
bankbiljet *o* banknote
banket *o* (maaltijd) banquet;
(gebak) pastry
banketbakker confectioner
bankier banker
bankpapier *o* paper currency
bankroet *o* bankruptcy; (*adj*)
bankrupt
bankschroef (bench-)vice
bankstel *o* drawing-room suite
banneling exile
bannen (bande; gebannen)
banish, exile; (geesten) exorcise
banvloek anathema
bar bar; (*adj*) barren, severe,
rough
barak hut; barrack
barbaar barbarian
barbaars barbarous
baren give birth to
baret cap, beret

225

barkas launch
barmhartig merciful
barmhartigheid mercy, charity
barnsteen *o* amber
barometer barometer
baron baron
barones baroness
barrevoets barefooted
barricade barricade
bars stern, harsh
barst burst, crack
barsten (barstte; gebarsten) burst, crack
bas (zanger) bass (singer); (stem) bass; (instrument) double-bass
basalt *o* basalt
baseren found, ground (on)
basis basis, base
bassin *o* basin
bast bark, rind
bastaard bastard; (dier) mongrel; (plant) hybrid
basterdsuiker moist sugar
bataljon *o* battalion
bate *ten — van*, on behalf of
baten avail
batterij battery
baviaan baboon
bazaar baza(a)r; fancy fair
Bazel *o* Basle, Basel, Bâle
bazelen talk nonsense
bazig masterful
bazuin trombone; trumpet
beambte functionary, official
beantwoorden answer, reply to
bebloed covered with blood
beboeten fine
bebouwen build upon; cultivate, till
bed *o* bed; *te —*, in bed
bedaard composed, calm(ly)
bedachtzaam thoughtful
bedanken thank, return thanks;

(afwijzen) decline, refuse; (ontslaan) dismiss
bedaren calm, appease
beddegoed *o* bed-clothes *pl*
beddelaken *o* sheet
bedding bed; layer
bede prayer; supplication
bedeesd timed, bashful, shy
bedekken cover
bedelaar beggar
bedelarij begging
bede'len endow
be'delen beg (for)
bedelven bury
bedenkelijk critical, grave
bedenken (bedacht; bedacht) remember; consider; invent; *zich —*, change one's mind
bedenking consideration; (bezwaar) objection
bederf *o* corruption, depravation, spoiling
bederven (bedierf; bedorven) spoil, taint, deprave
bedevaart pilgrimage
bediende man-servant; (kantoor) clerk; (winkel) assistant; *jongste —*, junior clerk
bedienen serve, attend to; wait upon
bediening service, waiting
beding *o* condition
bedingen stipulate
bedisselen arrange
bedlegerig bed-ridden
bedoeld in question
bedoelen mean; intend
bedoeling (voornemen) intention, design; (betekenis) meaning
bedompt stuffy, close
bedorven bad, foul; (spijs) tainted; (kind) spoiled
bedotten cheat

bedrag *o* amount
bedragen amount to
bedreigen threaten, menace
bedreiging threat, menace
bedreven skilled, expert
bedriegen (bedroog; bedrogen) deceive, cheat, take in
bedrieger cheat, impostor
bedrieglijk deceitful, fraudulent; deceptive
bedrijf *o* business, trade; action, deed; (toneel) act; *in —*, in operation
bedrijfseconomie business economics
bedrijfskapitaal *o* working-capital
bedrijfsleider working-manager, (works-)manager
bedrijfsleven *o* industry
bedrijfsongeval *o* occupational accident
bedrijven commit
bedrijvig active, busy
bedroefd sad, sorrowful
bedroeven grieve, distress
bedrog *o* deceit, imposture, fraud
bedrukt printed; (*fig*) depressed
beducht afraid, apprehensive
beduiden (betekenen) mean, signify; (duidelijk maken) make clear
beduusd taken aback
bedwang *o* restraint, control
bedwelmd stunned
bedwelming stupefaction, stupor
bedwingen restrain, control; (toorn) contain
beëdigd sworn (in)
beëindigen finish, terminate
beek brook, rill
beeld *o* image, picture; statue

beeldhouwer sculptor
beeldig lovely
beeldspraak figurative language
beeltenis image, portrait
been *o* (*pl* benen) leg; (*pl* beenderen) bone
beenbreuk fracture (of arm, leg)
beenkap legging
beenwindsel *o* puttee
beer bear; (zwijn) boar; (dam) dam; (schoor) buttress; (schuld) debt
beest *o* animal; beast; brute
beestachtig beastly, bestial, brutal
beet bite; (hapje) bit
beetje *o* little, (little) bit
beetnemen take in
beetpakken take hold of
befaamd noted, famous
begaafd gifted, talented
begaan walk upon; commit
begaanbaar passable, practi-
begeerte desire   [cable
begeleiden accompany, escort
begeleiding accompaniment
begeren desire, want, covet
begerig desirous, covetous, greedy, eager
begeven (bezwijken) give way; *zich — (naar)*, go, resort (to)
begieten water, sprinkle
begin *o* beginning, commencement; opening, start
beginneling beginner, novice
beginnen (begon; begonnen) begin, commence
beginsel *o* principle
beginstadium *o* initial stage
begraafplaats cemetery
begrafenis burial, interment, funeral
begrafeniskosten *mv* funeral expenses *pl*

227

begrafenisondernemer undertaker, mortician
begraven bury, inter
begrensd limited, bounded
begrenzen limit
begrijpelijk understandable,
comprehensible
begrijpen understand, comprehend
begrip *o* idea, conception, notion, apprehension
begroeiing vegetation; over-
growth
begroeten greet, salute
begroeting greeting, salutation
begroting estimate, budget
begunstigen favour
beha bra
behaaglijk comfortable
behaagziek coquettish
behaard hairy
behagen please; (*sb*) *o* pleasure
behalen obtain, win, carry off
behalve (uitgezonderd) except;
(boven) besides
behandelen treat, deal with
behandeling treatment
behangen (kamer) paper
behanger paper-hanger
behangsel *o* (wall)paper
behartigen look after
beheer *o* management, direction, administration
beheerder manager
beheersen rule, govern; dominate; control (the market);
zich —, control oneself
behelpen zich —, make do
behendig dexterous, adroit
behept affected (with)
beheren manage; conduct
behoeden guard, protect
behoedzaam prudent, cautious
behoefte want, need

behoeftig indigent, poor
behoeve ten — van, in behalf of
behoorlijk proper, fit; decent
behoren belong to; (moeten)
ought to
behoud *o* preservation, conservation
behouden keep, preserve; (*adj*)
safe
behoudend conservative
behoudens except (for), but
(for)
behulp met — van, with the
assistence (help) of
behulpzaam helpful
beide(n) both
beiderzijds on both sides
beige beige
beïnvloeden influence
beitel chisel
beitsen stain
bejaard aged, elderly
bejammeren lament, deplore
bejubelen cheer
bek (paard) mouth; (vogel)
beak
bekaaid er — afkomen, come
off badly
bek-af done up, dog-tired
bekeerling convert
bekend known; well-known,
notorious; — met, acquainted
bekende acquaintance   [with
bekendmaken announce
bekendmaking announcement,
notice
bekennen confess, own
bekentenis confession, avowal
beker cup, mug, goblet
bekeren convert
bekering conversion; reform
bekerwedstrijd cup match
bekeuren fine
bekeuring ticket

bekijken look at
bekken o basin; (lichaam) pelvis
beklaagde defendant, accused
beklag o complaint
beklagen (iem.) pity; (iets) lament; *zich — over ... bij*, complain of ... to
beklagenswaardig deplorable, lamentable
bekleden clothe, cover; (innemen) hold, occupy
bekleding clothing; covering
beklimmen climb, mount
beklonken settled, arranged
beknibbelen pinch, stint
beknopt concise, succinct, brief
bekoelen cool (down)
bekomen get, receive; suit
bekommerd anxious, uneasy
bekommeren *zich — om*, be anxious about, care about
bekomst *zijn — hebben van*, be fed up with
bekoorlijk charming
bekoren charm
bekoring charm, temptation
bekorten shorten, abridge
bekostigen bear the cost of
bekrachtigen confirm, ratify
bekritiseren criticize
bekrompen narrow-minded
bekwaam capable, able, fit
bekwaamheid capability, ability, skill
bekwamen qualify (for)
bel bell; (lucht-) bubble
belachelijk ridiculous
beladen load, burden
belang o importance; interest
belangeloos desinterested
belangengroep pressure group
belanghebbende party concerned, party interested

belangrijk important
belangstelling interest
belangwekkend interesting
belasten burden, load; tax
belasteren calumniate
belasting weight, load; tax
belastingbiljet o notice of assessment   [tant
belastingconsulent tax consul-
belastingvrij tax-free, duty-free
beledigen offend, injure, insult
beledigend offensive, injurious
belediging insult, affront
beleefd polite, civil, courteous; *wij verzoeken u —*, we kindly request you
beleefdheid politeness, civility,
beleg o siege   [courtesy
belegen matured; (kaas) ripe
belegeren besiege
beleggen cover; (geld) invest
belegging investment
beleid o policy; prudence
belemmeren hinder, obstruct
belemmering hindrance, impediment, obstruction
beletage first floor
beletsel o hindrance; obstacle
beletten hinder; prevent from
beleven live to see; go through
belevenis experience
belezen well-read
Belg, Belgisch Belgian
België o Belgium
belhamel ringleader
belichamen embody
belichting illumination; (*foto*) exposure
belichtingsmeter exposure meter
believen please; *als 't u belieft!*, (yes) please!; *wat belieft u?*, what can I get (do) for you?

229

belijden

belijden avow, confess
belijdenis confession; profession, creed
bellen ring
belofte promise
belonen reward, recompense
beloning reward, recompense
beloven promise
beluisteren listen to, hear
belust op eager for
bemachtigen manage to get
bemanning crew
bemerken perceive, observe
bemesten manure, dung; (met kunstmest) fertilize
bemiddelaar mediator
bemiddeld well-to-do
bemiddeling mediation
bemind loved, beloved
beminnelijk lovable; amiable
beminnen love
bemoedigen encourage
bemoeial busybody
bemoeien (zich) meddle, interfere with
bemoeilijken hamper, hinder
bemoeiziek meddlesome
benadelen hurt, harm
benaderen (schatten) estimate; approximate
benadering approach
benaming name
benard critical
benauwd oppressed; (bang) fearful, anxious; (kamer) close, stuffy; (nauw) tight
benauwdheid anxiety; tightness of the chest, oppression; (kamer) closeness
bende band, troop, gang
beneden below, beneath, under; down, downstairs
benedenhuis o ground-floor
benen bone

bengel (bel) clapper; (jongen) naughty boy
bengelen dangle
benieuwd zijn be curious to know; wonder
benig bony
benijden envy
benodigdheden mv needs, necessaries
benoemen appoint, nominate
benoeming appointment
benoorden (to the) north of
benul o notion
benutten utilize, make use of
benzine petrol, (amer) gasoline
benzineblik o petrol tin; (amer) jerrican
benzinemeter petrol gauge
benzinepomp petrol pump; filling station, garage
beoefenen study, practise
beoefening study, practice
beogen aim at, have in view
beoordelen judge, criticize
beoordeling judgment; (v. boek) review
bepaald fixed; definite; stated
bepalen (tijd enz.) fix, appoint; (vaststellen) ascertain; (omschrijven) define
bepaling fixing; definition; (in contract) stipulation; (d. onderzoek) determination; (gr) adjunct
beperken limit, restrict
bepleiten plead, advocate
bepraten talk about, discuss; (overhalen) talk round
beproefd well-tried
beproeven try, attempt
beproeving trial, ordeal
beraad o deliberation
beraadslagen deliberate
beramen devise; plot

230

bereden mounted
beredeneren discuss, argue out
bereid ready, prepared; willing
bereiden prepare
bereidwillig ready, willing
bereik *o* reach, range
bereiken reach, attain, arrive
at, come at; (*fig*) achieve
berekenen calculate, compute;
(aanrekenen) charge
berekening calculation
berg mountain, mount
bergachtig mountainous
bergaf downhill
bergbeklimmer mountaineer
bergen put; store; contain
berghok *o* shed
bergketen chain (range) of
mountains
bergkloof cleft, gorge
bergop uphill
bergplaats store-room; depository
bergschoen mountaineering
boot
bergsport mountaineering
bericht *o* news, tidings; notice,
advice; report; (in krant) paragraph
berichten send word; inform
berichtgever informant; (v.
krant) reporter
berijdbaar (weg) practicable
berijden (paard) ride; (weg)
ride over
berispen blame, reprove
berisping reproof, rebuke
berk birch
berm bank, verge
bermlamp spotlight
beroemd famous, renowned
beroemdheid fame, renown,
celebrity
beroemen *zich — op* boast (of)

beroep *o* calling, profession,
trade, business
beroepen *zich — op*, refer to
beroepskeuze *voorlichting bij
—*, vocational guidance
beroerd miserable, wretched
beroering commotion
beroerte stroke (of apoplexy)
berokkenen cause
berouw *o* remorse
berouwen repent (of)
berouwvol repentant
beroven rob, deprive of
berucht notorious
berusten *— bij*, rest with; *— in*,
acquiesce in
berusting resignation
bes berry; currant
beschaafd cultivated, civilized;
refined
beschaamd ashamed
beschadigen damage
beschadiging damage, lesion
beschaving civilization, culture
bescheiden *mv* (papieren) pa-
pers, documents; (*adj*) modest
bescheidenheid modesty
beschermeling protégé(e)
beschermen protect
bescherming protection
beschieten fire at (upon), shell
beschikbaar available
beschikken over dispose of
beschikking disposal
beschimmeld mouldy
beschonken drunk, intoxicated
beschouwen look at; consider
beschouwing contemplation,
consideration
beschrijven write upon; describe
beschrijving description
beschroomd timid, shy
beschuit rusk, biscuit

231

beschuldigen accuse, charge with, incriminate
beschuldiging accusation, charge
besef *o* notion
beseffen realize
beslaan occupy, fill; (paard) shoe (a horse)
beslag *o* (paard) horse-shoes; (deeg) batter; (beslagneming) seizure
beslagen (paard) shod; (ruit) steamy; (tong) coated
beslaglegging seizure
beslissen decide
beslissend decisive, final
beslissing decision
beslist decided, resolute
beslommering care, worry
besloten resolved, determined; (gezelschap) private
besluit *o* resolution, decree, decision; conclusion
besluiteloos irresolute
besluiten end; determine, resolve, decide; (een gevolgtrekking maken) conclude
besluitvorming decision making
besmeren smear; (brood) spread
besmettelijk infectious, contagious
besmetting infection, contagion, contamination
besparen economize, save
bespeuren perceive
bespieden spy upon   [up
bespoedigen accelerate, speed
bespottelijk ridiculous
bespotten mock, ridicule
bespreekbureau *o* box-office
bespreken talk about, discuss, talk over; (plaatsen) book
bespreking discussion; (recensie) review

besproeien water, irrigate
bespuiten spray
bessesap *o* currant-juice
best best, excellent; *zijn — doen,* do one's best
bestaan be, exist, live; *— uit,* consist of; (*sb*) *o* being, existence
bestand *o* truce; (*adj*) proof (against)
bestanddeel *o* element; ingredient
besteden spend (on); use
bestedingsbeperking economic squeeze
bestek *o* estimate, specification(s); (op zee) reckoning; (eetgerei) knife, fork and spoon
bestelauto delivery van
bestelen rob
bestellen order; deliver
bestelling order; (post) delivery
bestemd voor bound for
bestemmen destine
bestemming (place of) destination
bestemmingsplan development plan
bestendig continual, lasting; (weer) settled
bestijgen (berg) ascend, climb; (troon, paard) mount
bestoken batter; assail
bestormen storm, assail
bestraffen punish (for)
bestralen shine upon; (*med*) ray
bestrating paving, pavement
bestrijden fight against; (voorstel) oppose; (bewering) contest; (kosten) defray
bestrijding fight; control
bestrijdingsmiddel *o* pesticide
bestrooien sprinkle, strew
bestuderen study
besturen (schip) steer; (wagen)

drive; (land) govern, rule; (zaak) manage

bestuur o government, rule; direction, administration *dagelijks* —, (managing) board, executive committee

bestuurbaar dirigible

bestuurder governor, administrator; (auto) driver; (vliegtuig) pilot

bestuursfunctie executive function

bestuurslid o member of the board

betaalbaar payable

betaalpas cheque card, credit card

betalen pay

betaling payment

betalingsbalans balance of payments

betamelijk decent, becoming

betasten handle, feel

betekenen signify, mean

betekenis meaning; importance

beter better; — *maken*, set right; set up; — *worden*, be getting well, improve

beterschap improvement

beteugelen bridle, check

beteuterd perplexed, puzzled

betichten accuse (of), charge (with)

betogen demonstrate, argue

betoging demonstration

beton o concrete; *gewapend* —, ferro-concrete

betoveren bewitch, enchant, fascinate, charm

betoverend enchanting, charming

betrachten do (one's duty); practise (virtue)

betrappen catch, surprise; *op*

heterdaad —, catch red-handed

betreden set foot on, enter

betreffen concern, regard

betreffende concerning, regarding, as for

betrekkelijk relative

betrekken move into; order; involve in

betrekking relation, condition, situation, place; *met* — *tot*, with regard to

betreuren deplore, regret

betrokken (lucht) cloudy; (gezicht) clouded, gloomy; — *bij*, concerned in

betrouwbaar reliable, trustworthy

betuigen express

betwijfelen doubt (whether)

betwistbaar disputable, contestable

betwisten dispute, contest

beu tired (of)

beugel ring, clasp; (tram) bow

beuk beech; (v. kerk) aisle

beul hangman, executioner

beunhaas dabbler

beurs purse; (gebouw) exchange; (studiebeurs) scholarship; *(adj)* bruised

beursberichten *mv* quotations *pl*

beurt turn

beurtelings alternately, by turns

beuzelen dawdle, trifle

bevaarbaar navigable

bevallen be confined (of a child); (behagen) please; *het bevalt mij*, I like it

bevalling confinement

bevangen overcome (with sleep); seized (with fear)

bevattelijk (vlug) intelligent; (begrijpelijk) intelligible

bevatten comprise, contain;

233

(begrijpen) comprehend
beveiligen secure, safeguard
bevel *o* order, command
bevelen (beval; bevolen) order, command, bid
bevelhebber commander
beven shake, tremble, shiver
bever beaver
bevestigen fix, fasten; confirm, affirm
bevestigend affirmative
bevinden (zich) be
bevlieging whim
bevloeien irrigate
bevochtigen wet, moisten
bevoegd competent, qualified
bevoegdheid competence, competency, power
bevolking population
bevolkingsregister *o* register (of population)
bevolkt populated
bevooroordeeld prejudiced
bevoorraden supply
bevoorrecht privileged
bevorderen (zaak) further; (persoon) advance, promote
bevordering furtherance, advancement, promotion
bevorderlijk conducive (to)
bevrachten freight; charter
bevredigen satisfy; appease
bevredigend satisfactory
bevreemding astonishment, surprise
bevreesd afraid, fearful
bevriend friendly
bevriezen freeze, congeal
bevrijden free, deliver, release
bevrijding liberation
bevruchten (plant) fertilize
bevuilen dirty, soil
bewaarder keeper, guardian, custodian

bewaarplaats depository
bewaken watch (over), guard
bewaker keeper, watch
bewaking guard
bewapening armament
bewaren keep, preserve
bewaring keeping, preservation, custody
heweegbaar movable
beweeglijk movable; lively
beweegreden motive
bewegen move; stir; (overhalen) move, persuade, induce
beweging movement, motion
bewegingsvrijheid freedom of movement; elbow room
beweren assert, maintain
bewering assertion; allegation
bewerken work; (grond) till; (tot stand brengen) operate; (iem.) influence
bewerking working, operation; adaptation; (van grond) tillage
bewijs *o* proof, evidence
bewijsstuk *o* evidence; exhibit
bewijzen prove, demonstrate; (betonen) show
bewind *o* administration, government, rule
bewogen affected, moved
bewolkt cloudy, overcast
bewonderen admire
bewondering admiration
bewonen inhabit, dwell in, live in, occupy
bewoner inhabitant; occupant
bewoonbaar (in)habitable
bewust conscious (of), aware (of); (bedoeld) in question
bewusteloos unconscious
bewustwording awakening
bewustzijn *o* consciousness
bezadigd sedate, staid
bezegelen seal

bezem broom; besom
bezeren hurt, injure
bezet occupied; (bezig) occupied; (plaats) taken
bezeten possessed
bezetten occupy, take, invest
bezetting occupation; (toneelstuk) cast
bezichtigen have a look at, view, inspect
bezielen animate, inspire
bezieling animation, inspiration
bezienswaardig worth seeing
bezig busy, occupied
bezigheid business, occupation
bezinksel o sediment, deposit, dregs pl
bezit o possession
bezitten possess, own
bezitter possessor, owner, proprietor
bezitting possession, property
bezoedelen soil, contaminate
bezoek o visit, call
bezoeken pay a visit, see, call on
bezoeker visitor, guest
bezoeking visitation, trial
bezoldigen pay
bezoldiging pay; salary
bezorgd anxious, solicitous
bezorgen (brengen) deliver; (veroorzaken) give, cause
bezuiden (to the) south of
bezuinigen economize
bezuiniging economy
bezwaar o difficulty, objection, scruple, drawback
bezwaarlijk difficult, hard
bezwaarschrift o petition
bezwaren burden, load, weight
bezweet perspiring
bezweren swear, conjure
bezwijken break down, give

way, succumb (to); die (of)
bibberen shiver
bibliothecaris librarian
bibliotheek library
bibs buttocks, bottom
bidden (bad; gebeden) pray
biecht confession
biechtstoel confessional
biechtvader confessor
bieden (bood; geboden) offer; (verkoping) bid
biefstuk rumpsteak
bier o beer, ale
bierbrouwer brewer
bies rush; (op kleren) piping
bieslook chive
biet beet
big young pig, piglet
biggetje o Guinees —, guinea-pig
bij bee; (prep & adv) by, with, among, near, about
bijbedoeling ulterior motive
bijbel bible
bijbels biblical
bijbetalen pay in addition
bijbetaling additional payment
bijbrengen (iem.) bring round; (iem. iets) teach
bijdehand smart, quick-witted
bijdrage contribution
bijdragen contribute
bijeen together
bijeenbrengen bring together, collect
bijeenkomst meeting, assembly
bijeenroepen call together, convoke
bijenkorf bee-hive
bijenteelt apiculture
bijgaand enclosed, annexed
bijgebouw o outhouse, annexe
bijgeloof o superstition
bijgelovig superstitious

235

bijgenaamd surnamed, nick-
named
bijgerecht o side-dish
bijgeval by any chance
bijgevolg consequently
bijkantoor o branch-office;
(post) sub-office
bijkeuken scullery
bijkomen come to
bijkomstig incidental
bijl axe, hatchet
bijlage appendix, enclosure
bijleggen add (to); make up,
accommodate
bijna almost, nearly; — *geen*,
hardly any
bijnaam nickname
bijouterieën *mv* jewelry
bijpassend matching
bijschrift o inscription, motto,
postscript, legend
bijslaap cohabitation
bijsmaak taste, flavour, tang;
(*fig*) tinge
bijstaan help, assist, aid
bijstand assistance, aid
bijstellen adjust
bijster *het spoor — zijn*, be at
sea
bijsturen correct
bijt gap
bijtanken refuel
bijten (beet; gebeten) bite
bijtend biting; sarcastic
bijtijds in (good) time
bijval approval, applause
bijverdienste extra earnings *pl*
bijvoegen add, join, annex
bijvoegsel o supplement, accessory, appendix
bijvoorbeeld for instance, e.g.
bijwonen be present at, attend
bijwoord o adverb
bijzaak matter of secondary

importance
bijziend near-sighted, myopic
bijzijn o presence
bijzonder particular, special
bijzonderheid particularity;
particular, detail
bil buttock
biljart o billiards; billiard-
table
biljartbal billiard-ball
biljarten play (at) billiards
biljet o ticket
billijk reasonable, just, fair;
(prijs) moderate
billijken approve of
binden (bond; gebonden) bind,
tie
binding tie, bond
binnen within, in
binnenband (inner) tube
binnendringen penetrate
binnengaan enter
binnenhuisarchitect interior
decorator
binnenin inside, within
binnenkant inside, inner side
binnenkomen come in; enter
binnenkort shortly
binnenland o interior
binnenlands inland, home,
domestic; *Min. v. Binnenlandse
Zaken*, Home Secretary
binnenlaten let in, admit
binnenplaats inner court, inner
yard
binnenshuis indoors
binnensmonds under one's
breath
binnenste o inmost; (*sb*) inside
binnenvallen invade; drop in
(on)
binnenzak inside pocket
bioscoop cinema, pictures *pl*,
movies *pl*

bisdom *o* diocese, bishopric
bisschop bishop
bisschoppelijk episcopal
bits biting, snappy
bitter bitter
bivak *o* bivouac
blaadje *o* leaf; sheet; tray
blaam blame, blemish
blaar blister
blaas (in lichaam) bladder
blaasinstrument *o* wind-instrument
blaasontsteking cystitis
blad *o* (*mv* **bladeren**) leaf; (*mv* **bladen**) sheet; (roeiriem) blade; (v. glazen) tray; (krant) newspaper
bladwijzer bookmark
bladzijde page
blaffen bark
blakeren burn, scorch
blanco blank
blank white; (huid) fair
blanke white man
blaten bleat
blauw blue
blauwtje *o* een — *lopen*, get the mitten, be jilted
blazen (blies; geblazen) blow; (kat) spit; (trompet) sound
bleek pale, pallid
bleekheid paleness, pallor
bleekmiddel *o* bleach
blessure injury, wound
bleu timid, shy, bashful
blieven zie *believen*
blij glad, joyful, cheerful, happy
blijdschap joy, gladness
blijk *o* token, mark, proof
blijkbaar apparent, evident, obvious
blijken (bleek; gebleken) be evident, be obvious; appear

blijkens as appears from
blijspel *o* comedy
blijven (bleef; gebleven) stay, remain; continue, last; — *zitten*, miss his remove, stay down
blijvend lasting, permanent
blik glance, look; —, *o* (metaal) tin(-plate); (voorwerp) tin; (vuilnis) dustpan
blikgroente tinned vegetables
blikje *o* tin, (*amer*) can
blikken of tin; (*ww*) look, glance
blikopener tin-opener
blikschade bodywork damage
bliksem lightning
bliksemafleider lightning-conductor
bliksemstraal flash of lightning
blind blind; (*sb*) *o* shutter
blinddoek bandage
blinddoeken blindfold
blinde blind man (woman); (kaartspel) dummy
blindedarmontsteking appendicitis
blindelings blindly
blindheid blindness
blinken (blonk; geblonken) shine, gleam, glimmer
blocnote writing-pad
bloed *o* blood
bloedarmoede anaemia
bloeddorstig bloodthirsty
bloeddruk blood pressure
bloeden bleed
bloedgroep blood group
bloedig bloody
bloeding bleeding, hemorrhage
bloedneus bleeding nose
bloedonderzoek *o* blood test
bloedsomloop blood circulation
bloedspuwing spitting of blood
bloedstelpend styptic

237

bloedtransfusie blood transfusion
bloeduitstorting effusion of blood
bloedvat *o* blood-vessel
bloedvergieten *o* bloodshed
bloedvergiftiging blood-poisoning
bloedverwant relation, relative
bloedworst black pudding
bloei flower(ing), bloom
bloeien bloom, blossom; (*fig*) flourish
bloeiend blossoming; (*fig*) flourishing, prosperous
bloem flower, blossom; (meel) flour
bloembol bulb
bloembollenkweker bulbgrower
bloembollenveld *o* bulb-field
bloemist florist
bloemkool cauliflower
bloemlezing anthology
bloempot flowerpot
bloes blouse
bloesem blossom, bloom
blok *o* block; (hout) log, billet; (metaal) pig; (huizen) block
blokken plod (at), swot (at)
blokkeren blockade, block; (rekening) freeze
blond fair, blond
bloot naked, bare; mere
blootshoofds bareheaded
blootstellen expose
blootsvoets barefooted
blos (gezondheid) bloom; (verlegenheid) blush; (opwinding) flush
blouse blouse
blozen blush, flush
bluf bragging, boasting
bluffen brag, boast (of)
blusapparaat *o* extinguisher

blussen extinguish
blut broke
blz. p(age)
bobine induction coil
bochel hump; hunch(back)
bocht bend, curve, turning; (zee) bay; —, *o* trash, rubbish
bod *o* offer; (verkoping) bid
bode messenger; usher
bodem bottom, ground, soil; territory; ship
Boeddhisme *o* Buddhism
boedel estate
boedelscheiding division of an estate
boef knave, rogue; convict
boeg bow
boegspriet bowsprit
boei handcuff; (drijf-) buoy
boeien put in irons; (*fig*) captivate, fascinate
boek *o* book
boekbinder bookbinder
boekdeel *o* volume
boekdrukkerij printing-office
boekebon book token
boeken book; enter
boekenkast book-case
boekenrek *o* book-rack
boekenstalletje *o* bookstall
boekensteun book-end
boekhandelaar bookseller
boekhouden *o* book-keeping; *dubbel* —, book-keeping by double entry
boekhouder book-keeper
boekwinkel bookshop
boel a great deal; a lot
boeman bogy
boemelen knock about
boenen scrub
boenwas beeswax
boer peasant, farmer; (kaartspel) knave

238

boerderij farm
boerenbedrijf o farming
boerenkinkel yokel
boerenkool kale
boerin farmer's wife
boers rustic, boorish
boete penance; (geld-) penalty, fine, forfeit
boeten atone, expiate
boetseren model
boezem bosom; breast
bof (ziekte) mumps; (geluk) stroke of luck, fluke
boffen be lucky, be in luck
boiler (hot-water) heater
bok (he-)goat, buck; (rijtuig) box; (fout) blunder
bokking red herring, bloater
boksen box
bol (glas) convex; (zeil) bulging; (wang) chubby; (sb) ball, globe; (bloem-) bulb
bolrond convex, spherical
bolsjewisme o bolshevism
bolsjewist bolshevik
bolvormig spherical, globular
bolwerk o rampart; (fig) bulwark, stronghold
bom bomb
bomaanval bombing attack
bombardement o bombardment
bombarderen bomb
bommenwerper bomber
bomvrij bomb-proof
bon ticket; cheek; coupon
bonboekje o coupon-book
bonbon bonbon, sweet
bond alliance, league, union, confederation
bondgenoot ally, confederate
bondig succinct, concise
bons thump, bump; de — geven, jilt
bont o fur; (adj) party-col-

oured, motley; mixed
bontjas, bontmantel fur coat
bonzen thump; (deur) knock at
boodschap, message errand
boodschappentas shopping bag
boog bow; (cirkel) arc; (gewelf) arch
boom tree; (staak) pole, bar
boomgaard orchard
boomkwekerij tree-nursery
boon bean; *bruine* —, kidney-bean; *witte* —, butterbean
boor borer, drill
boord border, brim; (hals-) collar; *slappe* —, soft collar; *staande* —, stand-up-collar; —, o board
boordevol brimful, chock-full
boordwerktuigkundige flight engineer
boortoren derrick
boorwater o boracic water
boorzalf boracic ointment
boos angry; cross (with); (slecht) bad, evil, wicked
boosaardig malicious, malign
boosheid anger; wickedness
booswicht wretch, villain
boot boat
bootreis cruise
bootsman boatswain
boottocht boat-excursion
boottrein boat-train
bootwerker docker
bord o plate; (school) blackboard
bordeel o brothel
bordes o flight of steps
bordpapier o cardboard, pasteboard
borduren embroider
boren bore, drill, pierce
borg (persoon) surety, guarantee; (zaak) security; bail

borgtocht security, bail
borrel dram, drop, nip
borst breast, chest
borstbeeld *o* bust
borstel brush; bristle
borstelen brush
borstkas chest
borstplaat fudge
borstvoeding breast feeding
borstwering parapet
bos bunch, bundle; (stro) truss; (haar) tuft; —, *o* wood, forest
bosbes bilberry
bosbouw forestry
bosrijk woody
boswachter forester
bot flounder; —, *o* bone; (*adj*) blunt
boter butter
boterbloem buttercup
boterham slice of bread (and butter)
botervlootje *o* butter-dish
botsen bump, dash (against)
botsing collision; (*fig*) clash
botweg bluntly
bougie spark(ing)-plug; *vette* —, oily plug
bouillon broth, beef-tea; clear soup
bouillonblokje *o* beef-cube
bout bolt, pin; (dier) quarter; (vogel) drumstick
bouw building; structure, construction
bouwen build, construct
bouwkunde architecture
bouwland *o* farmland
bouwpakket *o* building, construction set
bouwterrein *o* building-site
bouwvakker builder
bouwvallig tumble-down, ramshackle

boven (*prep*) above, upon, over; (*adv*) upstairs; beyond
bovenaan at the top
bovenal above all
bovenbuur upstairs neighbour
bovendien besides, moreover
bovengenoemd above-mentioned
bovenhuis *o* (upstairs) flat
bovenkant upper side
bovenlijf *o* upper part of the body
bovenlip upper lip
bovennatuurlijk supernatural
bovenop on top
bovenstaand above(-mentioned)
bovenste upper(most)
bovenverdieping upper storey
bovenzijde upper side
box box; (auto) lock-up; (kinderen) play-pen
braadpan frying-pan
braaf honest, good
braakmiddel *o* emetic
braaksel *o* vomit
braam blackberry
braden (braadde; gebraden) (pan) fry; (spit) roast; (oven) bake
brak brackish, saltish
braken vomit
brancard stretcher
brand fire, conflagration
brandbaar combustible
brandblusapparaat *o*, **brandblusser** fire extinguisher
branden burn, be on fire; (koffie) roast; (wond) cauterize
brander burner
branderig burning, burnt
brandewijn brandy
brandgevaar fire-risk
brandhout *o* firewood

branding surf, breakers *pl*
brandkast safe
brandkraan fire-cock, fire-plug
brandladder fire-ladder, fire-escape
brandmerk *o* brand, sigma
brandnetel stinging nettle
brandpunt *o* focus
brandspiritus methylated spirit
brandspuit fire-engine
brandstichter incendiary, fire-raiser
brandstichting arson   [raiser
brandstof fuel
brandtrap fire-escape
brandverzekering fire insurance
brandweer fire-brigade
brandweerman fireman
brandwond burn
Brazilië *o* Brazil
breed broad, wide
breedsprakig long-winded, verbreedte breadth; width; [bose
breedte breadth; width; [bose
(*geogr*) latitude
breedvoerig ample, circumstantial
breekbaar breakable, fragile, brittle
breekijzer *o* crow-bar, jemmy
breien knit
brein *o* brain, intellect
breinaald knitting-needle
breken (brak; gebroken) break
brem (struik) broom; (zout) pickle, brine
brengen (bracht; gebracht) bring, take, carry
bres breach
bretels braces, suspenders *pl*
breuk burst, crack; (arm, been) fracture; (v. lichaamsvlies) hernia; (vriendschap) rupture; (traditie) break; (rekenen) fraction; *tiendelige* —, decimal fraction

breukband truss
brevet *o* certificate, patent
brief letter
briefkaart postcard
briefopener paper-knife
brieftelegram *o* letter telegram
briefwisseling correspondence
bries breeze
brievenbesteller postman
brievenbus (aan huis) letterbox; (op straat) pillarbox
brieveweger letter-balance
bril (pair of) glasses *pl*, spectacles *pl*; (W.C.) seat
briljant brilliant
Brits British
Brittannië *o* Britain
broche brooch
brochure pamphlet
broeden brood, sit on eggs; (*fig*) — *over*, brood over
broeder brother
broederlijk brotherly, fraternal
broederschap brotherhood
broedsel *o* brood, hatch
broeien (v. hooi) heat, get heated; *er broeit iets*, there is something in the wind
broeierig stifling
broeikas hothouse
broek (pair of) trousers; *korte* —, shorts *pl*
broekpak *o* trouser suit
broer brother
brok(je) *o* piece, bit, morsel, lump, fragment
bromfiets motorized bicycle, moped
brommen hum; (knorren) grumble
bron spring, fountain, source; *uit goede* —, (on) good authority
bronchitis bronchitis

241

brons *o* bronze
bronwater *o* mineral water
bronzen bronze
brood *o* bread; *een* —, a loaf;
geroosterd —, toast
broodbakker baker
broodbeleg *o* (*vleeswaren*)
meats; (*smeersel*) spread
broodje *o* roll
broodrooster *o* toaster
broodtrommel bread-tin
broodwinning living
broom *o* bromide
broos frail, brittle, fragile
bros crisp, brittle
brouwer brewer
brug bridge
Brugge *o* Bruges
brugwachter bridge-man,
-keeper
bruid bride
bruidegom bridegroom
bruidsmeisje *o* bridesmaid
bruidspaar *o* bride and bridegroom, newly-married couple
bruidsschat dowry
bruikbaar useful, serviceable
bruikleen *o* (free) loan
bruiloft wedding(party); *gouden, koperen, zilveren* —,
golden, brass, silver wedding
bruin brown
bruisen (zee) seethe, roar;
(drank) fizz
brullen roar
Brussel *o* Brussels
brutaal impudent, cheeky
bruto gross, gross weight
bruusk abrupt
B.T.W. = *belasting toegevoegde waarde* V.A.T. (value added
tax)
budget *o* budget
buffel buffalo

buffer buffer
buffet *o* bar, buffet; (kast) sideboard
buffetjuffrouw barmaid
bui shower; (gril) freak, fit
buidel bag, pouch
buigbaar flexible, pliable
buigen (hoog; gebogen) bend,
bow
buiging bow; (v. dame) curt-
s(e)y
buigtang pliers
buigzaam flexible
buik belly
buikloop diarrhoea
buikpijn stomach-ache
buikvliesontsteking peritonitis
buil bruise, bump, swelling
buis tube, pipe, conduit
buit booty
buitelen tumble
buiteling tumble
buiten without, out of; outside, besides, except; *van* —,
by heart
buitenband (outer) cover
buitenboordmotor outboard
motor
buitengewoon extraordinary
buitenhuis *o* country-house
buitenissig excentric
buitenkansje *o* (stroke of) good
luck
buitenkant outside
buitenland *o* foreign countries;
in, naar het —, abroad
buitenlander foreigner
buitenlands foreign, exotic;
Min. v. Buitenlandse Zaken,
Foreign Secretary
buitenlucht open air
buitenshuis outdoors, out
buitenslands abroad
buitenspiegel driving mirror

buitensporig extravagant, excessive
buitenstaander outsider
buitenste outmost
buitenwijk suburb
bukken stoop, bow
buks rifle
bulderen (kanon) boom; (mens) bellow; (zee) roar
bulletin *o* bulletin
bult hunch, hump(back); (buil)
bumper bumper [lump, bump
bundel bundle
bungalow bungalow, cottage
burcht castle
bureau *o* writing-desk; (kantoor) office
burgemeester burgomaster, (in Engeland) mayor
burger citizen, commoner; (geen militair) civilian; *in —,* in plain clothes

burgerbevolking civil(ian) population
burgerij citizens *pl*
burgerlijk civil; (functie) civic; (niet deftig) plain
burgeroorlog civil war
burgerrecht *o* civil right, citizenship
bus (brieven enz.) box; (groente enz.) tin; (autobus) bus
buschauffeur bus driver
busconducteur ticket collector
busdienst bus service
buslichting collection
buste bust
bustehouder brassière, bra
butagas ± Calor gas
buur, buurman neighbour
buurt neighbourhood; quarter
buurvrouw neighbour
b.v. = bij voorbeeld for example, for instance, e.g.

C

Zie ook K.

ca = *circa*, circa, about
cabaret *o* cabaret
cabine cabin; (vrachtauto) cab
cacao cocoa
cactus cactus
cadeau *o* present
cadeaubon gift token
café *o* coffee-house, café, pub
cafetaria cafeteria
camera camera
camoufleren camouflage
campagne campaign
Canadees Canadian
capabel able
cape cape

capitulatie capitulation
cardanas propellor-shaft
capsule capsule
capuchon hood
carbol *o* carbolic acid
carburator carburetter
cargadoor ship-broker
carnaval *o* carnival
carrière career
carrosserie coach-work
carter crankcase
casino *o* casino
cassatie cassation, appeal
catalogus catalogue, list
catarre catarrh
cavalerie cavalry

ceintuur belt, sash, scarf
cel cell
cello cello
cellofaan *o* cellophane
cellulair cellular
cement *o* cement
censuur censorship
cent cent
centimeter centimetre
centraal central
centrale (telefoon) exchange,
(*el*) power-station
centraliseren centralize
centrum *o* centre
ceramiek ceramics *pl*
ceremonieel ceremonial
certificaat *o* certificate
champagne champagne
champignon mushroom
chantage blackmail
chaos chaos
chartervlucht charter flight
chassis *o* (auto) chassis; (foto)
plate-holder
chauffeur driver, chauffeur
chef chief, head, leader;
manager; boss
chemicaliën *mv* chemicals *pl*
chemicus chemist
chemie chemistry
cheque cheque
Chinees Chinese
chirurg surgeon
chic smart, stylish
chloor chlorine
chocolade chocolate
cholera cholera
christelijk christian
christen Christian
Christus Christ
chronisch chronic
cijfer *o* figure
cilinder cylinder
cineac newsreel theatre

cipier jailer, warder
circa circa, about
circulaire circular (letter)
circus *o* circus, ring
cirkel circle
citaat *o* quotation
citroen lemon, citron
citroenpers lemon-squeezer
civiel civil; (billijk) moderate,
reasonable
clandestien clandestine
clausule clause
cliché *o* block; (*fig*) cliché
clientèle clients *pl*, clientele,
customers *pl*
closetpapier *o* toilet-paper
club club
cognac cognac, brandy
cognossement *o* bill of lading
cokes coke
colbert *o* jacket; (kostuum)
lounge-suit
collecte collection
collega colleague
college *o* (les) college-course;
collegiaal brotherly   [lecture
colonne columm
coltrui polo-neck sweater
comité *o* committee, board
commandant commander
commanderen command
commando *o* (word of) command
commentaar *o* commentary
commercieel commercial
commies clerk
commissaris (v. maatschappij)
director; (politie) superintendent
commissie committee, board;
(loon) commission
commissionair commission-
agent; — *in effecten*, stock-
broker

244

communie communion
communisme *o* communism
communist communist
compagnie company
compagnon partner
compenseren compensate
compleet complete
complex *o* complex
compliment *o* compliment
componeren compose
componist composer
compute stewed fruit
compromitteren compromise
concentratiekamp *o* concentratie camp
concentreren concentrate
concert *o* concert; (v. één kunstenaar) recital; (stuk) concerto
concessie concession
conciërge hall-porter, caretaker
conclusie conclusion
concreet concrete
concurrent competitor, rival
concurrentie competition
conditie condition
condoleren condole (on)
condoom contraceptive
conducteur (trein) guard; (tram, bus) conductor
confectie ready-made clothes *pl*
conférencier compere
conferentie conference
conflict *o* conflict
conform in conformity with
congres *o* congress
conjunctuur economic situation, economic trend
connectie connection
connossement bill of lading
consciëntieus conscientious
consequent consistent
consequentie consistency
conservatief conservative

conservatorium *o* school of music
conserven *mv* preserves *pl*
conserveren preserve, keep
consignatie consignment
consigne *o* orders *pl*; pass-word
constateren state, establish
constipatie obstipation
constitutie constitution
constructie construction
consul consul
consulaat *o* consulate
consult *o* consultation
consultatiebureau *o* health centre
consument consumer
consumptie food and drink
contact *o* contact
contactlens contact lens
contactsleutel ignition key
contant cash; à —, for cash; —e betaling, cash payment
continubedrijf *o* continuous industry
contra contra, versus, against
contract *o* contract
contrast *o* contrast
contributie subscription
controle check(ing), control
controleren verify, check
controleur controller
conventioneel conventional
conversatie conversation
coöperatie co-operation; (zaak) co-operative store(s)
corps *o* corps, body
corpulent corpulent, stout
correspondent correspondent; correspondence clerk
correspondentie correspondence
corrupt corrupt
corselet *o* corselet, corslet
couchette berth, bunk

245

coulisse side-scene, wings *pl*
coupé compartment; — *niet roken*, non-smoking compartment
couperen cut
couplet *o* stanza
coupon coupon; (stof) remnant, cutting
coureur racing motorist
couvert *o* cover; (v. brief ook:) envelope
couveuse incubator
crèche day-nursery, crèche
crediteren credit (with)
crediteur creditor
crematie cremation

cremeren cremate
crimineel criminal
crisis crisis; turning-point
criticus critic
crucifix *o* crucifix
cultureel cultural
cultuur culture; (teelt ook:) cultivation
curatele guardianship
curator curator, guardian; trustee
cursief in italics
cursus course; *schriftelijke —*, correspondence course
cycloon cyclone
cynisch cynical

D

daad deed, act, action
daar (*adv*) there; (*conj*) as, since, because
daarbij near it; besides
daardoor through it; by that
daarentegen on the contrary, on the other hand
daarna after that
daarom therefore, for that reason
daaromtrent thereabouts
daarop on that; upon (after) this, thereupon
daaruit from that
daarvan of that; from that
daarvoor for that; before that
dadel date
dadelijk direct; immediate; (*adv*) at once, immediately
dader perpetrator, author; (v. strafbaar feit) delinquent
dag day; *goede —*, good day!,

good morning!, (bij afscheid) good bye!; *dezer —en*, the other day   [paper
dagblad *o* daily paper, news-
dagboek *o* journal, diary
dagelijks every day; daily
daglicht *o* day, daylight
dagloner day-labourer
dagretour *o* day-ticket
dagschotel special dish for the
dagtekenen date   [day
dagvaarden cite
dagvaarding summons, writ
dahlia dahlia
dak *o* roof; *onder — zijn*, be under cover, be provided for
dakgoot gutter
dakloos homeless
dakpan tile
dal *o* valley
dalen descend; (prijs, barometer) fall; (zon, prijs) go down

daling descent, fall, drop
dam dam, dike
damast *o* damask
dame lady
damesblad women's magazine
damesmode ladies wear
dammen play (at) draughts
damp vapour
dampkring atmosphere
damschijf draughtsman
damspel *o* draughts
dan then; (vergelijking) than
dancing dancing
dank thanks; — *zij*, thanks to
dankbaar thankful, grateful
danken thank; *te* — *hebben*, owe; *dank u*, (bij aanneming) thank you; (bij niet-aanneming) no thank you
dans dance
dansen dance
danser(es) dancer
dansles dancing-lesson
dapper valiant, brave, gallant
dapperheid bravery, valour
darm intestine, gut; *blinde—*, caecum; *dikke, dunne —*, large, small intestine
dartel frisky; playful
das (dier) badger; (halsdoek (neck-)tie; scarf
dasspeld tie-pin
dat that, which
dateren date
datgene that
datum date, day
dauw dew
daveren boom, thunder
de the
dealer dealer
debat *o* debate, discussion
debatteren debate, discuss
debet *o* debit
debiel mentally deficient

debiteren debit; (*fig*) retail
debiteur debtor
debrayeren declutch
debuut *o* debut
december December
decimaalteken *o* decimal point
decimeter decimetre
declameren recite
declaratie declaration; voucher
declareren charge; declare
decoratie decoration
deeg *o* dough, paste
deel *o* part, portion, share; volume
deelachtig worden obtain, participate in
deelbaar divisible
deelnemen partake, participate
deelneming participation; pity, sympathy, compassion
deels partly
deeltal *o* dividend
deelwoord *o* participle
deemoed humility, meekness
Deen Dane
Deens Danish
deerlijk grievously, piteously; badly
deernis pity, commiseration
defect *o* defect, deficiency; (*adj*) defective, out of order; — *raken*, break down
definiëren define
definitief definitive
deftig grave, dignified, stately; portly
degelijk substantial, sound, thorough, solid
degen sword
degene he, she (who)
deining swell; excitement
dek *o* cover, bed-clothes *pl*; (v. schip) deck
dekbed duvet, quilt

247

dekblad *o* wrapper
deken blanket; *gewatteerde* —,
quilt; (kerk) dean
dekken cover; lay (the table);
(*mil*) protect
dekmantel *fig* cover
deksel *o* cover, lid
dekstoel deck-chair
delen divide, share
deler divisor
delfstof mineral
delging extinction (of a debt),
amortization
delicatesse delicacy
deling partition; division
delven (dolf; gedolven) dig
dement demented
democratie democracy
demonstreren demonstrate
demonteren dismantle, take
apart
dempen (gracht) fill up; (geluid) deaden; (licht) subdue;
(oproer) quell
den fir, fir-tree; *grove* —,
pine(-tree)
Denemarken *o* Denmark
denkbaar imaginable
denkbeeld *o* idea, notion
denkbeeldig ideal, imaginary
denkelijk likely
denken (dacht; gedacht) think
denkwijze way of thinking
denneboom fir-tree
deodorant *o* deodorant
departement *o* department,
office; zie verder *ministerie*
deponeren put down; deposit
deposito *o* deposit; *in* —, on
deposit
depot *o* branch-establishment,
depot
derde third
deren harm, hurt, injure

dergelijk such, similar
derhalve consequently, so
dertien thirteen
dertiende thirteenth
dertig thirty
dertigste thirtieth
desalniettemin nevertheless
deserteren desert
deserteur deserter
desinfecteren disinfect
deskundig(e) expert
desnoods if need be
desondanks for all that
dessert *o* dessert
des te all the; so much the
destijds at (the) that time
detail *o* detail; *en* —, (by) retail
detective detective
detectiveroman detective-
story, crime-story
deugd virtue
deugdelijk valid, sound; duly
deugdzaam honest, virtuous
deugniet rogue, rascal
deuk dent
deuntje *o* air, tune
deur door
deurknop door-handle, knob
deurwaarder process-server,
usher, bailiff
devaluatie devaluation
devies *o* decive, motto
deviezen *mv* (foreign) currency
deze this, these; — *en gene*,
this one and the other; *schrijver* —*s*, the present writer
dezelfde the same, the very
dia slide
diabetes diabetes
diagnose diagnosis
dialect *o* dialect
dialoog dialogue
diamant diamond
diaraampje *o* slide mount

diarree diarrhoea
dicht closed; dense, close; thick (bos)
dichtbevolkt densely populated
dichtbij close by
dichtdoen close
dichten write poetry
dichter poet
dichterlijk poetic(al)
dichtgaan close
dichtknopen button up
dichtmaken close, stop
dichtslaan slam
dictaat *o* dictation
dictatuur dictatorship
dicteren dictate
die that, those; which, who
dieet *o* diet
dief thief
diefstal theft, robbery
dienaar servant
dienblad *o* tray
dienen serve, attend, wait on
dienovereenkomstig accordingly
dienst service; *wat is er van uw —?*, what can I do for you?; *in — gaan*, go into service, en-
dienstbode (maid-)servant [list
dienstdoend in waiting; (*mil*) on duty
dienster waitress
dienstplichtig liable to service; *—e*, conscript
dienstregeling time-table
dienstweigeraar conscientious objector
dientengevolge hence
diep deep, profound
diepgang draught
diepte depth, deepness
dieptepunt *o* lowest point
diepvries deep-freeze; frozen foods *pl*

diepzinnig profound, abstruse
dier *o* animal, beast
dierbaar dear, beloved
dierenarts veterinary surgeon, vet
dierenbescherming (society for the) prevention of cruelty to animals
dierentuin zoological garden, zoo
dierkunde zoology
dierlijk animal, brute, brutish
dieselmotor Diesel engine
diëtist(e) dietician
dievegge (female) thief
differentieel differential gear
difterie, difteritis diphtheria
dij thigh
dijk dike, bank, dam
dik thick, big, bulky
dikte thickness, bigness
dikwijls often, frequently
dimmen dim (the headlights)
diner *o* dinner
dineren dine
ding *o* thing, matter
dingen bargain; *— naar*, compete for
dinsdag Tuesday
diploma *o* certificate, diploma
diplomaat diplomat
diplomeren certificate
direct at once, directly
directeur (handelszaak) managing director; (school) headmaster; (schouwburg) manager
directie board, management
directrice directress; manageress; (ziekenhuis) matron
dirigent conductor
discipline discipline
discotheek record-library
discriminatie discrimination

249

discussie discussion
dissertatie thesis
distantiëren move away from, dissociate
distel thistle
distilleren distil
distributie distribution; (in oorlogstijd) rationing
district o district
dit this
divan divan, couch
divanbed o bed-settee
dividend o dividend
divisie division
dobbelen play dice, gamble
dobbelsteen die (pl dice)
dobber float
dobberen float, fluctuate
docent teacher, lecturer
dochter daughter
doctor doctor
document o document
dode (gedode) one dead (killed); (overleden) deceased
dodelijk mortal, deadly, lethal
doden kill
doedelzak bagpipe
doe-het-zelf do it yourself
doek cloth; —, o cloth; (schilderij) canvas; (schouwburg) curtain; (bioscoop) screen
doel o target, aim, mark; purpose, object; (sp) goal
doelbewust purposeful
doelloos aimless
doelmatig appropriate, efficient
doelpunt o goal
doeltreffend effective
doelverdediger goal-keeper
doen (deed; gedaan) do, perform, make
dof dull
dog mastiff, bulldog

dok o dock
dokter doctor, physician
dol mad, frantic, wild
dolen wander (about), roam
dolk dagger
dom stupid, dull, silly; (sb) cathedral
domein o domain, territory; (kroon-) crown land
domicilie o domicile
dominee clergyman, minister
domineren dominate; play (at) dominoes
domkop blockhead
dommekracht jack
dompelen plunge, immerse
Donau Danube
donder thunder
donderdag Thursday; Witte —, Maundy Thursday
donderen thunder
donker dark, dusk(y)
donor donor
dons o down, fluff
donzig downy, fluffy
dood death; (adj) dead
doodgaan die
doodgeboren still-born
doodkist coffin
doodop dead-beat; knocked up
doods dead, death-like
doodsakte death certificate
doodsangst mortal fear, terror
doodsbleek deathly pale
doodshoofd o skull
doodslaan kill, slay
doodslag manslaughter
doodsoorzaak cause of death
doodstil stock-still
doodstraf death-penalty
doodvonnis o sentence of death
doof deaf
doofheid deafness
doofstom deaf and dumb

dooi thaw
dooien thaw
doolhof labyrinth; maze
doop baptism, christening
doopsgezinde baptist
doopvont baptismal font
door by, through; — en —, to the core; thoroughly
doorboren pierce, stab, perforate
doorbraak (dijk) breach; (mil) break-through
doorbranden burn on; burn through; (lamp) burn out; (zekering) blow
doorbrengen pass, spend
doordacht well-considered
doordat because
doordringen penetrate
dooreen pell-mell
doorgaan go on; — voor, pass for
doorgaans generally, usually
doorgang passage
doorgronden fathom; see through
doorhaling erasure, cancella-
doorheen through   [tion
doorkneed versed in
doorkruisen cross
doorlichten X-ray
doorlopen move on; doorlópen, pass through
doorlopend continuous; (voorstelling) non-stop
doorn thorn, prickle
doornat wet through
doorregen streaky (bacon)
doorreis passage through
doorschijnend translucent, diaphanous
doorschrappen strike out
doorslaand conclusive
doorslag (kopie) carbon copy;

dat geeft de —, that's what turns the scale
doorslaggevend decisive
doorslagpapier o copy paper
doorsmeren grease, lubricate
doorsnede section, diameter
doorstaan endure, stand
doorsteken pierce, stab
doortastend energetic
doortocht passage
doortrapt cunning, sly
doortrokken permeated, soaked
doorvaart passage
doorverbinden put through
doorvoer transit
doorvoerhandel transit trade
doorwaden wade through
doorweekt soaked, sodden
doorwrocht elaborate
doorzenden forward, send on
doorzetten push on, persevere
doorzettingsvermogen o perseverance
doorzichtig transparent
doorzien look through
doorzoeken search, go through
doos box, case
dop (ei) shell; (boon) pod; (vulpen) top, cap; (pijp) cover
dopen baptize, christen; dip
doperwt green pea
doppen shell
dopsleutel socket wrench
dor barren, dry, arid
dorp o village
dorpel threshold
dorpsbewoner villager
dorsen thresh
dorst thirst
dorstig thirsty
dosis dose, quantity
douane custom-house; the customs pl

251

douanebeambte customs officer
douche shower(-bath)
douchen (take a) shower
dozijn *o* dozen
draad *o* (stof) thread; (metaal) wire
draadloos wireless
draadnagel wire-nail
draagbaar litter, stretcher; (*adj*) portable, bearable
draagkracht ability to bear; (v. brug, schip) carrying capacity
draaglijk tolerable
draagtas carrier bag
draagvlak *o* airfoil, plane
draai turn; twist, bend
draaibank lathe
draaiboek *o* script
draaideur revolving door
draaien turn, spin, twist, wind; (*tel*) dial; (*fig*) shuffle
draaierig giddy, dizzy
draaikolk whirlpool, eddy
draaimolen merry-go-round
draaiorgel *o* barrel-organ
draak dragon
dracht load, burden; (kleding) dress, costume
draf trot
dragen (droeg; gedragen) carry; bear; (kleren) wear
dralen linger, loiter
dramatisch dramatic(ally)
drang pressure, urgency
drank drink, beverage; *sterke —*, liquor
drankje *o* potion, medicine
drankzuchtig dipsomaniac
drassig marshy, swampy
draven trot
dreef alley, lane; *op — zijn*, be in splendid form
dreg grapnel, drag
dreigbrief threatening letter

dreigement *o* threat
dreigen threaten, menace
drempel threshold
drenkeling drowned (drowning) person
drenken water; drench
dresseren (paard) break (in), (ander dier) train
dressoir *o* sideboard
dressuur breaking-in, training; (*fig*) drilling
dreumes mite, toddler
dreunen drone, rumble
drie three
driehoek triangle
driekwartsmaat three-four time
driemaal thrice, three times
driemaandelijks quarterly
driesprong three-forked road
driest bold, daring
drietal *o* (number of) three
drievoud *o* treble
drievoudig triple, threefold
driewieler tricycle
drift passion
driftbui tantrum
driftig passionate, quick-tempered
drijfijs *o* drift-ice, floating ice
drijfriem driving-belt
drijfveer incentive, motive
drijven (dreef; gedreven) (op vloeistof) float, swim; (doen voortgaan) drive; (zaak) run; (nat) be soaking wet
drillen drill
dringen (drong; gedrongen) push; crowd, throng; urge
dringend urgent, pressing
drinken (dronk; gedronken) drink
drinkglas *o* drinking glass, tumbler
drinkwater *o* drinking-water

droefenis sorrow, affliction
droefgeestig melancholy
droevig sad, sorrowful, doleful
drogen dry; wipe
drogist druggist
drogisterij druggist's (shop)
drogreden sophism
drom throng, crowd
dromen dream
dromerig dreamy
drommels — !, the deuce!
dronk drink; toast
dronkaard drunkard
dronken drunk(en), tipsy
dronkenschap drunkenness
droog dry, arid; dull
droogdok *o* dry-dock
droogkap (hood) hair dryer
droogleggen drain
droogte drought; dryness
droogtrommel tumble drier
droom dream
droombeeld *o* vision
drop liquorice, licorice
droppel drop
druif grape
druipen (droop; gedropen) drip
druipnat dripping (wet)
druiventros bunch of grapes
druivesuiker glucose, dextrose
druk busy, crowded; pressure;
(boek) printing; (oplaag) impression, edition
drukfout misprint, printer's
error
drukken press; print; squeeze
drukkend oppressive; (warm)
sultry
drukker printer
drukkerij printing-office
drukknoopje *o* press-button
drukknop push-button
drukmeter pressure-gauge
drukpers (printing-)press

drukproef proof
drukte stir, bustle, fuss
drukverband *o* pressure bandage
drukwerk *o* printed matter
drumstel *o* set of drums
druppel drop
D-trein corridor-train
dubbel double
dubbelganger double
dubbelzinnig ambiguous,
equivocal
duchten fear, dread
duchtig fearful, strong
duel *o* duel
duet *o* duet
duf fusty, stuffy
duidelijk plain, clear, distinct
duif pigeon, dove
duig stave; *in —en vallen*, drop
to pieces; (*fig*) fall through
duikboot submarine
duikbril diving goggles *pl*
duiken (dook; gedoken) dive
duiker diver
duim thumb; (maat) inch
duimstok (folding-)rule
duin *o* dune
duister dark, obscure, gloomy,
dim; (*fig*) mysterious
duisternis darkness
Duits(er) German
Duitsland *o* Germany
duivel devil
duivels devilish, diabolical
duiventil pigeon-house, dovecot
duizelig dizzy, giddy
duizeling vertigo, fit of giddiness
duizend thousand
duizendtal *o* a thousand
dulden bear, suffer, endure
dun thin, slender; (lucht) rare
dunk opinion

duo (motorfiets) pillion
duopassagier pillion-rider
duperen put out, harm
duplicaat *o* duplicate, replica
duplo *in*—, in duplicate
duren last; endure
durven dare
dus so, consequently, therefore
dusdanig such
duster (ochtendjas) overall
dutje *o* doze, nap
duur duration, length; *op de* (*lange*) —, in the long run; (*adj*) dear, expensive, costly
duurte dearness, expensiveness
duurtetoeslag cost-of-living allowance
duurzaam durable, lasting
duw push
duwen push, press
dwaalspoor *o* wrong track, red herring
dwaas fool; (*adj*) foolish
dwalen roam, wander; err
dwaling error

dwang compulsion, constraint, coercion
dwangbevel *o* warrant, writ
dwarrelen whirl
dwars transverse, cross-; (*fig*) contrary
dwarsbomen cross, thwart
dwarsstraat cross-street
dweepziek fanatic(al)
dweil floor-cloth, mop, swab
dwepen *met* be all for, be enthusiastic about
dweper fanatic, devotee
dweperij fanaticism
dwerg dwarf, pygmy
dwingeland tyrant
dwingen (**dwong; gedwongen**) constrain, compel, force, coerce
dwingend coercive
d.w.z. that is (to say), namely
dynamiet *o* dynamite
dynamisch dynamic
dynastie dynasty
dysenterie dysentery

E

eau de cologne eau de Cologne
eb ebb, ebb-tide
ebbehout *o* ebony
echo echo
echt marriage, matrimony; (*adj*) real, legitimate, authentic, genuine
echtbreuk adultery
echtelieden *mv* married people *pl*
echtelijk conjugal, matrimonial
echter however
echtgenoot husband
echtgenote wife

echtpaar *o* (married) couple
echtscheiding divorce
economie economy; *geleide* —, planned economy
economisch economic
econoom economist
eczeem *o* eczema
edel noble, precious
edelachtbaar honourable
edelman nobleman
edelmoedig generous
edelmoedigheid generosity
eed oath

E.E.G. European Economic Community (E.E.C.)
eekhoorn squirrel
eelt *o* callus
een a, an
één one
eend duck
eendracht concord
eenheid unit, unity
eenhoorn unicorn
éénjarig of one year; (plant) annual
eenmaal once
eenparig unanimous; (snelheid) uniform
éénpersoons for one person, single
éénrichtingsverkeer *o* one-way traffic
eens once, one day; *het — zijn*, agree
eensgezind unanimous
eensklaps suddenly
eensluidend *— afschrift*, a true copy
eenstemmig unanimous
eentonig monotonous
eenvoud simplicity, plainness
eenvoudig simple, plain
eenzaam solitary, lonely, alone
eenzelvig solitary, self-contained
eenzijdig partial, one-sided
eer before; honour
eerbaar chaste, virtuous
eerbewijs *o* honour, homage
eerbied respect
eerder sooner, before
eergevoel *o* sense of honour
eergisteren the day before yesterday
eerlijk honest, fair
eerlijkheid honesty
eerst first, firstly; *—e hulp*, first-aid

eerstdaags one of these days
eersterangs first class
eerstgenoemd former, first-mentioned
eerstvolgend next
eertijds formerly
eervol honourable
eerzucht ambition
eerzuchtig ambitious
eetbaar edible
eetkamer dining-room
eetlust appetite
eetservies *o* dinner-service
eetwaar eatables
eetzaal dining-room
eeuw century, age
eeuwig eternal, perpetual
eeuwigheid eternity
eeuwwisseling turn of the century
effect *o* effect; success
effecten *mv* stocks *pl*, securities *pl*
effectenbeurs stock exchange
effectenmakelaar stock-broker
effen smooth, even; plain
effenen smooth, level
eg harrow
egaal level, smooth
egoïsme *o* egoism
E.H.B.O. first-aid
ei *o* egg; *gebakken —*, fried egg, *zacht (hard) gekookt —* soft-(hard-) boiled egg
eierdopje *o* egg-cup
eierlepel egg-spoon
eierschaal egg-shell
eigen own, private; peculiar, proper
eigenaar owner, proprietor
eigenaardig peculiar
eigenbaat self-interest
eigendom *o* property, possession

255

eigenhandig with one's own hand, by hand
eigenliefde self-love
eigenlijk true, proper(ly); properly speaking, actual(ly)
eigennaam proper name
eigenschap quality, property
eigenwaan conceitedness, presumption
eigenwijs opinionated
eigenzinnig wayward, wilful
eik oak
eikel acorn
eiland *o* island, isle
eilandengroep archipelago
eind *o* end, extremity; termination, conclusion
einddiploma *o* leaving certificate
einde = *eind*
eindelijk finally, at last
eindeloos endless, infinite
eindexamen *o* leaving examination
eindigen end, finish, cease
eindje *o* length, piece
eindpunt *o* terminal point, end
eindstreep finish
eis demand, claim
eisen demand, claim
eiser claimant
eiwit *o* white of an egg; albumen
ekster magpie
eksteroog *o* corn
el yard
elastiek *o* elastic
elastisch elastic
elders elsewhere
elegant elegant, stylish
elektra electricity
elektricien electrician
elektriciteit electricity
elektrisch electric

elektriseren electrify
elektrocardiogram *o* electrocardiogram
elektrode electrode
element *o* element
elementair basic
elf eleven
elfde eleventh
elftal *o* eleven
elimineren eliminate
elite elite, pick
elk every, each
elkaar, elkander each other, one another
elleboog elbow
ellende misery
ellendeling wretch
ellendig miserable
els (boom) alder; (naald) awl
email *o* enamel
emancipatie emancipation
emballage packing
embolie embolism
emigrant emigrant
emigreren emigrate
emmer pail, bucket
emotioneel emotional
en and
encyclopedie (en)cyclopaedia
energie energy
energiek energetic
enerzijds on the one side (hand)
eng narrow, tight; creepy
engel angel
Engeland *o* England
Engels English
Engelsman Englishman
engte strait, defile
enig sole, single; (kind) only; unique; —*e(n)*, some
enigermate in some degree
enigszins somewhat
enkel ankle; (*adj*) single; (*adv*) merely, only

enkelvoud *o* singular
enkelvoudig singular
enorm enormous, huge
enquête inquiry, investigation
enten graft
enthousiast enthusiast, eager
entree entrance, admittance
entreebiljet *o* ticket
enveloppe envelope
enz. etc., and so on
epidemie epidemic
epilepsie epilepsy
epileren depilate
epos *o* epic (poem)
er there
erharmelijk pitiful, pitiable
erbarming pity, compassion
eredienst worship
eren honour
erewoord *o* word of honour
erf *o* grounds, premises
erfdeel *o* portion, heritage
erfelijk hereditary
erfelijkheid heredity
erfenis inheritance, heritage
erfgenaam heir
erfgename heiress
erfzonde original sin
erg bad, evil; very (much);
badly (damaged, wanted); *geen*
— *hebben*, not be aware of
ergens somewhere, anywhere;
— *anders*, somewhere else
erger worse
ergeren annoy
ergerlijk annoying, provoking,
shocking, irritating
ergernis annoyance
erkennen acknowledge; recognize; admit, own
erkenning acknowledg(e)ment,
recognition
erkentelijk thankful, grateful
ernst earnest(ness); serious-

ness; (gevaarlijk) gravity
ernstig serious, earnest, grave
erotisch erotic
erts *o* ore
ervaren experienced, skilled
ervaring experience
erven inherit
erwt pea
erwtensoep pea-soup
es (boom) ash; (noot) e flat
escalatie escalation
eskader *o* squadron
essentieel essential
estafetteloop relay race
esthetisch aesthetic
etage floor
etagewoning flat
etalage show-window
etaleren display
etappe stage
eten (at; gegeten) eat
etenstijd dinner- (lunch-,
supper-) time
ethica ethics
etisch ethical
etiket *o* label
etmaal *o* twenty-four hours
ets etching
etsen etch
etter matter, pus
etui *o* case
Euromarkt Common Market
Europa *o* Europe
Europeaan European
Europees European
evacueren evacuate
evangelie *o* gospel
even even; (*adv*) equal(ly)
evenaar equator
evenals (just) as
evenaren equal, match
eveneens also, likewise
evenmin als no more than
evenredig proportional

eventueel (*adj*) contingent, possible, potential; (*adv*) this being the case
evenveel as much
evenwel however
evenwicht *o* equilibrium, balance
evenwijdig parallel
evenzeer as much
examen *o* examination
excellentie excellency
excentriek eccentric
exclusief exclusive
excursie excursion
excuseren excuse
excuus *o* excuse
exemplaar *o* specimen, copy
exerceren drill
exercitie drill

exotisch exotic
expediteur forwarding-agent, shipping-agent
expeditie expedition; despatch; shipment, forwarding
expert expert
exploitatie exploitation, work- [ing
export export(ation)
exporteur exporter
expres on purpose
expresse *per* —, express delivery
extase ecstacy, rapture
extern non-resident
extra extra, special
extract *o* extract
extratrein special train
ezel donkey, ass; (v. schilder) easel

F

faam fame, reputation
fabel fable; (*fig*) myth
fabelachtig fabulous
fabriceren manufacture
fabriek (manu)factory; works; mill
fabrieksmerk *o* trade-mark
fabrikaat *o* make
fabrikant manufacturer, maker
factuur invoice
faculteit faculty
failliet bankrupt
faillissement *o* failure, bankruptcy
fakkel torch, flare
falen fail
familie family, relations
familiepension *o* private boarding-house

fanatiek fanatic(ally)
fantasie phantasy, fancy
fascisme *o* fascism
fat dandy, swell, prig
fatsoen *o* (vorm) fashion, cut, shape; (decorum) good manners
fatsoenlijk respectable, decent
fauteuil arm-chair
favoriet favourite
fazant pheasant
februari February
feest *o* feast, festival
feestdag festive day; holiday
feestelijk festive, festal
feestmaal *o* banquet
feestvieren celebrate
feit *o* fact, matter of fact
feitelijk actual, real

fel fierce
felicitatie congratulation
feliciteren congratulate (on)
ferm sound, thorough, energetic
festival *o* festival
feuilleton *o* serial
fier proud
fiets cycle, bike
fietsbel (bi)cycle-bell
fietsen cycle
fiets(en)hok *o* bicycle shed
fietsenrek *o* bicycle-rack
fietsenstalling bicycle-shetler
fietser cyclist
fietspad *o* cycling-track
fietspomp cycle-pump
figurant super
figuur *o* figure, diagram
figuurlijk figurative
fijn fine, choice; nice; delicate; swell
fijngevoelig delicate
fiks good, sound; hard
file file, queue
filet (*vis*) fillet; (*vlees*) undercut
filevorming traffic congestion
filiaal *o* branch establishment
film film; movies; *vertraagde* —, slow-motion picture; *sprekende* —, talking-picture; talkie
filmjournaal *o* newsreel
filmoperateur cameraman
filmster film star
filosofie philosophy
filosoof philosopher
filter filter, percolator
filtersigaret filter-tip cigarette
finale *sp* final
financieel financial
financiën *mv* finance(s); *Min. v. Financiën*, Chancellor of the Exchequer
finish finish

firma firm, house
firmant partner
fiscus treasury, exchequer
fixeren fix; stare at
fladderen flutter, hover
flanel *o* flannel
flank flank, side
flater blunder
flatgebouw *o* apartment building, block of flats
flatteus flattering, becoming
flauw faint, weak, insipid
flauwte swoon, fainting fit
flauwvallen faint
flensje *o* thin pancake
fles bottle
flesopener bottle-opener
flessegas *o* Calor gas
flessemelk bottled milk
flets faded, pale
fleurig (*fig*) bright
flikje *o* chocolate-drop
flikkeren flicker, sparkle
flink good, considerable, thorough
flirten flirt [ough
flitslamp flash bulb
flonkeren sparkle, twinkle
flop wash-out
fluisteren whisper
fluit flute
fluiten (floot; gefloten) whistle; (schouwburg) hiss
fluitist flute-player, flautist
fluitketel whistling-kettle
fluks quickly
fluor fluoride
fluweel *o* velvet
foedraal *o* case, sheath
foei fy!, for shame!
föhn hairdryer
fokken breed, rear
folder brochure
folteren put to the rack; (*fig*) torture, torment

259

foltering torture
fonds *o* fund, stock
fondsdokter panel doctor
fonkelen sparkle
fonkelnieuw brand-new
fontein fountain
fonteintje *o* wash-basin
fooi tip, gratuity
foppen fool, cheat, hoax
fopperij mystification
forceren force
forel trout
forens commuter
formaat *o* size
formaliteit formality
formeel formal
formule formula
formulier *o* form
fornuis *o* kitchen-range; cooker
fors robust, strong
fort *o* fort
fortuin *o* fortune
fosfaat *o* phosphate
fosfor phosphorus
fotograaf photographer
foto(grafie) photo(graphy)
fotokopie photostat
fototoestel *o* camera
fouilleren search
fout fault, mistake; blunder
foyer foyer, crush-room
fraai beautiful, pretty, hand-

some, fine
fractie fraction; group
framboos raspberry
Française Frenchwoman
franco postfree, carriage paid
franje fringe
frankeren stamp, post-pay, prepay
Frankrijk *o* France
Frans French
Fransman Frenchman
fraude fraud
frauduleus fraudulent
Fries Frisian
fris fresh, cool; refreshing
frisdrank soft drink
frisheid freshness
frites chips, *amer* French fries
fröbelschool kindergarten
fronsen frown
front *o* front
fruit *o* fruit
frustratie frustration
fuif spree, party
fuiven feast, revel
functie function
functioneel functional
fundament *o* foundation(s)
fungeren officiate
fusie merger
fut spunk, spirit
fysiotherapie physiotherapy

G

gaaf sound, whole, entire
gaan (ging; gegaan) go, walk
gaanderij gallery
gaar done
gaarne willingly, readily, gladly
gaas *o* gauze

gadeslaan observe, watch
gading liking, choice
gal gall, bile
galavoorstelling gala night
galbulten *mv* hives
galerie picture gallery

galerij gallery
galg gallows
galm sound, resounding
galmen sound, resound
galop canter
gammel ramshackle
gang corridor; (mijn) gallery; (loop) gait, walk; (snelheid) speed, rate; (verloop, maaltijd) course
gangbaar current
gangmaker pace-maker
gangpad o path; gangway; aisle
gans (adj) whole, all
gans goose (pl geese)
gapen yawn; (fig) gape
gaping gap, hiatus
gappen pinch
garage garage
garanderen guarantee
garantie warrant, guarantee, security, warranty
garantiebewijs warranty
garderobe (kleren) wardrobe; (theater) cloakroom
garen o thread, yarn
garnaal shrimp
garnituur o set
garnizoen o garrison
gas o gas
gasfabriek gasworks
gasfornuis o gas-cooker
gashaard gas-fire
gaskraan gas-tap
gaspedaal o accelerator
gast guest, visitor
gastarbeider foreign worker
gastheer host
gasthuis o hospital
gastvrij hospitable
gastvrouw hostess
gat o hole, opening, gap
gauw quick, swift, soon
gauwdief thief

gave gift
gazon o lawn, green
geadresseerde addressee
Geallieerden de —, the Allied Powers
geanimeerd lively, vivid
gearmd arm in arm
gebaar o gesture
gebabbel o prattle, chit-chat
gebak o pastry, cake
gebakje o gateau, tart
gebed o prayer
gebedenboek o prayer-book
gebeente o bones
gebergte o (chain of) mountains
gebeuren happen, occur, chance, come about
gebeurtenis event, occurrence
gebied o territory, dominion; jurisdiction; domain, sphere
gebieden command, order
gebiedend imperative, imperious
gebit o (set of) teeth [rious]
gebod o command; (bijbels) commandment
geboeid spell-bound
gebonden bound, tied; (soep) thick
geboorte birth
geboorteakte birth-certificate
geboortebeperking birth-control
geboorteplaats birth-place
geboren born
gebouw o building, edifice
gebraden roast (meat)
gebrek o (tekort) want; (fout) defect, default; (lichaam) infirmity; — aan, shortage of, lack of, want of; — lijden, be in want
gebrekkig defective, faulty; (persoon) invalid, infirm

261

gebroken broken
gebruik o use, usage; habit, custom; employment
gebruikelijk usual, customary
gebruiken use, employ; take
gebruiksaanwijzing directions pl for use
gebrul o roaring
gecompliceerd complicated, complex
gedaagde defendant
gedaante shape, form, figure
gedaanteverwisseling metamorphosis
gedachte thought, idea
gedachtenis memory; (voorwerp) memento, keepsake
gedeelte o part
gedeeltelijk partial; (adv) partly, in part
gedenken remember
gedenkschrift o memoir
gedenkwaardig memorable
gedeponeerd registered
gedeprimeerd depressed
gedeputeerde deputy
gedesoriënteerd disorientated
gedetailleerd detailed
gedicht o poem
gedienstig obliging
gedijen thrive, prosper
gediplomeerd qualified
gedrag o behaviour, conduct, demeanour; bearing
gedragen (zich) behave
gedrang o crowd, throng
gedrocht o monster
gedrongen (stijl) compact; (mens) thick-set
gedruis o roar, roaring
gedrukt (boek) printed; (stemming) depressed
geducht formidable
geduld o patience, forbearance

geduldig patient
gedurende during, for
gedurig continual
gedwee meek, submissive
geel yellow
geelfilter o light-filter
geelzucht jaundice
geen no, none, not any, not one
geenszins not at all, by no means
geest spirit, soul, mind, genius; wit; ghost, spectre; de Heilige G—, the Holy Ghost
geestdrift enthusiasm
geestelijk spiritual, intellectual; ecclesiastic, clerical
geestelijke clergyman
geestelijkheid clergy
geestes- mental
geestesstoornis mental derangement
geestesziek mentally ill
geestig witty, smart
geestkracht energy, strength of mind
geestverwant congenial spirit; (political) supporter
geeuwen yawn
gefluister o whispering
geforceerd forced
gegadigde interested party; candidate
gegarandeerd warranted
gegeneerd embarrassed
gegevens mv data
gegoed well-to-do; well-off
gegrond (well) founded
gehaat hated, hateful
gehakt o minced meat
gehaktbal meat-ball
gehalte o quality; percentage; (good) alloy
gehard hardened, hardy
gehecht attached (to)

geheel whole, all, entire, full
geheim *o* mystery; secret; (*adj*) secret, hidden
geheimzinnig mysterious
gehemelte *o* palate
geheugen *o* memory
gehoor *o* hearing; (toehoorders) audience, auditory
gehoorapparaat *o* hearing aid
gehoorzaam obedient
gehoorzaamheid obedience
gehoorzamen obey
gehucht *o* hamlet
gehuwd married
geïnteresseerd interested
geïrriteerd annoyed
geiser geyser
geit (she-)goat
gejaagd hurried, agitated
gejuich *o* shouting, cheering
gek fool, madman; (op schoorsteen) cowl; (*adj*) foolish, mad; — *op*, very fond of; *voor de — houden*, make a fool of
gekheid folly, foolery; madness
gekkenhuis *o* madhouse
gekleed dressed; elegant
geklets *o* twaddle, gossip
gekletter *o* clattering
gekleurd coloured; stained (glass)
geknoei *o* bungling; mess
gekreukeld crumpled, creased
gekruid (v. spijzen) seasoned
gekunsteld artificial
gelaat *o* face, countenance
gelaatskleur complexion
gelach *o* laughter, laughing
gelag *o* 't — *betalen*, pay for the drinks; (*fig*) pay the piper
gelang *naar* — *van*, according to
gelasten order, instruct [to
gelaten resigned
gelatenheid resignation

geld *o* money, cash
geldboete fine
gelden (gold; gegolden) be worth; (geldig zijn) be in force; hold (good); betrekking hebben) concern, apply to
geldgebrek *o* want of money
geldig valid
geldigheid validity
geldigheidsduur period of validity
geldstuk *o* coin   [ity
geldswaarde money value
geleden past; ago, since
geleerd learned
geleerde scholar, learned man
gelegen situated; (passend) convenient
gelegenheid opportunity, occasion
gelegenheids- occasional [sion
gelei jelly, jam
geleide *o* guidance; escort
geleidehond guide-dog
geleidelijk gradual(ly)
geleiden lead, conduct, convoy
geleider conductor
geleiding leading, conducting; conducting wire
geletterd literary
geliefd beloved, dear
gelieve please
gelijk similar, alike, equal; (vlak) even, level, smooth; — *hebben*, be right
gelijken resemble, be like, look like
gelijkenis resemblance; (bijbels) parable
gelijkheid equality; parity; similarity
gelijkluidend identical, true
gelijkmaken level
gelijkmatig equable, even; uniform
gelijknamig of the same name

gelijkschakelen synchronize
gelijksoortig similar, homogeneous
gelijkstellen assimilate
gelijkstroom direct current
gelijktijdig simultaneous
gelijkvloers (on the) ground-
gelijkwaardig equivalent [floor
gelinieerd ruled
gelofte vow, promise
geloof o faith; belief; creed
geloofsbrieven credentials
geloofwaardig credible, trustworthy
geloven believe; think
gelovig faithful, believing
geluid o sound, noise
geluidsbarrière sound-barrier
geluidshinder noise pollution
geluimd in the mood for; *goed*
—, in a good temper
geluk o happiness; (bof) fortune, (good) luck; *op goed* —,
on the off-chance, at random
gelukken succeed
gelukkig happy; (v. kans)
lucky; fortunate(ly), successful
gelukstelegram o greeting telegram
gelukwens congratulation
gelukwensen congratulate
gemaakt made; (*fig*) affected
gemachtigde deputy, proxy
gemak o comfort, ease, convenience; *op zijn* —, at ease
gemakkelijk easy
gemaskerd masked
gematigd moderate, temperate
gember ginger
gemeen common; vulgar;
(streek) dirty
gemeenschap community,
society; communication
gemeenschappelijk common,

joint; (*adv*) in common, jointly
Gemeenschappelijke markt
Common market; *zie ook*
E.E.G.
gemeente municipality; (kerk)
parish
gemeentebestuur o municipality
gemeentelijk municipal
gemeenteraad town council
gemeenzaam familiar
gemenebest o commonwealth
gemengd mixed, miscellaneous
gemeubileerd furnished
gemiddeld average
gemis o want, lack
gemoed o mind, heart
gemoedelijk kind
gemotoriseerd motorized
genaamd named, called
genade grace, mercy
genadeloos merciless
genadeslag finishing stroke
genadig merciful, gracious
gene that, the former; *aan* —
zijde van, beyond
geneesheer doctor, physician
geneeskrachtig medicinal
geneeskunde medicine
geneeskundig medical
geneesmiddel o medicine
genegen inclined, disposed to
genegenheid inclination
geneigd inclined to
generaal general
generaliseren generalize
generen, zich feel embarrassed
Genève o Geneva
genezen (genas; genezen) (patiënt) cure; (wond) heal; (beter
worden v. persoon) recover;
(id. v. wond) heal
genezing cure, recovery, healing
geniaal of genius, brilliant

genie engineering; —, o genius
geniepig sneaky
genieten (genoot; genoten) en-
genitaliën mv genitals pl [joy
genius genius
genodigde guest
genoeg enough, sufficient(ly)
genoegdoening satisfaction
genoegen o pleasure, delight;
het doet mij —, I am very glad
to hear it
genoeglijk pleasant
genoegzaam sufficient
genoemd mentioned, said
genootschap o society, corporation
genot o enjoyment, delight
geoefend trained, expert
geografisch geographical
geoorloofd permitted
geopend open
gepast fit, proper, suitable; —
geld exact money
gepeins o musing, pondering
gepensioneerd retired
gepeupel o mob, rabble
geraakt hit, touched; offended
geraamte o skeleton; frame
geraas o noise, clamour, din
geraffineerd refined
geraken come to, arrive
gerecht o (court of) justice;
tribunal; (eten) course, dish
gerechtelijk judicial, legal
gerechtigd authorized, qualified, entitled (to)
gerechtshof o court of justice
gereed ready; — geld, o cash
gereedmaken make ready,
prepare
gereedschap o tools, utensils,
instruments
gereformeerd Calvinist
geregeld regular, orderly

geremd inhibited
gereserveerd reserved
geriefelijk convenient, comfortable
gering slight; small; low
geringschatting disdain, disregard
gerinkel o jingling
geritsel o rustling
geroezemoes bustle
geronnen curdled, clotted
geroutineerd expert
gerst barley
gerucht o rumour, noise
geruim —e tijd, a long (considerable) time
gerust quiet, easy
geruststellen set at ease, reassure
gescheiden separated; divorced
geschenk o present, gift
geschiedenis history
geschikt apt, fit, able, suitable,
suited to, for
geschil o difference, quarrel
geschoold trained, skilled
geschreeuw o cries, shouts
geschrift o writing
geschut o artillery, guns
geselen whip, flog
geslaagd successful
geslacht o generation, family;
sex
geslachtsdelen mv genitals pl
geslachtsgemeenschap coition
geslachtsziekte venereal disease
geslepen sly, cunning; sharp
gesloten shut, closed; (mens)
uncommunicative, close
gesorteerd assorted
gesp buckle, clasp
gespannen tight; tense
gespierd muscular, sinewy
gesprek o conversation, talk;

(*tel*) call; (*tel*) in —, number engaged
gespuis *o* rabble, scum
gestadig continual, steady
gestalte figure, shape, stature, size
gesteente *o* stone, rock
gestel *o* constitution
gesteld (verondersteld) supposed; — *op*, be fond of
gesteldheid nature; state, condition, situation
gestemd disposed
gesternte *o* star(s), constellation
gesticht *o* establishment; home
gestoffeerd furnished
gestommel *o* noise
gestoord disturbed; *geestelijk* —, mentally deranged
gestroomlijnd stream-lined
getailleerd waisted
getal *o* number
getij *o* tide
getikt nuts, daft
getiteld entitled
getrouw faithful, true, loyal; exact
getrouwd married
getuige witness; (huwelijk) best man
getuigen testify, witness
getuigenis *o* evidence, testimony
getuigschrift *o* certificate, testimonial; (servant's) character
geul channel, gully
geur smell, odour
geurig sweet-smelling, fragrant
gevaar *o* danger, peril, risk; — *lopen om*, run the risk of ...ing; *op — van*, at the risk of
gevaarlijk dangerous, perilous

geval *o* case, event; *in ieder* —, in any case; *in geen* —, on no account
gevangene prisoner, captive
gevangenis prison, jail
gevangennemen apprehend; capture
gevangenschap captivity, imprisonment
gevarendriehoek advance warning triangle (sign)
gevarieerd varied
gevat quick-witted, clever
gevecht *o* fight, combat, action, battle
geveinsd feigned, simulated
gevel front, façade
geven (gaf; gegeven) give; present with; (*ca*) deal
gevoel *o* feeling, sentiment; (zin) feeling, touch
gevoelens *mv* sentiments *pl*
gevoelig sensible, sensitive; tender
gevoelloos unfeeling, insensible, numb
gevogelte *o* fowl, poultry
gevolg *o* consequence; (personen) train, retinue; *ten —e van*, in consequence of
gevolgtrekking conclusion
gevolmachtigde plenipotentiary; proxy
gevorderd advanced
gevreesd dreaded
gewaad *o* garment, garb
gewaagd hazardous, risky
gewaarworden perceive
gewaarwording sensation; (vermogen) perception
gewapend armed; — *beton o*, reinforced concrete
gewas *o* crop
geweer *o* gun, rifle

gewei *o* horns, antlers *pl*
geweld *o* force, violence
gewelddadig violent
geweldig powerful, mighty; — *!*, wonderful!, terrific!
gewelf *o* vault, arched roof
gewend accustomed, used (to)
gewennen accustom (to)
gewenning habituation
gewenst wished for, desirable
gewest *o* region, province
geweten *o* conscience
gewetenloos unscrupulous
gewetensbezwaar *o* scruple, conscientious objection
gewettigd justified
gewezen late, former
gewicht *o* weight; (*fig*) importance; *soortelijk* —, specific gravity
gewichtig weighty; important
gewijd consecrated, sacred
gewillig willing
gewis certain, sure
gewoel *o* stir, bustle
gewond wounded
gewoon accustomed; usual; common, ordinary, normal
gewoonlijk usually, as a rule
gewoonte custom; habit
gewricht *o* joint, articulation
gezag *o* authority, power
gezagvoerder captain
gezamenlijk joint; (*adv*) jointly, together
gezang *o* song; (kerk) hymn
gezant minister
gezantschap *o* embassy, legation
gezegde *o* saying. expression
gezellig (persoon) sociable; (huis) cosy, snug
gezelschap *o* company, society
gezelschapsspel *o* round game

gezet corpulent, stout
gezeten well-to-do
gezicht *o* (ogen) sight, look; (aangezicht) face; ('t geziene) view, sight
gezichtsvermogen *o* eye sight
gezien esteemed
gezin *o* family, household
gezind disposed, inclined
gezindheid inclination; persuasion
gezindte sect   [sion
gezinshoofd *o* head of the family
gezinshulp home help
gezinsverzorgster (trained) mother's help
gezocht (artikel) in demand, sought after; (argument) far-fetched; (niet-natuurlijk) studied
gezond healthy, sound; (voedsel) wholesome
gezondheid health; (*fig*) soundness
gezwel *o* tumour; swelling
gezwollen swollen; bombastic
gids guide
giechelen giggle
gier vulture
gierig miserly, avaricious, stingy
gierigaard miser, niggard
gierigheid avarice
gieten (goot; gegoten) pour, (ijzer) cast
gieter watering-can
gietijzer *o* cast iron
gif(t) *o* poison; (v. dier) venom
gift gift; present; donation
giftig poisonous, venomous
gijzelaar hostage
gil shriek, yell
gilde *o* guild, corporation
gillen yell, shriek
giller *fig* scream

ginds yonder
gips *o* plaster (of Paris)
giraf(fe) giraffe
gireren transfer
giro clearing; giro
girorekening transfer account, giro account
gissen guess, conjecture
gist yeast
gisten ferment, work
gisteren yesterday; —*avond*, last night, yesterday evening; —*morgen*, yesterday morning
gitaar guitar
glad smooth, polished; (straat) slippery; (*fig*) cunning
gladgeschoren clean-shaven
gladheid smoothness; slipperiness
glans (haar) gloss; (schoen) shine; (*fig*) splendour, brilliancy, glory, glamour
glas *o* glass
glasblazerij glass-works
glashard hard as nails
glashelder crystal clear
glazen of glass
glazenwasser window-cleaner
glazig glassy
glazuur *o* glaze, enamel
gletsjer glacier
gleuf groove, slot
glibberig slippery
glijbaan slide
glijden (gleed; gegleden) glide, slide, slip
glimlach smile
glimlachen smile
glimmen (glom; geglommen) glimmer, glow, shine
glinsteren glitter, sparkle
globaal rough
gloed blaze, glow; (*fig*) ardour, fervour

gloednieuw brand-new
gloeien glow, be red-hot
gloeilamp glow-lamp, bulb
glooiing slope
glorie glory, splendour
gluiperig sneaky
glunderen beam
gluren peep, leer
God God
goddelijk divine; heavenly
goddeloos impious, ungodly, unholy
godin goddess
godsdienst religion
godsdienstig religious
godsdienstoefening divine service
godslastering blasphemy
godvruchtig pious, devout
goed *o* (*mv* goederen) (waar) goods; (kleren) clothes, things; (landgoed) estate; (*adj*) good; (goedhartig) kind; *wees zo* —, be kind enough; — *zo*, well done!; *zo* — *als*, all but, practically
goedemiddag good afternoon
goedemorgen good morning; (bij gaan) good-bye
goedenacht, goedenavond good night
goedendag (bij afscheid) good-bye
goederentrein goods train
goedhartig kind-hearted
goedheid goodness
goedig good-natured
goedkeuren approve (of)
goedkeuring approval
goedkoop cheap
goedmaken repair; *fig* make (it) up
goedpraten gloss over
goedschiks willingly

goedsmoeds of good cheer
goedvinden *o* approval
gokautomaat fruitmachine
gokken gamble
golf wave, billow; (inham) bay, gulf; —, *o* (spel) golf; *Golf van Biskaje*, Bay of Biscay
golflengte wave-length
golfslag dash of the waves
golfterrein *o* golf-links *pl*
golvend waving, undulating
gom *o* gum
gonzen hum, buzz
goochelaar juggler, conjurer
gooien cast, throw, fling
goor dingy, nasty
goot gutter, drain, gully
gootsteen sink
gordel girdle, belt
gordelroos shingles
gordijn *o* curtain; *ijzeren —* iron curtain
gorgelen gargle
gort groats, barley
goud *o* gold
gouden gold(en)
goudenregen laburnum
goudmijn gold-mine
goudsmid goldsmith
goudvis gold-fish
gouvernante governess
graad degree, rank, grade
graaf earl; (buiten Engeland) count
graafschap *o* county, shire
graag eager; (*adv*) gladly; willingly; *hij doet het —,* he likes to do it
graan *o* grain, corn
graat fish-bone, bone
grabbelen scramble for
gracht canal, ditch, moat
gracieus graceful
graf *o* grave, tomb, sepulchre

grafkelder vault
grafschrift *o* epitaph
grafsteen tombstone
gram *o* gramme
grammatica grammar
grammofoon gramophone
grammofoonplaat (gramophone) record
granaat (*mil*) shell
graniet *o* granite
grap jest; joke
grappenmaker joker, buffoon
grappig funny, facetious, comic
gras *o* grass
grasperk *o* lawn, plot of grass
gratie pardon, grace
gratis gratis, free (of charge)
grauw grey; (*sb*) *o* rabble, mob
graven (groef; gegraven) dig
graveren engrave, carve
gravin countess
gravure engraving
grazen graze
greep grip, clutch, handle
greintje *o* particle, atom
grendel bolt
grendelen bolt
grens frontier, border; limit
grensgeval *o* borderline case
grenspaal boundary-post, landmark
grenzeloos boundless, unlimited
grenzen border(on); verge(on), confine
greppel ditch, trench
gretig avid, eager, greedy
grief grievance
Griek Greek
Griekenland *o* Greece
Grieks Greek, Grecian
griep influenza, flu
griesmeel *o* semolina
grieven grieve, offend
griezelen shiver, shudder

griezelig gruesome, creepy
grif readily, promptly
griffier clerk (of the court), secretary, recorder
grijns grin, grimace
grijnzen grin
grijpen (greep; gegrepen) catch, lay hold of, grasp
grijs grey
grijsaard old man
gril caprice, whim, fancy
grillig capricious, whimsical
grimas grimace
grimeren make up
grimmig grim
grind o gravel
grindweg gravel-road
groef groove, furrow
groei growth
groeien grow
groen green; greenhorn; (stud.) freshman
groente vegetables
groenteboer greengrocer
groentesoep vegetable soup
groep group
groepering grouping
groet greeting, salutation, salute
groeten greet, salute
grof coarse, rough
grommen grumble, growl
grond ground, earth, soil; bottom; (fig) reason, cause
grondbeginsel o principle
grondgebied o territory
grondig thorough, profound
grondlegger founder
grondpersoneel o (aer) ground staff
grondslag foundation
grondstof raw material
grondverf primer
grondvesten found
grondwet constitution

grondwettig constitutional
grondzeil o ground sheet
groot large, big, great, tall, high; in 't —, wholesale
Groot-Brittannië o Great-Britain
grootgrondbezitter large land-owner
grootheidswaanzin megalomania
grootmoeder grandmother
grootmoedig magnanimous
grootouders mv grand-parents
groots grand, grandiose, majestic; (trots) proud
grootspraak boast(ing)
grootte largeness, bigness; greatness; size, magnitude
grootvader grandfather
gros o gross; (fig) main body
grossier wholesale dealer
grot grotto, cave
grotendeels greatly
gruis o grit; coal-dust
grutten mv groats
gruweldaad atrocity
gruwelijk abominable, horrible
guit rogue
gul generous, liberal; (hartelijk) cordial, open-hearted
gulden guilder, florin; (adj) golden
gulzig greedy, gluttonous
gulzigaard glutton
gummi o (india-)rubber
gunnen grant; not envy
gunst favour; te mijnen —e, in my favour
gunstig favourable, propitious
guur bleak, raw
gymnasium o grammarschool
gymnastiek gymnastics
gymnastiekschoen plimsoll
gynaecoloog gynaecologist

H

Haag *Den* —, The Hague
haag hedge
haai shark
haak hook
haakje *o* bracket, parenthesis;
tussen twee —*s*, by the way
haakpen crochet-needle
haakwerk *o* crochet-work
haal stroke
haan cock; —*tje de voorste, o*
the cock of the walk
haar her, their; *o* hair
haarborstel hairbrush
haard hearth, fireside
haardroger hair-drier
haarkloverij hair-splitting
haarlak hair spray
haarnetje *o* hair-net
haarspeld hairpin
haarstuk *o* hairpiece, toupee
haarversteviger setting lotion
haas hare; (vlees) fillet, tenderloin
haasje-over *o* leap-frog
haast haste, speed, hurry; *(adv)*
almost, nearly
haasten (zich) hasten, make
haste, hurry up
haastig hasty, hurried
haat hatred
haatdragend resentful, ran-
corous
hachee *o* hash
hachelijk precarious, perilous
hagedis lizard
hagel hail; (om te schieten)
small shot
hagelbui hailstorm
hagelen hail
hak hoe; (schoen) heel
haken hook; (handwerk) do
crochet-work

hakkelen stammer, stutter
hakken chop, hew, hash, mince
hal hall; (hotel) lounge
halen fetch, get; draw; pull;
(trein) catch
half half; — *acht*, half past
seven
halfbloed half-caste
halfgaar half-done
halfrond *o* hemisphere
halfstok at half-mast
halfweg half-way
halm stalk, blade
hals neck, throat; (sul) simple-
ton; — *over kop*, head over
heels
halsband collar
halsslagader carotid (artery)
halsstarrig headstrong, obstinate
halswervel cervical vertebra
halt halt; — *houden*, halt
halte stopping-place, stop
halvemaan half-moon, crescent
halveren halve
halverwege half-way
ham ham
hamer hammer
hamster hamster
hamsteren hoard
hand hand; *de* — *geven*, shake
hands with; *van de* — *doen*,
dispose of; *wat is er aan de
hand?*, what is up?
handbagage hand-luggage
handboek *o* manual
handdoek towel
handdoekenrek *o* towel-rack
handdruk handshake
handel trade, commerce; *zwarte* —, black market; (kruk)
handle

handelaar merchant, dealer, trader
handelbaar tractable, manageable
handelen act, do; — *in*, trade, deal (in)
handeling action, act; —*en*, proceedings; *H—en der Apostelen*, Acts of the Apostles
handels- commercial
handelsbalans balance of trade
handelscorrespondentie commercial correspondence
handelsmerk *o* trade mark
handelsreiziger commercial traveller, salesman
handelsverkeer *o* commerce, trade
handelwijze proceeding, method
handenarbeid manual labour
handgebaar *o* gesture
handgeklap *o* applause
handgeld *o* earnest-money, handsel
handgemeen worden come to blows
handgranaat (hand-)grenade
handhaven maintain
handig handy, skilful
handigheid skill, adroitness
handkar barrow, hand-cart
handlanger helper; accomplice
handleiding manual, guide
handrem hand-brake
handschoen glove
handschrift *o* handwriting; manuscript
handtekening signature
handvat *o* handle
handvol handful
handwerk *o* trade, handicraft; (vrouw) needlework
handwerksman artisan

handwijzer hand-post, sign-post
hangen (hing; gehangen) hang
hangerig listless
hangkast hanging wardrobe
hangmat hammock
hangslot *o* padlock
hansworst Punch, buffoon
hanteren handle
hap bit(e), morsel
haperen falter, stammer; stick
hapering hesitation; hitch
hapje *o* bite, snack
happen snap, bite
happig — *op*, keen upon
hard hard; (woorden) harsh; (stem) loud
harddraverij trotting-race
harden harden
hardgekookt hard-boiled
hardhandig hard-handed, rough, rude
hardheid hardness, harshness
hardhorend hard of hearing
hardlijvig constipated
hardnekkig obstinate, stubborn
hardop aloud
hardvochtig hard-hearted
harig hairy
haring herring
hark rake
harken rake
harlekijn harlequin, buffoon
harmonika accordion
harnas *o* cuirass, armour
harp harp
hars *o* resin
hart *o* heart
hartelijk hearty; cordial
harten hearts
hartenaas ace of hearts
hartgrondig wholehearted
hartig salt, hearty
hartinfarkt *o* cardiac infarct
hartpatiënt cardiac patient

hartroerend pathetic, moving
hartslag heart-beat
hartstocht passion
hartstochtelijk passionate
hartverlamming heart failure
hartverscheurend heart-rending
hatelijk hateful, odious
haten hate, detest
hausse rise
haveloos ragged, shabby
haven harbour, port
havenen damage
havenhoofd o pier, mole
haver oats pl
havermout rolled oats; oatmeal
porridge
havik hawk
hazelnoot hazelnut, filbert
hazepeper jugged hare
hazewind greyhound
hebben (had; gehad) have
hebzucht greed, covetousness
hebzuchtig greedy, covetous
hecht solid, firm, strong; (sb) o
handle
hechten fasten, attach
hechtenis custody, confinement; in — nemen, arrest
hechtpleister sticking-plaster
heden to-day, this day; —, o
the present
hedendaags present, modern
hedenavond this evening
heel whole, entire; — wat, a
good deal (of)
heelal o universe
heelhuids unscathed
heen away; — en terug, there
and back; — en weer, to and
fro
heengaan go away, leave
heenreis outward journey
heer Lord (God, Christ); lord,
gentleman, master; (ca) king

heerlijk glorious, delicious
heerlijkheid magnificence,
glory; (landgoed) manor
heerschappij dominion, rule
heersen rule, reign
heerszuchtig dictatorial
hees hoarse
heester shrub
heet hot
heethoofd o hothead
hefboom lever
heffen (hief; geheven) raise, lift;
(belasting) levy
heffing raising; levying
hefschroefvliegtuig o helicopter
heft o handle, haft
heftig vehement
heg hedge
heide heath, moor; (plant)
heather
heiden heathen, pagan
heidens heathen, pagan
heien ram
heiig hazy
heil o welfare; (godsd.) salvation; veel — en zegen!, a happy
New Year
Heiland Saviour
heilig holy, sacred
heiligdom o sanctuary
heilige saint
heiligheid holiness, sanctity
heiligschennis sacrilege
Heilsleger o Salvation Army
heilwens felicitation
heimelijk secret, clandestine
heimwee o home-sickness
heinde en ver far and near
hek o fence, railing, gate
hekel dislike; een — hebben
aan, dislike, hate
hekelen criticize
heks witch; (fig) vixen
hel hell; (adj) bright, glaring

273

helaas! alas!, unfortunately
held hero
heldendaad heroic deed
heldenmoed heroism
helder clear, bright; (rein) clean
helderziend clear-sighted; (medium) clairvoyant
heldhaftig heroic
heldin heroine
heleboel many, a lot
helemaal wholly, totally, entirely, quite
helen (beter maken) heal, cure; (beter worden) heal; (gestolen goed) receive
helft half
helikopter helicopter
hellen incline, slant, slope
helling slope
helm helmet; (gras) bent-grass
helpen (hielp; geholpen) help, assist, aid, be of use; *wij kunnen het niet —*, it is not our fault
hels hellish, infernal
hem him
hemd o shirt; (vrouwen-) chemise
hemel sky; (godsd.) heaven; (troon) canopy
hemellichaam o heavenly body
Hemelopneming *Maria-ten- —*, Assumption of the Holy Virgin
Hemelvaartsdag Ascension-day
hen hen; (*pron*) them
hengel fishing-rod
hengelen angle
hengsel o hinge, handle
hengst stallion
herademen breathe again
herberg inn, pub(lic house)
herdenken commemorate
herder shepherd

herdershond sheep-dog
herdruk reprint
hereboer gentleman-farmer
herenigen reunite
herenkleding men's wear
herexamen o re-examination
herfst autumn
herfstdraden *mv* gossamer
herhaaldelijk again and again, repeatedly
herhalen repeat, reiterate
herhaling repetition
herinneren *zich —*, remember, recollect; *iem. — aan*, remind one (of)
herinnering memory, remembrance, recollection
herkauwer ruminant
herkennen know again, recognize
herkenningsmelodie signature tune
herkiezen re-elect
herkomst origin
herleiden reduce
herleiding reduction
herleven revive
herleving revival
hermelijn o ermine
hermetisch hermetic
hernia slipped disc
hernieuwen renew
hernieuwing renewal
heroveren reconquer, recapture
herroepen recall, revoke
herscheppen regenerate, transform
hersenen *mv* brain(s)
hersenschudding concussion of the brain
hersenvliesontsteking meningitis
herstel o repair; (zieke) recovery

herstellen mend, repair; (fout) correct; (schade) make good; (zieke) recover
herstelling repairing, recovery
herstellingsoord o sanatorium
herstructurering restructuring
hert o deer, stag
hertog duke
hertogdom o duchy
hertogin duchess
hertrouwen marry again, re-marry
hervatten resume
hervormd reformed
hervorming reform; (kerk) re-formation
herwaarts hither, this way
herzien revise
herziening revision
het the, it, he, she
heten (heette; geheten) name, call; be named, be called
hetgeen what, which
heterdaad op —, red-handed
hetzelfde the same
hetzij either... or; whether... or
heuglijk joyful; memorable
heulen be in league with
heup hip; (v. dier) haunch
heus (adj) courteous, kind; (adv) really
heuvel hill
heuvelachtig hilly
hevel siphon
hevig vehement, violent
hevigheid vehemence
hiaat o hiatus; gap
hiel heel; iem. op de —en zitten, be close upon one's heels
hier here; — en daar, here and there
hierbij enclosed, hereby
hierdoor by this

hierheen hither; this way
hiermede herewith, with this
hierna after this
hiernaast next door
hiernamaals o hereafter
hiervan of that, about this
hij he
hijgen pant, gasp
hijsen (hees; gehesen) hoist
hik hiccup, hiccough
hikken hiccup, hiccough
hinde hind, doe
hinder nuisance, trouble
hinderen hinder, impede, inconvenience, trouble
hinderlaag ambush
hinderlijk annoying, troublesome
hindernis obstacle, hindrance
hinderpaal obstacle
hinken limp; (spelletje) hop
hinniken neigh, whinny
historisch historical
hitte heat
hittegolf heat-wave
hobbelig rugged, uneven
hobbelpaard o rocking-horse
hockey o hockey
hoe how; — eer — liever, the sooner the better; — langer — erger, worse and worse; — langer — meer, more and more
hoed hat; hoge —, top-hat
hoedanigheid quality, capacity
hoede guard, care; op zijn —, on one's guard
hoef hoof
hoefijzer o horseshoe
hoek angle, corner, hook
hoekplaats corner-seat
hoektand eye-tooth
hoen o hen
hoepel hoop
hoer whore

275

hoes cover, dust sheet
hoeslaken *o* fitted sheet
hoest cough
hoesten cough
hoeve farm
hoeveel how much, how many
hoeveelheid quantity
hoewel although
hof garden; —, *o* court
hoffelijk courteous
hofhouding court
hofmeester steward
Hogerhuis *o* House of Lords
hogeschool university
hok *o* (hond) kennel; (varken) sty; (kolen) shed; (kamer) hole, den
hol *o* cave; (dier) hole, den; (*adj*) hollow, empty
Holland *o* Holland, the Netherlands
Hollander Dutchman; de —s, the Dutch; *vliegende* —, The Flying Dutchman; (speelgoed) (boy's) racer
Hollands Dutch
Hollandse Dutchwoman
hollen run
holletje *op een* —, at a scamper
holte cavity; (hand) hollow
hom milt, soft roe
hommel drone, bumble-bee
homp lump; (brood) chunk
hond dog, hound
hondehok *o* (dog-)kennel
hondeweer *o* beastly weather
honderd hundred
honderdste hundredth
honderdtal *o* a (one) hundred
honds doggish; brutal
hondsdolheid rabies
honen jeer at, insult
Hongaar(s) Hungarian
Hongarije *o* Hungary

honger hunger; — *hebben*, be hungry
hongerig hungry
hongersnood famine
honig honey
honigraat honeycomb
honorarium *o* fee
honoreren pay; honour
hoofd *o* head; chief, leader; (school) headmaster; (artikel) heading
hoofd- *adj* principal, main
hoofdarbeider brainworker
hoofdartikel *o* leading-article, leader
hoofdbureau *o* head-office; police office
hoofddeksel *o* head-gear
hoofdeinde *o* head
hoofdfilm feature, (main) film
hoofdgerecht *o* main course
hoofdkussen *o* pillow
hoofdkwartier *o* headquarters (*pl*)
hoofdletter capital
hoofdpersoon principal person
hoofdpijn headache
hoofdredacteur editor-in-chief
hoofdrol leading part
hoofdstad capital
hoofdstuk *o* chapter
hoofdverkeersweg mainroad, arterial road
hoofdzaak main point
hoofdzakelijk principally, chiefly, mainly
hoofdzuster head-nurse
hoofs courtly, court-
hoog high; tall, lofty; exalted
hoogachtend yours faithfully
hoogachting respect, esteem
hoogconjunctuur boom
hooggeachte —*e heer*, Dear Sir
hooghartig proud, haughty

hoogheid highness
Hooglander Highlander
hoogleraar professor
hoogmis high mass
hoogmoed pride
hoogoven blast-furnace
hoogseizoen *o* peak season
hoogspanning high tension
hoogstaand superior
hoogstens at (the) most
hoogte height; elevation, hill; altitude; *op de — zijn*, be well informed
hoogtepunt *o* culminating-point
hoogtezon sunlamp
hoogvlakte plateau, tableland
hooi *o* hay
hooiberg haystack
hooien make hay
hooikoort hayfever
hoon insult, taunt
hoop heap, pile; (massa) crowd, multitude; (verwachting) hope
hoopvol hopeful
hoorbaar audible
hoorn *o* horn; bugle
hoorspel *o* radio play
hopeloos hopeless
hopen hope (*op*, for)
horde hurdle; (troep) horde, troop, band
horen (*ww*) hear; (*sb*) zie *hoorn*
horizon horizon
horizontaal horizontal
horloge *o* watch
horlogebandje *o* watch-strap
horzel hornet, horse-fly
hospita landlady
hospitaal *o* hospital, infirmary
hostie host
hotel *o* hotel
hotelier hotel-keeper

houdbaar tenable
houden (hield; gehouden) hold; keep; — *van*, like, love
houding bearing, carriage, posture, attitude
hout *o* wood; timber
houten wooden
houthakker wood-cutter
houtskool charcoal
houtsnede woodcut
houtvester forester
houvast *o* hand hold; (*fig*) hold
houw cut, gash
houweel *o* pickaxe
houwen hew
hozen scoop
huichelaar hypocrite
huichelachtig hypocritical
huichelen dissemble; feign
huid skin; hide
huidarts dermatologist
huidig present, modern
huig uvula
huilen (dier) howl, whine; (mens) cry, weep
huis *o* house; home; *naar —*, home; *te —*, at home
huisarts family doctor; general practitioner
huisbaas landlord
huisbewaarder care-taker
huisdier *o* domestic animal
huisdokter zie *huisarts*
huiselijk domestic, homely
huisgenoot housemate
huisgezin *o* family
huishoudelijk economical; domestic   [money.
huishoudgeld *o* housekeeping
huishouden *o* household
huishoudster housekeeper
huishuur house-rent
huiskamer sitting-room, living-room

277

huisknecht man-servant; (hotel) boots
huisraad *o* furniture
huissleutel latchkey
huisvesting lodging, accommodation
huisvrouw housewife
nuiswaarts homeward
huiswerk *o* home tasks
huiveren shiver; (vrees) shudder
huiverig shivery; (*fig*) shy
huivering shiver(s), shudder
huiveringwekkend horrible
huizen house, live
hulde homage, tribute
huldigen do (pay) homage to
hullen wrap (up)
hulp aid, help, assistance; *eerste —*, first-aid
hulpbehoevend needy, infirm
hulpbron resource
hulpeloos helpless
hulpmiddel *o* expedient, makeshift
hulpvaardig helpful
hulpwerkwoord *o* auxiliary verb
huls pod; cartridge-case
hulst holly
humeur *o* humour, mood
humeurig moody

humor humour
hun (*bez. vnw*) their, (*pers. vnw*) them
hunkeren hanker after
huppelen hop, skip
hups nice, kind
huren hire, rent
hurken squat (down)
hut cottage; (*nav*) cabin
hutkoffer cabin-trunk
huur rent, hire; lease; *te —*, to let
huurder hirer, tenant
huurhuis *o* rented house
huurkoop hire-purchase (system)
huurprijs rent
huwelijk *o* marriage, matrimony, wedding; wedlock
huwelijksaanzoek *o* proposal
huwelijksreis wedding-trip, honeymoon
huwelijksvoorwaarden *mv* marriage contract
huwen marry, wed
huzaar hussar
hyacint hyacinth
hygiënisch hygienic
hypotheek mortgage
hypotheekbank mortgage bank

I

ideaal *o* ideal
idee *o* idea, notion
idem the same, ditto, do
identificatie identification
idioot idiot; (*adj*) idiotic
idylle idyl
ieder every, each
iedereen everybody, everyone

iemand somebody, any body
iep elm(tree)
Ier Irishman
Ierland *o* Ireland
Iers Irish
iets something, anything
ijdel vain
ijdelheid vanity

ijken gauge
ijl thin, rare
ijlen hasten, hurry on; (in koorts) rave, wander
ijlings hastily
ijs o ice; ice-cream
ijsbaan skating-rink
ijsbeer polar bear
ijsblokje ice-cube
ijsco ice-cream
ijscoman ice-cream vendor
ijselijk horrible, frightful
ijsje o ice-cream, ice
ijskast refrigerator
ijskegel icicle
ijskoud cold as ice, icy
ijssalon ice-cream bar
ijsschots floe
ijver zeal, diligence, ardour
ijverig zealous, diligent
ijzel glazed frost
ijzen shudder, shiver
ijzer o iron
ijzerdraad o iron wire
ijzeren iron
ijzergieterij iron-foundry
ijzerwaren mv hardware
ijzig icy; gruesome
ik I; — zelf, I myself
illegaal illegal, clandestine
illegaliteit resistance movement
illusie illusion
illustreren illustrate
immers for
imitatie imitation
immuun immune
imperiaal roof rack
imponeren impress
import import
importeur importer
in in, into, whitin, at, on
inademen breathe, inhale
inbeelding imagination; self-conceit

inbegrepen including
inbinden bind; (fig) climb down
inblazing instigation; suggestion
inboedel furniture
inboezemen inspire
inboorling native
inborst character, nature
inbraak burglary
inbreker burglar
inbreuk infraction; — maken, encroach upon
incasseren cash, collect
incassobureau collection agency
incident o incident
inclusief inclusive (of)
inconsequent inconsistent
indachtig mindful of
indelen divide, group, class; incorporate in
indeling division, classification
inderdaad indeed, really
indertijd at the time
indexcijfer o index figure
Indiaan (Red) Indian
indien if, in case
indienen present; bring in
individu o individual
individueel individual
indoctrinatie indoctrination
Indonesië o Indonesia
indopen dip in(to)
indringen penetrate into
indringer intruder
indringerig intrusive
indruk impression
indrukwekkend impressive
industrialiseren industrialize
industrie industry
industrieel manufacturer; (adj) industrial
ineens all at once, suddenly
ineenstorting collapse
ineenzakken collapse

279

inenten vaccinate, inoculate
infanterie infantry, foot
infecteren infect
infectie infection
inflatie inflation
influenza influenza, flu
informatie information; —s inwinnen, make inquiries
informatiebureau *o* inquiry-office
informeren inquire
ingaan enter, go into
ingang entrance; *met — van*, as from, with effect from
ingelegd (vloer) inlaid; (zuur) preserved, pickled
ingenaaid paper bound
ingenieur engineer
ingesloten enclosed; included
ingetogen modest
ingeval in case
ingeving prompting, suggestion, inspiration
ingevolge pursuant to
ingewanden *mv* bowels, entrails, intestines
ingewijde initiate, insider
ingewikkeld intricate, complicated
ingeworteld inveterate
ingezetene inhabitant
ingrediënt ingredient
ingrijpen intervene, encroach (upon)
ingrijpend radical
inhaalverbod *o* overtaking prohibition
inhalen take in, haul in; (oogst) gather in; (rook) inhale; (bereiken) overtake; (tijd) make up for
inhaleren inhale
inhalig greedy, covetous
inham creek, bay

inhechtenisneming arrest
inheems native, indigenous; home-bred
inhoud contents, capacity
inhouden contain; hold, keep back
initiatief *o* initiative
injectiespuit (injection) syringe
inklaren clear
inkomen *o* income; (*ww*) enter
inkomstenbelasting income ta
inkoop purchase
inkoopsprijs cost price
inkt ink; *Oostindische —*, Indian ink
inktkoker inkstand
inktvlek ink-blot, ink-stain
inkwartieren billet, quarter
inladen load; put on board
inlander native
inlands native, home-, home made; home-bred
inlassen insert, intercalate
inleg stake, deposit
inleggen lay in; preserve; deposit
inleiding introduction
inleveren deliver up, send in
inlichten inform
inlichting information; —en inwinnen, make inquiries
inlijsten frame
inlijving incorporation
inlossen redeem
inmaak preservation; preserves
inmaken preserve
inmenging meddling, interference; intervention
inmiddels in the meantime, meanwhile
innemen take (in); (medicijn) take; (*fig*) captivate, charm
innemend taking, winning
innen collect, cash

innerlijk inward, internal
innig tender, fervent
inpakken pack (up), wrap up
inpolderen reclaim
inprenten imprint, impress
inrichten arrange; (huis) fit up; furnish; (winkel) fit
inrichting arrangement, layout; (huis) furniture; (gebouw) establishment
inrijden (auto) run in
inroepen invoke
inruilen exchange (for)
inschakelen throw into gear; (rad) switch on; (fig) include (in), introduce (into)
inschenken pour out
inschepen embark, ship
inscheping embarkation
inschikkelijk obliging, compliant, accommodating
inschrijfgeld o registration fee
inschrijven inscribe, book; enrol(l), enter
inschrijving subscription; enrollment; entry
insekt o insect
insektenpoeder insecticide
ingelijks likewise; —!, the same to you!
insigne o badge
inslaan (paal) drive in; (ruit) smash; (opdoen) lay in; (weg) **inslapen** fall asleep   [take
inslikken swallow (down)
insluiten lock in; (brief) enclose
insmeren grease, smear
insnijding incision
inspannen zich —, exert oneself, do one's utmost
inspanning exertion
inspecteren inspect
inspecteur inspector

inspectie inspection
inspraak participation
inspuiting injection
instaan voor answer for, guarantee, vouch for
installeren install
instandhouding maintenance, preservation
instantie instance, resort
instappen get in, take seats
instellen institute; make (inquiries to); establish
instelling institution
instemmen agree (with)
instemming approval
instituut o institute
instorten pour in (into); fall down; collapse; (zieken) relapse
instorting collapse, relapse
instructie instruction
instrument o instrument
instrumentenbord o dash-board
integendeel on the contrary
integer honest, upright
intekenen (op) subscribe (to)
intellectueel intellectual
intercommunaal gesprek o trunk call
interessant interesting
interest interest; samengestelde —, compound interest
interlokaal zie intercommunaal
internationaal international
internist specialist in internal medicine
intiem intimate
intocht entry
intrede entrance; beginning
intrek zijn — nemen in, put up at
intrekken draw in; (order enz.) cancel; withdraw; (geld) retire; (in huis) move in

intrigant intriguer
intrige intrigue; plot
introducé visiting member
introduceren introduce, present
intussen meanwhile, in the
meantime
inval (v. vijand) invasion; (politie) raid; (*fig*) fancy, brain-
wave
invalide invalid
invallen fall; tumble down;
(koude) set in; (*mil*) invade
invasie invasion
inventaris inventory
investering investment
invitatie invitation
invloed influence
invloedrijk influential
invoegen insert
invoer importation, import
invoeren import; (*fig*) intr-
duce
invoerhandel import trade
invoerrechten *mv* import duties
invoervergunning import
licence
invorderen collect
invulformulier *o* (blank) form
invullen fill up (in)
inwendig inward, inner, interna!
inwerking action, influence
inwijden inaugurate

inwijding consecration, initia-
tion, inauguration
inwilligen grant
inwinnen (inlichting) gather;
(raad) take
inwisselen change; exchange for
inwonend resident
inwoner inhabitant, lodger,
resident
inwrijven rub (in)
inzage inspection; *ter* —, on
approval; open to inspection
inzamelen gather, collect
inzegenen bless, consecrate
inzenden send in, forward; *ingezonden stuk*, letter to the
editor
inzepen lather
inzet first bid; stake(s)
inzicht *o* insight, view
inzien look into, feel, consider;
mijns —*s*, in my opinion
inzittende occupant
inzonderheid especially
ironie irony
ironisch ironical
isolatieband *o* insulating tape
isoleren isolate; (*el*) insulate
Israëliet Israelite
Israëlisch Israeli
Italiaan(s) Italian
Italië *o* Italy
ivoor *o*, ivoren ivory

J

ja yes; indeed
jaar *o* year
jaarbeurs industries fair
jaargang file, volume; (wijn)
vintage

jaargetij(de) *o* season
jaarlijks yearly, annual(ly)
jaartal *o* year, date
jaartelling era
jaarverslag *o* annual report

jacht hunting, shooting; —, o yacht
jachtakte shooting-licence
jachthaven marina
jachtterrein o hunting-ground
jacketkroon jacket crown
jagen (jaagde of joeg; gejaagd) hunt, chase; (haasten) race, rush
jager hunter; (aer) fighter
jaloers jealous
jaloezie jealousy; (zonneblind) window-blind, Venetian blind
jam jam
jammer o misery; het is —, it is a pity
jammeren lament, wail
jammerlijk miserable, piteous
janken yelp, whine
januari January
Japanner Japanese, Jap
Japans Japanese
japon dress, gown
jarig hij is —, it is his birthday
jarretel suspender
jas coat
Javaan(s) Javanese
jawel yes; indeed
je (pron) you
jegens towards, to
jenever gin
jengelen whine
jeugd youth
jeugdherberg youth hostel
jeugdig youthful, juvenile
jeuk itching
jeuken itch
jicht gout
jij you

jodin Jewess
jodium o iodine
jodiumtinctuur tincture of iodine
Joegoslavië o Yugoslavia
jokken fib, tell fibs (stories); lie, tell lies
jol yawl, dinghy
jolig jolly, merry
jong young one; cub; (adj) young
jongeling youth, lad
jongen boy, lad
jongst youngest, latest
jongstleden last
jood Jew
joods Jewish, Judaic
jou you
journalist journalist
jouw your
jubelen jubilate
jubilaris person celebrating his jubilee
jubileum o jubilee
juchtleer o Russia leather
juffrouw miss, lady
juichen shout, exult
juist just, exact, correct
juk o yoke, cross-beam
juli July
jullie you; your
juni June
jurist barrister, lawyer
jurk frock, gown, dress
jus gravy
juskom gravy-boat
justitie justice
juweel o jewel, gem
juwelier jeweller

K

Zie ook C.
kaak jaw(bone)
kaal bald, bare, naked; (kleren) threadbare; (*fig*) shabby
kaap cape, headland
Kaapstad *o* Cape Town
kaars candle
kaart card; (zee-) chart; (land-) map; (entree-) ticket
kaarten play at cards
kaartje *o* card; ticket
kaartregister, -systeem *o* card index
kaas cheese
kaasmarkt cheese-market
kabbelen ripple, babble
kabel cable [telpher
kabelbaan cable railway;
kabeljauw cod(fish)
kabinet *o* cabinet; closet; (regering) cabinet, government
kabouter elf, gnome
kachel stove
kade quay
kader *o* cadre, frame
kadetje *o* French roll
kaf *o* chaff
kaft *o* wrapper, cover
kajuit cabin
kakelen cackle; (*fig*) chatter
kalender calendar
kalf *o* calf
kalfsgehakt *o* minced veal
kalfsleer *o* calf (leather)
kalfsoester veal escalope
kalfsvlees *o* veal
kalfszwezerik sweetbread
kalk lime; plaster
kalkoen turkey(-cock)
kalksteen limestone
kalm calm, quiet
kalmeren (*trs*) soothe; (*intr*) calm down

kalmte calm, calmness
kam (haar) comb; (vogel) crest; (viool) bridge; (berg) ridge
kameel camel
kamer room, chamber; — *van koophandel*, chamber of commerce
kameraad mate, comrade
kamermeisje *o* chamber maid
kamerscherm *o* draught-screen
kamfer camphor
kamferspiritus camphorated spirits
kamgaren *o* worsted
kamille camomile
kammen comb
kamp fight; —, *o* camp
kampeerbus camper
kampeerterrein *o* campingsite
kamperen camp
kamperfoelie honeysuckle
kampioen champion
kampioenschap *o* championship
kampvuur *o* campfire
kan jug, can, mug
kanaal *o* canal; channel; *het K*—, the Channel
kanarie canary
kandelaar candlestick
kandidaat candidate; (voor betrekking) applicant; — *in de letteren, rechten*, Bachelor of Arts (Laws)
kaneel cinnamon
kanker cancer; (*fig*) canker
kano canoe
kanon *o* gun, cannon
kans chance, opportunity
kansel pulpit
kanselarij chancery
kanselier chancellor

kant side, border, edge; (blad-zijde) margin; (handwerk) lace
kantelen topple over, capsize
kantine canteen
kantonrechter justice of the peace
kantoor o office
kantoorbediende office-clerk
kantooruren mv office-hours
kanttekening marginal note
kap cap, hood; cover; (laars) top; (auto) bonnet
kapel chapel; (vlinder) butter-fly; (muziek) band
kapelaan curate
kapelmeester bandmaster
kaping hijacking
kapitaal o capital
kapitalisme o capitalism
kapitein captain
kaplaars top-boot
kapok capoc
kapot broken, gone to pieces; — maken, break
kappen chop; (boom) cut down; (haar) dress
kapper hairdresser
kapseizen capsize
kapsel o head-dress
kapstok coat-stand, hall-stand; row of pegs
kaptafel dressing-table
kapucijner Capuchin, grey friar; (erwt) marrowfat pea
kar cart; (fiets) bike
karabijn carbine
karaf water-bottle; (wijn) decanter
karakter o character, nature
karakteristiek characteristic
karavaan caravan
karbonade chop, cutlet
kardinaal cardinal

karig scanty, sparing
karikatuur caricature
karnemelk buttermilk
karnen churn
karper carp
karpet o carpet
karrespoor o rut
kartel o cartel
kartelen notch
karton o, **kartonnen** adj card-board, paste-board
karwei o job
kas case; (v. bloemen) hot-house; (v. geld) cash; pay-office
kasboek o cash-book
kasgeld o till-money
kassa (cash-)desk, pay-desk; (schouwburg) box-office; per —, net cash
kassier cashier
kast cupboard; (boeken) book-case; (kleer-) wardrobe
kastanje chestnut
kasteel o castle
kastekort o deficiency, deficit
kastelein inn-keeper, landlord
kastijden chastise
kat cat
kater tom cat
katheder pulpit
kathedraal cathedral
katholiek Roman Catholic
katoen o cotton
katrol pulley
kattebak cinder tray
katterig — zijn, feel unwell
kauwen chew, masticate
kauwgom o chewing gum
kazerne barracks pl
keel throat
keelgat o gullet
keelpijn pain in the throat
keep notch

285

keer turn; (maal) time
keerkring tropic
keerpunt *o* turning-point
keerzijde reverse, back
keet shed
keffen yap
kegel cone; (spel) skittle, nine-pin
kegelbaan skittle-alley
kegelen play at skittles
kegelvormig conic(al)
kei(steen) cobble(-stone)
keizer emperor
keizerin empress
keizerlijk imperial
keizerrijk *o* empire
kelder cellar
kelk cup, chalice; (bloem) calyx
kelner waiter
kelnerin waitress
kenbaar knowable, recogniz-able
kengetal *o* (*tel*) code number
kenmerk *o* characteristic
kenmerkend characteristic
kennelijk apparent, evident
kennen know; be acquainted with
kenner connoisseur
kennis knowledge; (persoon) acquaintance; — *maken met*, make someone's acquaintance
kennisgeving notice, notifica-tion; *enige* —, no cards
kenschetsen characterize
kenteken *o* distinctive mark, badge, token
kentekenbewijs registration certificate
kentering turning, change
kerel fellow, chap
keren turn; (tegengaan) stop
kerk church

kerkboek *o* prayer-book
kerkelijk ecclesiastical
kerker dungeon, prison
kerkgenootschap *o* denomina-tion
kerkhof *o* churchyard
kerktoren steeple
kermen moan, groan
kermis fair
kern (noot) kernel; (perzik) stone; (cel, atoom) nucleus; (*fig*) pith, core
kern- nuclear
kernachtig pithy, terse
kerndeling nuclear fission
kernenergie nuclear power
kernreactor atomic pile
kerrie curry (-powder)
kers cherry; *Oostindische* —, nasturtium
kerstavond Christmas Eve
kerstboom Christmas-tree
kerstlied *o* Christmas carol
Kerstmis Christmas, X-mas
kersvers quite fresh
kerven carve
ketel kettle; (groter) boiler
keten chain
ketter heretic
ketting chain
kettingbotsing pile-up
kettingkast gear case
keu (billiard-)cue
keuken kitchen
keukenmeisje *o* cook
Keulen *o* Cologne
keur choice; selection
keuren inspect, taste; (d. arts) examine
keurig nice, exquisite
keuring examination, inspec-tion
keus choice, selection
keuvelen chat

keuze zie *keus*
kever beetle
kibbelarij squabble, quarrel
kibbelen bicker, wrangle
kieken snapshot, snap, take
kiekje *o* snap(shot)
kiel blouse; (schip) keel
kiem germ
kiemen germinate
kier narrow opening; *op een* —, ajar
kies (back) tooth; (*adj*) delicate, considerate
kieskeurig dainty, particular
kiespijn tooth-ache
kiesrecht *o* franchise
kieuw gill
kievit lapwing, pewit
kiezel *o* gravel
kiezen (koos; gekozen) choose, elect (as a representative)
kiezer constituent, voter
kijf *buiten* —, beyond dispute
kijk look, aspect
kijken (keek; gekeken) look (at), see, peep
kijker looker-on, spectator; (glas) telescope; opera-glass
kijkgat *o* peep-hole
kijven (keef; gekeven) quarrel, wrangle
kikker, kikvors frog
kil chilly
kilo, kilogram *o* kilogram
kilometer kilometre
kilometerteller mileage recorder
kim horizon
kimono kimono
kin chin
kind *o* child, infant, baby
kinderachtig childish
kinderarts pediatrician
kinderbijslag family allowance

kinderjuffrouw nurse
kinderkamer nursery
kinderlijk childlike, childish
kinderverlamming infantile paralysis, polio(myelitis)
kinderwagen perambulator
kinds doting   [child
kindsbeen *van* — *af*, from a
kinine quinine
kinkel clown; bumpkin
kinkhoest (w)hooping-cough
kiosk kiosk; news-stand
kip hen; (gerecht) chicken
kippenhok *o* hen-house
kippesoep chicken-broth
kippevel *o* (*fig*) goose-flesh
kippig short-sighted
kist case; chest, box; (dood-kist) coffin
kittig smart
klaar clear; ready
klaarblijkelijk evident, obvious
klaarkomen get ready
klaarmaken make ready, prepare
klacht complaint, lamentation
klachtenboek *o* complaintbook
klad stain, blot; —, *o* (ontwerp) rough draught
kladden stain, blot
klagen complain (of)
klakkeloos gratuitous
klam clammy, moist
klamboe mosquito-net
klandizie custom, clientele
klank sound; ring
klant customer
klap slap, smack, blow
klapbes gooseberry
klappen smack, clap, applaud
klapper (vrucht) coco-nut; (register) index
klappertanden *hij klappertandt*, his teeth chatter

287

klaproos

klaproos (corn)poppy
klapstoel folding chair, tip-up seat
klarinet clarinet
klasse class; (op school) form; class-room
klassenstrijd class-war
klassiek classic
klateren rattle; (water) splash
klatergoud o tinsel, Dutch gold
klauteren clamber, climb
klauw clutch, paw
klavecimbel harpsichord
klaver clover, trefoil, shamrock
klaverblad o clover-leaf
klaveren (ca) clubs
klavier o keyboard; piano
kleden dress, clothe; geklede jas, frock-coat
kleding clothes, dress
kleed o garment, dress; (vloer) carpet; (tafel) tablecover
kleefstof glue, gluten
kleerborstel clothes-brush
kleerhanger clothes-hanger
kleerkast wardrobe
kleermaker tailor
klei clay
klein little, small
Klein-Azië o Asia Minor
kleinbeeldcamera miniature camera
kleindochter granddaughter
kleineren belittle
kleingeestig narrow-minded
kleingeld o change
kleinigheid trifle
kleinkind o grandchild
kleinood o jewel, trinket, gem
kleinzerig squeamish about pain
kleinzielig small-minded
kleinzoon grandson

klem catch, mantrap; (nadruk) stress, emphasis
klemband spring-back
klemmen pinch, clench, clasp
klemmend cogent
klemtoon stress; accent
klep (in motor) valve
kleren mv clothes pl
klerenhanger clothes-hanger
klerk clerk
kletsen talk (nonsense)
kletskous chatterbox
kletsnat soaking wet
kletspraat silly talk
kletteren clatter; (wapens) clash
kleumen shiver
kleur colour; (gelaats-) complexion
kleurboek o painting-book
kleurecht sun-proof, fast-dyed
kleuren colour; (blozen) blush
kleurenblind colour-blind
kleurenfilm colour film
kleurenfotografie colour photography
kleurentelevisie colour television
kleurig colourful, gay
kleurling coloured man
kleurpotlood o coloured pencil
kleuter little one; toddler
kleuterschool infant-school
kleven cleave, stick; adhere
kleverig sticky
kliek clique, set, coterie
kliekje(s) o (mv) left-overs
klier gland
klieven cleave
klikken inform, tell tales
klimaat o climate
klimmen (klom; geklommen) climb, ascend, mount
klimop ivy

kliniek clinic
klink latch
klinken (klonk; geklonken) sound, clash, ring; touch (glasses); (klinknagels) rivet
klinker vowel; (steen) brick
klinknagel rivet
klip rock, crag, reef
kloek hen
klok clock; (toren-) bell
klokhuis o core
klokkenspel o carillon, chimes pl
klokslag stroke
klomp lump; (goud) nugget; (aan voet) wooden shoe, clog
klontje o (suiker) lump
kloof cleft, gap, chasm
klooster o cloister; (v. mannen) monastery; (v. vrouwen) convent
kloosterbroeder friar
kloostergang cloister
kloppen knock; tap; beat; (op deur) rap; — *met*, agree with, tally with
klos bobbin, spool; reel
kloven cleave; (hout) chop
klucht farce
kluchtig comical, droll
kluif bone
kluis cell; strong-room, safe-deposit
kluister fetter, shackle
kluit clod, lump
kluiven (kloof; gekloven) pick, gnaw
kluizenaar hermit
klusje o job, chore
klutsen beat up (eggs)
kluwen o ball
knaagdier o rodent
knaap boy, lad, chap
knabbelen nibble

knagen gnaw
knak crack; blow, injury
knakken snap; crack
knakworst frankfurter
knal crack, bang, detonation, report
knalpot silencer
knap clever; (uiterlijk) handsome, good-looking
knarsen creak, grind
knarsetanden gnash one's teeth
knecht (man-)servant
kneden knead
kneep pinch
knel *in de* —, in a scrape
knellen pinch, squeeze
knetteren crackle
kneuzen bruise, contuse
kneuzing bruise, contusion
knevel moustache; (van dier) whiskers
knibbelen haggle
knie knee
knielen kneel
knieschijf knee-cap
kniezen mope, fret
knijpen (kneep; geknepen) pinch; (*fig*) squeeze
knikken nod
knikker marble
knikkeren play at marbles
knip cut, clip; (slot) catch; (met vinger) fillip
knipkaart ticket book
knipmes o clasp-knife
knipogen wink, blink
knippen cut; clip, punch
knipperlicht o flashing light, winker
knobbel bump; knob, knot
knoeien mess, make a mess; tamper; (*fig*) bungle
knoest knot, gnarl

289

knoflook *o* garlic
knokkel knuckle
knol (gewas) turnip; (v. plant)
tuber; (paard) jade
knoop knot; button; stud
knooppunt *o* junction
knoopsgat *o* buttonhole
knop knob; (v. bel) button,
push; (v. bloem) bud
knopen knot, tie
knorren grunt; (*fig*) grumble
knorrig grumbling
knuffelen hug, cuddle
knuppel cudgel, club, bludgeon
knutselen potter
koddig droll, odd, funny
koe (*mv* koeien) cow
koek cake
koekbakker confectioner
koekje biscuit
koekoek cuckoo; skylight
koel cool, cold
koelbloedig cool, level-headed
koelhuis *o* cold store
koelkast refrigerator
koelte coolness
koeltje *o* breeze
koen bold, daring
koepel dome, cupola
koerier courier
koers course, direction;
(markt-) quotation; (wissel)
rate of exchange
koerslijst list of quotations
koest quiet
koesteren cherish, nurse
koets coach, carriage
koetsier coachman, driver
koevoet crowbar
koffer box, trunk, (suit-)case
kofferruimte boot, trunk
koffie coffee
koffiebar coffee bar
koffiedrinken *o* lunch

koffiehuis *o* café
koffiemelk ± single cream
koffiemolen coffee grinder
koffiepot coffee-pot
koffiezetapparaat *o* coffee
machine
kogel (kanon) ball; (geweer)
bullet
kogellager *o* ball-bearing
kogelrond globular, spherical
kok cook
koken boil; (eten) cook
koker case, sheath
koket coquettish
kokosnoot coco-nut
kolen *mv* coal(s)
kolendamp carbon monoxide
kolenkit coal-scuttle
kolenmijn coal-mine, coal-pit.
colliery
kolenschop coal-shovel
kolf (geweer-) butt (-end)
koliek colic
kolom column
kolonel colonel
kolonie colony, settlement
kolossaal colossal(ly), huge
kom basin, bowl
komedie comedy
komeet comet
komen (kwam; gekomen) come,
arrive
komfoor *o* chafing-dish, brazier
komiek comic(al), funny; (*sb*)
clown, comedian
komisch comic(al), funny
komkommer cucumber
komkommersla sliced-cucum-
ber salad
komma comma
kommer trouble, sorrow
kompas *o* compass
komplot *o* plot, intrigue
kompres *o* compress

komst coming, arrival
konijn *o* rabbit
koning king
koningin queen
koningsgezind royalist
koninklijk royal, regal
koninkrijk *o* kingdom
konkelen plot, intrigue
konvooi *o* convoy
kooi cage; (op schip) berth; bunk
kookboek *o* cookery book
kookkunst cookery, art of cooking
kookpunt *o* boiling-point
kool (groente) cabbage; (brandstof) coal; *rode* —, red cabbage
koolhydraat carbohydrate
koolmonoxyde carbon monoxide
koolstof carbon
koolzuur *o* carbonic acid
koop purchase; *te* —, to be sold
koopje *o* bargain
koopman merchant, dealer
koopvaarder merchantman
koopwaar merchandise, commodities
koor *o* choir, chorus
koord *o* cord, string, rope
koorddanser rope-dancer
koorts fever
koortsachtig feverish; hectic
koortsthermometer clinical thermometer
koorzang choral song
kop head; (verstand) brains, sense; (kom) cup; (in krant) head-line
kopen (kocht; gekocht) buy, purchase
koper buyer
koper *o* copper; *geel* —, brass; *rood* —, copper

koperdraad *o* brass-wire
koperen copper, brass
kopergravure copperplate
kopie copy; (v. kunstwerk) replica
kopiëren copy
kopij manuscript, copy
kopje *o* cup
koplamp headlight
koppel belt; —, *o* couple
koppelen couple
koppeling coupling; clutch
koppelteken *o* hyphen
koppig headstrong, obstinate; (v. dranken) heady
koptelefoon headphones
koraal (zang) *o* choral; (stof) coral
koralen coral
kordaat resolute
koren *o* corn, grain
korenbloem cornflower, bluebottle
korenschoof sheaf of corn
korf basket, hamper
korfbal *o* (ongeveer) basketball
korporaal corporal
korps *o* corps, body
korrel grain
korrelig granular
korset *o* corset, stays
korst crust; (op wond) scab; (v. kaas) rind
korstdeeg *o* short pastry
kort short, brief; *te* — *komen*, be short of
kortademig short of breath
kortaf curt
kortegolf short-wave
kortheidshalve for the sake of brevity, for short
korting deduction, discount; rebate
kortom in short, in a word

kortsluiting short-circuit(ing)
kortstondig short, of short duration
kortwieken clip the wings
kortzichtig shortsighted
korzelig crabbed, crusty
kosmonaut cosmonaut
kost board, food; — en inwoning, board and lodging; aan de — komen, make a living; in de — doen, put out to board
kostbaar expensive, costly, dear
kostbaarheden mv valuables
kostelijk exquisite
kosteloos free, gratis
kosten mv expenses, cost; op mijn —, at my expense; alle — inbegrepen, all-in-cost; (ww) cost
koster sexton
kostganger boarder
kostgeld o board
kosthuis o boarding-house
kostprijs cost-price
kostschool boarding-school
kostuum o costume; (v. man) suit; (v. vrouw) costume; (bal-masqué) fancy-dress
kostwinner bread-winner
kostwinning livelihood
kotelet cutlet, chop
kou cold
koud cold, frigid
koude cold(ness)
koudvuur o gangrene
koukleum chilly body
kous stocking
kouseband garter
kouvatten catch (a) cold
kouwelijk chilly, sensitive to cold
kozijn o window-frame
kraag collar

kraai crow
kraaien crow
kraakbeen o cartilage
kraal bead
kraam booth, stall
kraamvrouw woman in childbed
kraan tap, cock; (hef-) crane, derrick; (knap iemand) dab
kraanvogel crane
kraanwagen breakdown lorry
krab crab, crab-fish; (haal) scratch
krabbelen scribble, scrawl
krabben scratch
kracht energy, power, strength, force
krachteloos powerless; invalid
krachtens by virtue of
krachtig powerful, strong
krakeling pretzel
kraken crack, creak
kram cramp(-iron)
kramp cramp, spasm
krampachtig spasmodic, convulsive
kranig brave
krankzinnig crazy, mad, lunatic
krankzinnigengesticht o lunatic asylum
krankzinnigheid craziness, madness, lunacy
krans wreath
krant newspaper
krantenjongen newsboy
krante(uit)knipsel o press cutting
krap tight, narrow
kras scratch; (adj) strong, vigorous; stiff
krassen scratch; scrape
krat o crate
krater crater
krediet o credit

kredietwaardig solvent
kreeft (zee-) lobster; (zoetwater-) crawfish; (in dierenriem) Cancer
kreet cry, scream, shriek
kregel peevish, cross
krekel cricket
krenken hurt, offend, injure
krent currant
krentenbroodje *o* currant-bun
krenterig mean, niggardly
kreukelen crease, crumple
kreukvrij crease-resisting
kreunen moan, groan
kreupel lame
kreupelhout *o* underwood
kriebelen tickle
krijg war
krijgen (kreeg; gekregen) get, receive, obtain   [war
krijgsgevangene prisoner of
krijgsgevangenschap captivity
krijgshaftig martial, warlike
krijgsman warrior
krijgsraad council of war; (*jur*) court-martial
krijgstucht military discipline
krijsen scream, shriek
krijt *o* chalk; (teken-) crayon
krik jack
krimpen (kromp; gekrompen) shrink; writhe (with pain)
krimpvrij unshrinkable
kring circle, ring
kringloop circular course
krioelen swarm
kristal *o* crystal
kristallisatie crystallization
kritiek criticism, critique; review; (*adj*) critical, crucial
kritisch critical
kroeg public house, pub
kroes cup, mug; (smelt-) crucible; (*adj*) frizzled, frizzy

kroeshaar *o* frizzled hair
krododil crocodile
krokus crocus
krom crooked, curved
krommen (zich) bend, bow, curve
kromming bend, curve
kronen crown
kroniek chronicle; (in krant) column
kroning coronation
kronkelen wind, meander
kronkeling winding, coil
kroon crown; (licht-) chandelier, lustre
kroos *o* duckweed
kroost *o* children *pl*, offspring
kropsla cabbage-lettuce
krot *o* hovel, den, hole
kruid *o* herb
kruiden season, spice
kruidenier grocer
kruidenierswaren *mv* groceries
kruidenrekje *o* spice rack
kruidenthee herb-tea
kruidje-roer-mij-niet *o* touch-me-not
kruidnagel clove
kruien trundle a wheelbarrow; (ijs) drift
kruier porter
kruik jar; pitcher; *warme —*, hot-water bottle
kruimel crumb
kruin crown, top
kruipen (kroop; gekropen) creep; crawl
kruis *o* cross; (v. broek) seat; (verdriet) cross, trial, affliction; (*mus*) sharp
kruisbeeld *o* crucifix
kruisbes gooseberry
kruisen cross; (v. schip) cruise
kruiser cruiser

293

kruisiging crucifixion
kruising cross, cross-breeding; (v. wegen) crossroads, crossing
kruispunt o intersection; (v. spoorweg) crossing
kruissnelheid cruising speed
kruistocht crusade
kruisvaarder crusader
kruisverhoor o cross-examination
kruisweg cross-road; (RC) Way of the Cross
kruiswoordraadsel o crossword puzzle
kruit o (gun)powder
kruiwagen wheelbarrow; (fig) protection
kruk (deur) handle; (invalide) crutch; (mach) crank; (mens) bungler, blunderer
krukas crank-shaft
krul curl; (hout) shaving; (schrijf-) flourish
krullen curl
krulspeld curler
kubiek cubic
kubus cube
kuchen cough
kudde (vee) herd; (schapen) flock
kuieren stroll
kuif tuft, crest
kuiken o chicken
kuil pit, hole
kuip tub
kuipbad o tub-bath
kuipen cooper; (fig) intrigue
kuiperij intrigue
kuis chaste
kuisheid chastity
kuit (v. vis) roe, spawn; (v.h. been) calf
kunde knowledge
kundig able, clever, skilful

kunnen (kon; gekund) be able, can, may
kunst art; (kunstje) trick
kunstenaar, kunstenares artist
kunstgebit o set of artificial teeth, denture
kunstgeschiedenis history of art
kunstgreep artifice, knack, trick
kunstig ingenious
kunstje o trick
kunstleer o artificial leather
kunstmatig artificial
kunstmest artificial manure; fertilizer
kunstnijverheid industrial arts pl
kunstrijden o (schaats) figure-skating
kunstvaardig skilful
kunstwerk o work of art
kunstzijde artificial silk, rayon
kurk o cork
kurketrekker corkscrew
kus kiss
kussen o cushion; (bed) pillow; (ww) kiss
kussensloop pillow-case
kust coast, shore
kuststreek coastal region, littoral
kustvaarder coaster
kuur whim, freak, caprice

kw, zie ook qu

kwaad o wrong, evil; mischief; harm, injury; (adj) bad, ill; evil; (vertoornd) angry; — zijn op, be angry with
kwaadaardig ill-natured, malicious
kwaadspreken talk scandal, slander
kwaadwillig malevolent

kwaadwilligheid malevolence
kwaal disease
kwadraat o (& adj) square
kwajongen mischievous
kwaken (kikvors) croak; (eend) (naughty) boy   [quack
kwakzalver quack, charlatan
kwal jelly-fish
kwalijk nemen take amiss, take in bad part; neem me niet —, beg your pardon, sorry
kwaliteit quality
kwantiteit quantity
kwark ± curds, cottage cheese
kwart o fourth (part), quarter; (muziek) fourth
kwartaal o quarter of a year, three months
kwartel quail
kwartet o quartet(te)
kwartier o quarter (of an hour); eerste, laatste —, first, last quarter
kwartje o quarter of a guilder
kwarts o quartz
kwast (verf-) brush; (v. gordijn) tassel; (in hout) knot;

(drank) lemonsquash; (fig) fop, fool
kweken (plant) grow; (groente) raise (vee) breed; (fig) breed, foster
kwekerij nursery
kwellen vex, tease, torment
kwestie question, matter
kwetsbaar vulnerable
kwetsen injure, hurt; (fig) offend
kwiek lively, spry
kwijlen drivel, slaver
kwijnen pine away, languish
kwijt het — zijn, (bevrijd) be rid of; (verloren) have lost
kwijten (zich), (kweet; gekweten) acquit oneself (of)
kwijtraken lose, get rid of
kwijtschelden remit; let off
kwik o quicksilver, mercury
kwikstaart wagtail
kwinkslag witticism, jest
kwispelstaarten wag the tail
kwistig lavish, liberal
kwitantie receipt

L

la drawer, till
laadbak carrier   [pacity
laadvermogen o carrying-ca-
laag bed, layer, row; (adj) low, base, mean
laaghartig mean, base-minded
laagspanning low tension
laagte lowness; valley
laagvlakte low-lying plain
laagwater o low tide
laaie in lichter —, ablaze

laakbaar blamable, condemnable
laan avenue, alley
laars boot
laat late; hoe — is het?, what time is it?
laatst last; op zijn —, at the latest; ten—e, at last; (onlangs) the other day
laatstgenoemd latter
label label

295

laboratorium o laboratory
lach laugh, laughter
lachen (lachte; gelachen) laugh (*om*, at)
lachwekkend ludicrous
ladder ladder
lade drawer, till
laden (laadde; geladen) load, charge; — *en lossen*, load and discharge
ladenkast chest of drawers
lading cargo, charge; load
laf insipid, silly; (niet moedig) cowardly
lafaard coward
lafenis refreshment, comfort
lafheid cowardice; insipidity
lagedrukgebied o low-pressure area
lager lower, inferior; —, o bearing(s)
Lagerhuis o House of Commons
lagerwal lee-shore; *fig* downhill
lak o sealing-wax; (verf) lac(quer)
laken o cloth; (bedde-) sheet; (*ww*) blame, censure
lakken lacquer; (brief) seal
lakleer o patent leather
laks indolent, lax
lam o lamb; (*adj*) paralytic
lambrizering wainscot
lamp lamp; (*rad*) valve
lampekap lamp-shade
lampion Chinese lantern
lamsbout leg of lamb
lamskotelet lamb cutlet
lamsvlees o lamb
lanceren launch; (*fig*) set afloat
land o land; (staat, platteland) country; (akker) field; *hier te —e*, in this country; *het — hebben aan*, hate, dislike

landbouw agriculture
landbouwer farmer
landeigenaar landowner
landelijk rustic, rural
landen land; disembark, alight
landengte isthmus
landerig blue
landerijen *mv* landed estates
landgenoot fellow- countryman
landgoed o estate, country-seat
landhuis o country-house
landing landing; disembarkation
landingsbaan runway
landingsgestel o (under) carriage
landkaart map
landklimaat o continental climate
landloper vagebond, tramp
landmacht land-forces
landmeter surveyor
landschap o landscape
landstreek region, district
landverhuizer emigrant
landverraad o high treason
landvoogd governor
landweg countryroad
landwijn simple, regional wine
landwinning reclamation of land
lang long, tall, high
langdradig long-winded, lengthy
langdurig long; prolonged
langharig long-haired
langlopend long-term
langparkeerder long-term parker
langs along
langspeelplaat long-playing record
languit full length
langwerpig oblong

langzaam slow, tardy
langzamerhand gradually, by degrees
lans lance
lantaarn lantern; (a. dak) skylight; (v. fiets) lamp
lantaarnpaal lamp-post
lap rag; patch; (poets-) cloth
lapje o (vlees) collops
lappen mend; (sp) lap
larderen lard
larie nonsense, fiddlesticks
larve larva, grub
lassen weld, join
last load, burden, weight; (overlast) trouble; ten —e leggen, charge with
lastdier o pack-animal
laster slander, calumny, defamation
lasterlijk slanderous, blasphemous
lastgever principal
lastig (moeilijk) difficult; (veeleisend) exacting; (moeilijk te regeren) troublesome; (vervelend) annoying; — vallen, trouble
lastpost nuisance
lat lath
laten (liet; gelaten) let; leave; (toelaten) let, allow, permit; (nalaten) omit; (gelasten) make, have ... do, get ... to; — vallen, drop; — zien, show
later later, later-on
Latijn(s) (o) Latin
latwerk o trellis, lattice
laurier laurel, bay
lauw lukewarm, tepid
lauwerkrans wreath of laurels
lava lava
lavement o enema
laven refresh

lavendel lavender
laveren tack; (fig) manoeuvre
lawaai o noise, tumult, din
lawine avalanche, snowslide
laxeermiddel o laxative
laxeren purge
lectuur reading-matter
ledematen mv limbs
ledenlijst list of members
leder o leather
le(de)ren leather
ledig zie leeg
ledigen empty
ledikant o bedstead
leed o grief, sorrow
leedvermaak o enjoyment of others' mishaps
leefregel regimen; diet
leeftijd age
leeg empty, vacant; (niets inhoudend) idle
leeghoofdig empty-headed
leegloper idler, loafer
leegmaken empty
leegte emptiness
leek layman
leem o loam, clay
leemte gap
leengoed o feudal estate
leep sly, cunning
leer doctrine; apprenticeship; (ladder) ladder; —, o leather
leerboek o text-book
leergierig eager to learn
leerjongen apprentice
leerling pupil, disciple
leerling-verpleegster probationer
leerlooier tanner
leermeester teacher
leerplicht compulsory education
leerrijk instructive
leerstelling dogma, tenet

297

leerwaren *mv* leather goods *pl*
leerzaam (boek) instructive
leesbaar legible; readable
leesbibliotheek lending-library
leesboek *o* reading-book
leest last, boot-tree; (lichaam) waist
leeszaal reading-room; *openbare* —, public library
leeuw lion
leeuwerik (sky)lark
leeuwin lioness
legaat *o* legacy, bequest
legalisatie legalization
legateren bequeath
legatie embassy, legation
legende legend
leger *o* army; (haas) form; (dier) lair; *L— des Heils*, salvation army
legerafdeling unit
legeren encamp
legéring alloy
legerleiding (army) command
legerplaats camp
leggen lay; put; place
legioen *o* legion
legitimatiebewijs *o* identity card
legitimeren *zich* —, prove one's identity
legpuzzle jigsaw puzzle
lei slate
leiden lead, guide, conduct,
leider leader, manager
leiding leadership, conduct, direction, management; (concreet) conduit(-pipe)
leidingwater *o* tap water
leidraad guide(-book)
leidsel *o* rein
lek *o* leak; (band) puncture; *(adj)* leaky, punctured
lekkage leakage
lekken leak

lekker nice, delicious; (geur) nice, sweet
lekkerbek gourmand
lekkernij dainty, delicacy
lekkers *o* sweets, sweetmeats
lelie lily
lelietje-van-dalen *o* lily of the valley
lelijk ugly; (meisje) plain
lemmet *o* blade
lende loin
lendestuk *o* loin
lendewervel lumbar vertebra
lenen (aan) lend to; (van) borrow (from); *zich* — *tot*, lend oneself to...
lengen lengthen
lengte length; (aardrijkskunde) longitude
lenig lithe, supple, pliant
lenigen alleviate, relieve
lenigheid litheness
lening loan
lens lens
lente spring
lepel spoon; (om te scheppen) ladle
leraar teacher
lerares (woman) teacher
leren learn; (onderwijzen) teach; *(adj)* (of) leather
lering instruction
les lesson; — *geven*, give lessons, teach
leslokaal *o* class-room
lessen quench, slake
lessenaar desk
letsel *o* hurt, damage, harm
letten mind, attend (to), pay attention (to)
letter letter, character, type
letteren *mv* literature
lettergreep syllable
letterkunde literature

letterkundige man of letters
letterlijk to the letter, literal(ly)
letterzetter compositor
leugen lie
leugenaar, leugenaarster liar
leugenachtig lying, mendacious
leugentje *o* — *om bestwil*, white lie
leuk amusing, funny
leunen lean (*op*, on)
leuning rail, banisters; (brug) parapet; (stoel) back, armrest
leunstoel easy chair
leus slogan, catchword
leuteren twaddle, drivel
leven *o* life; (lawaai) noise; (*ww*) live, exist
levend alive, living
levendig lively, animated, vivacious, keen
levenloos lifeless
levens- vital
levensbehoeften *mv* necessaries of life
levensbeschrijving biography
levensduur lifetime
levensgevaar *o* danger (peril) of life
levensgroot life-size(d)
levenslang for life, lifelong
levensloop course of life
levenslustig cheerful
levensmiddelen *mv* provisions, victuals   [shop
levensmiddelenbedrijf *o* grocer's
levensonderhoud *o* livelihood, living
levensstandaard standard of living
levensverzekering life insurance
levenswijze mode of life
lever liver
leverancier supplier, dealer, purveyor, contractor

leverantie supply(ing)
leveren supply, deliver, furnish
levering delivery, supply
levertijd delivery period
levertraan cod-liver oil
leverworst liver sausage
lezen (las; gelezen) read; (korenaren) gather, glean
lezing reading, lecture
libel dragon-fly
liberaal liberal
lichaam *o* body
lichaamsbeweging physical exercise
lichaamsbouw build, stature
lichaamsdeel *o* part of the body
lichaamsoefening bodily exercise
lichaamstemperatuur body temperature
lichamelijk corporal, bodily
lichamelijke opvoeding physical education
licht (*adj*) light; (jurk) light-coloured; (sigaar) mild; (helder) clear, bright; (*adv*) lightly, slightly, easily; (*sb*) *o* light
lichtblauw light blue
lichtblond fair
lichtbundel pencil of rays, beam
lichten lift; raise, heave; (bus) clear; (anker) weigh; (weerlichten) lighten
lichterlaaie ablaze
lichtgelovig credulous
lichtgeraakt touchy
lichtgevend luminous
lichting (post) collection; (leger) draft, class
lichtmeter photometer
lichtnet *o* (electric) mains
lichtpunt *o* connection; *fig* bright spot
lichtreclame illuminated sign(s)

lichtsterkte light intensity
lichtstraal ray (beam) of light
lichtvaardig rash
lichtzinnig frivolous
lid *o* limb; (vinger) phalanx; (vereniging) member; (vergelijking) term; (gewricht) joint
lidmaatschap *o* membership
lidwoord *o* article
lied *o* song; (in kerk) hymn
liederlijk dissolute; debauched
lief dear, beloved; (aantrekkelijk) sweet, pretty
liefdadig charitable
liefdadigheid charity
liefde love; (christelijk) charity
liefdeloos loveless
liefderijk charitable
liefelijk lovely, sweet
liefhebben love
liefhebbend affectionate, loving
liefhebber amateur, lover
liefhebberij hobby
liefje *o* love, sweetheart
liefkozen caress, fondle
liefkozing caress
liefst rather
lieftallig sweet
liegen (loog; gelogen) lie
lies groin
lieveling darling, pet
liever rather; — *hebben*, like better; prefer (a thing)
lift lift, *amer* elevator
liften hitch-hike
lifter hitch-hiker
liftjongen lift-boy
liggen (lag; gelegen) lie, be situated
ligging situation; position
ligstoel lounge-chair, deck [chair
lijdelijk passive
lijden (leed; geleden) suffer, endure, bear; (*sb*) *o* suffering

lijdend suffering; (*gr*) passive
lijder, lijderes sufferer, patient
lijdzaam patient, meek
lijf *o* body
lijfrente life-annuity
lijfwacht bodyguard
lijk *o* corpse, (dead) body
lijkdienst funeral service
lijken be like; seem, appear; (aanstaan) like
lijkkoets hearse
lijkschouwing post mortem
lijkverbranding cremation
lijm glue
lijn line; cord, rope
lijndienst regular service
lijnolie linseed oil
lijnrecht straight
lijnvliegtuig *o* air-liner, liner
lijst list; register; (v. schilderij) frame; (rand) border, edge; (kroonlijst) cornice
lijster thrush
lijsterbes mountain-ash
lijvig voluminous, bulky
likdoorn corn
likeur liqueur
likken lick
lila lilac
limiet limit; reserve price
limonade lemonade
linde lime(-tree), linden
liniaal ruler
linie line
linker left
linkerhand left hand
links (*adv*) to, at the left; at the left hand (side); (*adj*) left-handed; (politiek) left; (onhandig) clumsy, awkward
linksaf, -om (to the) left
linnen *o* linen
linnengoed *o* linen
linoleumsnede linocut

lint *o* ribbon; tape
lintbebouwing ribbon development
lintworm tapeworm
linze lentil
lip lip
lippenstift lipstick
lipssleutel Yale key
liquidatie liquidation, winding-up
liquideren wind up, liquidate
lispelen lisp
list craft, cunning; trick, ruse
listig cunning, sly, wily
liter litre
literatuur literature
lits jumeaux *mv* twin beds
litteken *o* scar; cicatrice
locomotief engine
lodderig drowsy, lazy
loden lead(en)
loef luff; *iem. de — afsteken*, get the better of
loeien (runderen) low, moo, bellow; (wind) roar
loens squint-eyed
loep magnifying-glass
loer *op de — liggen*, lie in wait
loeren peer, spy
lof praise; —, *o* (RC) benediction; *Brussels —, o* chicory
loffelijk laudable, praise-worthy
log heavy, unwieldy
loge (theater) box; (vrijmetselarij) lodge
logé(e) guest   [room
logeerkamer guest-room, spare
logement *o* inn, hotel
logenstraffen give the lie to, belie
logeren stay at, stop at; put up at
logies *o* lodging, accommodation

logisch logical
lok lock, curl
lokaal *o* room, locality; (*adj*) local; — *gesprek*, local call
lokaas *o* bait, decoy
lokaliteit locality
loket *o* ticket-office, (box-)office, (in kast) pigeon-hole
lokken lure, decoy, entice
lol fun
lommer *o* shade; foliage
lommerd pawnbroker's shop
lomp rag, tatter; (*adj*) clumsy, awkward; (v. gedrag) rude
lomperd boor, lout
Londen *o* London
lonen pay
long lung
longarts lung specialist
longontsteking pneumonia
lont fuse; — *ruiken*, smell a rat
loochenen deny
loochening denial
lood *o* lead; (dieplood) plumb; (schietlood) plumb-line
loodgieter plumber
loodlijn perpendicular
loodrecht perpendicular
loods pilot; (schuur) shed; looien tan   [hangar
loom slow, heavy, dull
loon *o* wages, salary; reward
loonbelasting pay-as-you-earn, income-tax
loonsverhoging rise in wages
loop run; (persoon) walk; (zaken) course; (geweer) barrel
loopbaan career
loopgraaf trench
loopjongen errand-boy
looppas double-quick (time)
loopplank gang-board
loos cunning, crafty; — *alarm*, false alarm

301

loot shoot; (*fig*) scion
lopen (liep; gelopen) walk;
(hard) run; (bewegen) go
lopend running; (*jaar*) current
(year)
loper runner; (sleutel) masterkey; (schaak) bishop; (tapijt)
carpet
lor *o* rag, patch
los loose, free
losbandig licentious
losbarsten break out, explode
losbarsting explosion, outbreak
losbol loose liver
losgeld *o* ransom
loslaten let loose, let go
loslippig indiscreet
losmaken loosen, untie
lossen unload; (wapen) discharge; fire
lot *o* fate, destiny, lot; (in loterij) lottery-ticket
loten draw lots
loterij lottery
lotgenoot, -genote companion
in distress
lotgeval *o* adventure
loting drawing of lots
louter pure, mere
loven praise
lozen (water) drain; (zucht)
heave; (persoon) get rid of
lucht air; (hemel) sky; (reuk)
smell, scent
luchtaanval air-raid
luchtalarm *o* air-raid warning
luchtballon balloon
luchtband pneumatic tyre
luchtbasis air-base
luchtbed *o* air-bed
luchtdicht air-tight
luchtdruk atmospheric pressure
luchten air, ventilate
luchtfoto air photograph

luchthartig light-hearted
luchthaven airport
luchtig airy, light
luchtje *o* een — *scheppen*, take
an airing
luchtkasteel *o* castle in the air
luchtklep air-valve
luchtlandings- (*adj*) airborne
luchtledig void of air; —*e ruimte*, vacuum
luchtlijn air line
luchtmacht air force
luchtpijp windpipe; (aan
lichaam) trachea
luchtpost air mail
luchtpostblad *o* aerogramme
luchtstreek climate, zone
luchtstrijdkrachten *mv* air force
luchtvaart aviation
luchtvaartmaatschappij airline
(company)
luchtverversing ventilation
luchtvervuiling air pollution
luchtziek air-sick
lucifer match
lucifersdoosje *o* match-box
luguber sinister
lui lazy; —, *mv* people
luiaard sluggard, lazy-bones
luid loud
luiden sound; ring, be ringing
luidkeels aloud
luidruchtig loud, noisy
luidspreker loudspeaker
luier (baby's) napkin, diaper
luieren be idle, idle
luifel awning
luik *o* (v. raam) shutter; (v.
vloer) trap-door; hatch
Luik *o* Liege
luilak lazy-bones
luilekkerland *o* land of plenty
luim humour, mood; whim,
caprice, freak; temper

luis louse
luister lustre, splendour
luisteraar listener
luisteren hear, listen (to)
luisterrijk glorious, splendid
luistervergunning radio licence
luistervink eavesdropper; (rad)
listener-in
luit lute
luitenant lieutenant
luitenant-generaal lieutenant-
general
luitenant-kolonel lieutenant-
colonel
lukken succeed, do
lukraak at random
lummel lout

lunapark o fun fair; amusement park
lunchen lunch, have lunch
lus (v. touw) noose; (v. schoen)
tag; (in tram) strap
lust desire, appetite; (neiging)
inclination, liking
lusteloos listless
lusten like
lustig cheerful, merry
luthers Lutheran
luttel little, few
luwen abate; calm down
luxe luxury
luxueus luxurious
lyriek lyric poetry, lyrics
lyrisch lyric(al)

M

maag stomach
maagd maid(en), virgin
maagdelijk maidenly, virgin
maagkramp spasm of the
stomach
maagpijn stomach-ache
maagzuur o gastric acid
maagzweer gastric ulcer
maaien mow, cut
maak in de — hebben, have ...
made
maaksel o make
maal time; —, o meal
maaltijd meal
maan moon; halve —, cres-
cent; nieuwe, volle —, new, full
moon
maand month
maandag Monday
maandblad o monthly
maandelijks monthly

maandverband o sanitary towel
maansloep lunar module
maar but; only, merely
maarschalk marshal
maart March
maas stitch; (v. net) mesh
maat mate, comrade; —, (om
te meten) measure; (mus en
vers) measure; (grootte) size;
de — slaan, beat time; maten
en gewichten, weights and mea-
sures
maatafdeling bespoke department
maatregel measure
maatschappelijk social; — werk,
welfare work
maatschappij society; (handel)
company
maatstaf standard; measure
macaroni macaroni

machinaal mechanical
machine engine, machine
machinist engine-driver;
(schip) engineer
macht power; authority;
might, force(s)   [tent
machteloos powerless; impo-
machtig mighty, powerful; (v.
eten) rich
machtigen authorize
machtiging authorization
madeliefje *o* daisy
Madera *o* Madeira
magazijn *o* storehouse, warehouse; (winkel) store(s)
mager lean, thin
magistraat magistrate
magneet magnet; (v. motor)
magneto
mahoniehout *o* mahogany
maillot tights
maïs maize, (Indian) corn; *gepofte* —, popped corn
majesteit majesty
majoor major
mak tame; gentle, meek
makelaar broker
maken make, manufacture;
(repareren) mend, repair; *niets
te* — *met*, nothing to do with
makker comrade, mate
makreel mackerel
mal model, mould; (*adj*)
foolish
malaise depression, slump
malen grind; (geven om) care;
(gek zijn) be mad, crazy
mals tender, soft, mellow
mama mam(m)a
man man; (echtgenoot)
husband
manchet cuff; (vast) wristband
manchetknoop sleeve-button;
(dubbele) sleeve-link

mand basket, hamper
mandarijntje *o* tangerine
manege riding-school
manen (*ww*) dun; (*sb*) mane
maneschijn moonlight
manhaftig brave
manier manner, fashion
manifestatie demonstration
mank lame, crippled
mankement *o* defect
mankeren fail
mannelijke male, masculine
mannelijkheid manliness; mas-
culinity, manhood
mannequin (fashion) model
mannetje *o* (v. dier) male
manoeuvre manoeuvre
manschappen *mv* men
mantel coat
mantelpak *o* coat and skirt
manufacturen *mv* drapery, soft
goods *pl*
map portfolio; folder
maquette model
marcheren march
marconist wireless operator
marechaussee constabulary
margarine margarine
margriet ox-eye (daisy)
Maria-Boodschap Annunciation Day
Maria-Hemelvaart Assumption
Maria-ten-Hemelopneming
Assumption of the Holy Virgin
marine navy
marineofficier naval officer
marinier marine
markies marquis; (scherm)
awning
markt market
marktprijs market-price
marmelade marmalade
marmer *o* marble

marmot marmot
Marokko *o* Morocco
mars march
marsepein *o* marchpane
marskramer pedlar, hawker
martelaar martyr
martelen torment, torture
marteling torture
marter marten
masker *o* mask
maskerade masquerade, pag-
maskeren mask   [eant
massa mass
massage massage
masseren massage
massief solid, massive
mast mast; pole
mat mat; (*adj*) tired, weary;
(spel) checkmate
materiaal *o* material(s)
materieel *o* material(s); (*adj*)
material
matglas *o* ground glass
matig sober, moderate; (prijs)
reasonable
matigen temper, moderate
matigheid moderation, temperance
matras mattress
matrijs matrix
matroos sailor, blue-jacket
m.a.w. in other words
maximum *o* maximum
maximumprijs maximum price
maximumsnelheid speed limit
mazelen *mv* measles *pl*
mecanicien mechanic
mechaniek mechanism
mechaniseren mechanize
Mechelen *o* Mechlin, Malines
medaille medal
mede also
mede- zie ook *mee-*
medeburger fellow citizen

mededeelzaam communicative
medelen tell, inform of; announce
mededeling announcement, information
mededingen compete
mededinger competitor, rival
mededogen *o* compassion, pity
medeklinker consonant
medeleven *o* sympathy
medelijden *o* pity, compassion
medelijdend compassionate
medemens fellow-man
medeminaar rival
medeplichtige accomplice,
accessory
medewerken cooperate
medewerking cooperation
medeweten *o* knowledge
medezeggenschap *o* right of say
medicijn medicine
medio — *mei*, mid-May
medisch medical
mee(-) zie ook *mede*(-)
meebrengen bring along; (*fig*)
entail
meedoen — *aan*, join in
meedogenloos pitiless
meegaan go along (with),
accompany
meegaande yielding, compliant
meel *o* meal, flour
meeldauw mildew
meeldraad stamen
meelspijs spoon-meat
meenemen take away
meer more; (*sb*) *o* lake
meerdere superior
meerderheid majority; (*fig*)
superiority
meerderjarig of age
meermalen repeatedly
meermin mermaid
meerstemmig polyphonic

305

meervoud *o* plural
meest most
meestal mostly, usually
meeslepen drag along
meestal mostly
meestbiedende highest bidder
meester master; teacher; *iets*
— *zijn*, have ... in hand
meesteres mistress
meesterlijk masterly
meesterstuk *o* masterpiece
meetbaar mesurable
meetkunde geometry
meetlat ruler
meetlint measuring tape
meeuw (sea-)gull
meevallen turn out better than
was expected, exceed expectations
meevaller piece of good luck
meewarig compassionate
mei May
meid maid-servant, maid; zie
verder *meisje*
meidoorn hawthorn
meikever cockchafer
meineed perjury
meisje *o* girl; (verloofde)
fiancée, (best) girl; (dienstbode)
maid-servant, girl; *tweede* —,
parlour maid; — *alleen*, maid-
of-all-work
mejuffrouw miss, lady
melaats leprous
melaatsheid leprosy
melancholiek melancholy
melden mention; inform of
melding mention; report
melk milk
melkboer milkman
melkinrichting dairy
melkkan milk-jug
melksalon creamery
melktand milk-tooth

melkweg Milky Way
melodie melody, tune
meloen melon
memorie (geheugen) memory;
(geschrift) memorial
men one, they, we, people,
man, men
menen mean; (denken) suppose, think
mengeling mixture
mengelmoes *o* medley, jumble
mengen mix, blend; *zich* — *in*,
meddle with, interfere
mengsel *o* mixture
menie red-lead
menig many, several, quite a
few
menigeen many a man
menigmaal many times
menigte (mensen) multitude,
crowd; abundance
mening opinion
mennen drive
mens man, woman, person
mensdom *o* mankind
menselijk human
mensenhater misanthrope
mensenkennis knowledge of
men
mensenliefde philanthropy
mensenschuw shy
mensheid mankind
menslievend philanthropic,
humane
menstruatie menstruation
mentaliteit mentality
menu *o* menu, bill of fare
merel blackbird
merendeels mostly
merg *o* (in been) marrow; (v.
plant) pith; *door* — *en been*, to
the very marrow
mergel marl
meridiaan meridian

merk *o* mark; (sigaar) brand
merkbaar perceptible, noticeable
merken mark; (bemerken) perceive
merkteken *o* mark, sign, token
merkwaardig remarkable
merrie mare
mes *o* knife
messelegger knife-rest
messing *o* brass
mest dung, manure
mesten dung, manure; (dieren) fatten
mesthoop dunghill
met with, by, at, on, upon, of
metaal *o* metal
metaalindustrie metal (of: metallurgic) industry
metalen metal
meteen at once; at the same time
meten (mat; gemeten) measure, gauge
meteoor meteor
meter metre; (gas)meter
metgezel companion, mate
methode method
metro underground, tube
metselaar bricklayer
metselen lay bricks
mettertijd in (course of) time
meubel *o* piece of furniture
meubelmaker furniture-maker, joiner
meubilair *o* furniture
meubileren furnish
mevrouw lady, madam; mistress, Mrs. (voor de naam)
m.i. in my opinion
miauwen mew, miaow
microfoon microphone
middag noon, midday; afternoon

middagmaal *o* dinner
middel *o* means, expedient, (genees-) remedy; (taille) middle; waist; *door — van*, by means of
middelbaar middle, middling; van *—bare leeftijd*, middle-aged; *—bare school*, secondary school
middeleeuwen *mv* middle ages *pl*
middeleeuws medieval
middelen *mv* means *pl*
Middellandse Zee Mediterranean
middellijn diameter
middelmatig moderate, mediocre
middelpunt *o* centre
middelste middle
midden *o* middle, midst; centre
middenberm centre strip
middenrif *o* diaphragm
middenstand middle class
middernacht midnight
mier ant
migraine migraine
mij me
mijden (meed; gemeden) avoid, shun
mijl mile (1609 m); league (land: 4827, zee: 5700 metres)
mijlpaal milestone
mijmeren muse, dream; brood
mijn my; (*sb*) mine
mijnbouw mining
mijnenlegger mine-layer
mijnenveger mine-sweeper
mijnerzijds on my part
mijnheer sir, gentleman (zonder naam); Mr. (met de naam)
mijnwerker miner
mijt (insekt) mite; (hooi) stack
mikken aim (*op*, at)
mikpunt *a* aim; target
Milaan *o* Milan

mild liberal, generous; soft, genial
milddadig liberal, generous
milieu *o* milieu, surroundings
milieubescherming environmental control (protection)
milieuhygiëne environmental sanitation
milieuverontreiniging environmental pollution
militair military
miljard *o* milliard
miljoen *o* a million
milt spleen, milt
min (liefde) love; (vrouw) wetnurse; *(adj)* mean; — *of meer*, more or less
minachtend disdainful
minachting contempt, disdain
minder less, fewer; inferior
mindere inferior (to)
minderheid minority
minderjarig minor, under age
minderjarigheid minority; infancy
minderwaardig inferior
mineraalwater *o* mineral water
miniatuur miniature
minimum *o* minimum
minister minister, secretary; — *president*, prime minister
ministerie *o* ministry; department, Office; — *van Binnenlandse Zaken*, Home Office; — *v. Buitenlandse Zaken*, Foreign Office; (V.S.) State Department; — *v. Defensie*, Ministry of Defence; — *v. Financiën*, The Treasury; — *v. Handel*, Board of Trade; — *v. Justitie*, Department of Justice; — *v. Koloniën*, Colonial Office; — *v. Luchtvaart*, Air Ministry; — *v. Marine*, The Admiralty; — *v.*

Onderwijs, Board of Education; — *v. Oorlog*, War Office; *het Openbaar* —, The Public Prosecutor
ministerraad cabinet
minnaar lover
minst least; *ten* —*e*, at least
minstens at least
minuut minute
minvermogend poor, indigent
minzaam affable
mis mass; *(adj)* amiss, wrong
misbaar *o* uproar, clamour
misboek *o* missal
misbruik *o* abuse, misuse; — *maken van*, abuse
misdaad crime
misdadig criminal
misdadiger criminal
misdragen *zich* —, misbehave
misdrijf *o* crime, offence
misgreep mistake, error
misgunnen grudge
mishandelen ill-treat, maltreat
mishandeling ill-treatment
miskenning lack of appreciation
miskraam miscarriage, abortion
misleiden mislead; deceive
mislukken miscarry, fail
mislukking failure
mismaakt deformed, misshapen
mismoedig disheartened, dejected
misnoegd discontented, displeased
misnoegen *o* discontent
misplaatst out of place; *(fig)* misplaced, mistaken
misrekening miscalculation
misschien perhaps, maybe
misselijk sick; *(fig)* disgusting

missen miss; fail; lack; do without
missie mission
misstand abuse
misstap false step
mist fog; mist
misthoorn siren, fog-horn
mistig foggy, misty
mistlamp fog lamp
mistroostig disconsolate
misvatting misapprehension
misverstand *o* misunderstanding
misvormd deformed, misshapen
mitrailleur machine-gun
mits provided, on condition that
mobilisatie mobilization
mobiliseren mobilize
mobilofoon radiotelephone, walkie-talkie
modder mud, mire
modderig muddy
modderpoel puddle
mode fashion
model *o* model, pattern
modern modern
moderniseren modernize
modeshow fashion show
modezaak fashion business
modieus fashionable
modiste milliner
moe tired, weary (of)
moed courage, heart, spirit
moedeloos dejected, spiritless
moeder mother; (v. gesticht) matron
moederlijk maternal, motherly
moedertaal mother tongue
moedervlek mole, birth-mark
moedig courageous, brave
moedwil wantonness; *uit* —, wantonly

moedwillig wanton
moeilijk difficult, hard
moeilijkheid difficulty, trouble
moeite trouble, pains, labour, care; *het is de* — *niet waard*, it is not worth while
moer nut
moeras *o* marsh, swamp
moerassig marshy
moerbei mulberry
moesson monsoon
moestuin kitchen garden
moeten (moest; gemoeten) must, have to, be obliged
moezelwijn Moselle
mof (hand-) muff; (technisch) sleeve, socket
mogelijk possible, may be; (*adv*) possibly; *zo* —, if possible
mogelijkheid possibility
mogen (mocht; gemogen) be allowed to, may; like
mogendheid power; *grote* —, great power
mohammedaan Mohammedan
mokken sulk
mol mole; (*muz*) flat
molecule *o* molecule
molen mill
molenaar miller
molensteen millstone
molenwiek wing of a mill, vane
mollig plump, chubby
molm mould
molshoop mole-hill
molton *o* swanskin
moment *o* moment
mompelen mutter, mumble
mond mouth
mondeling oral, verbal
mond- en klauwzeer *o* foot-and-mouth disease
mondheelkunde dental surgery

mondig of age
mondstuk *o* mouthpiece; (cigarette) tip
mondvoorraad provisions
monnik monk, friar
monopolie *o* monopoly
monotoon monotonous
monster *o* monster; sample; — *zonder waarde*, sample of no value
monsterachtig monstrous
monsteren muster
montage mounting, assembly
montagewoning prefabricated house; *pop* prefab
monter brisk, cheerful, lively
monte´ren erect; (auto) assemble; (toneelstuk) stage
monteur mechanic
montuur *o* frame
monument *o* monument
mooi beautiful, handsome, pretty, fine
moord murder
moorddadig murderous
moordenaar murderer
moot slice; (vis) fillet
mop (grap) joke; (vlek) blob
mopperen grumble (at)
moraal moral
moreel moral
morfine morphine
morgen morning; (*adv*) tomorrow; *'s —s*, in the morning; *van —*, this morning; *goede —*, (bij komen) good morning; (bij gaan) good-bye
morgenavond to-morrow evening
morgenmiddag to-morrow afternoon
morgenochtend to-morrow morning
morgenrood *o* dawn

morren grumble, murmur
morsen make a mess
morsig dirty, untidy
mortier mortar
mos *o* moss
moskee mosque
mossel mussel
mosterd mustard
mot moth
motie motion, vote; — *van wantrouwen*, vote of no-confidence
motief *o* motive; (in kunst) motif   [for
motiveren motivate; account
motor motor, engine
motorboot motor-boat, motor-launch
motorfiets motor cycle
motorkap bonnet
motorrijder motor cyclist
motorpech engine trouble
motregen drizzling rain
motto *o* motto, device
mousseren effervesce; —*de wijn*, sparkling wine
mouw sleeve; *iem. iets op de — spelden*, make one believe something
mozaïek *o* mosaic (work)
mud *o* hectolitre
muf(fig) musty, fusty
mufheid fustiness
mug mosquito, gnat
muggezifter hair-splitter
muil mouth; (pantoffel) slipper
muildier *o* mule
muilezel hinny
muilkorf muzzle
muilpeer box on the ears
muis mouse
muiten mutiny, rebel
muiter mutineer, rebel
muiterij mutiny

muizeval mousetrap
mul loose
mummelen mumble
mummie mummy
munitie ammunition
munt coin, money; (gebouw, plantje) mint
munten coin
murmelen murmur
murw soft, tender, mellow
mus sparrow
museum *o* museum; (schilderijen) gallery
musicus musician

muskaatnoot nutmeg
muskiet mosquito
muskietennet *o* mosquito-net
muts cap, bonnet
muur wall
muurbloem (ook *fig*) wallflower
muurschildering mural painting
muze muse
muziek music
muziekkorps *o* band
muzikaal musical
muzikant musician
mystiek mysticism
mythe myth

N

na after; (*adv*) near
naad seam; (wond) suture
naaf nave hub
naaidoos sewing-box
naaien sew
naaigaren *o* ..... ng-thread
naaimachine ... g-machine
naaister sear..... s, needle-woman
naakt naked, bare, nude
naaktheid nakedness, nudity
naald needle
naam name, (roep, ook) reputation
naambordje *o* name-plate
naam..... oot namesake
naa..... artje *o* visiting-card
na..... val case
naamwoord *o* noun; *bijvoeglijk* —, adjective; *zelfstandig* —, substantive
naäpen ape, imitate
naar to, according to, after; (*adj*) disagreeable, unpleasant,

nasty; (ziek) queer
naarmate according as
naarstig diligent, assiduous
naast (*adj*) next, nearest; (*prep*) next, beside
naaste neighbour, fellow-creature
naasten nationalize; seize
nabestaande relative
nabestelling repeat order
nabij near, close to
nabijgelegen adjacent
nabijheid vicinity, neighbourhood, proximity
nabootsen imitate, mimic
naburig neighbouring
nacht night; 's —s, at night, in the night-time, during the night
nachtclub night-club
nachtegaal nightingale
nachtelijk nocturnal
nachthemd *o* nightshirt
nachtjapon nightdress, nightie

311

nachtmerrie nightmare
nachtrust night's rest
nachtverblijf *o* accommodation for the night
nadat after
nadeel *o* disadvantage; harm, hurt, loss
nadelig disadvantageous; detrimental (to)
nadenken (*ww*) think (about), reflect (upon); *o* reflection
nadenkend thoughtful, pensive
nader nearer; further
naderbij nearer
naderen approach, draw near
naderhand afterwards, later on
nadering approach
nadien since, afterwards
nadoen imitate, mimic
nadruk emphasis, stress
nadrukkelijk emphatic(ally)
nagaan follow, trace; go through, look into
nageboorte placenta
nagedachtenis memory
nagel nail
nagelborstel nail-brush
nagellak *o* nail polish
nagelschaartje *o* nail-scissors *pl*
nagelvijl nail-file
nagemaakt counterfeit, forged, faked
nagenoeg almost, nearly
nagerecht *o* dessert
nageslacht *o* posterity
naïef naive, artless
najver emulation, jealousy
najaar *o* autumn
najagen chase, pursue; hunt for
najouwen call after
nakijken zie *nazien*
nakomeling descendant
nakomen come afterwards; follow; (belofte) fulfil

nalaten leave (behind); (niet doen) omit, neglect, fail
nalatenschap inheritance, estate
nalatig negligent, careless
naleven observe, fulfil
nalopen run after, follow
namaak(sel) *o* imitation
namelijk namely, viz
namens in the name of, on behalf of
namiddag afternoon
naoorlogs post-war
napraten echo; remain talking
nar fool, jester
narcis narcissus, daffodil
narcose anaesthesia
narcotiseur anaesthetist
narekenen check
naslagwerk *o* book of reference
nasleep train (of consequences); aftermath (of war)
nasmaak after-taste
nasnuffelen search; ferret (in)
nasporen trace, investigate
nastaren gaze after
nastreven strive after; pursue
nat *o* wet, liquid; (*adj*) wet, moist, damp
natie nation
nationaal national
nationaliteit nationality
naturalisatie naturalization
naturaliseren naturalize
natuur nature; disposition
natuurbescherming preservation of natural beauty
natuurbehoud *o* conservation of nature
natuurkunde physics *pl*
natuurkundige natural philosopher, physicist
natuurlijk natural; (*adv*) naturally; of course

natuurramp natural disaster
natuurverschijnsel o natural phenomenon
natuurwetenschappelijk scientific
nauw (adj) narrow, tight, close; (adv) narrowly, closely, strictly; in het — brengen, press hard
nauwelijks scarcely, hardly
nauwgezet punctual, conscientious
nauwkeurig exact, accurate
navel navel
navolgen imitate, follow
navorsen investigate, search into
navraag inquiry, demand
naweeën mv after-pains pl;(fig) after-affects pl
nawerking after-effect(s)
nazaten mv descendants
nazenden send after, forward
nazien look after; examine; (machine) overhaul; (schoolwerk) correct, mark
nazomer Indian summer
nazorg after-care
neder- zie ook neer-
nederig humble, lowly
nederlaag defeat
Nederland o The Netherlands
Nederlander Dutchman
Nederlands Dutch
nederzetting settlement
nee = neen
neef (zoon van oom of tante) cousin; (oomzegger) nephew
neen no
neer, neer- down
neerdalen come down, descend
neerhalen pull down
neerhurken squat (down)
neerknielen kneel (down)
neerleggen lay down; (ambt)

resign; (werk) strike; zich — bij, accept
neerslachtig dejected
neerslag o precipitation; fall (of rain, snow etc.)
neerstorten fall down; (aer) crash
neerzetten put down [crash
negatief o (adj) negative
negen nine
negende ninth
negentien nineteen
negentig ninety
neger negro
negéren cut, ignore
négeren bully
negerin negress
neigen inclide, bend
neiging inclination, bent
nek neck
nemen (nam; genomen) take, accept; op zich —, undertake to do it
nep swindle, fake
nerf rib, vein; grain
nergens nowhere
nerts o mink
nerveus nervous, agitated
nest o nest; (roofvogel) aerie
nestel tag, lace
nestelen nest; zich —, nestle
net o net; (boodschappen) string bag; (in trein) rack; (spoorweg, telefoon enz.) network; (adj) neat; (proper) tidy; (fatsoenlijk) decent, respectable; clean; (adv) just, precisely
netelig thorny, ticklish [ly
netheid neatness, tidiness
netjes neatly, nicely; tidy
netnummer (tel) code number
netto net
netvlies o retina
neuriën hum
neuroloog neurologist

neus nose; (schoen) toe-cap
neusbloeding nosebleed
neusgat *o* nostril
neusklank nasal sound
neutraal neutral
neutraliteit neutrality
nevel mist, haze
nevelachtig, nevelig nebulous, misty, hazy
nicht (dochter v. oom of tante) cousin; (oomzegster) niece
niemand nobody, no one
nier kidney
niersteen renal calculus
niet not; — *meer*, no more, no longer; (*sb*) *te* — *doen*, cancel, annul
nietig (onbelangrijk) insignificant, paltry; null
niets nothing
nietsnut good-for-nothing
nietszeggend meaningless; inexpressive
niettegenstaande notwithstanding
niettemin nevertheless
nieuw new, fresh; novel
nieuweling novice; new-comer; new boy
nieuwerwets new-fashioned
nieuwigheid novelty, innovation
nieuwjaar *o* new-year; *gelukkig* —*!*, I wish you a happy New Year!
nieuwjaarsdag New Year's day
nieuws *o* news, tidings
nieuwsberichten *mv* news
nieuwsgierig curious, inquisitive
nieuwsgierigheid curiosity
nieuwtje *o* novelty; piece of news
niezen sneeze

nijd envy
nijdig angry
nijlpaard *o* hippopotamus
nijpend biting; acute
nijptang (pair of) pincers
nijver industrious, diligent
nijverheid industry
nikkel *o* nickel
nimmer never
nippertje *o op het* —, touch-and-go, in the nick of time
nis niche
niveau *o* level
nivelleren level
nl. = namelijk namely, viz.
noch... noch neither... nor
nochtans yet, nevertheless
node reluctantly
nodeloos needless
nodig necessary, needful; — *hebben*, want, need
noemen name, call
noemenswaard(ig) worth mentioning
noemer denominator
nog yet, still, besides, further
noga nougat
nogal rather, fairly
nogmaals once more
nok ridge
nominaal nominal
non nun   [(drinks)
non-alcoholisch non-alcoholic
nonchalant careless
nonsens nonsense, rot
nood need, necessity, distress, want
nooddeur emergency door
nooddruftig needy, indigent
noodgeval *o* emergency (case)
noodhulp temporary help
noodkreet cry of distress
noodlanding forced landing
noodlijdend indigent; poor

noodlot *o* fate, destiny
noodlottig fatal
noodrem safety-brake
noodsein *o* distress-signal
noodtoestand emergency
nooduitgang emergency exit
noodvulling temporary filling
noodweer *uit —*, in self-defence
noodwoning temporary house
noodzakelijk necessary
noodzaken oblige, compel, [force
nooit never
Noor Norwegian
noordelijk northern
noorden *o* north
noordenwind north wind
noorderbreedte North latitude
noorderlicht *o* northern lights
noordoost north-east
noordpool north pole
noordwest north-west
Noordzee North Sea
Noors Norwegian
Noorwegen *o* Norway
noot (vrucht) nut; (anders) note
nopen induce, oblige
normaal normal
nors gruff, surly
nota (rekening) bill; note, memorial; *— nemen van*, note, take note of
notabelen *mv* notabilities
notarieel notarial
notaris notary

noteboom walnut-tree
notedop nutshell
notehout *o* walnut
notekraker (pair of) nut-crackers
notemuskaat nutmeg
notenbalk staff, stave
noteren note down; (*comm*) quote; (order) book
notering (*comm*) quotation
notie notion [notice
notitie note, memorandum;
notitieboekje *o* note-book
notulen *mv* minutes *pl*
novelle short novel
november November
nu now, at present
nuchter sober
nudistenkamp nudist camp
nuffig affected
nuk freak, whim, caprice
nul naught, zero; (*fig*) nonentity, mere cipher
nummer *o* number; (kleding-stuk) size
nummerbord *o*, nummerplaat number plate
nummerschijf (*tel*) dial
nut *o* use, profit. benefit
nutteloos useless; in vain
nuttig useful, profitable
nuttigen take; partake of
nuttigheid utility
nylon *o* nylon

O

o.a. = *onder andere* among other things
ober (head-)waiter
obligatie bond, debenture

obsceen obscene
obstakel *o* obstacle
oceaan ocean
och oh!, ah!

315

ochtend

ochtend morning
ochtendblad *o* morning-paper
ochtendjas dressing gown
octaaf *o* octave
octrooi *o* patent
odeur perfume, scent
oedeem *o* oedema
oefenen exercise, practise, train
oefening exercise, practice
oerwoud *o* primeval forest
oester oyster
oever (zee) shore; (rivier) bank
of or; if, whether; *of ... of*,
either ... or
offer *o* offering, sacrifice
offeren sacrifice
offerte offer
officieel official
officier officer; — *van gezondheid*, army surgeon; — *van
justitie*, Public Prosecutor
officieus semi-official
ofschoon (al)though
ogenblik *o* moment
ogenblikkelijk immediate
ogenschijnlijk apparent
ogenschouw: *in — nemen*,
inspect, have a look at
o.i. = *ons inziens* in our
opinion
okkernoot walnut
oksel arm pit
oktober October
olie oil
olieachtig oily
oliedrukmeter oil-pressure
gauge
olie- en azijnstelletje *o* cruet-
stand
oliegoed *o* oilskins
oliesel *o* (*RC*) extreme unction
olieverf oil-paint
olifant elephant
olijf olive

olijk roguish
olm elm
om round, at, about, for; to, in
order to, of, on; (voorbij) up
omarmen embrace
ombrengen kill
ombuigen bend
omdat because, as
omdraaien turn (about, over)
omelet omelet(te)
omgaan go about; — *met*,
associate with; (v. voorwerp)
handle
omgaande *per —*, by return (of
post)
omgang (social) association,
company; (toren) gallery
omgekeerd turned upside
down; reversed
omgeven surround
omgeving surroundings *pl*
omgooien knock over, overturn
omhaal ceremony, fuss
omheen (round) about
omheining fence, enclosure
omhelzen embrace
omhoog on high; aloft; up
omhullen envelop, wrap round
omhulsel *o* wrapping, cover
omkeer change, turn; reversal;
revolution
omkeren turn (up) (over)
omkijken look back
omkomen perish
omkopen bribe, corrupt
omlaag below, down
omleiding diversion (of traffic)
omliggend surrounding
omloop (bloed) circulation;
(aarde) revolution; (toren)
gallery; *in — brengen*, put into
circulation
ommezien *in een —*, in a trice

ommezijde back; *zie* —, please turn over; P.T.O.
ompraten talk round
omrastering railing
omringen surround, encircle
omroep broadcast(ing)
omroeper (*rad*) announcer
omroepstation *o* broadcasting station
omroeren stir   [station
omscholen retrain
omschrijven define, describe; circumscribe
omschrijving definition
omsingelen surround
omslaan overthrow, overset, turn over; throw on (a cloak); (weer) change, break
omslachtig cumbersome
omslag *o* (boek) cover, wrapper; (brief) envelope; (v. mouw) cuff; (v. broek) turn-up; (*med*) compress; (*fig*) fuss, ado; *hoofdelijke* —, poll-tax
omspoelen rinse, wash up
omstander bystander
omstandig circumstantial
omstandigheid circumstance
omstreden disputed; controversial
omstreeks about
omstreken *de* —, *mv* surroundings *pl*
omtrek circumference, contour, outline; (omstreken) environs, neighbourhood
omtrent about, concerning, with regard to
omvallen fall down, be upset
omvang compass, extent; (stem) range; (boom) girth
omvangrijk voluminous, extensive
omvatten span; include, embrace

omver down, over
omverwerpen upset; (regering) overthrow
omweg roundabout way; detour   [tion
omwenteling revolution, rota-
omwerken remould; rewrite
omwisselen change
omzet turnover, sale
omzichtig circumspect, cautious
omzien look back (about); — *naar*, look out for
onaangenaam disagreeable, unpleasant
onaantrekkelijk unattractive
onaardig unpleasant, unkind
onachtzaam inattentive, negligent, careless
onafgebroken uninterrupted
onafhankelijk independent
onafscheidelijk inseparable
onbaatzuchtig disinterested, unselfish
onbedaarlijk uncontrollable, inextinguishable
onbedachtzaam inconsiderate, thoughtless
onbedorven unspoiled, innocent
onbeduidend insignificant
onbedwingbaar uncontrollable
onbegaanbaar impracticable
onbegonnen — *werk*, an endless task
onbegrensd unlimited
onbegrijpelijk inconceivable, incomprehensible
onbehaaglijk uncomfortable, uneasy
onbeheerd ownerless
onbeholpen awkward, clumsy
onbehoorlijk unseemly, improper, indecent

317

onbehuisd homeless
onbekookt inconsiderate
onbekrompen unsparing, lavish; (v. geest) broad-minded
onbekwaam incapable, unable
onbeleefd impolite, uncivil
onbelemmerd unimpeded
onbemiddeld without means
onbenul nonentity
onbenullig fatuous
onbepaald indefinite
onbeperkt unlimited
onbereikbaar unattainable
onberekenbaar incalculable
onberispelijk blameless, irreproachable, flawless
onbeschaafd ill-bred; uncivilized
onbeschaamd impudent, bold, impertinent
onbescheiden impudent
onbeschoft insolent, rude
onbeschrijfelijk indescribable
onbeslist undecided; (sp) drawn
onbesproken blameless
onbestelbaar undeliverable
onbestemd indeterminate, vague
onbestendig unstable, inconstant, variable
onbestuurbaar unmanageable
onbesuisd rash, hot-headed
onbetaalbaar priceless, invaluable; (grap) capital
onbetamelijk unbecoming, indecent, improper
onbetekenend insignificant
onbetrouwbaar unreliable
onbetwist undisputed ·
onbevaarbaar innavigable
onbevoegd incompetent
onbevooroordeeld unprejudiced, unbiassed
onbevreesd fearless
onbewaakt unguarded

onbeweeglijk motionless
onbewoond uninhabited, unoccupied, not occupied
onbewust unconscious; unaware (of)
onbezoldigd unsalaried
onbezorgd care-free
onbillijk unjust, unfair
onbrandbaar incombustible
onbreekbaar unbreakable
onbruik in — geraken, go out of use
onbruikbaar useless; (persoon) inefficient
ondank ingratitude
ondankbaar ungrateful
ondanks in spite of
onder under, among, during; (adv) down
onderaan at the bottom (the foot) of
onderaards underground
onderafdeling subdivision; subsection
onderarm fore-arm
onderbelicht under-exposed
onderbewust subconscious
onderbreken interrupt, break
onderbreking interruption, break
onderbroek underpants
onderdaan subject
onderdak o shelter
onderdanig submissive
onderdeel o part, fraction
onderdirecteur sub-manager
onderdompelen submerge, immerse
onderdrukken keep down, oppress, suppress
onderdrukking oppression; suppression
onderduiken dive; (fig) go into hiding

ondereinde *o* lower end
óndergaan go down; (zon) set
ondergáán undergo, suffer
ondergang ruin
ondergeschikt subordinate; minor; inferior
ondergetekende undersigned
ondergoed *o* underwear, underclothes
ondergronds underground; —*e spoorweg*, the underground; (*amer*) subway
onderhandelen negotiate
onderhandeling negotiation
onderhands private
onderhevig subject, liable (to)
onderhorig dependent, subordinate
onderhoud *o* (v. weg enz.) upkeep; (levens-) maintenance, support, sustenance; (gesprek) conversation, talk, interview
onderhouden (in 't leven) support; (aan de gang) keep up, maintain; (praten) entertain
onderhoudend entertaining, amusing
onderhuurder subtenant
onderkaak lower jaw
onderkant bottom, lower part
onderkin double chin
onderkomen *o* shelter, lodging
onderkruiper blackleg
onderlijf *o* belly, abdomen
onderling mutual
onderlip lower lip
ondermijnen undermine, sap
ondernemen undertake, attempt
ondernemend enterprising
ondernemer owner
onderneming undertaking, enterprise; (zaak) concern; (plantage) estate, plantation
onderofficier non-commission-

ed officer; (marine) petty officer
onderpand *o* pledge, guarantee, security
onderricht *o* instruction
onderschatten undervalue, underrate
onderscheid *o* difference; distinction
onderscheiden discern, distinguish; *zich* —, distinguish oneself; (*adj*) different, various; distinct
onderscheiding distinction; decoration
onderscheidingsteken *o* badge
onderscheppen intercept
onderschrift *o* subscription; signature
ondershands privately, by private contract
onderstaand undermentioned
onderste lowest, bottom, undermost
ondersteboven upside down
onderstel *o* (v. vliegtuig) undercarriage
onderstelling supposition, hypothesis
ondersteunen support
ondersteuning support, relief
onderstrepen underline
ondertekenen sign
ondertekening signature
ondertrouw betrothal
ondertussen meanwhile
onderverhuren sublet
ondervinden experience
ondervinding experience
ondervoeding malnutrition
ondervoorzitter vice-chairman
ondervragen interrogate, question
ondervraging interrogation, examination

319

onderweg on the way
onderwerp o subject; topic
onderwerpen subject; submit
onderwerping subjection, submission
onderwijl meanwhile, the while
onderwijs o instruction, tuition
onderwijzen teach
onderwijzer(es) teacher
onderworpen submissive; subject (to)
onderzeeboot submarine
onderzoek o inquiry, investigation, examination
onderzoeken investigate; examine
ondeskundig inexpert   [amine
ondeugdelijk defective
ondeugend naughty, mischievous; wicked
ondiep shallow
ondier o brute, monster
onding o absurdity
ondoenlijk impracticable, unfeasible
ondoordacht inconsiderate, thoughtless
ondoordringbaar impenetrable
ondoorgrondelijk inscrutable
ondoorschijnend opaque
ondraaglijk unbearable, intolerable, insupportable
ondrinkbaar undrinkable
ondubbelzinnig unequivocal
onduidelijk indistinct; obscure
onduleren wave (hair)
onecht not genuine, false; forged; (kind) illegitimate
oneens het — zijn, disagree
oneerbaar indecent
oneerbiedig irreverent
oneerlijk dishonest, unfair
oneindig endles, infinite
onenigheid discord, disagreement

onervaren inexperienced
oneven odd
onevenredig disproportionate
onfatsoenlijk indecent, improper
onfeilbaar unfailing, infallible
ongaar underdone
ongaarne unwillingly   [den
ongebaand unbeaten, untrod-
ongebonden dissolute, loose
ongebruikelijk unusual
ongedeerd unhurt
ongedierte o vermin
ongeduld o impatience
ongeduldig impatient
ongedurig restless
ongedwongen unconstrained, unrestrained, free
ongeëvenaard unequalled
ongegeneerd unceremoniously
ongegrond groundless
ongehoord unheard of
ongehoorzaam disobedient
ongehuwd unmarried
ongekuist unexpurgated
ongekunsteld ingenuous
ongeldig invalid, not valid
ongelegen inconvenient
ongelijk o — hebben, be (in the) wrong; (adj) unequal, uneven
ongeloof o unbelief, disbelief
ongelooflijk incredible
ongelovig unbelieving
ongelovige infidel, unbeliever
ongeluk o (pech) misfortune; (gemoedstoestand) unhappiness; (ongeval) accident, mishap; (toeval) bad luck; bij —, accidentally
ongelukkig unhappy, unfortunate, unlucky
ongeluksvogel unlucky person
ongemak o inconvenience; (gebrek) trouble

ongemakkelijk not easy, un-comfortable
ongemanierd ill-mannered
ongemerkt unperceived, imperceptible; unmarked
ongemoeid undisturbed, unmolested
ongenaakbaar inaccessible, unapproachable
ongenade disgrace
ongeneeslijk incurable
ongenegen disinclined
ongenoegen *o* displeasure
ongeoorloofd illicit, unallowed
ongepast unseemly, improper
ongeregeld irregular
ongerept untouched; pure
ongerief inconvenience
ongerijmd absurd, preposterous
ongerust uneasy
ongerustheid uneasiness, anxiety
ongeschikt unfit, inapt; unsuitable, improper
ongeschonden undamaged, unviolated
ongeschoold unskilled
ongesteld indisposed, unwell
ongesteldheid indisposition; menstruation
ongesteld zijn menstruate, have one's period
ongestoord undisturbed
ongetwijfeld undoubtedly, doubtless
ongevaarlijk harmless, safe
ongeval *o* accident, mishap
ongevallenverzekering accident insurance
ongevallenwet employers' liability act
ongeveer about, nearly
ongeveinsd unfeigned
ongevoelig unfeeling, insensible
ongewoon unusual, uncommon

ongezellig unsociable; cheerless; (huis) not cosy
ongezond (klimaat) unhealthy; (voeding) unwholesome; (lucht) insalubrious
onguur inclement, rough
onhandelbaar intractable
onhandig awkward, clumsy
onhebbelijk unmannerly, rude
onheil *o* calamity, disaster
onheilspellend ominous
onherbergzaam inhospitable
onherkenbaar unrecognizable
onherroepelijk irrevocable
onherstelbaar irreparable; (verlies) irrecoverable
onheuglijk immemorial
onhoorbaar inaudible
onhoudbaar untenable
onhygiënisch insanitary
onjuist inaccurate; inexact
onkies indelicate
onkosten *mv* charges, expenses *pl*
onkruid *o* weeds *pl*
onkunde ignorance
onkundig van ignorant of
onkwetsbaar invulnerable
onlangs the other day, lately
onleesbaar (schrift) illegible; (boek) unreadable
onlogisch illogical
onlusten *mv* troubles, disturbances, riots *pl*
onmacht impotence; (flauwte) swoon, fainting fit
onmatig immoderate, intemperate
onmeetbaar immeasurable
onmens *o* monster, brute
onmenselijk inhuman, brutal
onmerkbaar imperceptible
onmetelijk immense, immeasurable

321

onmiddellijk immediate; (adv)
directly, immediately, at once
onmin in —, at variance (with)
onmisbaar indispensable
onmogelijk impossible
onnadenkend thoughtless, inconsiderate
onnauwkeurig inaccurate
onnodig needless, unnecessary
onnozel simple, silly
onomstotelijk irrefutable
onomwonden explicit, plain
onontbeerlijk indispensable
onooglijk unsightly
onopgevoed ill-bred
onophoudelijk incessant,
ceaseless, unceasing
onoplettend inattentive
onopvallend inconspicuous
onopzettelijk unintentional
onordelijk disorderly, unruly
onovergankelijk intransitive
onoverwinnelijk invincible
onoverzichtelijk unclear; complex, intricate
onpartijdig impartial
onpasselijk sick
onraad o trouble, danger; ik
ruik —, I smell a rat
onrecht o injustice, wrong; ten
—e, wrongly
onrechtmatig unlawful
onrechtvaardig unjust
onredelijk unreasonable
onregelmatig irregular
onrein unclean, impure
onrijp unripe, immature
onroerend —e goederen, mv real
property, real estate
onrust restlessness, unrest
onrustbarend alarming
onrustig restless, unquiet
ons (pers vnw) us; (bez vnw)
our; o ounce, hectogram

onsamenhangend incoherent
onschadelijk harmless, inoffensive
onschatbaar invaluable
onschendbaar inviolable
onschuld innocence
onschuldig innocent, harmless
onsterfelijk immortal
onstuimig boisterous (fig), impetuous, dashing
onsympathiek uncongenial
ontaard degenerate
ontactvol tactless
ontberen be in want of, lack
ontbering want, privation
ontbieden summon, send for
ontbijt o breakfast
ontbijten breakfast
ontbinden undo; (huwelijk enz.)
dissolve; (lichaam) decompose
ontbinding dissolution, de-
composition
ontbloot bare; devoid (of)
ontboezeming effusion
ontbranden take fire, ignite
ontbreken be wanting, be absent
ontdaan disconcerted; upset;
taken aback
ontdekken discover; find out
ontdekking discovery
ontdoen zich — van, get rid of,
dispose of, part with
ontdooien thaw, (fig) melt
ontduiken (slag, wet) elude;
(moeilijkheid) evade
ontegenzeglijk incontestable,
unquestionable
onteigenen expropriate
ontelbaar countless, innumerable
ontembaar untamable, indom-
itable
onteren dishonour

onterven disinherit
ontevreden discontented (with)
ontevredenheid discontent
ontfermen *zich — over*, take
ontgaan escape   [pity on
ontginnen (bossen) clear; (land) reclaim; (mijn) work, exploit
ontginning reclamation, exploitation
ontgoochelen disillusion(ize)
ontgroeien outgrow
onthaal *o* treat, entertainment
onthalen treat (to)
ontharden soften
ontharen depilate
ontheemde displaced person
ontheffen relieve (of)
ontheffing exemption, dispensation, exoneration
onthouden withhold, keep from; (niet vergeten) remember; *zich — van*, abstain from
onthouding abstinence; (bij stemming) abstention
onthullen reveal, disclose; (standbeeld) unveil
onthutst disconcerted, upset
ontijdig untimely, premature
ontkennen deny
ontkenning denial, negation
ontketenen unchain; (aanval) launch
ontkiemen germinate
ontkleden undress
ontkomen escape
ontkoppelen declutch; disconnect
ontladen unload
ontlasting (uitwerpselen) stools
ontleden dissect, anatomize; (redekundig) analyse; (taalkundig) parse
ontleding analysis; (anatomie) dissection; (taalkundig) parsing

ontlenen borrow, derive (from)
ontluiken open, expand
ontmaskeren unmask
ontmoedigen dishearten, discourage
ontmoeten meet; encounter
ontmoeting meeting; encounter
ontnemen take away, deprive
ontoegankelijk inaccessible
ontoelaatbaar impermissable
ontoereikend inadequate
ontoerekenbaar not imputable, irresponsible
ontoonbaar not fit to be seen
ontploffen explode, detonate
ontploffing explosion, detona-
ontplooien unfold   [tion
ontraden dissuade from
ontroerd moved
ontroering emotion
ontroostbaar disconsolate
ontrouw unfaithfulness; infidelity; (*adj*) disloyal, unfaithful
ontruimen evacuate, vacate
ontruiming evacuation, clearing
ontscheping disembarkation
ontsieren disfigure, mar
ontslaan discharge, dismiss; — *van*, release, free (from)
ontslag *o* discharge, dismissal
ontslagaanvrage resignation
ontsmetten disinfect
ontsnappen escape
ontsnapping escape
ontspannen unbend, relax
ontspanning relaxation; distraction; relief
ontsporing derailment
ontspringen rise, originate
ontstaan arise, proceed; —, *o* origin
ontsteken kindle, light; become inflamed

ontsteking kindling; (ziekte) inflammation; (auto) ignition
ontsteld alarmed
ontstellend terrible, awful
ontsteltenis consternation, dismay, alarm [out
ontstemd out of tune; (*fig*) put
ontstemming displeasure
ontstentenis default
onttrekken withdraw from; *zich — aan*, withdraw from
ontucht lewdness
ontvangbewijs *o* receipt
ontvangen receive
ontvanger (goederen) consignee, recipient; (belasting) tax-collector
ontvangst receipt, reception
ontvelling abrasion
ontvlambaar inflammable
ontvlekken clean, remove stains from
ontvluchten fly, escape
ontvoering abduction, kidnapping
ontvouwen unfold
ontvreemden steal
ontwaken awake, get awake, wake up
ontwapenen disarm
ontwapening disarmament
ontwarren untangle
ontwerp *o* project, plan
ontwerpen draft, draw up, design, project
ontwijfelbaar unquestionable
ontwijken evade; (iem.) avoid
ontwikkelaar developer
ontwikkeld (*fig*) educated
ontwikkelen develop
ontwikkeling development; *algemene —*, general education
ontwikkelingshulp developing aid, development aid

ontwikkelingsland developing country, development country
ontwrichten dislocate
ontzag *o* awe, respect
ontzaglijk awful, tremendous
ontzeggen deny
ontzet *o* relief; rescue
ontzettend dreadful, terrible, appalling
ontzetting (uit ambt) dismissal; (schrik) horror
ontzien respect, spare
onuitputtelijk inexhaustible
onuitsprekelijk unspeakable, inexpressible
onuitstaanbaar insufferable; intolerable
onuitvoerbaar impracticable
onvast unstable, unsteady
onvatbaar immune (from)
onveilig unsafe, insecure; *—!*, danger!
onveranderlijk unchangeable, unalterable
onverantwoordelijk not responsible; injustifiable, irresponsible
onverbeterlijk incorrigible
onverbiddelijk inexorable
onverdraaglijk intolerable
onverdraagzaam intolerant
onverenigbaar incompatible
onverflauwd unabated
onvergankelijk imperishable, undying
onvergeeflijk unforgivable, unpardonable
onvergelijkelijk incomparable, matchless
onvergetelijk unforgettable
onverhoeds sudden, unexpected
onverhoopt unexpected
onverklaarbaar inexplicable
onverkoopbaar unsal(e)able

onvermijdelijk unavoidable; inevitable

onvermoeibaar indefatigable

onvermoeid untired, tireless

onvermogen *o* inability, impotence; (geld) indigence

onverrichter zake without success

onverschillig indifferent, careless

onverschrokken intrepid, undaunted, dauntless

onverslijtbaar everlasting

onverstaanbaar unintelligible

onverstandig unwise

onverstoorbaar imperturbable

onvertogen unseemly, indecent

onvervaard undaunted

onverwachts unexpectedly, suddenly, unawares

onverwijld immediate

onverzadigbaar insatiable

onverzettelijk immovable, stubborn, obstinate

onverzoenlijk irreconcilable, implacable

onverzorgd (arm) unprovided for; (slordig) untidy

onvoldaan unsatisfied

onvoldoend insufficient(ly)

onvolkomen imperfect

onvolledig incomplete

onvoltooid unfinished, incomplete

onvoorbereid unprepared

onvoordelig unprofitable

onvoorstelbaar incredible

onvoorwaardelijk unconditional

onvoorzichtig imprudent

onvoorzien unforeseen, unexpected

onvriendelijk unkind

onvruchtbaar infertile; sterile, barren

onwaarheid untruth, lie

onwaardig unworthy

onwaarschijnlijk improbable; unlikely

onwankelbaar unshakable, unwavering

onweer *o* thunder-storm

onweersbui (thunder-)storm

onweerstaanbaar irresistible

onwel indisposed, unwell

onwelvoeglijk indecent

onwetend ignorant

onwetendheid ignorance

onwettig unlawful, illegal

onwijs unwise, foolish

onwil unwillingness

onwillekeurig involuntary

onwrikbaar immovable; (*fig*) unshakable

onze our; *de* —, ours

onzedelijk immoral

onzeker uncertain; insecure; (hand, stem) unsteady

onzekerheid uncertainty, insecurity

onzent *te* —, at our house

onzerzijds on our part

onzevader *o* the Lord's Prayer

onzichtbaar invisible

onzijdig neutral; (taalk.) neuter

onzijdigheid neutrality

onzin nonsense

onzindelijk uncleanly, dirty

onzinnig absurd, nonsensical

ooft *o* fruit

oog *o* eye; *met het* — *op*, in view of; *onder vier ogen*, in private

oogarts ophthalmologist, oculist, eye-doctor

oogbol eye-ball

oogdruppels *mv* eye drops *pl*

ooggetuige eye-witness

ooghaar *o* eyelash

ooglid *o* eyelid
oogluikend *iets — toestaan,* connive at
oogmerk *o* aim, intention, purpose
oogpunt *o* point of view
oogst harvest, crop
oogsten reap, gather, harvest
oogwenk wink
ooievaar stork
ooit ever
ook also, too
oom uncle
oor *o* ear
oorarts otologist, ear specialist
oorbel earring, eardrop
oord *o* place, region
oordeel *o* judgment, sentence, opinion, discretion
oordeelkundig judicious
oordelen judge (*over,* of); think
oorkonde charter, deed, document
oorlelletje *o* earlobe
oorlog war
oorlogsinvalide disabled ex-soldier
oorlogskerkhof *o* war cemetery
oorlogsschip *o* man-of-war, warship
oorlogsverklaring declaration of war
oorlogszuchtig bellicose, eager for war
oorlogvoerend belligerent
oorontsteking inflammation of the ear, otitis
oorpijn ear-ache
oorsprong origin, source
oorspronkelijk original
oorverdovend ear-deafening
oorvijg box on the ears
oorworm earwig
oorzaak cause, origin

oostelijk eastern
oosten *o* East, Orient
Oostenrijk *o* Austria
Oostenrijks Austrian
oostenwind east wind
oosterlengte East longitude
oosters oriental, eastern
Oostzee (De) The Baltic (Sea)
op on, upon, at, in about, up; *hij is —,* he is out of bed; he is finished; *mijn geld is —,* my money is spent; *de wijn is —,* the wine is finished; *— en neer,* up and down
opbellen ring up
opbergen put (stow) away
opblazen blow up
opbouwen build up
opbrengen bring in; (dief) run in
opbrengst produce, proceeds *pl*
opdat that; *— niet,* lest
opdoen (voorraden) lay in; buy; (opdissen) bring in; (krijgen) get, gain, acquire
opdracht dedication; (last) charge, mandate, commission; *— geven,* instruct
opdrijven force up
opdringen thrust, force upon
opdringerig obtrusive, intrusive
opdrinken drink, finish
opdrogen dry up
opeen together, in a heap
opeenhoping accumulation, congestion, agglomeration
opeens suddenly, all at once
opeenvolgend successive
opeenvolging succession
opeisen claim, summon
open open; (betrekking) vacant
openbaar public
openbaarmaking publication
openbaring revelation

opendoen open; answer the bell
openen open
opengaan open
openhartig frank, open-
hearted
opening opening; (gat) aperture; hole
openlijk open, public
openluchttheater o open-air
theatre
opentrekken open; (gordijn)
draw back
opera opera
operateur operator
operatie operation
operatiekamer operating room,
operating theatre
opereren operate
operette musical comedy
opeten eat (up)
opfrissen refresh; freshen,
brush up
opgaan rise, go up; run out
opgang rise; — maken, catch on
opgave statement; (taak) task;
(school) exercise
opgeblazen (fig) bumptious,
inflated
opgeruimd cheerful, in high
spirits
opgetogen elated (van, with)
opgeven give up; (vermelden)
mention; state   [to
opgewassen a match for; equal
opgewekt cheerful; in high
spirits; (gesprek) animated
opgewonden excited
opgraving exhumation; (ar-
cheologisch) excavation
opgroeien grow up
ophaalbrug drawbridge
ophalen draw up, pull up;
(schouders) shrug; (inzamelen)
gather

ophangen hang (up); suspend
ophef fuss
opheffen lift up, raise; (afschaffen) abolish
opheffing elevation; (afschaf-
fing) abolition, closing
ophelderen clear up, explain
opheldering explanation,
elucidation
ophijsen hoist (up)
ophitsen set on; incite
ophogen heighten
ophopen heap up, accumulate
ophoping accumulation
ophouden hold up; (afhouden
v.) detain; (eindigen) cease,
stop
opjagen rouse, start; (fig) run
up
opkijken look up
opklapbed o folding bed
opklaren clear up
opklimmen climb, mount; (fig)
rise
opknappen tidy up; patch up;
(beter worden) regain strength
opkomen get up; rise; — tegen,
protest against
opkomst rise; (van vergadering)
attendance
opkweken breed, bring up
oplaag impression
opleggen lay on, impose,
charge with
oplegger trailer
opleiden bring up, train
opleiding education, training
opletten pay attention, attend
oplettendheid attentiveness,
attention
opleven revive
opleveren produce, yield;
(moeilijkheden) present; (afl.)
deliver

327

opleveringstermijn term of delivery
opleving revival
oplichter swindler
oploop tumult, riot, row
oplosbaar (vloeistof) soluble; (vraag) solvable
oploskoffie instant coffee
oplossen (in vloeistof) dissolve; (vraag) solve
oplossing solution
opluchting relief
opluisteren add lustre to
opmaken (verteren) spend; (haar) dress; (stukken) make out, draw up; (gelaat) make up
opmars advance
opmerkelijk remarkable
opmerking observation, remark
opmerkzaam attentive, observant
opmeten measure
opname record(ing)
opnemen take up; (reiziger) pick up; (patiënt) admit; (voedsel) take; (geld) take up
opnieuw anew, again
opnoemen name, mention
opoffering sacrifice
oponthoud o delay, stop
oppakken pick up, take up; (arresteren) run in
oppassen take care, be careful (of, voor); pas op!, take care!, beware of...!
oppassend well-behaved
oppasser attendant; caretaker
opper upper, chief, superior
opperbevelhebber commander-in-chief
opperen propose, suggest
opperhoofd o chief, head
oppermacht supremacy
oppermachtig supreme

oppersen press
opperste uppermost, supreme
oppervlakkig superficial
oppervlak surface
oppompen (luchtband) inflate
oppositie opposition
oprapen pick up, take up
oprecht sincere, straightforward
oprechtheid sincerity
oprichten set up, erect; (fig) establish, found
oprijlaan drive
oprisping belch
oproep (tel) call; summons
oproepen call up; convoke, summon
oproer o insurrection, revolt
oproerig rebellious
oproerling rebel, insurgent
oproerpolitie riot police
oprollen roll up
opruien incite
opruier agitator, inciter
opruimen clear away; (voorraad) clear off
opruiming clearing away; (comm) clearance-sale
opscheppen (eten) serve out; boast, brag
opschieten get on; hurry up
opschik finery, trappings
opschorten suspend, adjourn
opschrift o inscription; heading
opschrijfboekje o note-book
opschrijven write down
opschudding bustle, tumult; commotion
opschuiven push up; move up
opslaan put up; (boek) open; (tent) pitch; (prijs) raise; (inslaan) lay in; store; (hoger worden) rise

opslag rise; (in pakhuis) storage
opslagplaats store
opsluiten lock up; confine
opsluiting confinement
opsnijden brag
opsnij(d)er braggart
opsommen enumerate, sum up
opsporen trace, find out
opspraak *in — brengen*, compromise
opspringen jump (leap) up
opstaan stand up, rise; revolt
opstand insurrection, revolt
opstandeling insurgent, rebel
opstanding resurrection
opstapelen heap up, pile up
opsteken hold up, lift; (paraplu) put up; (sigaar) light; (geld) pocket
opstel *o* composition; paper; essay
opstellen (instrument, machine) mount; (soldaten) post; (redigeren) draft, draw up
opstijgen rise; ascend, mount; (v. vliegtuig) take off
opstoken poke (up); (*fig*) incite, instigate
opstootje *o* riot
opstopper cuff, slap
opstopping congestion
opstropen tuck up
opsturen send on, forward
optekenen note (down)
optellen cast up, add
opticien optician
optillen lift up
optocht procession
optreden appear; *— tegen*, take action against
optrekken draw up, raise; march; (auto) accelerate; (van mist) lift

opvallend striking
opvangen catch; (woorden) overhear; (*rad*) pick up
opvatten (*fig*) understand
opvatting conception, idea, view, opinion
opvegen sweep up
opvliegend short-tempered
opvoeden educate, bring up
opvoeding education
opvoedkunde pedagogy
opvoeren carry up, raise; increase; (motor) speed up; (toneel) perform
opvoering performance
opvolgen follow; succeed
opvolger successor
opvouwbaar collapsible, folding
opvouwen fold up
opvrolijken brighten, cheer up
opvullen fill up, stuff
opwaarts upward
opwachten wait for
opwachting *zijn — maken*, pay one's respects to
opwegen *tegen* counterbalance
opwekken excite, stimulate
opwekkend exciting, stimulating
opwekking stimulation; (v. stroom) generation
opwelling outburst
opwinden wind up; (*fig*) excite
opwinding excitement
opzeggen say, recite (a lesson); (intrekken) denounce; (uit betrekking) give notice
opzegging denunciation, withdrawal; (ontslag) notice
opzenden send
opzet *o* design, intention; *met —*, on purpose
opzettelijk intentional, wilful; *adv*) designedly, purposely

329

opzetten put on; (v. tent) pitch; (v. dier) stuff

opzicht o supervision; in alle —en, in every respect; ten —e van, with respect to

opzichter overseer; superintendent

opzichtig gaudy, showy, garish

opzien look up; — tegen, shrink from; — baren, make a stir

opzienbarend sensational

opzoeken seek, look (for); (bezoeken) call on

opzwellen swell

oranje orange

orde order; aan de — zijn, be under discussion; in —, all right; in — brengen, put right; in — komen, come right

ordelijk orderly

ordeloos disorderly

order order, command

orgaan o organ

organisatie organisation

organisch organic

organiseren organize, arrange

orgel o organ

origineel o en aj original

orkaan hurricane

orkest o orchestra, band

orthopedisch orthopaedic

os ox

ossehaas fillet of beef

ossevlees beef

otter otter

oud old, aged; (antiek) antique, ancient

oudbakken stale

oudejaarsavond New-Year's eve

ouder older; (sb) parent

ouderdom (old) age

ouderling elder

ouders mv parents pl

ouderwets old-fashioned

oudheid antiquity

oudoom great-uncle

ouds van —, of old

oudste oldest; eldest; — vennoot senior partner

oudtante great-aunt

ouverture overture

ouvreuse usherette

ouwel wafer; (om poeder) cachet

ouwelijk oldish

ovaal oval

oven oven, furnace

over over; (aan overzijde v.) beyond; opposite; — en weer, to and again; — 8 dagen, in a week

overal everywhere

overal(l) dungarees

overbelichten over-expose

overbevolking surplus population

overblijfsel o remainder, remnant, remains, rest

overblijven be left; remain

overbluffen bluff

overbodig superfluous

overboeken transfer

overboord overboard

overbrengen carry, transfer, transport

overbuur opposite neighbour

overcompleet surplus

overdaad excess

overdadig superabundant; excessive

overdag in the day-time

overdenking consideration, reflection, meditation

overdoen do over again; (wegdoen) part with

overdracht transfer

overdragen carry over; (fig) hand over, transfer

overdreven exaggerated
overdrijving exaggeration
overeengekomen agree, harmonize (with)
overeenkomst (gelijkenis) resemblance; conformity; (verdrag) agreement
overeenkomstig corresponding; similar; (*prep*) in accordance with
overeenstemming harmony, agreement; *in — met*, in accordance with
overgaan go; (voorbijgaan) pass off, wear off; (op school) be removed; *— tot*, proceed to
overgang transition; change; (spoorweg) crossing
overgankelijk transitive
overgave surrender; delivery
overgeven hand over; pass; (afstaan) give over, yield; (braken) vomit; *zich —*, surrender
overgooier pinafore dress
overgordijn *o* curtain
overgrootvader great-grandfather
overhaasten hurry
overhalen fetch over; (overreden) persuade, gain over
overhand *de — hebben*, have the upper hand, prevail
overhandigen hand over
overheen over, across
overheersing domination
overheid the authorities, the Government
overhellen incline (to), hang over (to), lean over (to)
overhemd *o* shirt
overhoop in a heap; *— halen*, turn over; *— liggen met*, be at variance with
overhouden save

overigens for the rest
overijld rash, in a hurry
overjas overcoat
overkant other side
overkapping roof
¹óverkomen come over; get across
²overkómen befall, happen to
overkomst visit, coming
¹óverladen transship
²overláden overload; (maag) surfeit, overeat
overlast inconvenience, annoyance
overlaten leave
overleden deceased
overleg *o* deliberation
¹óverleggen (tonen) hand over, produce
²overléggen deliberate, consider
overleven survive, outlive
overleveren transmit, deliver
overlevering tradition
overlijden *o* death, decease; (ww) die
overlijdensakte death certificate
overlijdensdatum date of death
overloop landing; (water) overflow
overlopen run over; (deserteren) go over, desert
overmaat excess
overmacht superior power; force majeure
overmaken do over again; (geld) remit, make over
overmeesteren overpower, overmaster, conquer
overmoedig reckless
overmorgen the day after tomorrow
overnachten stay the night
overnemen take over
overoud very old, ancient

331

overpeinzing meditation
overplaatsen transfer
overreden persuade
overreiken hand, reach
overrijden run over
overrompeling surprise
overschakelen switch over;
(auto) change gear, shift
overschatten overrate, over-
estimate
overschieten remain, be left
overschoen overshoe, galosh
overschot *o* remainder, rest;
surplus; (*comm*) balance; *het
stoffelijk* —, the mortal remains
overschrijden (*fig*) exceed
overschrijven write out, copy
out; (geld) transfer
overslaan omit, pass over
overspannen overstrung, over-
strained, overwrought
overspel *o* adultery
overstapje *o* correspondence-
ticket, transfer
overstappen cross, step over;
(trein) change
overste lieutenant-colonel; (v.
klooster) prior
oversteekplaats crossing
oversteken cross (over)
overstelpen overwhelm
overstromen inundate, flood
overstroming inundation, flood
overstuur upset
overtocht passage; crossing
overtollig superfluous
overtreden contravene, break
overtreding contravention;
transgression, trespass
overtreffen surpass, excel,
outdo
overtrek *o* case, cover
overtrekken cross; pull across
overtroeven overtrump
overtuigen convince (one of)
overtuiging conviction
overuren *mv* overtime
overval raid
overvalwagen police van
overvloed abundance, plenty
overvloedig copious, abundant,
profuse
overvracht excess luggage
overvragen ask too much,
overcharge
overweg level crossing
overwegen consider
overwegend preponderant
overweging consideration; *in
— geven*, suggest
overweldigen overpower
overwerk *o* extra work, overwork
¹óverwerken work overtime
²overwérken *zich* —, overwork
oneself
overwicht *o* preponderance
overwinnaar conqueror
overwinnen conquer, vanquish;
overcome
overwinning victory
overwinteren winter
overzees oversea(s)
overzicht *o* survey; general view
overzichtelijk clearly (arranged)
overzijde other side
oweeër war profiteer

P

p.a. = per adres (to the) care of, c/o
paal stake, pile, pole; — en perk stellen aan, set bounds to
paar o pair, couple; some; a few
paard o horse; te —, on horse-back
paardebloem dandelion
paardekracht horse-power
paardenslager horse-butcher
paardrijden o riding (on horse-back)
paarlemoer o mother of pearl
paars purple
paarsgewijs two and two
paasdag Easter-day
paasvakantie Easter-holidays pl
pacht rent; lease
pachter tenant-farmer
pad (dier) toad; —, o path
paddestoel toad-stool; (eet-bare) mushroom
padvinder (boy-)scout
padvindster (girl) guide
page page; foot-boy
pagina page
pairschap o peerage
pak o package, bundle, parcel; (kostuum) suit of clothes; met — en zak, (with) bag and baggage
pakhuis o warehouse
pakje o parcel, packet
pakken (inpakken) pack; (grij-pen) size
pakket o packet, parcel
pakking gasket, packing
pakpapier o packing-paper
pal click, pawl; (adj) firm
paleis o palace
paling eel

paljas clown, buffoon
palm (boom) palm; (hand) palm
Palmzondag Palm Sunday
pan (frying-)pan; (dak-)tile; (herrie) row; in de — hakken, cut up; wipe out
pand o pawn, pledge, forfeit; (aan jas) flap, tail; (huis en erf) premises
pandbrief mortgage bond
pandjeshuis o pawnshop
paneel o panel
paneermeel o bread-crumbs pl
paniek, panisch panic
panne breakdown
pannekoek pancake
pannelap pot-holder
pannespons scourer
pantalon trousers pl
panter panther
pantoffel slipper; onder de — zitten, be henpecked
pantoffelheld henpecked husband
pantser o armour
panty panty-roll-on
pap porridge
papaver poppy
papegaai parrot
papier o paper
papieren paper
papiergeld o paper currency
papiermand waste-paper basket
paprika paprika
paplepel dessert-spoon
paraaf paraph, flourish; initials
paraat ready
parachute parachute
parachutist, parachutist, para-
parade parade, show   [trooper
paradijs o paradise

333

paraferen initial, paraph
paragraaf paragraph
paraplu umbrella
parasiet parasite
parasol sun-shade
parcours o circuit, course
pardon o pardon; —!, sorry,
beg pardon!
parel pearl
parelmoer o mother of pearl
parelsnoer o pearl-necklace
paren couple, match, unite; (v.
dieren) mate
parfum o perfume, scent
pari par; à —, at par; beneden,
boven —, below par, above par
Parijs o Paris; (adj) Parisian
park o park
parkeergarage parking garage
parkeermeter parking meter
parkeerplaats parking-place
parkeerverbod o parking ban
parkeren park
parket o parquet; public prosecutor's department
parketvloer parquet-floor(ing)
parlement o parliament
parmantig pert
parochie parish
parodie parody, skit
parool o parole; password
part o part, portion, share
parterre o (huis) ground floor;
(in theater) pit
particulier private person;
(adj) private
partij party; (goederen) lot;
(sp) game; (huwelijk) match;
— kiezen voor, take part with
partijdig partial
partijdigheid partiality, bias
partituur score
partner partner
parvenu upstart

pas pace, step; (berg-) pass;
(paspoort) passport; (adv)
scarcely, hardly, only
pascontrole examination of
passports
Pasen Easter; (Joods) Passover
pasfoto passport photo
pasklaar ready for trying on
paspoort o passport
passage passage; (winkelgalerij) arcade
passagebureau o booking-office
passagier passenger
passen fit, become, suit; try;
(geld) give exact change
passend suitable, fit
passer (pair of) compasses
passerdoos case of mathe-
matical instruments
passeren pass (by); happen
passief passive
pastei pastry, pie
pasteitje o patty
pastoor priest, rector
pastorie parsonage, rectory,
vicarage; (RC) presbytery
patates frites chips
patent o licence, patent
patiënt patient
patrijs partridge
patrijspoort port-hole; (oorlogsschip) scuttle-port
patriot patriot
patroon employer, master,
principal; (beschermheer)
patron; — (mil) cartridge; — o
pattern, design
patrouille patrol
pauken mv kettledrums
paus pope
pauselijk papal
pauw peacock
pauze pause; rest, interval
pauzeren make a pause

paviljoen *o* tent, pavilion
pedaal *o* pedal
pedant pedant; (*adj*) pedantic
pedel beadle
pedicure chiropodist
peen carrot
peer pear; (electric) bulb
pees tendon, sinew, string
peetoom godfather
peettante godmother
peignoir dressing-gown, morning-wrapper
peil *o* gauge, water-mark; *fig* standard
peilen gauge, sound, fathom
peinzen ponder, meditate, muse (upon)
pek *o* pitch
pekel pickle, brine
pelgrim pilgrim
pellen peel, hull
pels fur (coat)
peluw bolster
pen pen, nib; (brei-) needle
penhouder penholder
penicilline penicillin
pennemes *o* penknife
penning medal; badge
penningmeester treasurer
pens paunch; (gerecht) tripe
penseel *o* paint-brush, pencil
pensioen *o* pension; *met —
gaan,* retire
pension *o* boarding-house
pensioneren pension off
peper pepper
peperbus pepper-box
pepermunt peppermint; peppermint lozenge
pepmiddel *o* stimulant
peppil pep pill
per by
perceel *o* (huis) premises;
(grond) plot

percent *o* per cent; percentage
percentage *o* percentage
pereboom pear-tree
periode period
periodiek *adj* en *o* periodical
perk *o* (bloem-) bed; (grens) bound, limit
perkament *o* parchment
permanent permanent, lasting, standing; — *o,* permanent wave
permanenten *zich laten —,* have one's hair permed, have a perm
permissie permission; (voor soldaten) leave
perplex perplexed
perron *o* platform
¹Pers Persian
²pers press
persconferentie press conference
persen press, squeeze
personeel *o* servants, staff, personnel
persoon person
persoonlijk personal; in person
persoonsbewijs *o* identity card
perspectief *o* perspective
pertinent positive
Perzië *o* Persia
perzik peach
Perzisch Persian
pessarium pessary, diaphragm
pest plague, pestilence
pet cap
petekind *o* godchild
peterselie parsley
petroleum petroleum, oil
petroleumblik *o* oil-tin
petroleumkachel *o* oil-stove
peul husk; shell
peultjes *mv* podded peas *pl*
peuteren niggle, fumble
piano piano
pianostemmer piano-tuner

335

piccolo (in hotel) buttons
picknick picnic
pick-up record player
piek pike; (top) peak; (haar) wisp
piekeren brood
piekfijn spick and span
piekuur o peak hour, rush hour
pienter clever, smart
piepen peep, chirp, squeak
pier earth-worm; (havendam) pier, jetty
Piet Peter
pijl arrow, bolt, dart
pijler pillar, column; pier
pijn pain, ache
pijnbank rack
pijnboom pine, pine-tree
pijnigen torture, torment
pijniging torture
pijnlijk painful
pijnstillend soothing
pijp (orgel-, rook-) pipe; (buis) tube; (schoorsteen) funnel
pijpleiding pipe-line
pikant piquant, spicy
pikdonker pitch-dark
pikken pick, peck
pil pill
pilaar pillar
piloot pilot
pin peg
pincet o tweezers
pindakaas pea-nut butter
pinguin penguin
pink little finger
pinksterbloem cuckoo-flower
Pinksteren Wihtsuntide; (Joods) Pentecost
pioenroos peony
pion pawn
pionier pioneer
piraat pirate

pisang banana
pissebed woodlouse
pistool o pistol
pit o (noot) kernel; seed, stone; (fig) pith; (lamp) wick
pittig pithy; lively
plaag plague; nuisance
plaat (wijzer-) dial; (prent) engraving, print; cartoon; (ondiepte) shoal; shallow, sands; (ijzer &) sheet, plate
plaatijzer o sheet-iron
plaatje o picture; plate
plaats place; (binnen-) court, yard; (betrekking) place, situation, office; (in boek) passage; (schouwburg) seat; in — van, instead of
plaatsbespreking booking
plaatsbewijs o ticket
plaatsbureau o booking-office; (theater) box-office
plaatselijk local
plaatsen place, put, set; (geld) invest; (advertentie) insert
plaatshebben take place
plaatsing placing; insertion
plaatsvervanger substitute
plaatsvinden take place
plafond o ceiling
plagen tease; (boosaardig) vex
plak (ham) slice; (chocolade) slab
plakboek o scrap-book
plakken paste, glue; blijven —, stay long
plan o plan, scheme, project; van — zijn, intend
planeet planet
plank plank; (dunner) board; (in kast &) shelf
plant plant
plantaardig vegetable
plantage plantation, estate

planten plant
plantengroei vegetation
plantentuin botanic garden
planter planter
plantkunde botany
plantsoen *o* park
plas puddle, pool   [water)
plassen splash; dabble (in the
plat *o* flat; (*adj*) flat; level; (*fig*)
broad, trivial; vulgar
platina *o* platinum
plattegrond ground-plan; (stad
enz.) plan, map
platteland *o* the country
plaveisel *o* pavement
plechtig solemn, stately
plechtigheid ceremony
pleegkind *o* foster-child
pleegmoeder foster-mother
pleegvader foster-father
plegen (placht) use, be accustomed; (pleegde; gepleegd)
commit, perpetrate
pleidooi *o* pleading, plea
plein *o* square; (rond) circus
pleister plaster; —, *o* plaster,
stucco
pleisterplaats pull-up
pleiten plead
pleiter pleader, barrister
plek spot; (vlek) stain
pleuris, pleuritis pleurisy
plezier *o* pleasure
plicht duty, obligation
plichtsbesef *o* sense of duty
plichtverzuim *o* neglect of duty
ploeg plough; (groep) shift,
gang; (*sp*) team
ploegbaas foreman
ploegen plough
ploert snob, cad
ploertendoder bludgeon
ploeteren (*fig*) toil (and moil),
drudge, plod

ploffen flop
plomberen (goed) lead; (tand)
fill a tooth
plomp clumsy; (*sb*) water lily
plonzen flop; splash
plooi fold; (in broek) crease;
(in voorhoofd) wrinkle
plooibaar pliable
plotseling sudden(ly)
pluche *o* plush
pluim plume, feather
pluimpje *o* compliment
pluimvee *o* poultry
plukken (bloemen) pick,
gather; (vogel) pluck
plunderen plunder; pillage
plunjezak (*nav*) kit
plus plus
plusminus about
pluspunt *o* advantage
po chamber-pot
pochen boast, brag
pocketboek paperback
podium *o* platform; stage
poedel poodle; (misgooi) miss
poeder *o* powder
poederdons *o* powder-puff
poederdoos powder-box
poederen powder
poel puddle, pool
poelier poulterer
poes cat, puss(y)
poëtisch poetic(al)
poets trick; prank; *een — bak-*
ken, play a trick upon
poetsen polish, clean
poëzie poetry
poffertje *o* fritter
pogen endeavour, try
poging endeavour, attempt,
effort
poken poke
pokken *mv* smallpox
polder polder

337

polemiek polemic, controversy
Polen *o* Poland
poliep (dier) polyp; (gezwel) polypus
polijsten polish, burnish
polikliniek policlinic
polis policy
politicus politician
politie police
politieagent policeman, constable
politiebureau police-station
politiek politics *pl*
pollepel ladle
pols pulse; (gewricht) wrist
polsen sound
polshorloge wrist-watch
polsslag pulsation
polsstok leaping-pole
pomp pump
pompen pump
pond *o* pound
ponsen punch
ponskaart punched card
pont ferry-boat
pook poker
¹Pool Pole
²pool pole
poolcirkel polar circle
poolster polar star
poort doorway, gate(way)
poos while, time
poot paw, foot, leg
pop (speelgoed) doll, puppet; (kaartspel) picture-card
poppenhuis *o* doll's house
poppenkast puppet-show
poppewagen doll's carriage
populair popular
populier poplar
poreus porous
porie pore
porren poke, stir; (wekken) knock up, call up

porselein *o* china(-ware), porcelain
port port(-wine); — *o* postage
portaal *o* landing; porch, hall
portefeuille wallet; (v. minister) portfolio
portemonnee purse
portie portion, share
portiek porch
portier door-keeper, (hall) porter; —, *o* door
porto *o* postage
portret *o* portrait, photo-(graph)
Portugees Portuguese
portwijn port(-wine)
poseren pose; sit
positie position
positief positive
post (betrekking) post, office, (schildwacht) sentry; (poste-rijen) post(office)
postauto postal van
postbode postman
postbus (post-office) box
postcheque postal check
postduif carrier-pigeon
postelein purslane
posten (brief) post; (werkwilli-gen) picket
poste-restante to be called for
postgirorekening postal clear-ing account, giro account
postkantoor *o* post office
postpakket *o* (postal) parcel
postpapier *o* note-paper
postspaarbank post-office savings-bank
postwissel post-office order
postzegel (postage) stamp
postzegelautomaat stamp ma-chine
postzegelverzamelaar stamp collector

pot pot; jar; (speelpot) stakes, pool; *wat de — schaft*, potluck
potdicht close(-shut)
poten (planten) plant; (vis) set
potig strong, robust
potlood *o* (lead)pencil; (kachel-) blacklead
potsierlijk ludicrous
pottenbakkerij pottery
pousseren push
pover poor, shabby
Praag *o* Prague
praal pomp, magnificence
praatje *o* talk; *een — maken*, have a chat; *—s*, fiddle-sticks
praatziek talkative
pracht splendour, magnificence
prachtig magnificent, splendid
praktijk practice
praktisch practical
pralen shine, glitter; *— met*, make a show of
prat proud
praten talk, chat
precedent *o* precedent
precies precise
predikant clergyman, minister; [vicar
prediken preach
prediker preacher; *de Prediker*, Ecclesiastes
preek sermon
preekstoel pulpit
prefereren prefer
prei leek
preken preach
premie premium, bonus
premier Prime Minister
première première, first night
prent print, picture
prentbriefkaart picture post-card
prentenboek *o* picture-book
preparaat *o* preparation
present present; *—, o* present

presenteerblad *o* salver, tray
presenteren offer; present
presentielijst attendance register
president president, chairman
pressen press (into the service)
presse-papier paper-weight
pressie pressure
prestatie performance, achievement
presteren achieve
prestige *o* prestige
pret pleasure, fun
pretendent pretender, claimant
pretentieus assuming
prettig pleasant, nice
preuts prudish, demure
prevelen mutter, mumble
preventief preventive
prieel *o* bower, arbour
priem pricker, awl; bodkin
priester priest
prijken shine, glitter, blaze
prijs (waarde) price; (beloning) prize; (lof) praise
prijscourant price-current, price-list
prijsnotering quotation
prijsstijging rise in prices
prijsverhoging increase, rise in prices
prijsverlaging price-reduction; price-cutting
prijsvraag competition
prijzen (prees; geprezen) praise, commend
prijzenswaardig praiseworthy, commendable
prik prick, sting
prikkel (*fig*) stimulus
prikkelbaar irritable
prikkeldraad *o* barbed wire
prikkeldraadversperring wire entanglement

339

prikkelen prickle; (*fig*) stimulate; (irriteren) irritate
prikken prick
priklimonade aerated lemonade
prima first-class
primitief primitive
principe *o* principle
principieel fundamental
prins prince
prinses princess
prinsesseboon French bean
prisma *o* prism
privaat *o* privy; W.C.; (*adj*) private
privaatles private lesson
privé private, personal
privé-secretaresse private (confidential) secretary
pro pro
proberen try; attempt
probleem *o* problem
procédé *o* process
procederen be at law
procent *o* percent
proces *o* lawsuit, action
processie procession
proces-verbaal *o* report; (bekeuring) warrant
procuratie proxy, procuration
procuratiehouder proxy, confidential clerk
procureur solicitor, attorney
procureur-generaal Attorney General
producent producer
produkt *o* product
produktie production, output
produktief productive
proef proof; (experiment) trial, test; experiment; (monster) sample
proefkonijn *o* experimental rabbit; (*fig*) guinea-pig
proefmonster *o* (testing) sample

proefnummer *o* specimen copy
proefondervindelijk experimental
proefrit trial run
proefschrift *o* thesis
proeftijd apprenticeship, noviciate
proefvlucht test flight
proefwerk *o* (test) paper
proesten sneeze
proeve specimen
proeven taste, try
profeet prophet
professor professor
professoraat *o* professorship
profiel *o* profile
profiteren van profit by
programma *o* programme; (schouwburg) play-bill
progressief progressive
projecteren project
projectiel *o* projectile, missile
proletariër proletarian
promotie promotion; (univ.) graduation
promoveren graduate
prompt ready, prompt
pronk show, ostentation
pronken show off
prooi prey
proost cheers!
prop stopple, stopper; (van papier) pellet; (van watten) wad; (in keel) lump
proper neat, tidy, clean
proportie proportion
propvol crammed
prospectus *o* prospectus
prostituée prostitute
protectoraat *o* protectorate
protest *o* protest(ation)
protestant(s) protestant
protesteren protest (against)

prothese prosthesis
proviand *o* provision, victuals, stores
provinciaal provincial
provincie province
provisie (voorraad) stock, supply; (loon) commission
provisiekamer pantry, larder
provoceren provoke
proza *o* prose
prozaïsch prosaic
pruik wig
pruilen pout, sulk, be sulky
pruim plum; (gedroogd) prune; (tabak) quid
pruimen chew (tobacco)
Pruis(isch) Prussian
Pruisen *o* Prussia
prul *o* bauble, trash
prullenmand waste-paper basket
prutsen potter, tinker (at)
pruttelen simmer; (*fig*) grumble
psalm psalm
psychiater psychiatrist
psychoanalyse psychoanalysis
puber adolescent
publicatie publication
publiceren publish, make public
publiek public; —, *o* public;

(toneel enz.) audience
pudding pudding
puik choice, excellent
puimsteen *o* pumice-stone
puin *o* rubbish
puinhoop heap of rubbish; ruins
puist pimple, pustule, boil
pul jug, vase
punaise drawing-pin, thumbtack
punt point; (neus) tip; (schoen) toe; (leesteken) full stop; (op i) dot; —, *o* point; *dubbele* —, colon; *op het* — *staan*, be about to
punteslijper pencil-sharpener
puntig pointed, sharp
puntje *o* point; (sigaar, neus, tong) tip; *in de* —*s*, shipshape
pupil pupil, ward; (van oog) pupil
purée puree; (van aardappelen) mashed potatoes
purgeermiddel *o* purgative
purper *o* purple
put well; (kuil) pit, hole
putten draw
puur pure, plain; (*fig*) mere
puzzel puzzle
pyjama pyjamas

Q

(Zie ook kw)

quantum *o* quantity

quarantaine quarantine
quitte quits
quotiënt *o* quotient

R

ra yard
raad counsel, advice; (lichaam) council; (raadsheer) counsel, counsellor; *iem. om — vragen*, ask a man's advice
raadgevend advisory, consultative
raadhuis *o* town hall
raadplegen consult
raadsel *o* riddle, enigma
raadselachtig enigmatic
raadsheer councillor
raadslid *o* (town-)councillor
raadsman counsel
raadzaam advisable
raaf raven
raak telling; effective
raakvlak *o* tangent plane
raam *o* window; (v. fiets) frame
raar strange, odd
raaskallen rave, talk nonsense
rabarber rhubarb
racebaan race-course
racewagen racing-car
rad *o* wheel; (*adj*) (van tong)
raddraaier ringleader   [glib
radeloos desperate
raden (ried of raadde; geraden) (raad geven) advise; (goed gissen) guess
raderen erase
raderwerk *o* wheel-work
radiaalband radial tyre
radiator radiator
radicaal radical
radijs radish
radio radio
radioactief radioactive
radiodistributie wire broadcasting
radio-omroep broadcasting

radiotelegrafist wireless operator
radiotoestel *o* wireless set
radiozender radiotransmitter
rafelen fray, unravel
raffinaderij refinery
rag *o* cobweb
ragoût ragout
rail rail
raken hit, touch; (*fig*) concern
raket racket; rocket
rakker rascal, rogue
ram ram; (dierenriem) Aries
ramen estimate (at)
raming estimate
rammelen rattle, clatter
ramp disaster, calamity, catastrophe
rampzalig wretched; fatal
rancune rancour, grudge
rand (hoed) brim; (boek) margin; (tafel) edge; (afgrond) brink; (bos) skirt, border; (*fig*) verge
randweg ring road
rang rank, degree, grade
rangeerterrein *o* shunting-yard
rangeren shunt
ranglijst army list
rangorde order
rangschikken arrange, range
rangschikking classification
rank tendril; (*adj*) slender
ransel knapsack; (slaag) flogging, drubbing
ranselen wallop, drub
rantsoen ration
rantsoeneren ration
rap nimble, quick, agile
rapen pick up, gather
rapport *o* statement, report
rapporteren report

342

rariteit curiosity, curio

ras *o* (mensen) race; (vee) breed; (*adj*) quick, swift; (*adv*) soon, quickly

rashond pedigree dog

rasp rasp, grater

raspaard *o* thoroughbred

rassendiscriminatie racial discrimination

rasterwerk *o* trellis-work

rat rat

ratel rattle

rationeel rational

rattenkruit *o* arsenic, rat's bane

rauw raw, uncooked; (stem) raucous, hoarse

rauwkost vegetable salads

ravage havoc; wreckage

ravijn *o* ravine

ravotten romp

rayon *o* area; territory

razend raving, mad; wild

razernij rage; frenzy

reactie reaction (to)

reactionair reactionary

reageerbuisje *o* test-tube

reageren react (to)

realiseren realize

realiteit reality

rebel rebel, mutineer

rebus picture puzzle

recensent critic, reviewer

recensie criticism, critique, review

recept *o* recipe; (*med*) prescription

receptie reception

recherche detective force

rechercheur detective

recht right; (lijn) straight; (*sb*) *o* right; (rechtspraak) law, justice; (belasting) duty, custom; — *hebben op*, be entitled (have a right) to

rechtbank court of justice, law court; tribunal

rechter judge, justice

rechterhand right hand

rechterzijde right side

rechthoek rectangle

rechthoekig right-angled, rectangular

rechtmatig rightful, lawful, legitimate

rechtop upright, erect

rechts (*adj*) right; right-handed; (*adv*) (on, at) the right

rechtsaf (to the) right

rechtsbijstand legal assistance

rechtschapen honest, upright

rechtsgeleerde lawyer

rechtsgeleerdheid jurisprudence

rechtsom to the right

rechtsomkeert, — *maken* turn about

rechtspersoonlijkheid incorporation

rechtspraak jurisdiction

rechtstreeks direct(ly)

rechtuit straight on; (*fig*) frankly

rechtvaardig righteous, just

rechtvaardigen justify

rechtvaardigheid justice, righteousness

rechtvaardiging justification

rechtzetten straighten; (*fig*) correct

reclame advertising, publicity

reclamebiljet *o* poster

reclameren complain; claim

record *o* record

recreatie recreation

rector headmaster; — *magnificus*, vice-chancellor

reçu *o* (luggage-)ticket; receipt

redacteur editor

redactie editorial staff
reddeloos not to be saved
redden save, rescue
redding saving, rescue; deliverance, salvation
redding(s)boei lifebuoy
redding(s)boot lifeboat
reddings(s)gordel lifebelt
rede (toespraak) speech, discourse; (verstand) reason, sense; (ankerplaats) road(s), roadstead
redelijk rational, reasonable; moderate
redeloos irrational
reden reason, cause, motive; (verhouding) ratio
redenaar orator
redeneren reason, argue
redenering reasoning
reder (ship-)owner
rederij shipping company
redetwisten argue, dispute
redevoering speech, address
redmiddel o remedy, expedient
reduceren reduce
reductie reduction
ree roe, hind
reeds already
reëel real
reeks series, sequence, train; (wiskunde) progression
reep rope, strip, string, line; bar (of chocolate)
reet cleft, crack, split
referentie reference
refrein o chorus, refrain [rule
regel rule; line; *in de* —, as a
regelen arrange, order, settle
regeling regulation, arrangement, settlement
regelmatig regular
regelrecht straight
regen rain

regenachtig rainy
regenboog rainbow
regenbui shower of rain
regenen rain
regenjas rain-coat, mackintosh
regent regent; (v. inrichting) governor
regeren rule, govern, reign over
regering government; reign
regie (schouwburg) staging; (film) direction
regiment o regiment
regisseur stage-manager; (film) director
register o register; (van een boek) index
registratie registration
reglement o regulation(s), rules *pl*
reglementair prescribed
reiger heron
reiken reach, extend
rein pure, clean; chaste
reinigen clean(se), purify
reis journey; (zee- ook) voyage; trip; *op* —, on a journey; *op* — *gaan*, go on a journey; *goede* — *!*, a pleasant journey!
reisbenodigdheden *mv* travelling requisites
reisbureau o travel agency
reischeque traveller's cheque
reis- en verblijfkosten *mv* hotel and travelling expenses
reisgeld o travelling-money
reisgids guide-book
reiskosten *mv* travelling-expenses
reiskredietbrief circular letter of credit
reisleider tour-conductor
reisroute route, itinerary
reisvaardig ready to set out
reiswagen touring-car

reizen travel, journey
reiziger traveller
reizigersverkeer *o* passenger traffic
rek *o* clothes-horse; (v. borden enz.) rack; (in elastiek) spring
rekbaar extensible, elastic
rekenen count, reckon, calculate; — *op*, depend upon, rely upon
rekening bill, account; (het rekenen) calculation; reckoning; *in* — *brengen*, charge; — *houden met*, take into account
rekening-courant account current
rekenkunde arithmetic
rekenmachine calculating machine
rekenschap account; *zich* — *geven van*, realize
rekest *o* petition
rekken stretch; draw out
rekruut recruit
rekstok horizontal bar
rekwest *o* petition
relaas *o* account, story
relatie relation
reliëf *o* relief
religie religion
religieus religious
relikwie relic
reling rail(s)
rem brake
rembours *o* cash on delivery
remise remittance; (*sp*) draw, drawn game; (loods) shed; (van tram) depot
remmen brake
remming (*fig*) inhibition
ren run, course
renbaan race-course
rendabel paying, remunerative
rendement *o* yield; output

rendier *o* reindeer
rennen run, race
renoveren renovate
renpaard *o* race-horse
renstal racing-stable
rente interest
rentekaart insurance card
renteloos without interest
rentevoet rate of interest
rentmeester steward, bailiff
reorganisatie reorganization
reorganiseren reorganize
reparatie repair(s), reparation
repareren repair, mend
repertoire *o* repertory
repeteren repeat; (les) go over; (toneel) rehearse
repetitie repetition; (toneel) rehearsal; (op school) test-paper; *generale* —, dress rehearsal, final rehearsal
reportage reporting
reporter reporter
reppen — *van*, make mention of; *zich* —, hurry
represaille reprisal
republiek republic
republikein(s) republican
reputatie reputation
reserve reserve(s)
reserveren reserve, book
reservewiel *o* spare wheel
reservoir *o* tank, container
residentie residence   [tively
resp., respectievelijk respec-
ressorteren onder come within, fall under
rest rest, remainder
restant *o* remainder, remnant
restaurant *o* restaurant
restauratie (herstel) restoration, renovation; (restaurant) restaurant; (in station) refreshment room

345

restauratierijtuig *o* dining-car
restaureren restore
restitutie repayment
resultaat *o* result, outcome
resumeren sum up, summarize
retour *o* return
retourbiljet *o* return-ticket
reu (male) dog
reuk smell, odour, scent
reukeloos scentless, inodorous
reumatiek rheumatism
reus giant
reusachtig gigantic; enormous
reuzel lard
revalidatie rehabilitation
revaluatie revaluation
revisie revision; (v. drukproef) revise; (v. auto) over-
haul(ing)
revolutie revolution
revolutiebouw jerry-building
revolutionair revolutionary
revolver revolver
revue review; (toneel) revue
rib rib; (kubus) edge
ribfluweel *o* corduroy
richel ledge, border, edge
richten direct, point, aim
richting direction
richtingaanwijzer direction,
indicator, trafficator
richtlijn directive
ridder knight
ridderlijk chivalrous
ridderorde decoration, order of
knighthood
riem strap; (gordel) belt;
(roei-) oar
riet *o* reed, cane; (voor daken)
thatch
rietje *o* (drinken) straw
rietsuiker cane sugar
rij row, range, series, file; *in de
— staan*, queue

rijbaan carriage-way, lane
rijbewijs *o* driving licence
rijden (reed; gereden) (te paard,
fiets) ride; (rijtuig, auto) drive
rijexamen *o* driving-test
rijgen (reeg; geregen) lace; (op
koord) string; (naaiwerk) baste
rijk *o* empire; realm; (*adj*) rich;
wealthy; copious; *—e landen*,
affluent countries
rijkaard rich fellow
rijkdom riches, wealth
rijkelijk richly, copiously
rijksambtenaar civil servant,
government official
rijlaars riding-boot
rijles (paard) riding lesson;
(auto) driving lesson
rijm *o* rhyme
rijmen rhyme
Rijn Rhine
Rijnwijn Rhine-wine, hock
rijp hoar-frost; (*adj*) ripe,
mature
rijpaard *o* riding-horse
rijpen ripen, mature
rijpheid ripeness, maturity
rijschool riding-school;
driving-school, school of
rijst rice   [motoring
rijstebrij rice-milk
rijsttafel rice-table, tiffin
rijtoer drive
rijtuig *o* carriage, coach
rijweg carriage-road
rijwiel *o* (bi)cycle
rijwielhersteller cycle repairer
rijwielpad *o* cycle-track
rijwielstalling bicycle-shelter
rijzen (rees; gerezen) rise
rijzig tall
rijzweep horsewhip
rillen shiver (*van*, with), shudder (at)

rilling shiver, shudder
rimboe jungle
ringvinger ring-finger
ringvormig ring-like, ring-shaped
rinkelen jingle, tinkle
riolering sewerage
riool *o* sewer, drain
risico *o* risk
riskant risky, hazardous
rit ride; drive
ritme *o* rhythm
ritmisch rhythmic
ritselen rustle
ritssluiting zip fastening
ritueel *o* ritual
rivaal rival
rivier river
robbedoes tomboy
robber rubber
robijn ruby
roddelen gossip
rodehond German measles *pl*
Rode Kruis *o* Red Cross
roe(de) rod; (straf-) birch
roeiboot row(ing)-boat
roeien row
roeiriem oar, scull
roeitocht row
roeiwedstrijd boat-race
roekeloos reckless, rash
roem glory, renown, fame
roemen praise; boast
roemrijk illustrious, glorious
roep call, cry
roepen (riep; geroepen) call, cry
roeping call, calling, vocation
roepstem call
roer *o* rudder, helm
roereieren *mv* scrambled eggs *pl*
roeren stir; (*fig* ook) touch, move
roerend moving, touching
roerganger helmsman

roerloos motionless
roes drunken fit; (*fig*) intoxication
roest *o* rust
roesten rust
roestig rusty
roestvrij rust-proof, stainless
roestwerend anticorrosive
roet *o* soot
roffel roll (of drums)
rogge rye
roggebrood *o* rye-bread
rok (heren) dress-coat; (vrouwen) skirt, petticoat
roken smoke
rol roll; (toneel-) part, role
rolgordijn *o* roller-blind
rollade collared beef
rollager *o* roller-bearing
rollen roll, tumble
rolluik *o* rolling-shutter
rolmops collared herring
rolpens minced meat in tripe
rolschaats roller-skate
rolstoel wheel-chair, Bath chair
roltrap escalator
rolveger carpet sweeper
roman novel
romanschrijver novelist
romantisch romantic
Romein(s) Roman
rommel lumber, rubbish
rommelig untidy
romp (lichaam) trunk; (schip) hull
rond round; circular
rondborstig candid, frank
rondbrengen take round
ronddolen, ronddwalen wander, roam (about)
ronde round; (v. politieagent) beat
rondgaan go about
rondgang circuit, tour, round

rondkomen make (both) ends meet
rondleiden lead about, take round
rondleiding guided tour
rondom round about
rondreis (circular) tour
rondrijden drive about
ronduit frankly, plainly
rondvaart cruise
rondvlucht circuit
rondzenden send out
rondzwerven wander (roam) about
ronken snore; (machine) roar
röntgenfoto X-ray photograph
röntgenstralen *mv* X-rays *pl*
rood red
roodborstje *o* robin
roodharig red-haired
roodhuid redskin, red Indian
roodvonk scarlet fever
roof robbery, plunder; (op wonde) scab
roofdier *o* beast of prey
roofvogel bird of prey
rooien dig up; (bomen) pull up
rooilijn alignment
rook smoke
rookcoupé smoking-compartment, smoker
rookspek *o* smoked bacon
rookvlees *o* smoked beef
room cream
roomboter dairy-fresh butter
roomijs *o* ice-cream
rooms(-katholiek) Roman Catholic
roos rose; (op 't hoofd) dandruff; (op schijf) bull's eye
rooskleurig rosy
rooster *o* gridiron, grill; (in kachel) grate; (lijst) list, timetable

roosteren broil, roast, grill
ros *o* steed; (*adj*) reddish
rossig reddish, ruddy
rot rotten, putrid
rotonde roundabout
rots rock
rotsachtig rocky
rotten rot, putrefy
rotting putrefaction
route route, way
routine routine
rouw mourning
rouwbeklag *o* condolence
rouwen be in mourning
roven rob, plunder; steal
rover robber
royaal liberal, handsome, generous
royeren cancel, strike off the list
rozehout *o* rose-wood
rozemarijn rosemary
rozenkrans rosary
rozijn raisin
rubber *o* rubber
rubriek head, column
ruchtbaar — *maken*, make public, make known; — *worden*, get abroad
rug back; (berg-) ridge
ruggegraat backbone, spine
ruggelings backwards
ruggemerg *o* spinal marrow
ruggespraak — *houden met*, consult
ruggesteun support
rugleuning back (of a chair)
rugwervel dorsal vertebra
rugzak rucksack
ruien moult
ruif rack, manger
ruig hairy, shaggy; rough
ruiken (rook; geroken) smell, scent

ruil exchange, barter
ruilen exchange, barter, truck
ruilhandel barter
ruim *o* (schip) hold; (*adj*)
large, wide, roomy, spacious;
ample
ruimschoots largely, amply
ruimte room, space
ruimtevaart space travel
ruïne ruins
ruïneren ruin
ruisen (water) murmur; (blade-ren) rustle
ruit (wisk.) rhomb; (glass-)
pane; (venster) window; (stof)
check
ruiten (*ca*) diamonds
ruiter horseman
ruiterlijk frank
ruitesproeier windscreen
washer
ruitewisser windscreen wiper
ruk pull, tug, jerk
rukken pull, tug, jerk; (uit de
handen) snatch

rukwind gust of wind, squall
rum rum
rumoer *o* noise, uproar
rumoerig noisy, tumultuous
rund *o* cow, ox
runderlap beefsteak
rundvee *o* (horned) cattle
rundvlees *o* beef
rups caterpillar
Rus Russian
Rusland *o* Russia
Russisch Russian
rust rest; quiet; tranquillity,
(*sp*) half-time
rustbank couch
rustdag day of rest; holiday
rusteloos restless
rusten rest, repose; —*d*, retired
rusthuis *o* rest home
rustig quiet, still, tranquil
rustplaats resting-place
ruw (stoffen) raw; (onbewerkt)
rough; (grof) coarse, crude;
(oneffen) rugged
ruzie quarrel, brawl

S

saai dull, tedious
sabel sabre, sword
saboteren sabotage
sacrament *o* sacrament
safe strong room, safe-deposit
safe-loket *o* locker, box
sage legend, tradition
sago sago
Saks Saxon
Saksen *o* Saxony
Saksisch Saxon
salade salad
salaris *o* salary, pay

saldo *o* balance; *batig* —,
credit balance; *nadelig* —,
deficit
salon *o* drawing-room; saloon
salueren salute
salvo *o* volley, round, salvo
samen together
samendrukken press together,
compress
samengesteld compound
samenhang coherence, connec-tion; (zin) context   [nected
samenhangen cohere; be con-

349

samenkomst meeting
samenleving society
samenloop concourse; (rivieren) confluence, concurrence; — *v. omstandigheden*, coincidence
samenscholing gathering, riot
samenspanning conspiracy, plot
samenspraak dialogue
samenstellen compose, compile
samenstelling composition; (*gram*) compound (word)
samentrekken contract; concentrate
samentrekkend astringent, constringent
samentrekking contraction, concentration
samenvatten sum up
samenvatting résumé, summing up
samenvoegen join, unite
samenweefsel *o* texture; (ook *fig*) tissue
samenwerking co-operation
samenwonen live together
samenzweren conspire, plot
samenzwering conspiracy
sanctie sanction
saneren reorganize
sanitair *o* plumbing
sap *o* (planten) sap; (vruchten) juice; (vlees) gravy
sappig sappy, juicy
sarcastisch sarcastic
sardine sardine
sarren provoke, vex, tease
satelliet satellite
saucijsje *o* sausage
saucijzebroodje *o* sausage-roll
sauna sauna
saus sauce, gravy
sauskom sauce-boat

savooiekool savoy (cabbage)
scène scene
scepter sceptre
sceptisch sceptical
schaaf plane
schaafwond abrasion of the skin, chafe, graze
schaak *o* check; — *spelen*, play (at) chess
schaakbord *o* chess-board
schaakmat checkmate
schaakspel *o* (game of) chess; set of chess-men
schaaktoernooi *o* chess-tournament
schaal (v. schaaldier) shell; (schotel) dish, bowl; (v. collecte) plate; (weeg-, verhouding) scale; *op grote, ruime —*, on a large scale
schaaldier *o* crustacean
schaamte shame
schaamteloos shameless
schaap *o* sheep (*pl* sheep)
schaapherder shepherd
schaapskooi sheep-fold
schaar (knip-) (pair of) scissors; (v. schapen, gras) shears; (v. ploeg) share; (v. kreeft) pincer; (menigte) crowd
schaars scarce, scanty
schaarste scarcity; shortage
schaats skate
schaatsenrijden skate
schacht (mijn) shaft; (laars) leg; (pijl-) stem
schade damage; harm; *tot — van*, to the detriment of; *— lijden*, suffer a loss
schadelijk harmful, injurious; noxious
schadeloosstelling indemnification, compensation
schaden damage, hurt

schadevergoeding indemnification, compensation
schaduw shade, shadow
schaduwrijk shady, shadowy
schaduwzijde (*fig*) drawback
schaften eat
schafttijd meal-time
schakel link
schakelaar switch
schakelbord *o* switch-board
schaken play (at) chess; (vrouw) run away with
schakering variegation, shade
schaking elopement, abduction
schalks arch, roguish
schallen sound
schamen *zich* —, be ashamed, feel shame (*over*, of)
schamper scornful, sarcastic
schampschot *o* grazing shot
schandaal *o* scandal, shame, disgrace
schandalig disgraceful, scandalous
schande shame, disgrace; scandal
schandelijk disgraceful, shameful
schandvlek stain, blemish
schapebout leg of mutton
schapekaas sheep-cheese
schapevlees *o* mutton
schappelijk tolerable, moderate, reasonable
scharen *zich* —, range oneself
scharenslijper knife-grinder
scharlaken scarlet
scharnier *o* hinge
scharrelen scrape, rout, rummage
schat treasure
schateren roar with laughter
schaterlach burst of laughter
schatkamer treasury

schatkist exchequer, (public) treasury
schatplichtig tributary
schatrijk wealthy, very rich
schatten appraise; assess; value; estimate; (afstand) gauge
schattig sweet
schatting valuation, estimation
schaven plane; (zijn vel) abrade, graze
schavot *o* scaffold
schavuit rascal, rogue
schede sheath; scabbard
schedel skull
scheef oblique; slanting
scheel squinting; *schele hoofdpijn*, migraine
scheen shin
scheenbeen *o* shin-bone
scheep — *gaan*, go on board
scheepsarts ship's surgeon
scheepsbouw ship-building
scheepsbouwkunde naval architecture
scheepvaart navigation
scheerapparaat *o* safety-razor; *elektrisch* — (electric) shaver
scheercrème shaving-cream
scheergerei *o* shaving-tackle
scheerkwast shaving-brush
scheermes *o* razor
scheermesje *o* blade
scheerzeep shaving-soap
scheiden (**scheidde; gescheiden**) separate, divide, disjoin; (huwelijk) divorce; *zich laten* — *van*, divorce
scheiding separation; partition; (haar) parting; (echt-) divorce
scheidsrechter arbiter, arbitrator; (*sp*) umpire, referee
scheikunde chemistry

351

scheikundige chemist
schel bell; (*adj*) (geluid) shrill; (licht) glaring
schelden (**schold**; **gescholden**) call names, scold; — *op*, abuse, revile
scheldnaam nickname
scheldwoord *o* invective, term of abuse
schelen (verschillen) differ; (mankeren) want; *wat scheelt je?*, what is the matter with you?, what's wrong?; *het kan me niet* —, I don't care a rap
schellen ring the bell
schellinkje *o* the gallery, the gods
schelm rogue, knave, rascal
schelp shell
schelpdier *o* shell-fish
schelvis haddock
schema *o* diagram, outline
schematisch in outline
schemer(acht)ig dim, dusky
schemer(ing) twilight, dusk
schenden (**schond**; **geschonden**) disfigure; damage; (wet, eed, heiligdom) violate
schenken (**schonk**; **geschonken**) (gieten) pour; (geven) give, present with; *aandacht* — *aan*, pay attention to
schenker donor
schenking donation, gift
schennis violation; outrage
schep scoop, shovel
schepen alderman
scheppen (**schiep**; **geschapen**) create; (**schepte**; **geschept**) ladle, scoop; *adem* —, take breath; *een luchtje* —, take an airing
schepper creator
schepping creation

schepsel *o* creature
scheren (**schoor**; **geschoren**) (mensen) shave; (schapen) shear; — *over*, skim
scherf fragment, splinter
scherm *o* screen; (bloem) u⸗ bel; (winkel) awning; (tone⸗ curtain; *achter de* —*en*, behi⸗ the scenes
schermen fence
schermutseling skirmish
scherp sharp; keen, acute
scherpen sharpen
scherpschutter sharp-shooter
scherpte sharpness, edge
scherpziend sharp-sighted
scherpzinnig acute, sharp-witted
scherts jest, joke; pleasantry
schertsen joke, jest
schets draught, sketch; o⸗ line
schetsen sketch; draw, outl⸗
schetteren (trompet) bray, bl⸗
scheur tear, rent, slit; cleft
scheuren tear (up); rend
scheuring rupture, schism
scheut shoot; (v. vloeistof) dash; (v. pijn) twinge
scheutje *o* dash
schichtig shy, skittish
schiereiland *o* peninsula
schieten (**schoot**; **geschoten**) re⸗; shoot
schietlood *o* plumb
schietschijf target
schiften sort, separate; (me⸗ curdle
schijf (vlees) slice, fillet; (da⸗ man; (schiet-) target; (v. w⸗ disc
schijn shine; appearance, sh⸗ pretence; *de* — *redden*, keep appearances

schijnbaar seeming(ly), apparent(ly)
schijnen (scheen; geschenen) shine; appear, seem, look
schijnheilig hypocritical
schijnsel o glimmer; sheen
schijnwerper searchlight, projector; (v. auto) dazzle lamp
schik — hebben, amuse oneself; in zijn — zijn, be pleased
schikken order, arrange; adjust; zich — naar, submit to; conform to
schikking arrangement, settlement, compromise
schil (aardappel, banaan) skin; (sinaasappel) peel; (kaas) rind; —len, mv peelings, parings pl
schild o shield, buckler
schilder painter
schilderachtig picturesque
schilderen paint; picture; depict
schilderij o painting, picture
schilderkunst painting
schildklier thyroid gland
schildknaap squire
schildpad tortoise; (zee-) turtle; —, o tortoise-shell
schildpadsoep turtle soup
schildwacht sentinel, sentry
schilfer scale, flake
schilferen scale (off), peel (off)
schillen (appels) pare; (sinaasappels, aardappelen) peel
schim shadow, shade, ghost
schimmel (paard) grey horse, grey; (zwam) mould
schimmelig mouldy
schimpen scoff (op, at)
schimpscheut taunt
schip o ship, vessel; (kerk) nave
schipbreuk shipwreck; — lijden, be shipwrecked

schipbreukeling castaway
schipper bargeman, boatman; skipper
schitteren shine, glitter, sparkle
schitterend brilliant, glorious
schmink grease-paint; make-up
schoeisel o shoes pl, foot-wear
schoen shoe
schoenborstel shoe-brush, blacking-brush
schoenlepel shoe-lift
schoenmaker shoemaker
schoenpoetser shoe-black; (in hotel) boots
schoensmeer o shoe-polish
schoenveter boot-lace
schoft (schurk) scoundrel, rascal
schok shock, jerk, jolt; (hevig) concussion
schokbreker, schokdemper shock-absorber
schokken shake, convulse
schol (vis) plaice; (ijs) floe
scholengemeenschap (ongeveer) comprehensive school
scholier, -e schoolboy, school-girl, pupil
schommel swing
schommelen swing; (op stoel) rock; (koersen) fluctuate
schommeling fluctuation
schommelen rocking-chair
schoof sheaf
schooier tramp, beggar
school school; (vis) shoal; lagere —, elementary school; middelbare —, secondary school
schoolbord o blackboard
schoolgeld o school-fee
schoolhoofd head-master
schoolmeester schoolmaster
schoolrapport o report

schoolslag breast-stroke
schooltas (school-)satchel
schoon clean, pure; beautiful, fine, handsome
schoondochter daughter-in-law
schoonheid beauty
schoonheidsspecialiste beautician
schoonmaak cleaning, clean-up
schoonmaken clean
schoonmoeder mother-in-law
schoonouders *mv* parents-in-law
schoonvader father-in-law
schoonzoon son-in-law
schoonzuster sister-in-law
schoorsteen chimney; (schip) funnel
schoorsteenmantel mantelpiece
schoorsteenveger chimney-sweeper
schoorvoetend reluctantly
schoot lap; (*fig*) womb; (van zeil) sheet
schootsvel *o* leather(n) apron
schop (trap) kick; shovel, spade
schoppen (*werkw*) kick; (*sb*) (*ca*) spades
schor hoarse, husky
schorpioen scorpion
schors bark
schorsen suspend
schorsing suspension
schort *o* apron
schot *o* shot; (muur) partition; (schip) bulkhead
Schot Scot(chman)
schotel (gerecht) dish; *vliegende* —, flying saucer
schoteltje *o* saucer
Schotland *o* Scotland
Schots Scotch, Scottish

schots floe of ice; — *en scheef*, higgledy-piggledy
schouder shoulder
schouderbandje *o* shoulder-strap
schouderblad *o* shoulder-blade
schoudertas shoulder-bag
schouw chimney
schouwburg theatre, play-house
schouwspel *o* spectacle, sight
schraal thin, poor, scanty
schragen support
schram scratch
schrander clever, intelligent
schrap scratch; *zich — zetten*, take a firm stand
schrapen scrape
schrappen cancel, strike out; (wortels) scrape
schrede pace, step, stride
schreeuw cry, shout
schreeuwen cry, shout, bawl
schreeuwerig clamorous; blatant; (kleur) loud
schreien cry, weep
schriel stingy, mean
schrift *o* writing; (de letters) script; (schrijfboek) exercise-book; *de Heilige S*—, Holy Writ, Holy Scripture
schriftelijk written, in writing; —*e cursus*, correspondence course
schrijden (schreed; geschreden) stride
schrijfbehoeften *mv* writing materials *pl*, stationery
schrijfblok *o* writing-block
schrijfbureau *o* writing-desk
schrijffout clerical error
schrijfgereedschap *o* writing-materials
schrijfletters (*pl*) script

354

schrijfmachine typewriter
schrijfpapier *o* writing-paper
schrijfster author(ess)
schrijftafel writing-table
schrijlings astride
schrijnen smart
schrijven (schreef; geschreven) write
schrijver writer, author; (kantoor) clerk
schrik fright; terror
schrikaanjagend terrifying
schrikachtig easily frightened, jumpy
schrikkeljaar *o* leap-year
schrikken (schrok; geschrokken) be frightened
schril shrill, strident
schrobben scrub, scour
schroef screw
schroefdraad screw-thread
schroefsleutel monkey-wrench, spanner
schroeien scorch; singe; (wond) cauterize
schroevedraaier turnscrew; screw-driver
schroeven screw
schrokken eat gluttonously
schromelijk grossly, awfully
schromen fear, dread
schrompelen shrivel
schroom fear, scruple
schroomvallig diffident; timid
schroot scrap
schub scale
schuchter timid, bashful
schudden shake; (*ca*) shuffle
schuier brush
schuif (grendel) bolt; (lantaarn) slide; (doos) sliding-lid
schuifdak *o* sliding roof
schuifdeur sliding-door
schuifelen shuffle

schuiflade drawer
schuifraam *o* sash-window
schuilen (school; gescholen) take shelter; hide
schuilhoek hiding-place
schuilkelder underground shelter
schuilplaats hiding-place, shelter, refuge; *bomvrije* —, dug-out
schuim *o* foam; (op bier) froth; (zeep) lather; (*fig*) scum, dregs
schuimbad *o* foam bath
schuimen foam, froth; lather
schuimrubber foam rubber
schuin slanting, sloping; oblique; (*fig*) broad, obscene
schuit boat, barge
schuiven (schoof; geschoven) shove, push; (opium) smoke
schuld (geld) debt; (fout) fault, guilt
schuldbekentenis bond, I.O.U.
schuldbelijdenis confession of guilt
schuldbesef *o* consciousness of guilt
schuldeiser creditor
schuldenaar debtor
schuldig guilty, culpable; — *zijn*, be guilty; (geld) owe
schuldige culprit, delinquent
schunnig mean, shabby
schuren scour; (wrijven) rub against
schurft scabies, itch
schurftig scabby, mangy
schurk rascal, scoundrel
schurkenstreek roguery
schut *o* screen, partition
schutkleur protective colouring
schutsluis lock
schutter marksman
schutting fence, hoarding

355

schuur barn, shed
schuurpapier *o* emery-paper
schuw shy, timid, bashful
schuwen shun, avoid
scoren score
scrupule scruple
seance seance
seconde second
secretaris secretary; town-clerk
sectie section; (v. lichaam) post-mortem
secuur accurate, precise
sedert since; for
sedertdien since
sein *o* signal
seinen give a signal; (telegraferen) wire
seinhuis *o* signal-box
seinpaal signal-post, semaphore
seizoen *o* season
sekse sex
seksueel sexual
sekte sect
selderie, selderij celery
selectie selection
seminarie, seminarium *o* seminary
senaat senate
sensatie sensation, stir
sentimenteel sentimental
september September
sergeant sergeant
sergeant-majoor sergeant-major
serie series
sering lilac
serre conservatory; hot house, green-house; (aan huis) closed veranda(h)
servet *o* napkin
servies *o* (dinner-)service
sfeer sphere; (*fig*) atmosphere
shampoo shampoo

356

Siberië *o* Siberia
sidderen quake, shake, tremble
sieraad *o* ornament
sieren adorn, decorate
sierlijk graceful, elegant
sigaar cigar
sigarenwinkel tobacco-shop, cigar-store
sigaret cigarette
sigaretteaansteker cigarette-lighter
signaal *o* signal; (*mil*) bugle-call
signalement *o* description
sijpelen ooze, trickle
sikkel sickle, reaping-hook
simpel silly; simple, plain
sinaasappel orange
sinds since
sindsdien since
singel (gordel) girth; (om stad) moat
sintel cinder
sintelbaan (*sp*) cinder-track
Sinterklaas Saint Nicholas
sirene siren
siroop treacle; syrup
sissen hiss
situatie situation
sjaal shawl, scarf
sjacheren barter
sjerp sash, scarf
sjofel shabby
sjokken jog, trudge
sjorren lash
sjouwen carry; (sloven) drudge
skelet *o* skeleton
ski ski
skiën, skilopen ski; — *o*, skiing
sla salad; (plant) lettuce
slaaf slave
Slaaf Slav
slaafs slavish, servile
slaag drubbing

slaan (sloeg; geslagen) (ook v. klok) strike; (herhaaldelijk) beat
slaap sleep; (v. hoofd) temple
slaapcoupé sleeping-compartment
slaapkamer bedroom
slaapmiddel o soporific
slaapmutsje o night-cap
slaappil sleeping-pill
slaapwagen sleeping-car
slaapwandelaar sleep-walker
slaapzak sleeping-bag
slabbetje o bib
slachten kill, slaughter
slachting slaughter
slachtoffer o victim
slag stroke; blow; (v. h. hart) beat, beating; (v. klok, roeier) stroke; (donder) clap; (veld-slag) battle; (kaartspel) trick; (*fig*) blow; —, o kind, sort; class
slagader artery
slagboom barrier
slagen succeed (in ...ing)
slager butcher
slagerij butcher's shop
slagregen downpour
slagroom whipped cream
slagschip o battleship
slagtand tusk, fang
slagvaardig quick-witted
slagveld o battle-field
slagwerk o percussion
slagzin slogan
slak (met huisje) snail; (zonder huisje) slug; (metaalslak) slag; (steenkool) clinker
slaken (kreet) utter; (zucht) heave
slang serpent, snake; (v. brand-spuit) hose; (rubber) tube
slangebeet snake-bite

slank slender, slim
slaolie salad-oil
slap slack, loose, flabby; (boord) soft; (markt) dull; (thee) weak; (karakter) weak, spineless
slapeloos sleepless
slapeloosheid insomnia
slapen (sliep; geslapen) sleep
slaperig sleepy, drowsy
slapte slackness; (handel) slack
slasaus salad-dressing
slavenhandel slave trade
slavernij slavery
slavin slave
Slavisch Slav
slecht bad, evil; (mens) wicked; (kwaliteit) poor
slechten level, demolish
slechter worse
slechthorend hard of hearing
slechts only, merely, but
slechtziend weak-sighted
slede sledge
sleep train
sleepboot tug(boat)
sleepdienst towing-service
sleeptouw o tow-rope; *op — houden*, keep on a string
slenteren saunter, lounge
slepen drag, trail; (schip) tow
slepend dragging; (ziekte) lingering
sleuf groove; slot, slit
sleur routine, rut
sleuren trail, drag
sleutel key; (kachel) regulator; (*mus*) clef; *Engelse —*, spanner, monkey-wrench
sleutelbeen o collar-bone
sleutelbloem primula, prim-rose, cowslip
sleutelbos bunch of keys

sleutelgat *o* keyhole
sleutelring key-ring
slib *o* mud
slijk *o* mud, mire, dirt
slijm *o* slime; mucus
slijmerig slimy
slijmvlies *o* mucous membrane
slijpen (sleep; geslepen) whet, grind, sharpen
slijtage wear and tear
slijten (sleet; gesleten) wear out; (dagen) spend, pass
slijterij gin-shop
slikken swallow
slim astute; sly, cunning
slimmerd, slimmerik sly dog
slinger (klok) pendulum; (pomp) handle; (versiering) festoon
slingeren (slinger) swing; (schip) roll; (pad) wind
slingerplant climber
slinken (slonk; geslonken) shrink; dwindle down
slinks crooked, artful, cunning
slippen (auto) skid
sloep longboat, sloop, shallop
slof slipper, mule; (sigarette) [carton
slok draught
slokdarm gullet
slokken guzzle, swallow
slons slut, sloven, slattern
sloof apron; (persoon) drudge
sloop *o* pillow-case
sloot ditch
slopen demolish; (huis) pull down; (schip) break up
slordig slovenly, careless, sloppy
slot *o* lock; (kasteel) castle; (eind) conclusion; *achter — en grendel*, under lock and key; *op — locked*; *ten —te*, finally, eventually

slotenmaker locksmith
slotsom conclusion
sluier veil
sluik lank
sluimeren slumber
sluimering slumber, doze
sluipen (sloop; geslopen) steal, sneak; creep into
sluipmoord assassination
sluipschutter sniper
sluis sluice, lock
sluiten (sloot; gesloten) shut; (een slot) lock; (een koop, een vergadering) close; (be-eindigen) conclude, close
sluiting shutting, closing, locking
sluitingsuur *o* closing time
slurf (olifant) trunk
slurpen lap, sip
sluw sly, cunning, astute, artful
smaad revilement; libel
smaak taste; (zin) liking
smaakvol tasteful
smachten languish, long, pine (*naar*, after, for)
smadelijk opprobrious
smak smacking of the lips; heavy fall; thud
smakelijk savoury, tasty; — *eten!*, good appetite
smakeloos tasteless; (*fig*) lacking taste; in bad taste
smaken taste (*naar*, of)
smal narrow
smalen rail (*op*, at)
smalfilm 8 mm film
smart pain, grief, sorrow
smartegeld *o* compensation
smartelijk painful, grievous
smeden forge, weld; (plan) devise
smederij smithy, forge

smeedijzer *o* wrought iron
smeekbede supplication
smeer *o* grease, fat, tallow;
smear, spot
smeerkaas cheese spread
smeerlap blackguard, skunk
smeerolie lubricating oil
smeerpunt *o* lubrication point
smeken entreat; supplicate,
implore, beseech
smelten (smolt; gesmolten)
melt, fuse
smeltkroes melting-pot
smeltpunt *o* melting-point
smeren grease, oil, lubricate;
smear
smerig dirty
smeris cop
smet spot, stain; (*fig*) blemish
smetteloos stainless, immaculate
smeulen smoulder
smid smith
smijten (smeet; gesmeten)
throw, fling, hurl
smoel mug; *zijn — houden*, hold
one's jaw
smoesje *o* pretext
smoezelig dingy, smudgy
smoking dinner-jacket; (*am*)
tuxedo
smokkelaar smuggler
smokkelen smuggle
smokkelhandel smuggling
smokkelwaar contraband
smoren smother, throttle
smullen feast, banquet
smulpartij banquet
snaar string, chord
snakken (naar) pant for, be
dying for
snateren chatter
snauwen snarl (at)
snavel bill, beak

snede cut; (plak) slice, rasher;
(scherp) edge
snedig witty; smart
snee zie *snede*
sneetje *o* slice
sneeuw snow
sneeuwen snow
sneeuwjacht snow-drift
sneeuwklokje *o* snowdrop
sneeuwvlok snow-flake
snel quick, swift; fast, rapid
snelblusser fire-extinguisher
snelbuffet *o* snack-bar
snelheid swiftness, speed
snelheidsmeter speedometer
snelkoker quick-heater
snelkookpan pressure-cooker
sneltrein fast train, express
snelweg motorway
snert pea-soup; (*fig*) trash
sneu disappointing
sneuvelen be killed in action
snibbig snappy
snijboon haricot bean
snijbrander (oxygen) cutter
snijden (sneed; gesneden) cut;
(vlees) carve; (kaartspel)
finesse
snijlijn secant
snijpunt *o* (point of) intersection
snijtand cutting tooth, incisor
snik gasp, sob
snikken sob
snipper cutting; scrap; shred
snipperdag extra day off
snit cut
snobistisch snobbish
snoeien prune; clip
snoek pike
snoekbaars pike-perch
snoepen eat sweets
snoeperij sweets *pl*, goodies *pl*
snoer *o* string; cord; flex

snoet snout, muzzle
snoever boaster, braggart
snoezig sweet, ducky
snor moustache
snorken snore
snorren drone, whir,
snot *o* snot, mucus
snotneus snotty nose; (*fig*)
whipper-snapper
snuffelen nose, ferret
snugger bright, clever
snuif snuff
snuisterij knick-knacks *pl*
snuit snout, muzzle; (olifant)
trunk
snuiten (**snoot**; **gesnoten**) blow
(one's nose)
snuiven (**snoof**; **gesnoven**) sniff,
snuffle, snort
snurken snore
sober sober, frugal
sociaal social; *sociale werkster,* social worker
sociaal-democraat social
democrat
socialiseren socialize
socialisme *o* socialism
sociëteit club(-house)
sodawater *o* soda-water
soebatten implore, beseech
soep soup; broth
soepbord *o* soup-plate
soepel supple, flexible
soeplepel soup-spoon; (groter)
soup-ladle
soepterrine soup-tureen
soes (cream) puff
soeverein sovereign
sofa sofa, settee
sok sock; (*fig*) (old) fogey
sokophouder sock-suspender
soldaat soldier; *gewoon —,*
private; (*pop*) Tommy (*Eng*);
G.I. (*amer*)

soldeer(sel) *o* solder
solderen solder
soldij pay
solidair solidary, mutually dependent
solide solid; (koopman)
respectable; (belegging) sound,
safe; (persoon) steady
solist soloist
sollicitant candidate, applicant
sollicitatie application
sollicitatiebrief letter of
application
solliciteren apply (for)
solvabiliteit ability to pay
solo solo
sommeren summon
som sum, amount; problem
somber gloomy; sad, dark
sommige some
soms sometimes
sonderen sound, probe
sonnet *o* sonnet
soort sort, kind; species
soortelijk specific
soortgelijk similar, suchlike
sopraan soprano
sorteren (as)sort
sortering assortment
souffleur prompter
souper *o* supper
souperen take supper
souterrain *o* basement
souvenir *o* souvenir, keepsake
Sovjetunie Soviet union
spaak spoke
spaander chip
Spaans Spanish
spaarbank savings-bank
spaargeld *o* savings *pl*
spaarpot money-box
spaarrekening savings account
spaarzaam saving, economica
spaarzaamheid economy, thrift

spade spade
spalk splint
span *o* team, pair; *een aardig*
—, a nice couple
spanen chip
Spanjaard Spaniard
Spanje *o* Spain
spannen (spande; gespannen)
(touw) stretch; tighten; (de
haan) cock; (strik) lay; (voor)
put to; (nauw zijn) be (too)
tight
spannend tight; (*fig*) exciting,
thrilling
spanning tension; (v. brug)
span; (*electr*) tension, voltage;
(*fig*) tension, strain; suspense
spar (v. dak) rafter; (boom)
spruce-fir
sparen save; (ontzien) spare
spartelen sprawl
spastisch spastic
spat spot, speckle, stain
spatader varicose vein
spatbord *o* mud-guard; splash-
board; (v. auto ook:) wing
spatie space
spatten splash, spatter
specerij spice(s)
specht woodpecker
speciaal special
specialiseren specialize
specialist specialist
specialiteit speciality; specialty
specificeren specify
spectrum *o* spectrum
speculant speculator
speculatie speculation, stock-
jobbing
speeksel *o* spittle, saliva
speelgoed *o* toys *pl*
speelruimte play; (*fig*) elbow-
room, margin
speels playful

speeltuin recreation-ground
speen teat, nipple; *fop*—
comforter
speenvarken *o* sucking-pig
speer spear
spek *o* bacon; (vers) pork
spektakel *o* noise, hubbub
spel *o* play; game; sport; (toneel) acting; — *kaarten*, pack
of cards; *de Olympische* —*en*,
the Olympic games
speld pin
speldeknop pin's head
spelden pin
spelen play; (om geld) gamble;
— *voor*, act
speling play; — *der natuur*,
freak (of nature)
spellen spell
spelling spelling, orthography
spelonk cave, cavern, grotto
sperwer sparrow-hawk
sperzieboon string-bean
speuren trace, track
speurhond tracker dog, sleuth
(-hound)
speurtocht search
spichtig lank, weedy
spie pin, peg, cotter
spiegel looking-glass, mirror,
glass
spiegelbeeld *o* image, reflection
spiegelei *o* fried egg
spiegelglas *o* plate glass
spiegelruit pane of plate glass
spieken crib, cheat
spier muscle
spiering smelt
spierkracht muscular strength,
muscle
spiernaakt stark naked
spierpijn muscular pain(s)
spijbelen play truant
spijker nail

spijkerbroek (blue) jeans
spijkeren nail
spijl bar; spike
spijs food
spijskaart menu, bill of fare
spijsvertering digestion
spijt regret; — *hebben van*, regret; be sorry for; *tot mijn* —, to my regret
spijten (**speet; gespeten**) be sorry; *het spijt me*, I am sorry, I regret
spikkel speck, speckle, spot
spiksplinternieuw bran(d)-new
spil pivot, spindle; (*sp*) centre-spin spider [half
spinazie spinach
spinnen spin; (kat) purr
spinneweb *o* cobweb
spion spy
spionage spying, espionage
spioneren spy
spiraal spiral
spiraalveer coil-spring
spiritualiën *mv* spirits
spiritus methylated spirit
spit *o* spit; (in de rug) lumbago
spits point; (toren) pinnacle, spire; (berg) top, summit; (*adj*) pointed, sharp
spitsuren *mv* peak-hours, rush hours *pl*
spitsvondig subtle
spitten dig
spleet split, cleft, crevice
splijten (**spleet; gespleten**) cleave, split
splinter splinter
split *o* split
splitpen split pin
splitsen split (up); (touw) splice; *zich* —, split (up); (weg) bifurcate
splitsing splitting (up), di-

vision; (weg) bifurcation; (atoom) fission
spoed speed, haste; (v. schroef) pitch; —*!*, immediate!
spoedbestelling express delivery
spoedeisend urgent
spoeden *zich* —, make haste, hasten (to)
spoedgeval *o* emergency (case)
spoedig speedy, quick; early (reply); (*adv*) quickly; soon
spoel spool; (techn.) coil; reel
spoelen wash, rinse
spoelworm roundworm
spoken haunt
sponning rabbet, groove
spons sponge
spontaan spontaneous
spook *o* ghost, phantom
spoor (v. ruiter) spur; —, *o* trace, track, foot-mark; (trein) railway, rails; *per* —, by rail
spoorbaan railroad
spoorboekje *o* time-table
spoorboom gate
spoorkaartje *o* railway ticket
spoorloos without a trace
spoorslags at full gallop
spoortrein train
spoorweg railway
spoorwegovergang level crossing
sporen go (travel) by railway
sport sport; (stoel) rundle; (ladder) rung [like
sportief sporting, sportsman-sportterrein** *o* sports ground
spot mockery
spotgoedkoop dirt-cheap
spotprent caricature
spotprijs nominal price
spotten mock, scoff (*met*, at)
spotvogel mocking-bird; (*fig*) mocker, jester

spraak speec. , anguage
spraakgebrek *o* speech-defect
spraakgebruik *o* usage
spraakkunst grammar
spraakzaam talkative
sprakeloos speechless, dumb
sprank spark
spreekkamer consulting-room, surgery
spreekkoor *o* chorus
spreekuur *o* consulting hour
spreekwoord *o* proverb, adage
spreekwoordelijk proverbial
spreeuw starling
sprei bedspread, counterpane
spreiden spread; (v. bed) make; *ten toon* —, display
spreken (sprak; gesproken) speak, say, talk; *kan ik meneer X* —?, can I see Mr. X?
spreker speaker; (redenaar) orator
sprenkelen sprinkle
spreuk motto, aphorism
spriet sprit; (v. insekt) feeler; (gras) blade
springen (sprong; gesprongen) spring, leap, jump, bound; (glas) crack; (band) burst
springplank spring-board
springstof explosive
springveren matras spring-mattress
sprinkhaan grasshopper
sproeien sprinkle, water
sproeier (motor) jet
sproet freckle
sprokkelen gather dead wood
sprong leap, jump; bound
sprookje *o* fairy-tale
sprot sprat
spruit sprout; sprig; scion
spruitjes *mv* sprouts *pl*
spugen spit; vomit

spuien sluice; ventilate
spuit syringe, squirt
spuitbus aerosol(can)
spuiten (spoot; gespoten) spout, squirt
spuitje *o* injection
spuitwater *o* soda-water
spuug spittle, saliva
spuwen spit; vomit
staaf (ijzer) bar; (goud) ingot
staak stake, pole
staal *o* (model) sample, pattern; (metaal) steel
staaldraad steel-wire
staan (stond; gestaan) stand; be; (passen) become
staangeld *o* deposit
staanplaats stand
staar cataract
staart tail
staat (land) state; (toestand) state, condition; (lijst) statement, list; *in — stellen*, enable to; *in — zijn*, be able; — *van beleg*, state of siege
staatkunde politics
staatsburger subject; citizen
staatsgreep coup (d'état)
staatshoofd *o* chief of the state
staatsie state, pomp
staatslening government loan
staatsloterij state lottery
staatsman statesman
staatssecretaris minister of state
staatswetenschap political science
stabiliteit stability, stableness
stad town
stadhuis *o* town hall
stadion *o* stadium
stadium *o* stage, phase
stadsbestuur *o* municipality
staf staff; mace
stafkaart ordnance map

363

stage apprenticeship
staken stop, suspend; (werk) strike
staker striker
staking suspension; (werk-) strike
stakker poor wretch (thing)
stal stable; cow-house; (varkens) sty
stalen (of) steel; (*fig*) brazen; (*ww*) steel
stallen stable
stalles *mv* stalls *pl*
stalletje *o* stall, stand, booth
stalling stable; garage; (fiets) shelter
stam stem; trunk; (volks-) race, tribe
stamboom family tree, pedigree
stamelen stammer
stamgast regular customer
stampen stamp; (schip) pitch; (machine) thud
stamper stamper; pestle; (v. bloem) pistil
stamppot hotchpotch
stampvoeten stamp one's feet
stampvol crowded, chock-full
stamvader progenitor
stand attitude, posture; (hoogte) height; (in maatschappij) social status, position; (toestand) situation, state; (sport) score; *tot — brengen*, bring about, accomplish
standaard standard
standbeeld *o* statue
standje *o* reproof, scolding; *iam. een — geven*, scold sbd.
standplaats standing-place, station; (v. taxi's) stand
standpunt *o* point of view
standvastig steadfast, firm, constant

stang bar, rod; (van bit) bridle-bit
stank bad smell, stink, stench
stap step, pace
stapel pile, heap
stappen step, stalk
stapvoets at a foot-pace
star stiff, rigid; fixed
staren stare (at), gaze (at)
start start; take-off
startbaan runway
starten start
startmotor starter motor
statiegeld *o* deposit
statig stately; grave
station *o* station
stationschef station-master
statistiek statistics
statuten *mv* regulations, articles of association
staven support; substantiate
stedebouw town planning
stedelijk municipal
steeds (*adj*) town-; townish; (*adv*) always, continually, still; *— hoger*, higher and higher
steeg lane, alley
steek (naaien) stich; (dolk) stab; (wesp) sting; (pijn) twitch; *— onder water*, dig; *in de — laten*, leave, fail
steekpenning bribe
steekproef random sample
steeksleutel spanner
steekvlam flash
steel (bloem) stalk; (bloem, glas) stem; (gereedschap) handle
steelpan saucepan
steen stone; *— des aanstoots*, stone of offence
steendruk lithography
steengroeve quarry

steenkool coal
steenpuist boil
steiger scaffold(ing); (haven) pier, jetty, landing-stage
steigeren rear
steil steep; precipitous
stek slip, cutting
stekeblind stone-blind
stekel prickle, sting; (stekelvarken) spine
stekelbaars stickleback
stekelig prickly; (fig) stinging
stekelvarken o porcupine
steken (stak; gestoken) sting, prick; (v. zon) burn; (v. wond) smart; blijven —, stick (fast); in zee —, put to sea
stekker plug
stel o set
stelen (stal; gestolen) steal
stellage scaffolding, stage
stellen set, place, put; (onder-) suppose; (beweren) state
stellig positive; explicit
stelling theorem, problem; (stellage) scaffolding
stelpen staunch
stelregel maxim
stelsel o system
stelselmatig systematical
stem voice; (bij stemming) vote; (mus) part
stembanden mv vocal chords pl
stembiljet o voting-paper
stembureau o polling-booth
stemgerechtigd qualified to vote
stemmen (een kandidaat) vote; (muziek) tune
stemmig demure, sedate
stemming voting; (humeur) frame of mind, mood; (v. markt) tone
stempel o (voorwerp) stamp,

die; (afdruk) stamp, impress; postmark; (v. bloem) stigma
stempelen stamp, mark
stemrecht o right to vote
stemvork tuning-fork
stencil o stencil
stenen stone, of stone
stengel stalk, stem
stenig stony
stenografie shorthand
stenotypist(e) shorthand typist
step (v. kinderen) scooter
step-in elastic girdle
ster star; vallende —, falling star
stereo stereo-
sterfbed o death-bed
sterfelijk mortal
sterfgeval o death
sterfte mortality
steriel sterile, barren
steriliseren sterilize
sterk strong
sterkte strength
sterrekers garden cress
sterrekijker telescope
sterrenbeeld o constellation
sterrenkunde astronomy
sterrenwacht astronomical observatory
sterretje o asterisk (*)
sterveling mortal
sterven (stierf; gestorven) die
steun support
steunen support, back (up); (zuchten) groan; — op, lean on; (fig) lean upon
steuntrekken draw unemployment relief; (pop) be on the dole
steunzool arch support
steur sturgeon
steven prow, stem
stevenen steer, sail
stevig solid, firm, substantial

365

stewardess (in vliegtuig) air
hostess
stichtelijk edifying
stichten found, establish
stichting foundation; (inrichting) institution; (religieus)
edification
stiefkind o step-child
stiekem on the sly, secretly
stier bull; (dierenriem) Taurus
stift pin, point
stijf stiff
stijfhoofdig obstinate
stijfkop obstinate person
stijfsel o starch
stijgbeugel stirrup
stijgen (steeg; gestegen) rise,
mount, go up
stijl post; (trant) style
stijven (steef; gesteven) starch;
(stijfde; gestijfd) stiffen
stikdonker pitch-dark
stikken stifle, be stifled, choke,
suffocate; (naaien) stitch
stikstof nitrogen
stil still, quiet, silent
stillen (pijn) alleviate; (dorst)
quench; (honger) appease
stilletjes silently
stilleven o still life
stilstaan stand still; stop
stilstand standstill; cessation;
stagnation, stoppage
stilte stillness, quiet, silence
stilzwijgend silent, taciturn
stimulans stimulant; (fig)
stimulus
stimuleren stimulate
stinken (stonk; gestonken)
stink (naar, of)
stip point, dot (op de i)
stippellijn dotted line
stipt punctual, precise
stoeien romp

stoel chair; seat
stoelgang stool(s), motion(s)
stoeltjeslift chair lift
stoep steps
stoer sturdy, stalwart, stout
stoet train, procession
stof matter; (weefsel) fabric,
material; (fig) subject-matter;
theme; —, o dust
stofbril goggles
stofdoek duster
stoffeerder upholsterer
stoffelijk material
stoffen dust
stoffer duster
stoffer en blik (dust)pan and
brush
stoffig dusty
stofwisseling metabolism
stofzuigen vacuum
stofzuiger vacuum cleaner
stok stick; cane; (v. vlag) pole
stokbrood o French bread
stokdoof stone-deaf
stoken (kachel) stoke; (kolen
enz.) burn; (drank) distil; (fig)
stir up, brew
stoker stoker, distiller
stokerij distillery
stokoud very old
stokpaardje o hobby
stokvis stockfish
stollen congeal, coagulate,
curdle, clot
stolp glass-bell; cover
stom dumb, mute; (film)
silent; (dom) stupid
stomdronken dead drunk
stomen steam; dry-clean
stomerij dry-cleaner's, dry-
cleaning
stomheid dumbness; stupidity
stommelen clutter
stommeling blockhead

stomp (stoot) push, dig, thump, punch; (overblijfsel) stump; (*adj*) blunt, dull; (hoek) obtuse
stompzinnig obtuse
stomverbaasd stupefied
stoofpeer cooking-pear
stookgat o fire hole
stookolie oil-fuel
stoom steam
stoomboot steamer, steamship
stoomketel steam-boiler
stoommachine steam-engine
stoornis disturbance
stoot push; (degen) thrust, (dolk) stab; (biljart) stroke
stootkussen o buffer
stoottroepen *mv* shocktroops
stop (v. fles) stopper; (in kous) darn; (stekker) plug; (zekering) fuse
stopbord o halt sign
stopcontact o socket
stoplicht o halt sign; traffic light
stopnaald darning-needle
stoppel stubble
stoppen stop; (v. pijp) fill; (bergen) put; (herstellen) darn
stopplaats stop(ping-place)
stoptrein stopping train
stopverf putty
stopwol darning-wool
stopzetten stop; close down
storen disturb, derange; interrupt; *zich — aan*, mind
storing disturbance; trouble, breakdown; (*rad*) interference
storm storm, tempest, gale
stormachtig stormy, tempestuous, tumultuous
stormen storm; *het stormt*, it is blowing a gale
stortbui heavy shower

storten (tranen) shed; (vuilnis) dump; (geld) pay in, deposit
storting (geld) payment, deposit
stortkoker chute, shoot
stortregen heavy shower
stortvloed flood, torrent
stortzee sea
stoten (stiet of stootte; gestoten) push; (hoofd) bump; (tenen) stub; (*fig*) stock
stotteren stutter, stammer
stout (ondeugend) naughty
stoutmoedig bold, daring
stoven stew
straal ray; beam; (cirkel) radius; (bliksem) flash; (water) jet
straalvliegtuig o jet plane
straat street; (zee-) straits
straatjongen street-boy, guttersnipe
straatsteen paving-stone
straatverlichting street-light
straatweg high road
straf punishment, penalty; (*adj*) severe; (v. drank) stiff
strafbaar punishable; penal
straffeloos unpunished, with impunity
straffen punish
strafport o additional, extra postage, surcharge
strafrecht o criminal law; *wetboek van —*, penal code
strafschop penalty kick
strafwerk o detention work
strafwet criminal law, penal law
strak tight, stiff, taut
straks presently, by and by; just now
stralen beam; radiate
stram stiff, rigid

strand *o* beach; (kust) shore
stranden strand, run aground
strandstoel beach chair
strategie strategy; strategics *pl*
streber pusher, careerist
streek stroke; (landstreek) region, district; (list) trick; *van —,* upset
streep streak, stripe; stroke, dash, line
strekken stretch; reach; extend
strekking tendency, purport
strelen stroke, caress; (*fig*) flatter
stremmen (bloed) congeal, coagulate; (melk) curdle; (verkeer) stop, obstruct
streng strand; (*adj*) severe, stern, rigid
strengheid severity
streven strive (after), aspire (to), aim (at)
striem stripe, weal
strijd fight, combat; struggle, strife; contention; *in — met,* contrary to
strijden (streed; gestreden) fight, combat, battle
strijdig conflicting; *— met,* contrary to   [*pl*
strijdkrachten *mv* armed forces
strijdlustig combative, militant
strijdvaardig ready to fight
strijkbout flat iron
strijken (streek; gestreken) stroke; sweep; (kleren) smooth; (linnen) iron; (vlag)
strijkijzer *o* iron   [strike
strijkje *o* string-band
strijkorkest *o* string-orchestra
strijkplank ironing-board
strijkstok bow, fiddlestick
strik knot; (das) bow; (val) snare

strikken tie; (vangen) snare
strikt precise, strict
strikvraag catch, poser
stripverhaal *o* strip
stro *o* straw
strodak *o* thatched roof
stroef stiff; stern; harsh
strohoed straw-hat
stromen stream, flow
stromend water running water
stroming current; trend
stronk stump; (v. kool) stalk
strooien strew, scatter
strook strip; slip; (aan japon) band, flounce
stroom stream; current
stroomlijn stream-line
stroomversnelling rapid
stroop treacle; (v. vruchten)
strooptocht raid   [syrup
strop halter, rope
stropen poach; (villen) skin
stroper poacher
strot throat
strottehoofd *o* larynx
strozak straw mattress
structuur structure
structureel structural
structureren structure
struik shrub, bush
struikelblok *o* obstacle
struikelen stumble
struikgewas *o* shrubs, scrub
studeerkamer study
student student, undergraduate
studeren study, be at college
studie study
studiebeurs scholarship
studieboek text-book
studio studio
stug stiff; surly
stuifmeel *o* pollen
stuip convulsion, fit
stuiptrekking convulsion

368

stuiten stop, check; (v. bal) bounce; — *op*, meet with
stuitend offensive, shocking
stuiven (stoof; gestoven) fly about, dash
stuiver five cents' piece
stuk *o* piece, part; (papier) paper, document; (schaak-) piece; (kanon) gun; (*adj*) (kapot) broken; *ingezonden* —, letter to the editor; *per* —, apiece; — *voor* —, one by one
stukadoor plasterer
stukgaan break, go to pieces
stukmaken break, smash
stukscheuren tear to pieces
stumper wretch
stuntelig clumsy
sturen send, direct; (schip, auto) steer
stut *o* prop, support, stay
stuur *o* (schip) helm, rudder; (fiets) handle-bar; (auto) wheel
stuurboord *o* starboard
stuurhut cockpit
stuurman steersman, mate
stuurs surly, sour
stuwdam barrage
stuwen stow; (voort-) propel
stuwkracht driving power
subsidie *o* subsidy
subtiel subtle   [luck!
succes *o* success; —!, good
successierechten *mv* death-duties *pl*
suède *o* suede
suf dull; dazed; sleepy
suffen doze
sufferd duffer, stupid

suggestie suggestion
suiker sugar
suikerbiet sugar-beet
suikergoed *o* confectionery
suikerpatiënt diabetic
suikerpot sugar-basin
suikerraffinaderij sugar-refinery
suikerriet *o* sugar-cane
suikerziekte diabetes
suite suite of rooms
suizen buzz
sukade candied peel
sukkel crock
sukkeldraf *op een* —, at a jog trot
sul soft Johnny, noodle
super(benzine) high-octane
superieur superior
suppoost attendant, guard
surplus *o* surplus; margin
Suriname Surinam
surrogaat *o* substitute
surséance — *van betaling*, letter of licence
sussen hush, soothe; (iets) hush up
symbolish symbolic(al)
symbol *o* symbol
symfonie symphony
symmetrisch symmetric
sympathie sympathy (with)
sympathiek congenial; likable, nice
symposion *o* symposium
symptoom *o* symptom
synoniem synonymous
synthetisch synthetic
systeem *o* system
systematisch systematic

369

T

taai tough
taak task
taal language; speech
taalfout mistake against the language
taalkundig grammatical
taart fancy cake, tart
taartje gateau
tabak tobacco
tabel table, index
tablet tablet
tachtig eighty
tachtigste eightieth
tact tact
tactvol tactful
tafel table; *aan — gaan*, go to table, sit down to table
tafelkleed *o* table-cover
tafellaken *o* table-cloth
tafelschuier crumb-brush
tafeltennis *o* table-tennis
tafelzilver *o* silver-plate, table silver
tafereel *o* picture, scene
taille waist
tak bough, branch
takel pulley, tackle
takelwagen breakdown lorry
takkenbos faggot   [ous
tal *o* number; *— van*, numer-
talenpracticum *o* language laboratory
talent *o* talent
talk tallow; (steen) talc
talkpoeier talcum powder
talloos numberless, countless
talmen loiter, linger
talrijk numerous
tam tame, domestic
tamboer drummer
tamelijk tolerable; passable, rather

tampon tampon, plug
tand tooth (*pl* teeth); (inkeping) notch; (v. rad) cog; (v. vork) prong
tandarts dentist
tandenborstel tooth-brush
tandestoker toothpick
tandpasta *o* tooth-paste
tandrad *o* cog-wheel
tandradbaan rack-railway
tandvlees *o* gums *pl*
tanen fade, pale, tarnish
tang (pair of) tongs; pincers, nippers
tanken fill up
tankstation *o* filling station
tante aunt
tantième *o* bonus, royalty
tap tap
tapijt *o* carpet
tapkast buffet, bar
taps tapering
taptoe tattoo
tarbot turbot
tarief *o* tariff, rate
tarra tare
tartaar (gehakte biefstuk) raw minced beef
tarten challenge, defy
tarwe wheat
tas bag, satchel
tastbaar tangible, palpable
tasten feel, grope
taxatie appraisement; valuation
taxeren appraise, value (at)
taxi taxi, taxi-cab
taxistandplaats taxi-stand
tbc TB
te at, to, in, on
technicus technician   [ing
techniek technics *pl*; engineer-

technisch technical
teder tender
teef bitch
teelt breeding, cultivation
teen toe; — (takje) osier, twig
teer o tar; (adj) delicate
tegel tile
tegelijk at the same time; at
once; simultaneously
tegemoetgaan go to meet
tegemoetkomend accommo-
dating
tegen against, to, for; (omstreeks) towards
tegenbericht o message to the
contrary
tegendeel o contrary
tegengaan oppose, check
tegengesteld opposite, contrary
tegengif(t) o antidote
tegenhanger counterpart
tegenhouden stop, hold up
tegenkomen meet; encounter
tegenligger oncoming car
tegenlopen go against
tegenover over against, opposite (to)
tegenovergesteld opposed, opposite
tegenpartij adversary, opponent, other party
tegenpool antipole   [luck
tegenslag reverse, piece of bad
tegenspartelen struggle; jib
tegenspoed adversity, bad luck
tegenspraak contradiction
tegenspreken contradict
tegenstaan be repugnant
tegenstand resistance, opposition
tegenstander adversary, antagonist, opponent
tegenstelling opposition, contrast, antithesis

tegenstribbelen struggle; jib
tegenstrijdig contradictory
tegenvallen not come up to
expectations; find oneself mistaken
tegenvoeter antipode
tegenwaarde equivalent
tegenwerken counteract,
oppose
tegenwerking opposition
tegenwerping objection
tegenwicht o counterbalance
tegenwind adverse wind
tegenwoordig present; of to-
day; (adv) at present, now-
adays; — zijn bij, be present at
tegenwoordigheid presence; —
van geest, presence of mind
tegenzin antipathy, aversion,
dislike
tegoed o balance
tehuis at home; —, o home
teil basin, tub
teisteren harass, ravage, spoil
teken o sign, mark, token,
symptom
tekenaar drawer, designer
tekenboek o sketch-book
tekenen draw, delineate; (ondertekenen) sign
tekenfilm cartoon
tekening drawing; (schets)
design
tekort o shortage; deficit, deficiency
tekortkoming shortcoming
tekst text; (bij plaat) letter-
press; (bij muziek) words
tekstboekje o libretto; book
telefoneren telephone, phone;
(autom) dial
telefonisch telephonic; (adv) by
telephone
telefonist(e) operator

371

telefoon telephone
telefoonboek *o* telephone directory
telefooncel call-box
telefooncentrale exchange
telefoongids telephone directory
telefoonnummer *o* telephone number
telefoontoestel *o* telephone set
telegraaf telegraph
telegraafkantoor *o* telegraph office
telegraferen telegraph, wire
telegrafisch telegraphic; (*adv*) by wire
telegram *o* telegram, wire; — *met betaald antwoord*, reply-paid telegram
telegramadres *o* telegraphic address
telegrambesteller telegraph messenger
telen (v. dier) breed, raise; (v. plant) grow, cultivate
teleurstellen disappoint
teleurstelling disappointment
televisie television
televisietoestel *o* television set
telex telex
telg descendant
telkens at every turn; every time; — *wanneer*, whenever, every time
tellen count, number
teller (v. breuk) numerator
telwoord *o* numeral
temen drawl
temmen tame
tempel temple
temperament *o* temperament, temper
temperatuur temperature
temperen temper; damp; dim

tempo *o* (*mus*) time; (snelheid) pace
ten at, to, per, in, at the; in the; — *behoeve van*, in behalf of; — *dele*, partly; — *eerste*, first; — *einde*, in order to; — *gunste van*, in favour of; — *huize van*, at the house of; — *koste van*, at the cost of; — *minste*, at least; — *slotte*, finally
tendens tendency, trend
tenger slender, slim   [of
ten gevolge van in consequence
tenminste at least
tennisbaan tennis-court
tennissen play tennis
tenor tenor
tent tent; (kermis-)booth; (tentoonstellings-) marquee
tentoonstelling exhibition, show
tentzeil *o* canvas
tenue *o* dress, uniform
tenzij unless
ter at, to, in, into
terdege thoroughly
terecht justly; — *zijn*, be found
terechtstelling execution
terechtwijzing reprimand
teren (touw) tar; — *op*, live on
tergen provoke, irritate
terloops incidentally
term term
termijn term; (v. betaling) instalment; *op korte* —, at short notice
ternauwernood scarcely, barely
terpentijn turpentine
terras *o* terrace; (op straat) pavement café
terrein *o* ground, plot; building-site
terreur terrorism

terrine tureen
terrorist terrorist
tersluiks stealthily
terstond directly, immediately, at once
terug back(ward)
terugbetaling repayment
terugblik look backward, retrospect
terugbrengen bring back; — tot op, reduce to
terugdeinzen shrink from
terugdenken — aan, recall
teruggaan go back, return
teruggave return, restitution
teruggeven give back, return, restore
terughoudend reserved
terugkaatsen rebound; (geluid, licht) throw back, reflect
terugkaatsing reflection, reverberation
terugkeer coming back; return
terugkomen come back; — op, return to; — van, give up
terugkomst coming back, return
terugreis return-journey
terugroepen recall, call back
terugslag repercussion
terugtocht retreat
terugtraprem back-pedalling brake
terugtrekken pull back, draw back, withdraw; (teruggaan) retreat, retire
terugweg way back
terugwerkend —e kracht, retroactive, back-date
terugzenden send back, return
terwijl while; (als tegenstelling) whereas
terzijde aside
test (proef) test

testament o last will; het Oude en Nieuwe —, the Old and New testament
testen test (for)
teug draught
teugel rein, bridle
teuten dawdle
teveel o surplus
tevens at the same time
tevergeefs in vain, vainly
tevoren before
tevreden content(ed)
tevredenheid contentedness
tevredenstellen content, satisfy
tewaterlating launch(ing)
teweegbrengen cause, bring about
textiel o textiles
tezamen together
thans now, at present
theater o theatre
thee tea
theeblad o tea-tray
theedoek tea-towel
theeketel tea-kettle
theekopje o tea-cup
theelepel teaspoon
theemuts tea-cosy
theepot tea-pot
theeservies o tea-service, tea-set
theezakje o tea-bag
theezeefje o tea-strainer
thema exercise; o theme
theoretisch theoretical
theorie theory
therapie therapy
thermometer thermometer
thermosfles thermos; vacuum flask
thermostaat thermostat
thuis (zijn) at home; (naar huis) home
thuisclub (sp) home-team

373

thuiskomst return
thuiswedstrijd home match
tien ten
tiende tenth
tiendelig consisting of ten
parts; —e breuk, decimal frac-
tiener teen-ager   [tion
tiental o (number of) ten
tientallig decimal
tieren (gedijen) thrive; (razen)
rage, bluster
tij o tide
tijd time; (terugkerend) season;
(gr) tense; op —, in time; van
— tot —, from time to time
tijdbom time bomb
tijdelijk temporary
tijdens during
tijdgenoot contemporary
tijdig early, betimes, in good
time
tijdopname time-exposure
tijdperk o period
tijdrovend time-consuming
tijdschrift o periodical, magazine, review
tijdsein o (rad) time-signal
tijdstip o moment; date
tijdvak o period
tijdverdrijf o pastime
tijger(in) tiger, tigress
tik touch, pat
tikfout typing mistake
tikken tap; (v. klok) tick;
(schrijfmach.) type(write)
tillen lift, heave, raise
timmeren carpenter
timmerhout o timber
timmerman carpenter
tin o tin; (m. lood) pewter
tinnen pewter
tint tint, tinge, hue
tintelen sparkle (van, with);
tingle (with cold)

tip (vinger) tip; (v. doek)
corner
tiran tyrant
titel title
titelblad o title-page
tjilpen chirp
tjokvol chock-full
TL-buis fluorescent tube, strip-
lighting
tobbe tub
tobben toil, drudge
toch yet, still, for all that; (zeker) surely, to be sure
tocht expedition, journey,
march; (wind) draught
tochtdeur swing-door
tochten het tocht, there is a
draught
tochtig draughty
tochtje o excursion, trip
tochtscherm o screen
tochtstrip weather-strip
toe to, on, towards, in addition; (gesloten) shut
toebehoren belong to; met —,
with accessories
toebereiding preparation
toebereidsel o preparation
toebrengen inflict
toedekken cover up; (kind)
tuck in
toedienen administer; give
toedoen shut; door zijn —,
through him; zonder uw —,
but for you
toedracht particulars pl, the
way it happened
toeëigenen appropriate
toegang access, entrance, admittance
toegangskaart admission
ticket
toegangsprijs admission
toegankelijk accessible, open

toegedaan attached to; *een mening — zijn,* hold an opinion
toegeeflijk indulgent
toegenegen affectionate
toegeven (erkennen) admit, grant
toegift extra
toehoorder auditor, listener
toejuichen applaud, cheer
toekennen adjudge, award
toekijken look on
toekomen be due to; have enough; *doen —,* send
toekomst future
toekomstig future
toelaatbaar admissible
toelage allowance
toelaten admit; (dulden) permit, tolerate, suffer
toelating admission, allowance
toelatingsexamen *o* entrance examination
toeleg attempt, design, purpose
toeleggen *het — op,* be driving at; *zich — op,* apply oneself to
toelichten clear up, elucidate, explain
toelichting explanation
toeloop concourse
toen (*adv*) then, at that time; (*conj*) when, as
toenadering approach
toenemen increase; grow
toeneming increase, rise
toenmalig then, of the time
toepasselijk applicable (to), appropriate, suitable
toepassen apply (to)
toepassing application
toer (draai) turn; (tocht) tour, trip; (kunststuk) feat, trick; *een hele —,* quite a job
toerbeurt *bij —,* by turns
toereikend sufficient, enough

toerekenbaar accountable, responsible
toerenteller revolution counter
toerist tourist
toeristenklas(se) tourist class
toernooi *o* tournament
toeschietelijk friendly
toeschijnen seem to
toeschouwer looker-on, spectator
toeschrijven attribute, ascribe (to)
toeslag extra allowance; excess fare
toespeling allusion
toespraak allocution, address
toespreken speak to, address
toestaan permit, allow; (verlenen) grant, concede
toestand state, situation; condition
toestel *o* apparatus
toestemmen consent (to), grant
toestemming consent
toesturen send; (geld) remit
toetakelen damage, knock about; (met kleding) accoutre
toeteren toot
toetje *o* dessert
toetreden join; accede to
toetreding, *— tot de E.E.G.,* entry into the E.E.C.
toets touch; (piano) key
toetsen try, test
toeval *o* accident, chance; (ziekte) fit of epilepsy; *bij —,* by chance
toevallig accidental, casual; by chance
toeverlaat refuge, shield
toevertrouwen entrust
toevloed affluence; concourse
toevlucht refuge, recourse
toevluchtsoord *o* refuge

toevoegen add, join (to)
toevoeging addition
toevoegsel *o* supplement
toevoer supply
toewensen wish
toewijding devotion
toewijzen allot, assign, award
toewijzing allotment, assignment, allocation
toezeggen promise
toezenden send, forward
toezicht *o* supervision, superintendence, inspection
toezien look on; superintend, survey, keep an eye on
toga gown, robe, toga
toilet *o* toilet, dress; (*WC*) toilet, lavatory
toiletpapier *o* toilet paper
toiletzeep toilet soap
tol (speelgoed) top; customs, duties; (bij doortocht) toll
tolerant tolerant; permissive
tolk interpreter
tollen spin a top; tumble about
tolweg toll road
tomaat tomato
tombe tomb
ton cask, barrel; (maat) ton
tondeuse (pair of) clippers
toneel *o* stage; theatre; (deel v. bedrijf) scene
toneelgezelschap *o* theatrical company
toneelkijker opera-glass
toneelspeelster actress
toneelspeler actor
toneelstuk *o* play
tonen show
tong tongue; (vis) sole
tongval accent; dialect
tooi attire, array
tooien adorn
toom bridle, reins

toon tone, sound
toonaangevend leading
toonbaar presentable
toonbank counter
toonbeeld *o* model, paragon
toonder bearer
toonkunstenaar musician
toonladder gamut, scale
toonzaal show-room
toorn wrath, anger
toornig angry, wrathful, irate
toorts torch, link
top top, summit; (vinger-) tip; (v. driehoek) apex; *van — tot teen*, from top to toe
topconferentie summit meeting
topfunctionaris senior excutive
topprestatie record
toppunt *o* top, summit; (*fig*) acme; culminating point; zenith
topzwaar top-heavy
tor beetle
toren tower; steeple (met spits)
torenspits spire
torentje *o* turret
tornen rip (up)
torpedojager destroyer
torsen carry, bear
tot to, till; *— nu toe*, up to now; *— en met*, up to and including
totaal *o* total (amount); (*adj*) total, entire
totdat till, until
toto pool
touringcar coach
tournee tour
tourniquet turnstile
touw *o* rope; (dun) cord; (nog dunner) string; *op — zetten*, undertake
touwladder rope-ladder

tovenaar sorcerer, magician, wizard
tovenarij magic
toveren conjure, juggle
toverheks witch
toverlantaarn magic lantern
traag slow, indolent, tardy
traan tear; (olie) train-oil
trachten try, attempt, endeavour
traditie tradition
traditioneel traditional
tragedie tragedy
tragisch tragic(al)
trainen train, coach
trainer trainer, coach
trainingspak o track suit
traject o section
traktaat o treaty
traktatie treat
traktement o salary, pay
trakteren treat, regale
tralie bar
tram tramway, tram-car
tramhalte stopping-place
tramkaartje o tramway ticket
transformator transformer
transistorradio transistor radio
transpireren perspire
transport o transport, carriage; per —, carried forward
transporteren transport; (in boeken) carry forward
trant manner, way, style
trap (reeks treden) stairs, staircase; (schop) kick; (graad) degree; vergrotende —, comparative; overtreffende —, superlative
trapleuning banisters, rail
traploper stair-carpet
trappehuis o staircase hall
trappelen trample, stamp
trappen (met voet) kick (at);

tread; (op fiets) pedal
trapper pedal
trapsgewijs gradually; terraced
trechter funnel; (granaat) crater
trede step, pace; (naaimachine) treadle; (trap) step
treden (trad; getreden) tread, step, walk; in werking —, come into force
treeplank foot-board
treffen (trof; getroffen) hit, strike; (aan-) meet (with)
treffend striking, touching
trefwoord o head-word
trein train
treinconducteur (railway) guard
treiteren tease, nag
trek pull, tug; (v. lucht) draught; (a. pijp) pull; (m. pen) stroke; (v. gezicht) feature; (lust) mind; (eetlust) appetite; (kaartspel) trick; in — zijn, be in demand
trekdier o draught-animal
trekhaak towing-hook
trekken (trok; getrokken) draw, pull, drag, tug; (gaan) go, march; (v. hout) warp; (thee, lucht) draw
trekker (persoon) hiker; (v. geweer) trigger; (v. wissel) drawer
trekking drawing; (zenuw-) twitch, convulsion
trekpleister attraction
trekpot tea-pot
treksluiting zip fastener
trekvogel bird of passage
trekzaag crosscut saw
treuren be sad, grieve; mourn (over, for)
treurig sad, mournful
treurspel o tragedy
treurwilg weeping willow

377

treuzelen dawdle, loiter, linger
tribune tribune, platform, gallery
triest dreary, dismal, sad
trillen tremble; (v. stem) vibrate, quaver; (natuurk.) vibrate
trilling vibration
triomf triumph
triomfantelijk triumphant
triomferen triumph
triplex o three-ply wood
trippelen trip along
troebel turbid, thick, cloudy; *in — water vissen*, fish in troubled waters
troef trump(s)
troep (toneel) troupe, company; (rovers) band, gang; *—en*, troops, forces
troetelkind o darling, pet
troeven trump
troffel trowel
trog trough
trom drum
trommel (muz) drum; (anders) box, case, tin
trommelrem drum brake
trommelstok drumstick
trommelvlies o eardrum
trompet trumpet
tronie visage, face
troon throne
troonopvolger heir to the throne
troonsafstand abdication
troost comfort, consolation
troosteloos disconsolate
troosten comfort, console
tropen mv tropics pl
tropisch tropical
tros (druiven) bunch; (vruchten) cluster; (touw) hawser; (leger-) train

trots pride; (adj) proud; (prep) in spite of
trotseren defy, brave
trottoir o pavement, footway; (amer) sidewalk
trottoirband curb(stone)
trouw faithful, loyal, trusty; sb faith, faithfulness; loyalty, fidelity; *te goeder —*, in good faith
trouwdag wedding-day
trouweloos faithless, perfidious
trouwen (met) marry, wed
trouwens for that matter
trouwring wedding-ring
truc trick, stunt, gadget
trui jersey, sweater
Tsjech(isch) Czech
Tsjechoslowakije o Czechoslovakia
tube tube
tucht discipline
tuchtigen chastise, punish
tuffen motor
tuig o tools, utensils pl; (schip) rigging; (v. paard) harness; (v. volk) rabble
tuigage rigging
tuimelen tumble
tuin garden
tuinameublement o set of garden furniture
tuinarchitect landscape gardener
tuinbank garden seat
tuinboon broad bean
tuinbouw horticulture
tuinder market-gardener
tuinhuis o summer-house
tuinieren garden; o gardening
tuinman gardener
tuinslang garden hose
tuinstad garden-city
tuit spout, nozzle

tuk — *op*, keen on
tukje *o* nap
tulband turban; (koek) sponge-cake
tule tulle
tulp tulip
tunnel tunnel; (a. station) sub-way
turen peer
turf peat
turfmolm *o* peat-dust
turfstrooisel *o* peat-litter
Turk Turk
Turkije *o* Turkey
Turks Turkish
turnen do gymnastics
tussen between; (v. meer dan twee) among
tussenbeide komen intervene; interpose; come between
tussendek *o* steerage
tussenkomst intervention; *door — van*, through
tussenlanding stop
tussenpersoon agent, inter-mediary
tussenpoos interval
tussenruimte interspace
tussenschot *o* partition
tussenstation *o* intermediate station
tussentijd interim; *in de —*, in the meantime
tussentijds interim; (*adv*) between times
tussenvoegsel *o* insertion, inter-polation
tussenwerpsel *o* interjection
twaalf twelve
twaalfde twelfth
twee two
tweedaags of two days

tweede second
tweedehands second-hand
tweederangs second-rate
tweedracht discord
tweegevecht *o* duel
tweedelig double, binary
tweeling twin, pair of twins
tweelingbroeder twin-brother
tweemaal twice
tweemotorig twin-engined
tweepersoons for two; (bed) double
tweeslachtig amphibious; bi-sexual
tweespalt discord
tweesprong cross-way, cross-road, bifurcation
tweestemmig for two voices
tweetakt motor two-stroke engine
tweetal *o* two, pair
tweetalig bilingual
tweevoud *o* double; *in —*, in twofold (duplicate)
twijfel doubt; *zonder —*, with-out (any) doubt; *in — trekken*, call in question
twijfelachtig doubtful; dubious
twijfelen doubt (*aan, of*)
twijg twig
twintig twenty
twintigste twentieth
twist quarrel, dispute
twisten quarrel, dispute
twistpunt *o* issue
twistziek contentious, quarrel-some
tyfus typhoid (fever)
type *o* type
typen type(write)
typisch typical
t.z.t. = *te zijner tijd* in due time

U

u you
ui onion
uier udder
uil owl
uilskuiken o owl, goose
uit (*prep*) out of, from; for;
(*adv*) (voorbij) out; over;
uitademen expire   [finished
uitbarsting explosion, outburst; (vulkaan) eruption
uitbetalen pay down
uitblazen blow out; (uitrusten)
take breath
uitblinken shine, excel
uitbouw annex
uitbranden burn out; (wonde)
cauterize
uitbrander scolding, wigging
uitbreiden spread; (vergroten)
enlarge; increase; (gebied) extend; zich —, extend, spread
uitbreiding enlargement, extension, spreading
uitbreken break out
uitbroeden hatch
uitbuiten exploit
uitbundig exuberant
uitdagen challenge, defy
uitdaging challenge
uitdelen distribute, dispense;
hand out
uitdeling distribution
uitdenken devise, contrive
uitdoen (licht) put out; (kleren)
take off
uitdoven extinguish, put out
uitdrager second-hand dealer;
old-clothes man
uitdrogen dry up, desiccate
uitdrukkelijk express, explicit
uitdrukken express
uitdrukking expression; (term

ook) term, locution, phrase
uiteen asunder, apart
uiteengaan part, separate
uiteenlopend divergent; different
uiteenvallen fall apart; break
up
uiteenzetten explain, expound
uiteenzetting exposition
uiteinde o end; extremity
uiteindelijk finally, eventually
uiten utter, express
uiteraard naturally
uiterlijk outward, external; at
the latest; (*sb*) o exterior, (outward) appearance
uitermate excessively, ex-
tremely
uiterst utmost, utter, extreme
uiterste o extremity, extreme
uitgaaf expense; (v. boek)
edition, publication
uitgaan go out
uitgang exit, way out; (v.
woord) ending
uitgangspunt o starting point
uitgave zie *uitgaaf*
uitgebreid extensive, wide
uitgelaten elated, exuberant
uitgeleide doen show out
uitgelezen select, choice
uitgeput exhausted
uitgeslapen wide-awake; (sluw)
shrewd, cunning
uitgesloten out-of-the-question
uitgestorven (dieren) extinct;
(plaats) deserted
uitgestrekt extensive, vast
uitgeven give out; (geld) spend;
(boek) publish; (bankpapier)
issue; zich — voor, pretend to
be

380

uitgever publisher
uitgeverij publishing house
uitgewoond neglected
uitgezocht select, choice
uitgezonderd except, save
uitgifte issue
uitglijden slip
uithangbord o sign(-board)
uitheems foreign; (planten) exotic
uithollen hollow (out), excavate
uithongeren famish, starve
uithoren draw, pump
uithouden hold out; (verdragen) bear, suffer, stand
uithoudingsvermogen o staying-power, stamina
uithuizig never at home
uiting utterance, expression
uitkering payment; (bij faillissement) dividend; (werklozen-) dole
uitkiezen choose, select
uitkijk look-out
uitkleden undress; *zich* —, undress
uitkomen come out; (in 't oog vallen) show; (*sp*) lead; (bekend worden) become known; (waar zijn) come true; (v. boek) come out, appear
uitkomst result, end, issue; (redding) relief
uitlaat exhaust
uitlaatgassen *mv* exhaust gases *pl*
uitlachen laugh at
uitladen unload
uitlating (gezegde) utterance; statement
uitleg explanation
uitleggen lay out; (*fig*) explain; (wijder maken) let out

uitlekken leak out, drain
uitlenen lend (out)
uitleveren extradite
uitlokken provoke, elicit
uitlopen run out; turn out; (knop) bud; — *op*, result in
uitloven offer, promise
uitmaken (afmaken) finish; (vuur) put out; (verloving) break off; (vormen) form, constitute; (uitschelden) call names
uitmonden debouch (into)
uitmoorden massacre
uitmuntend, uitnemend excellent, first-rate
uitnodigen invite
uitnodiging invitation
uitoefenen exercise; practise; carry on
uitpakken unpack
uitpersen express, press out, squeeze
uitpikken select, single out
uitpluizen sift (out)
uitplunderen plunder, ransack
uitpuilend protuberant; (ogen) protuding
uitputten exhaust
uitputting exhaustion
uitreiken distribute; issue
uitreis outward journey; (v. schip) voyage out
uitrekenen calculate, work out
uitrekken stretch (out), draw out
uitroeien (*fig*) exterminate; extirpate
uitroep exclamation, shout
uitroepen exlaim, cry out; (koning) proclaim
uitroepen o exclamation mark
uitrukken pull out; (v. troep) march (out); (v. brandweer) turn out

uitrusten rest, take rest; (voor-zien van) equip, fit out
uitrusting equipment, outfit
uitschakelen cut out, switch off; (*fig*) eliminate
uitscheiden stop, leave off
uitschelden abuse, call names
uitschot *o* trash, refuse
uitschrijven write out, make out; (lening) issue; (prijsvraag) offer a prize
uitslag outcome, issue, result; (huid-) eruption, rash
uitslapen lie in
uitsloven (zich), lay oneself out
uitsluiten shut out, exclude
uitsluitend exclusive
uitsluiting exclusion; (v. arbei-ders) lock-out
uitspansel *o* firmament, sky
uitsparen save, economize
uitspatting dissipation, ex-cess
uitspraak pronunciation; (oor-deel) pronouncement; (vonnis) sentence, verdict
uitspreiden spread (out)
uitspreken pronounce
uitstaan endure, suffer, bear; (v. mens) stand
uitstallen display
uitstalling display
uitstapje *o* excursion, trip
uitstappen get out, step out, alight
uitsteeksel *o* projection; pro-tuberance
uitsteken stretch out; put out; stick out, protrude
uitstekend first-rate, excellent
uitstel *o* postponement, delay, respite; — *van betaling*, exten-sion payment, extension of credit

uitstellen delay, put off
uitstorten pour out
uitstralen radiate; beam forth
uitstrekken stretch forth, ex-tend
uitstrijkje *o* smear
uittocht departure, exodus
uittrekken draw out; (kiezen &) extract; (schoenen) pull off; (jas) take off
uittreksel *o* extract; excerpt, abridgement
uitvaagsel *o* scum, dregs
uitvaardigen issue, promulgate
uitvaart funeral, obsequies *pl*
uitval sally; (*fig*) outburst
uitvallen fall out (off); (*mil*) make a sally; (*fig*) turn out (well, badly); (tegen iem.) fly out (at)
uitvaren sail out, put to sea
uitverkocht sold out, out of stock; (v. boek) out of print
uitverkoop selling-off, clear-ance sale
uitverkoren chosen, select
uitvinden invent
uitvinding invention
uitvloeisel *o* consequence, re-sult, outcome
uitvlucht evasion, subterfuge
uitvoer export, exportation
uitvoerbaar practicable, fea-sible
uitvoeren (doen) carry out, execute, perform; (goederen) export
uitvoerhandel export trade
uitvoerig ample, circumstantial, minute   [ance
uitvoering execution; perform-
uitvorsen find out, ferret out
uitwas *o* outgrowth, excres-cence

uitwaseming evaporation
uitwedstrijd away game
uitweg way-out, escape; (*fig*) outlet
uitweiden digress upon
uitwendig external
uitwerking effect
uitwerpsel *o* excrement
uitwijken draw aside; make way, make room
uitwisselen exchange
uitwissen efface, wipe out
uitwringen wring out
uitzendbureau *o* employment agency
uitzenden send out; (*rad*) broadcast; (*t.v.*) transmit
uitzending (*rad*) broadcast; (*t.v.*) transmission
uitzet *o* trousseau, outfit
uitzetten expand, dilate; (*er—*) turn out; (geld) invest

uitzicht *o* prospect, view
uitzien look (out); *er —*, look
uitzoeken select, choose
uitzondering exception
uitzonderlijk exceptional
uitzuigen suck out; (*fig*) extort
ultimatum *o* ultimatum
unaniem unanimous
unie union
uniek unique
uniform *o* uniform
universeel universal, sole
universiteit university
urgent urgent
urine urine
urinoir *o* public lavatory
urn urn
uur *o* hour; *om drie —*, at three o'clock
uurwerk *o* clock, timepiece
uw your
uwerzijds on your part

V

vaag vague; indefinite
vaak often, frequently
vaal sallow; (*fig*) drab
vaan(del) *o* flag, standard, ensign, colours
vaandrig ensign
vaardig skilful, adroit, clever
vaargeul channel
vaart canal; (scheepvaart) navigation; (snelheid) speed; *in volle —*, (at) full speed
vaartuig *o* vessel
vaarwel farewell; *— zeggen*, say good-bye
vaas vase
vaatdoek dish-cloth

vacant vacant
vacature vacancy, vacant place
vaccin *o* vaccine
vaccineren vaccinate
vacht fleece
vacuüm *o* vacuum
vader father
vaderland *o* (native) country
vaderlandsliefde patriotism
vaderlijk paternal
vaderschap *o* paternity, fatherhood
vadsig lazy, indolent
vagebond vagabond, tramp
vagevuur *o* purgatory

vak *o* pigeon-hole, partition; (onderwijs) branch; (zaken) line; trade, branch, profession
vakantie holidays *pl*
vakantiekolonie holiday-camp
vakbond trade-union
vakkennis professional knowledge
vakkundig expert, professional
vakman professional, expert
vakmanschap *o* craftsmanship
vakopleiding professional training
vakschool vocational school
vakterm technical term
vakvereniging trade-union
val fall; (vangknip) trap
valhelm crash-helmet
valk falcon, hawk
vallei valley
vallen (viel; gevallen) fall, drop; *laten —,* drop; *—de ster,* falling star; *—de ziekte,* epilepsy
valluik *o* trapdoor
valreep gangway
vals false; (schrift enz.) forged; (onoprecht) false, perfidious; *—e speler,* (card-) sharper
valsheid falsehood; *— in geschrifte,* forgery
valstrik snare, trap
valuta currency; rate of exchange
van of, from, with, by, for
vanaf from, since
vanavond this evening
vandaag to-day
vandaar hence
vangen (ving; gevangen) catch capture
vangst catch, capture
vanille vanilla
vanmiddag this afternoon

vanmorgen this morning
vannacht to-night; (vorige nacht) last night
vanochtend this morning
vanouds of old
vanwaar from where, whence
vanwege on account of, because of
vanzelf of itself, of its own accord
vanzelfsprekend self-evident, natural, of course
varen fern; *(ww)* **(voer; gevaren)** navigate, sail
variatie variation
variëren vary
variété *o* music-hall
variëteit variety
varken *o* pig, hog, swine
varkenskarbonade pork-chop
varkenskotelet pork-cutlet
varkenslapje *o* pork-collop
varkensvlees *o* pork
vast fast, fixed; firm, steady; (niet vloeibaar) solid; (weer) settled; *(adv)* certainly
vastberaden resolute, firm
vastbesloten determined
vasteland *o* continent
vasten Lent; *(ww)* fast
vastenavond Shrove Tuesday
vasthouden hold (fast)
vasthoudend tenacious
vastleggen fasten; record; (een schip) moor
vastmaken fasten, fix, tie
vastpakken take hold of, seize
vaststellen (v. feit) establish, ascertain; (prijs) fix; (tijd) appoint
vat grip, hold; *— o,* cask, barrel; drum
vatbaar capable (of), susceptible (to)

vatenkwast dish-mop
Vaticaan o Vatican
vatten catch, seize; (fig) understand
vechten (vocht; gevochten) fight
vechtpartij fight, scrap
vee o cattle
veearts veterinary surgeon
veeg wipe; (adj) ominous
veehandelaar cattle-dealer
veel much, (mv) many
veelal often, mostly
veelbelovend promising
veelbetekenend significant
veeleer rather
veeleisend exacting
veelomvattend wide
veelvoud o multiple
veelvraat glutton
veelvuldig frequent
veelzeggend significant
veelzijdig many-sided, versatile
veemarkt cattle-market
veen o peak-moor, peat
veenbes cranberry
veer (vogel) feather; (horloge
&) spring; — o ferry
veerboot ferry-boat
veerkracht elasticity
veerkrachtig elastic
veerman ferryman
veerpont ferry-boat
veertien fourteen; — dagen, a
fortnight
veertiende fourteenth
veertig forty   [stock
veestapel stock of cattle, live-
veeteelt cattle-breeding
veevoer o forage
vegen (vloer) sweep; (handen)
wipe
vegetariër vegetarian
veilig safe, secure

veiligheid safety, security
veiligheidsgordel safety belt,
seat belt
veiligheidsklep safety-valve
Veiligheidsraad Security
Council
veiligheidsriem safety belt
veiligheidsspeld safety-pin
veiling public sale, auction
veinzen dissemble, feign,
simulate
veinzerij dissimulation
vel o skin, hide; (papier) sheet
veld o field
veldbed o camp-bed
veldfles case-bottle, canteen
veldslag battle
veldtocht campaign
veldwachter county constable
velen stand
velerlei of many kinds
velg felly, rim
vellen (bomen) fell; (wapens)
couch; (oordeel, vonnis) pass
Venetië o Venice
venijn o venom
venijnig venomous, vicious
vennoot partner; stille —,
silent (sleeping) partner
vennootschap partnership,
company; naamloze —, limited
(liability) company; Ltd.
venster o window
vensterbank window-sill
vensterruit (window-)pane
vent fellow, chap
venter hawker, pedlar
ventiel o valve
ventilator fan; —riem, fan-belt
ventileren ventilate, air
ver far; distant, remote
verachtelijk despicable; contemptible; (verachtend) con-
temptuous

385

verachten despise
verachting contempt, scorn
verademing relief
verafgelegen remote, distant
verafgoden idolize
verafschuwen abhor, loathe
veranderen change, alter
verandering change
veranderlijk changeable, variable; inconstant
verantwoordelijk responsible, answerable, accountable; — *stellen*, hold responsible
verantwoordelijkheid responsibility
verantwoording justification; *ter — roepen*, call to account
verbaasd surprised, astonished
verband *o* dressing, bandage; (samenhang) connection; *in — met*, in connection with
verbandgaas *o* sterilized gauze
verbandkist, -trommel dressing-case
verbandwatten *mv* medicated cotton-wool
verbannen banish, expel, exile
verbasteren degenerate
verbazen surprise, astonish, amaze; *zich —*, be astonished
verbazing surprise, amazement, astonishment
verbazingwekkend astounding
verbeelden *zich —*, imagine
verbeelding imagination; (eigenwaan) conceit
verbeeldingskracht imagination
verbergen hide, conceal
verbeten grim
verbeteren make better; improve; (fouten) correct
verbetering improvement; correction, rectification

verbeurdverklaring confiscation, forfeiture, seizure
verbieden forbid; (bij wet) prohibit; interdict
verbijsterd bewildered, perplexed
verbinden join, connect, link; (telefoon) connect, put through; (wond) dress
verbinding connection; (chemisch) combination; (spoorweg) junction; *zich in — stellen*, communicate with, contact
verbintenis engagement, bond; contract
verbitterd embittered; fierce
verbittering bitterness, embitterment, exasperation
verbleken grow plae; (kleuren) pale, fade
verblijf *o* abode, residence, sojourn, stay; (ruimte) quarters
verblijfkosten *mv* lodging expenses
verblijfplaats (place of) abode
verblijfsvergunning residence permit
verblinden blind
verbloemen disguise; palliate
verbluft dumbfounded
verbod *o* prohibition, interdiction
verboden forbidden
verbolgen angry
verbond *o* alliance, league, pact
verbonden allied
verborgen hidden, secret
verbouwen (huis) rebuild; (telen) cultivate, grow, raise
verbranden burn; (door zon) get sunburnt, tan
verbranding burning, combustion

verbreden widen, broaden
verbreiden spread; propagate
verbreken break (off), cut
verbrijzelen shatter, smash
verbroedering fraternization
verbrokkelen crumble
verbruik o consumption, use
verbruiken consume, use, spend
verbruiker consumer
verbuigen bend; (gr) decline
verbuiging (gr) declension
verchroomd chromium-plated
verdacht suspect(ed), suspicious; — zijn op, be prepared for
verdachtmaking insinuation
verdagen adjourn
verdamping evaporation
verdedigen defend
verdediging defence   [cord
verdeeldheid dissension, dis-
verdelen divide (among), distribute
verdelging destruction
verdeling division, distribution
verdenken suspect (of)
verdenking suspicion
verder farther; (later) further
verderf o ruin, perdition
verderfelijk pernicious, baneful
verdichtsel o fable, fiction
verdienen earn; (lof enz.)
deserve; (beloning, straf)
merit
verdienste (loon) earnings,
wages; (winst) profit; (fig)
merit
verdienstelijk deserving, meritorious
verdiepen deepen; zich — in,
lose oneself in, study
verdieping floor, story
verdikking thickening
verdoemenis damnation

verdoofd numb, stunned; anaesthetized
verdorren wither
verdorven depraved, wicked
verdoven numb; stun; (pijn)
anaesthetize
verdoving stupor, torpor,
stupefaction; anaesthesia
verdraagzaam tolerant
verdraagzaamheid tolerance
verdraaiing distortion, contortion
verdrag o treaty; pact
verdragen suffer, endure, stand
verdriet o grief, sorrow
verdrieten (verdroot; verdroten)
grieve, vex
verdrietig sad, sorrowful
verdrijven drive away, expel;
(vrees enz.) dissipate, dispel;
(tijd) pass
verdringen push away; (fig)
oust, cut out; zich —, crowd
(om, round)
verdrinken (geld) spend on
drink; (zorg) drink down;
(dier) drown; (sterven) be
drowned
verdrukken oppress
verdrukking oppression
verdubbelen double; (fig) redouble
verduidelijken elucidate, explain
verduidelijking elucidation,
explanation
verduisteren darken, obscure;
(ontvreemden) embezzle
verduistering obscuration;
(mil) blackout; (zon, maan)
eclipse; (diefstal) embezzlement
verdunnen dilute; (lucht) rarefy
verduren bear, endure
verdwalen lose one's way

verdwijnen (verdween; verdwenen) disappear, vanish
vereenvoudigen simplify
vereenzelvigen identify
vereeuwigen perpetuate
vereffening settlement, adjustment
vereisen require, demand
vereiste o requisite, requirement
verend elastic, springy
Verenigd —e Staten, United States; —e Naties, United Nations
verenigen join, unite; combine; zich — met, join hands with; (fig) agree with
vereniging union, society, club; — voor vreemdelingenverkeer, Travel Association
vereren honour, worship, venerate
vereregeren (erger worden) deteriorate, grow worse; (erger maken) make worse, aggravate
verering veneration, worship
verf paint, colour; (voor stoffen) dye
verfijning refinement
verfilmen film
verfkwast paint-brush
verflauwen fade; (fig) slacken
verfoeien detest, abhor
verfoeilijk detestable
verfraaien embellish
verfrissen refresh
verfrissing refreshment
vergaan perish; pass away; (schip) be wrecked
vergaarbak receptacle, cistern
vergadering assembly, meeting
vergallen embitter, spoil
vergankelijk transitory, fleeting, perishable

vergaren gather, collect
vergasten treat, feast (upon)
vergeeflijk pardonable
vergeefs (adj) useless, fruitless; in vain; vainly
vergeetachtig apt to forget
vergeet-mij-niet forget-me-not
vergelden repay, requite
vergelding requital, retribution
vergeldingsmaatregel reprisal
vergelijk o agreement, compromise, settlement
vergelijken compare (with)
vergelijking comparison; (wiskunde) equation
vergemakkelijken facilitate
vergen require, demand
vergenoegd contented
vergenoegen zich — met, content oneself with
vergetelheid oblivion   [get
vergeten (vergat; vergeten) forvergeven (vergaf; vergeven) forgive, pardon; (vergiftigen) poison
vergeving pardon
vergewissen zich — van, make sure, ascertain
vergezellen accompany; attend
vergezicht o vista; prospect
vergezocht far-fetched
vergieten shed, spill
vergiffenis pardon
vergif(t) o poison, venom
vergiftig poisonous, venomous
vergiftigen poison
vergissen (zich) be mistaken
vergissing mistake, error; bij —, by mistake
vergoeden make good, compensate
vergoeding compensation
vergoelijken palliate, smooth over

vergrijp o offence
vergrijsd grown grey
vergrootglas o magnifying-glass
vergroten enlarge; increase; (fortuin) add (to); (foto) enlarge; (m. lens) magnify
verguizen revile, abuse
verguld gilt; — op snee, gilt-edged
vergunning permission, allowance, leave; (v. café) licence
verhaal o story, tale; (recht) redress
verhaasten hasten, quicken
verhandelbaar negotiable
verhandelen deal in
verhandeling treatise, essay, dissertation
verhard hardened, obdurate
verharen lose one's hair
verheerlijking glorification
verheffen lift, raise, elevate
verheffing exaltation, elevation, raising
verhelderen brighten, clear up; (fig) enlighten
verhelen conceal, keep secret
verhemelte o palate
verheugd glad, plaid
verheugen delight; dat verheugt me, I am glad of that; zich —, rejoice (in, at)
verheven elevated, exalted, lofty, sublime
verhevigen intensify
verhinderen prevent (from)
verhindering hindrance, impediment
verhitten heat; (fig) fire
verhoeden prevent, avert
verhogen heighten, (prijzen, lonen) raise; (in rang) promote; increase (met, by)

verholen concealed, hidden
verhongeren starve   [ing
verhoor o interrogatory, hear-
verhouding proportion; (tussen personen) relation; naar —, proportionately, relatively
verhuiskosten mv expenses of moving
verhuiswagen furniture-van, removal-van
verhuizen remove, move (into)
verhuizing removal
verhuren (huis) let; (anders) let out (on hire), hire (out)
verifiëren verify, check
verijdelen frustrate, foil, baffle
vering spring
verjaard superannuated
verjaardag birthday; (v. een feit) anniversary
verjagen drive (chase) away; drive out; (vrees) dispel
verjaren celebrate one's birthday; become superannuated
verjonging rejuvenation
verkalking calcification
verkavelen parcel out
verkeer o traffic; intercourse; veilig —, road safety
verkeerd wrong, bad
verkeersagent policeman on point-duty
verkeersbord o road sign
verkeerslicht traffic light
verkeersongeval o road accident
verkeersopstopping traffic-jam
verkeersregel traffic rule
verkeersovertreding road offence
verkeerstoren control tower
verkeersveiligheid road safety
verkeersvliegtuig o air-liner
verkeersvoorschriften mv

389

traffic regulations
verkeerszuil guard-post
verkenning reconnoitring
verkering — *hebben*, go steady
verkiesbaar eligible
verkieslijk preferable (to)
verkiezen choose, elect; — *boven*, prefer to
verkiezing (keus) choice; (politiek) election; preference
verklaarbaar explicable
verklappen blab, give away
verklaren explain; (zeggen, oorlog) declare
verklaring explanation; declaration; statement
verkleden disguise; *zich* —, change clothes; (vermommen) dress up, disguise oneself
verkleinwoord *o* diminutive
verkleumd benumbed, numb
verkleuren discolour, fade
verklikker telltale; (aan machine ook) indicator
verknocht attached, devoted (to)
verknoeien spoil, bungle; waste
verkoeling cooling; chill
verkolen char
verkondigen proclaim
verkoop sale
verkoopbaar sal(e)able
verkoopsprijs selling price
verkoopster sales-woman
verkopen sell
verkoper seller; salesman
verkoping sale, auction
verkorten shorten, abridge
verkouden having a cold; — *worden*, catch (a) cold
verkoudheid cold
verkreukelen (c)rumple (up)
verkrijgbaar obtainable, available

verkrijgen obtain, acquire, get
verkwisten waste, dissipate
verkwistend lavish (of), wasteful, extravagant
verkwisting waste, dissipation
verlagen lower; (prijs) reduce; (*fig*) debase, degrade
verlamd paralyzed
verlamming paralysis
verlangen *o* desire, longing; (*ww*) desire, want, long (for)
verlanglijst list of the things one would like to have
verlaten leave, quit, abandon; (*adj*) abandoned, deserted; lonely
verleden past, last
verlegen shy, timid; confused, embarrassed; (koopwaar) shop-worn; (wijn) stale; *erg* — *zijn om*, want badly
verlegenheid shyness, timidity; embarrassment; *in* — *brengen*, embarrass
verleidelijk alluring, tempting, seductive
verleiden seduce, tempt
verleiding temptation; seduction
verlenen grant; (toestemming) give
verlengen lengthen, prolong
verlenging lengthening; extension; (v. paspoort) renewal
verlengsnoer *o* extension cord
verleppen wither, fade
verlichten (met licht) light, illuminate; (lichter maken) lighten; (*fig*) relieve, alleviate
verlichting lighting; illumination; (*fig*) (v. geest) enlightenment; (pijn) alleviation, relief
verliefd amorous; in love with; — *worden op*, fall in love with

verlies *o* loss; (*mil*) casualty
verliezen (verloor; verloren) lose
verliezer loser
verlof *o* leave; (v. drank) licence
verlofganger soldier (person) on leave
verlokken allure, tempt
verloochenen deny, disavow
verloochening denial
verloofd engaged to be married
verloofde fiancé(e)
verloop *o* course, progress
verlopen pass (away), elapse; (ongeldig worden) expire; (v. zaak) go down; (*adj*) seedy
verloren lost
verloskamer delivery room
verloskunde obstetrics *pl*
verloskundige obstetrician; — midwife
verlossen deliver, rescue; (bij bevalling) deliver
Verlosser the Redeemer
verlossing deliverance, redemption; (bevalling) delivery
verloten dispose ... of by lottery
verloting raffle, lottery
verloven *zich* —, become engaged
verloving betrothal, engagement
verlustigen *zich* —, delight
vermaak *o* pleasure, amusement
vermaard famous, renowned
vermagering slimming
vermageringskuur reducing cure, slimming course
vermakelijk amusing, entertaining, diverting
vermakelijkheid amusingness; amusement
vermaken amuse, divert; (nala-

ten) bequeath; (veranderen) alter
vermanen exhort, admonish
vermaning exhortation, admonition
vermannen *zich* —, take heart, pull oneself together
vermeend pretended, supposed
vermeerderen increase, enlarge
vermeerdering increase, augmentation
vermelden mention, state; record
vermelding mention
vermengen mix; (thee) blend; (metaal) alloy
vermenging mixing, mixture
vermenigvuldigen multiply
vermenigvuldiging multiplication
vermicelli vermicelli
vermijden avoid; shun
verminderen lessen, diminish; (pijn) abate; (prijs) reduce
vermindering diminution, decrease; reduction
verminken maim, mutilate
vermist missing
vermoedelijk presumable; supposed; (*adv*) presumably, probably
vermoeden *o* suspicion, surmise; (ww) suspect, suppose, presume
vermoeid tired, weary, fatigued
vermoeiend tiring
vermoeienis weariness, fatigue
vermogen *o* power, faculty, ability; (fortuin) wealth; (ww) be able
vermogend wealthy
vermolmd mouldered
vermomd disguised

vermoorden

vermoorden murder
vermorzelen crush
vermout vermouth
vermurwen soften, mollify
vernauwing narrowing; (med)
stricture
vernedering humiliation
vernemen hear, understand,
learn
vernielen destroy; wreck
vernieling destruction
vernietigen annihilate, destroy;
(nietig verklaren) annul
vernieuwen renew
vernieuwing renewal, renovation
vernis o varnish; (fig) veneer
vernuft o ingenuity, wit
vernuftig ingenious, witty
veronachtzamen neglect
veronderstellen suppose
verongelukken (v. persoon)
meet with an accident, perish,
come to grief; (schip) be
wrecked
verontreinigen defile, pollute
verontreiniging pollution,
defilement
verontrusten disquiet, disturb
verontschuldigen zich —,
apologize, excuse oneself
verontschuldiging excuse, apology; ter —, by way of excuse
verontwaardigd indignant (at)
verontwaardiging indignation
veroordeelde convict
veroordelen condemn
veroordeling condemnation;
(straf) conviction
veroorloven permit, allow
veroorzaken cause
verordening regulation
verouderd out of date, anti-
quated; (woord) obsolete

veroveraar conqueror
veroveren conquer; capture
verovering conquest
verpachten lease
verpakking packing
verpanden pawn
verpersoonlijking personifi-
cation
verpesten spoil
verplaatsen remove, transpose,
displace; (ambtenaar) transfer
verplanten plant out, transplant
verpleegster nurse
verpleegtehuis o nursing-home
verplegen nurse, tend
verpleging nursing
verpletteren crush, smash
verpletterend overwhelming
verplicht due (to); obligatory;
compulsory; zeer —, much
obliged
verplichten oblige, compel;
zich — tot, bind oneself to
verplichting obligation
verraad o treason, treachery
verraden betray
verrader traitor
verraderlijk treacherous
verrassen surprise
verrassend surprising, startling
verrassing surprise
verregaand extreme, excessive
verreikend far-reaching, sweep-
ing
verrekenen settle; zich —,
miscalculate
verrekijker telescope, glass
verrekken (arm) dislocate; (enkel) sprain; (spier) strain
verreweg by far
verrichten do, perform
verrichting action, performance
verrijken enrich
verrijzen rise; arise

verroeren (*zich*) stir, move
verroesten rust
verrot rotten, putrid
verrotten rot, putrefy
verrotting rotting, putrefaction
verruilen exchange, barter
verrukkelijk delightful, charming, delicious
verrukking delight; rapture
vers *o* verse; (couplet) stanza; (gedicht) poem; (*adj*) fresh, new; (ei) newlaid
verschaald flat, stale
verschaffen procure
verschansing entrenchment; (schip) bulwarks *pl*, rails *pl*
verscheiden several; various, different; (*sb*) *o* decease
verscheidenheid diversity, variety; range
verschepen ship
verscheping shipment
verscheuren tear, rend
verschiet *o* distance
verschieten (v. ster) shoot; (stof) lose colour
verschijnen appear
verschijning appearance; (geest) apparition; (v. termijn) falling due
verschijnsel *o* phenomenon
verschil *o* difference
verschillen differ
verschillend different, various
verschonen change (underwear, sheets)
verschoppeling outcast
verschrikkelijk frightful, dreadful, terrible
verschrikken frighten, scare
verschroeien scorch
verschrompelen shrivel
verschuilen hide, conceal

verschuiven move, shift; (*fig*) put off
verschuldigd indebted, due
versie version
versieren adorn, decorate
versiering adornment, ornament, decoration
versiersel *o* ornament
verslaafd addicted to
verslaafdheid addiction
verslaan (leger) beat, defeat; (wedstrijd) report
verslag *o* account, report
verslagen beaten, defeated; (*fig*) dejected, dismayed
verslaggever reporter
verslapen *zich* —, oversleep
verslapping slackening, relaxation
verslaving addiction
versleten worn out, threadbare
verslijten wear out, wear off
verslikken *zich* —, choke
verslinden (verslond; verslonden) devour
versmachten languish, pine away
versmaden disdain, despise, scorn
versmelten melt
versnapering dainty, titbit; refreshment
versnellen accelerate
versnelling acceleration; (auto, fiets) gear, speed
versnellingsbak change gear
verspelen lose (in playing)
versperren obstruct, barricade, block, bar
versperring blocking up; barricade
verspieder spy, scout
verspilling waste, dissipation
versplinteren splinter

393

verspreiden distribute; (gerucht) spread; (menigte) disperse, scatter
verspreken zich —, make a slip of the tongue
verspringen shift
vèrspringen o long jump
verst farthest
verstaan understand
verstaanbaar intelligible
verstand o understanding, intellect, intelligence; gezond —, common sense
verstandelijk intellectual
verstandhouding understanding
verstandig wise, sensible, intelligent
verstandskies wisdom-tooth
verstandsverbijstering mental derangement
verstard (fig) petrified
versteend petrified
verstek o bij — veroordelen, sentence by default
verstekeling stowaway
versteld (hersteld) mended, repaired; — staan, be taken aback
verstellen mend
verstelwerk o mending
versterken strengthen, fortify
versterker (rad) amplifier
versterking strengthening; (mil) reinforcement; (rad) amplification
versteviger setting lotion
verstijfd stiff; benumbed
verstikkend suffocating, stifling
verstikking suffocation
verstokt — vrijgezel, confirmed bachelor
verstommen become speechless
verstoord disturbed; annoyed
verstoppen put away, hide
verstopping constipation, obstruction
verstopt — raken, become clogged, be choked up, be stopped up
verstoren disturb; annoy
verstoring disturbance
verstoten repudiate, disown
verstrekken furnish, procure, supply
verstrijken expire
verstrikken entangle, trap
verstrooid scattered, dispersed; (fig) absent-minded
verstrooidheid absence of mind
verstuiken sprain
verstuiver spray
versuft stunned, dazed, dull
vertakking ramification
vertalen translate
vertaler translator
vertaling translation
verte distance
vertedering softening
vertegenwoordigen represent
vertegenwoordiger representative
vertegenwoordiging representation; evenredige —, proportional representation
vertekenen (fig) distort
vertellen tell, relate; zich —, make a mistake in adding up
vertelling tale, story
verteren spend, consume; (voedsel) digest
vertering consumption; digestion; (gelag) expenses
verticaal vertical
vertier o traffic, bustle
vertolken interpret
vertolking interpretation
vertonen show; exhibit
vertoning show; performance, representation

vertragen delay, retard; (de gang) slow down
vertraging delay, retardation
vertrek *o* departure; start; (kamer) room, apartment
vertrekken depart, start, leave
vertroetelen pamper
vertrouwd reliable, trusted; familiar
vertrouwelijk confidential
vertrouweling confidant
vertrouwen *o* confidence, trust; faith; (ww) trust; rely (upon)
vertwijfeling despair
vervaardigen make, manufacture
verval *o* decay, decline
vervaldag due date
vervallen decay; (termijn) expire; (wissels) fall due; (adj) ruinous, ramshackle; (wissel) due; (recht) lapsed
vervalsen falsify, forge; (geld) counterfeit
vervalsing falsification
vervangen take the place of, replace, relieve
vervanging substitution
vervelen bore, tire; zich —, be bored
vervelend tiresome, boring; dull, annoying
verveling boredom
vervellen (slang) slough; (neus) peel
verven paint; (kleren) dye
verversen refresh, renew
verversing refreshment
vervliegen evaporate
vervloeken curse, execrate
vervoegen conjugate
vervoeging conjugation
vervoer *o* transport
vervoeren transport

vervoering ecstasy
vervoermiddel *o* means of transport
vervolg *o* continuation, sequel; in 't —, in future
vervolgen pursue, prosecute; (voortgaan) continue
vervolgens then, further
vervolging pursuit; prosecution
vervreemden alienate
vervroegen advance, move forward
vervuild filthy
vervullen (belofte) fulfil; (plaats) occupy; (plicht) perform; (taak) accomplish; (droom) come true
vervulling performance; fulfilment
verwaand conceited, arrogant
verwaandheid conceit(edness)
verwaardigen deign
verwaarlozen neglect
verwachten expect
verwachting expectation; in — zijn, be pregnant
verwant allied, related to, cognate; (geest-) congenial
verwantschap relationship, kinship; (fig) congeniality
verward entangled, confused
verwarming warming, heating; centrale —, central heating
verwarren entangle; (fig) confuse, confound
verwarring entanglement; confusion
verweer *o* defence
verweerd weathered; weatherbeaten
verwekken procreate, beget; (fig) raise, cause
verwelken fade, wither
verwelkomen welcome

395

verwennen spoil, pamper
verwensing curse [self
verweren zich —, defend one-
verwerken work up; (fig) cope
with
verwerpelijk objectionable
verwerpen reject
verwerven obtain, acquire, gain
verwezenlijken realize
verwijden widen
verwijderd remote, distant
verwijderen remove; zich —,
withdraw, go away
verwijfd effeminate
verwijt o reproach, blame
verwijten (verweet; verweten)
reproach, upbraid
verwijzen refer (to)
verwijzing reference
verwikkeling entanglement,
complication
verwilderd (dieren, planten)
run wild; (tuin) overgrown
verwisselen exchange; change
verwittigen inform (of)
verwoed furious, fierce
verwoesten destroy, devastate
verwoesting destruction,
devastation
verwonden wound
verwonderen surprise, astonish;
zich —, be surprised, marvel,
wonder (over, at)
verwondering astonishment
verwonderlijk astonishing,
surprising
verwonding wound, injury
verwrongen distorted
verzachten soften; mitigate,
alleviate
verzachtend softening; (omstandigheden) extenuating
verzadigen satisfy, satiate;
(chem) saturate

verzaken renounce, forsake;
(kaartspel) revoke
verzakking sinking
verzamelaar collector
verzamelen gather, collect;
store up; (troepen) rally
verzameling collection
verzegelen seal (up)
verzekeren assure; (inbraak
enz.) insure; zich — van,
secure
verzekering assurance; (inbraak enz.) insurance
verzekeringsmaatschappij
insurance company
verzenden send (off), dispatch,
forward
verzending sending; dispatch
verzengen singe, scorch
verzet o opposition, resistance
verzetje o distraction
verzetsbeweging resistance
movement
verzetten move; zich — tegen,
resist, oppose
vèrziend far-sighted
verzilveren encash, cash
verzinnen invent, devise
verzinsel o invention
verzoek o request, petition
verzoeken beg, request; (uitnodigen) ask, invite
verzoeking temptation
verzoekschrift o petition
verzoenen reconcile (with, to)
verzorgen take care of
verzorging care, provision
verzot op fond of
verzuchting sigh
verzuim o neglect, omission;
(op school) non-attendance
verzuimen neglect; (niet doen)
omit, fail (to)
verzwakken weaken, enfeeble

396

verzwaren make heavier; (*fig*) aggravate, increase
verzwelgen swallow up
verzwijgen not tell, conceal
verzwikken sprain
vest *o* waistcoat; (dames) cardigan
vestiaire cloak-room
vestibule hall, vestibule
vestigen establish, set up; *de aandacht — op*, call attention to; *zich —*, settle (down)
vesting fortress
vet *o* fat, grease; (*adj*) fat, greasy; *— gedrukt*, printed in bold type
vete feud, enmity
veter boot-lace, shoe-lace
veteraan veteran
vetmesten fatten
veto *o* veto
vetpuistje *o* pimple
vetvlek grease-spot
veulen *o* foal; colt
vezel fibre, filament
vezel(achtig) fibrous
vgl. = vergelijk confer, compare, cf.
via via, by way of
viaduct *o* viaduct; fly-over
vice-president vice-president
vier(de) four(th)
vieren celebrate; (Kerstmis) keep; (touw) veer out, ease off
vierhoek quadrangle
vierkant *o* square
vierling quadruplets *pl*
viervoeter quadruped
viervoud *o* quadruple
vierzijdig four-sided, quadrilateral
vies dirty, nasty, filthy; (kieskeurig) particular
viezigheid dirtiness; dirt, filth

vijand enemy
vijandelijk hostile
vijandig hostile
vijandschap enmity
vijf five
vijfde fifth
vijfjarenplan *o* five-year plan
vijfenzestigplusser senior citizen
vijftien fifteen
vijftig fifty
vijg fig
vijl file
vijlen file; (*fig*) polish
vijver pond
vijzel mortar; (om iets te heffen) jack
villa villa; country-house, cottage
vilt(en) (*o*) felt
viltstift felt-tipped pen
vin fin
vinden (vond; gevonden) find; (van mening zijn) think
vinding invention, discovery
vindingrijk inventive, ingenious
vinger finger
vingerafdruk finger-print
vingerhoed thimble
vingerkom finger-bowl
vingerwijzing hint, indication
vink finch
vinnig sharp, fierce; (wind) biting; (woorden) cutting
violet violet
violoncel (violon)cello
viool violin, fiddle
viooltje *o* violet; *driekleurig —*, pansy
virtuoos virtuoso
virus *o* virus
vis fish
visakte fishing-licence
visgraat fish-bone
visie vision; outlook, view

397

visioen o vision
visite visit, call; visitors
visitekaartje o visiting-card
visiteren frisk
vismarkt fish-market
vissen fish (*naar*, for)
visser fisherman; angler
visserij fishery
vissersboot fishing-boat
vissershaven fishing-port
visum o visa
vitaal vital
vitamine vitamin
vitrage glass curtain
vitten find fault (with), cavil (at)
vizier o (helm) visor; (geweer) sight
vla custard
vlaag (regen) shower; (wind) gust; (*fig*) fit
Vlaams Flemish
Vlaanderen o Flanders
vlag flag, colours
vlak o plane; (*adj*) flat, level; plane; (*adv*) flatly; close; right
vlakbij close by
vlakgom india-rubber
vlakte plain; level
vlam flame, blaze
Vlaming Fleming
vlammen flame, blaze
vlas o flax
vlecht braid, plait
vlechten (vlocht; gevlochten) (touw) twist; (haar, mat, lint) plait; wreathe
vleermuis bat
vlees o flesh; (voedsel) meat; (vrucht-) pulp; — *in blik*, tinned beef; *bevroren* —, frozen meat
vleeswaren *mv* meats and sausages

vlegel flail; (*fig*) boor
vleien flatter, coax, cajole
vlek spot, stain, blot
vlekkeloos spotless, stainless
vlekkenwater o stain remover
vlektyfus typhus (fever)
vlerk wing
vleugel wing; grand piano
vleugelmoer thumb-nut
vlezig fleshy; (vrucht) pulpy
vlieg fly
vliegbiljet o air ticket
vliegbrevet o flying certificate
vliegen (vloog; gevlogen) fly
vliegenkast meat-safe
vlieger kite; (persoon) air-man, aviator
vliegtuig o aeroplane, (air)plane, aircraft
vliegveld o airfield
vliegwiel o fly-wheel
vlier elder
vliering garret, loft, attic
vlies o film; membrane
vlijen lay down; *zich* —, nestle
vlijmscherp razor-sharp
vlijt industry, diligence
vlijtig diligent, industrious
vlinder butterfly
Vlissingen o Flushing
vlo flea
vloed flood; flood-tide
vloedgolf tidal wave
vloeibaar liquid, fluid
vloeien flow; (v. inkt) run; (droogmaken) blot
vloeiend flowing, fluent; (spreken) fluently
vloeipapier o blotting-paper
vloeistof liquid
vloeitje o cigarette paper
vloek curse; oath, swear-word
vloeken swear; (vervloeken) curse

vloer floor
vloerbedekking floor-covering
vloerkleed o carpet; (klein) rug
vlok (wol) flock; (sneeuw) flake; (haar) tuft
vloot fleet, navy
vlot o raft; (adj) (v. schip) afloat; (adv) fluently
vlucht flight; (v. vleugels) wingspread; op de — slaan, take to flight
vluchteling fugitive; refugee
vluchten fly, flee
vluchtheuvel island, refuge
vluchtig volatile; (fig) cursory, hasty
vluchtstrook verge
vlug quick, nimble, agile
vocabulaire o vocabulary
vocht o fluid, liquid; (vochtigheid) wet, moisture, damp
vochtig moist, damp, humid
vod o rag, tatter
voddenman ragman
voeden feed; nourish; (fig) foster, nurse
voederen feed
voeding feeding; nourishment; (voedsel) food
voedsel o food, nourishment
voedselvergiftiging food poisoning
voedselvoorziening food supply
voedzaam nourishing, nutritive, nutritious
voeg joint
voegen (betamen) become; (metselwerk) point, joint; — bij, add to; zich bij iem. —, join sbd.; zich — naar, conform to
voegwoord o conjunction
voelbaar palpable, perceptible
voelen feel

voelhoorn feeler, tentacle
voeling — houden met, keep (in) touch with
voer o fodder, forage
voeren carry, take, bring, lead; (onderhandelingen) conduct; (jas) line
voering lining
voerman driver; waggoner
voertuig o carriage, vehicle
voet foot; te —, on foot, walking; op staande —, at once
voetballen play (at) football
voetballer football-player
voetganger pedestrian
voetlicht o footlights pl
voetpad o foot-path
voetrem foot-brake
voetstap (foot)step
voetstuk o pedestal
voetzoeker squib, cracker
vogel bird
vogelkooi bird-case
vogelverschrikker scarecrow
vogelvlucht bird's eye view
vogelvrij outlawed
voile veil
vol full, filled; ten —le fully
volautomatisch fully automatic
volbloed thoroughbred; (fig) out-and-out
volbrengen fulfil, achieve
voldaan satisfied, content; (betaald) paid, received
voldoen satisfy; (betalen) pay
voldoende sufficient
voldoening satisfaction; payment
voldongen accomplished
volgeling follower
volgen follow, follow up
volgend following, next
volgens according to
volgorde order (of succession)

volgzaam docile
volharden persevere, persist (in)
volharding perseverance
volhouden persevere; persist; maintain, keep up
volk *o* people; nation
Volkenbond League of Nations
volkenrecht *o* international law
volkomen perfect; complete
volkorenbrood *o* whole-meal bread
volksdans folk-dance
volksfeest *o* national feast
volksgezondheid public health
volkslied *o* popular song; (officieel) national anthem
volksstam tribe
volkstuintje *o* allotment
volksuniversiteit university-extension
volksvertegenwoordiging representation of the people
volledig complete, full; —*e vergunning*, fully licensed
volleerd accomplished; all-round; proficient
volmaakt perfect
volmacht power of attorney, procuration; proxy; — *verlenen*, authorize
volmondig frank
volontair volunteer
volop plenty (of)
volslagen complete, total
volstrekt absolute
voltage *o* voltage
voltallig complete, full
voltooien complete, finish
voltooiing completion
voltreffer direct hit
voltrekking execution
voluit in full
volume *o* volume, size
volwassen grown-up, adult

volzin sentence
vondeling foundling
vondst find, discovery
vonk spark
vonnis *o* sentence, judgment
voogd, voogdes guardian
voor furrow; (*prep & adv*) for; (tijd, plaats) before; *tien minuten — zes*, ten minutes to six
vooraan in front
vooraanstaand prominent
vooraf beforehand, previously
voorafgaand foregoing, preceding, previous
vooral especially, above all things
voorarrest *o* (detention on) remand
voorbaat *bij —*, in advance, in anticipation
voorbarig premature, rash
voorbedacht premeditated; *met —en rade*, of malice prepense
voorbeeld *o* example, model; *bij —*, for example, for instance, e.g.
voorbeeldig exemplary
voorbehoedmiddel *o* preservative
voorbehoud *o* reserve, reservation; (*z)onder —*, with(out) reservations
voorbehouden reserve
voorbereiden prepare
voorbereiding preparation
voorbij past; beyond
voorbijgaan pass (by), go by
voorbijgaand passing; temporary
voorbijganger passer-by
voordat before
voordeel *o* advantage, profit
voordelig profitable, advantageous

voordeur front door
voordoen show; (schort) put on; *zich* —, present itself; arise
voordracht diction; (v. tekst) recitation, recital; (*fig*) discourse, lecture; (lijst) select list, nomination
voordragen recite; propose
voorgaan precede, go before
voorganger predecessor; (predikant) pastor
voorgebergte *o* promontory
voorgerecht *o* entrée
voorgevel (fore-)front
voorgeven pretend (to)
voorgevoel *o* presentiment
voorgoed for good (and all), definitely
voorgrond foreground
voorheen formerly, before
voorhoede vanguard; (*fig*) fore front; (*sp*) forwards
voorhoofd *o* forehead
voorin in front; at the beginning
voorjaar *o* spring
voorkamer front room
voorkant front, face
voorkennis knowledge
voorkeur preference; *er de — aan geven om*, prefer to
vóórkomen *o* appearance, looks; (*ww*) happen, occur; (lijken) appear
voorkómen prevent
voorkómend obliging, complaisant
voorlezen read to
voorlichting advice, information (on); enlightenment
voorliefde predilection
voorlopen (klok) be fast

voorloper forerunner, precursor
voorlopig provisional; (*adv*) for the present; for the time being
voormalig former, late
voorman foreman
voormiddag morning, a.m.
vóórnaam christian name
voornáám distinguished; important
voornaamste chief, principal, leading
voornaamwoord *o* pronoun
voornamelijk chiefly, mainly
voornemen *o* intention; *zich* —, resolve
voornoemd aforesaid
vooroordeel *o* prejudice, bias
vooroorlogs pre-war
voorouders *mv* ancestors *pl*
voorover (bending) forward
voorpoot foreleg
voorpost outpost
voorproef foretaste
voorraad store, stock; provisions; *in* —, in stock, on hand
voorraadschuur store-house
voorradig in stock
voorrang precedence, priority; (v. auto) right of way
voorrangsweg major road
voorrecht *o* privilege
voorruit windscreen
voorschieten advance
voorschijn *te — halen*, produce; *te — komen*, appear
voorschot *o* advance, loan
voorschrift *o* prescription; instruction; regulation
voorschrijven prescribe
voorshands for the time being
voorsorteren filter

voorspel

voorspel *o* prelude; prologue
voorspellen predict, spell
voorspelling prophecy
voorspoed prosperity
voorspoedig prosperous
voorspraak intercession; (persoon) advocate
voorsprong start, lead
voorstad suburb   [pion
voorstander advocate, cham-
voorste foremost, first
voorstel *o* proposal
voorstellen propose; (uitbeelden) represent; (kennismaken) introduce, present
voorstelling idea, notion; (toneel-) performance
voorsteven stem
voort forward, on, along   [on
voortaan in future, from now
voortbewegen move; propel
voortbrengen produce, bring forth, breed
voortbrengsel *o* product
voortdrijven drive on
voortdurend continual
voortduwen push on (forward)
voorteken *o* sign, omen
voortgaan go on, continue, proceed
voortgang progress
voortijdig premature
voortmaken make haste
voortplanting propagation; (v. geluid) transmission
voortreffelijk excellent
voortrekken favour   [sides
voorts further, moreover, be-
voortschrijden proceed, advance
voortvarend energetic
voortvluchtig fugitive
voortzetten continue, carry on; proceed

voortzetting continuation
vooruit before(hand), in advance; ahead
vooruitbetaling prepayment
vooruitgang progress
vooruitkomen get on
vooruitlopen go first; — *op*, anticipate
vooruitstrevend progressive, go-ahead   [look
vooruitzicht *o* prospect, out-
voorvader forefather, ancestor
voorval *o* incident, event
voorvoegsel *o* prefix
voorwaar indeed, truly
voorwaarde condition, term
voorwaardelijk conditional
voorwaarts forward
voorwendsel *o* pretence, pretext
voorwereldlijk prehistoric
voorwerp *o* object, article; *lijdend* —, direct object; *meewerkend* —, indirect object
voorwiel *o* front-wheel
voorwoord preface
voorzetsel *o* preposition
voorzichtig careful, prudent, cautious; —! look out
voorzichtigheid prudence, care, caution
voorzien foresee (evil); — *van*, provide, supply with
voorzijde front, face
voorzitter president, chair-man
voorzorg precaution, provision
voorzorgsmaatregel precaution
voorzover as far as
voos spongy; woolly
vorderen (vooruitgaan) advance, make progress; (eisen) demand, claim
vordering progress, advance; (eis) demand, claim
vorig former, last, previous

vork fork
vorm form, shape
vormelijk formal
vormen form; constitute
vorming formation, moulding, cultivation
vorst sovereign; prince; (het vriezen) frost; — (v. dak) ridge
vorstelijk princely, lordly
vorstendom *o* principality
vorstin queen; princess
vos fox; (paard) sorrel
vouw fold, pleat   [fold
vouwen (vouwde; gevouwen)
vouwstoel folding-chair
vraag question, demand; — en aanbod, supply and demand
vraagbaak oracle
vraaggesprek *o* interview
vraagstuk *o* problem
vraagteken *o* question mark
vraatzucht gluttony
vracht load; (v. schip) cargo; (prijs) fare
vrachtauto motor-truck, lorry
vrachtboot cargo-boat, freighter
vrachtbrief consignment note; bill of lading
vrachtwagen truck, van
vragen (vroeg; gevraagd) ask
vragenlijst questionnaire
vrede peace
vredelievend peaceful
vredesverdrag *o* treaty of peace
vredig, vreedzaam peaceful, quiet
vreemd (onbekend) strange; (buitenlands) foreign; alien; (planten) exotic; (raar) odd, queer, strange
vreemdeling stranger, foreigner
vrees fear (of), dread; *uit — dat*, (for fear) lest

vreesachtig timid, timorous
vrek miser, niggard
vrekkig miserly
vreselijk dreadful, terrible
vreten (vrat; gevreten) eat; feed; (mensen) feed, stuff
vreugde joy, gladness
vrezen fear; dread
vriend friend
vriendelijk kind, friendly
vriendin (lady) friend
vriendschap friendship
vriendschappelijk friendly; (*adv*) in a friendly way
vriespunt *o* freezing-point
vriezen (vroor; gevroren) freeze
vrij free; (niet bezet) not engaged
vrijaf holiday, a day off
vrijblijvend without engagement
vrijdag Friday; *Goede V—,* Good Friday
vrijen (met) court, make love to
vrijer suitor, lover, sweetheart
vrijetijdskleding leisurewear
vrijgeleide *o* safe-conduct
vrijgevig liberal
vrijgezel bachelor
vrijhandel free trade
vrijheid liberty; freedom
vrijheidsbeweging liberation movement
vrijkaart free-ticket
vrijlating release
vrijloop neutral (gear)
vrijmetselaar freemason
vrijmoedig outspoken, frank
vrijpostig bold, pert
vrijspraak acquittal
vrijstelling exemption, freedom (from)
vrijuit freely, frankly
vrijwaren safeguard against

vrijwel practically, almost
vrijwillig voluntary
vrijwilliger volunteer
vrijzinnig liberal
vroedvrouw midwife
vroeg early
vroeger former; (*adv*) formerly, in former times; (eerder) earlier, sooner
vroegtijdig early
vrolijk merry, cheerful
vrolijkheid mirth; merriment; [gaiety
vroom devout, pious
vroomheid devotion
vrouw woman; (echtgenote) wife; (kaartspel) queen; *Onze Lieve Vrouwe*, Our Lady
vrouwelijk female, feminine, womanly, womanlike
vrouwenarts gynaecologist
vrucht fruit
vruchtbaar fruitful; fertile; prolific
vruchtbaarheid fertility
vruchteloos fruitless, vain
vruchtesap *o* fruit juice
vruchtgebruik *o* usufruct
vuil dirty; nasty, obscene; (*sb*) *o* dirt
vuilnis *o* refuse, dirt, rubbish

vuilnisbak refuse bin, dust-bin
vuilnisman dustman
vuist fist; *voor de —*, off-hand; *in zijn —je lachen*, laugh in his sleeve
vuistslag blow with the fist
vulcaniseren vulcanize
vulkaan volcano
vullen fill; (stoelen, vogels) stuff; (eten) farce
vulling filling
vulpenhouder fountain-pen
vulpotlood *o* propelling-pencil
vunzig dirty, smutty, obscene
vurehout *o* deal
vuren fire (*op*, at)
vurig fiery; (*fig*) fervent; (liefde) ardent
vuur *o* fire; (*fig*) ardour
vuurpijl rocket
vuurproef (crucial) test
vuurrood scarlet
vuurscherm *o* fire-screen
vuurspuwend fire-spitting; *—e berg*, volcano
vuursteen flint
vuurtoren lighthouse
vuurvast fire-proof
vuurwapen *o* fire-arm
vuurwerk *o* fireworks *pl*

W

waag weighing-house
waaghals dare-devil
waagschaal *in de — stellen*, risk, venture
waagstuk *o* venture
waaien (woei; gewaaid) blow
waaier fan
waakhond watch-dog

waakzaam watchful, vigilant
Waal (rivier) Waal; (persoon) Walloon
waan delusion, fancy
waanzin insanity, madness
waar ware, stuff; (*adj*) true; (*adv*) where
waaraan on (to) which

waarachtig true, veritable; — !,
surely, certainly!
waarborg warrant, guarantee
waarborgsom security
waard landlord, innkeeper;
(adj) worth; worthy
waarde worth, value; ter —
van, to the value of
waardeloos worthless
waarderen value, appreciate
waardering valuation; appreciation
waardevol valuable
waardig worthy, dignified
waardigheid dignity
waardoor through which; by
which
waarheen where... (to)
waarheid truth
waarin in which
waarmerk o stamp, hallmark
waarna after which
waarnemen observe; (gebruik
maken v.) avail oneself of; (tijdelijk) act as, fill a place tem-
porarily
waarnemer (van dokter) locum
tenens, substitute
waarneming observation; performance
waarom why
waarop upon which, where-
upon
waarover (fig) about which
waarschijnlijk probable, likely
waarschuwen warn (of)
waarschuwing warning, ad-
monition; summons (for payment)
waartegen against which
waaruit from which
waarvan of which, whereof
waarvoor for what, what for?
waarzegster fortune-teller

waas o haze; mist
wacht watch, guard
wachten wait (for), stay
wachtkamer waiting-room
wachtwoord o password
waden wade
wafel waffle, (dun) wafer
wagen risk; venture, hazard;
(sb) carriage, coach, car
wagensmeer o cart-grease
wagenspoor o rut, track
wagenwijd very wide
wagenziek car-sick
waggelen stagger, totter
wagon carriage; van
waken wake; watch; (bij zieken) sit up with
wakker awake; (waakzaam)
vigilant; (flink) smart, brisk;
— worden, wake up
wal coast, shore; (mil) rampart;
aan — gaan, go ashore; aan
lager — zijn, be in low water,
(fig) be broke
walg(e)lijk loathsome, disgusting; nauseous
walgen loathe, be disgusted (at)
walging disgust; nausea
walmen smoke
wals (rol) roller; (muz) waltz
walsen waltz; (technisch) roll
walvis whale
wanbegrip o false notion
wanbeheer o mismanagement
wanbetaling non-payment
wand wall
wandelaar walker
wandelen take a walk, walk
wandeling walk, stroll
wandelstok walking-stick
wandluis bug
wandtapijt o tapestry
wanen fancy, think
wang cheek

405

wangedrag *o* misbehaviour
wanhoop despair
wanhopen despair
wanhopig desperate
wankel unsteady, unstable
wankelen totter, stagger
wanklank dissonance
wanneer when; (indien) if
wanorde disorder; confusion;
in — brengen, disarrange
wanordelijk disorderly
wansmaak bad taste
wanstaltig misshapen
want mitten; *— o* rigging;
(conj) for
wantoestand abuse
wantrouwen distrust; *— o*
distrust; suspicion
wanverhouding disproportion
wapen *o* weapon, arm; (fami-
lie-) coat of arms; *onder de*
—en zijn, be under arms
wapenen *zich —*, arm (against)
wapenrusting armour
wapenschild *o* coat of arms
wapenstilstand armistice
wapperen wave, float, stream
war *in de —*, confused; tangled
warboel confusion, tangle
ware *als het —*, as it were
warempel surely, certainly!
warenhuis *o* department
store(s)
warenkennis knowledge of
commodities
warhoofd *o* muddle-head
warm warm, hot
warmte warmth; heat
wartaal incoherent talk
was *o* (stof) wax; (wasgoed
enz.) wash, laundry; (stijging)
rise
wasautomaat washing-machine
wasbak wash-bowl

wasdoek *o* oil-cloth
wasecht washable, fast-dyed
wasem vapour, steam
wasgoed *o* laundry
washandje *o* flanel
wasknijper clothes-peg
waskom wash-basin
waslijn clothes-line
waslijst laundry list
wasmachine washing-machine
wasmiddel *o* detergent
wassen (waste of wies; gewas-
sen) wash, clean; (groeien)
grow; **— (waste; gewast)** wax;
(adj) wax(en)
wasserij laundry
wastafel wash-stand; *vaste —*,
fitted wash-basin
wasvrouw laundress
wat something, what, which;
—?, what?
water *o* water; *warm en koud*
stromend —, warm and cold
running water
waterdamp (water-) vapour
waterdicht waterproof; watertight
waterig watery
waterkan jug
waterkering dam
waterkoeling water-cooling
waterkraan water-tap
waterleiding waterworks *pl*;
water-supply
waterlelie water-lily
watermerk *o* watermark
waterpas *o* level
waterplaats urinal
waterpokken *mv* chicken-pox
waterpomptang universal pliers
waterreservoir *o* water-tank
waterskiën water-ski
watersnood inundation,
flood(s)

waterspiegel water-level
watersport aquatic sports
waterstand water-level
waterstof hydrogen
watertanden *ik watertand er van*, it makes my mouth water
waterval waterfall, cascade
waterverf water-colour(s)
watervliegtuig *o* hydroplane
watervrees hydrophobia
watten *mv* wadding; (verband-) cotton-wool
wazig hazy
W.C. lavatory, w.c.
web *o* web
wecken preserve
wedden bet, wager
weddenschap wager, bet
weder(-) zie ook *weer*(-)
wederdienst service in return
wederdoper anabaptist
wederhelft better half
wederkerig mutual, reciprocal
wederom again, anew
wederopbouw rebuilding
wederrechtelijk illegal, unlawful
wederwaardigheid vicissitude, adventure
wederzijds mutual, reciprocal
wedijver competition
wedloop race, running-match
wedren race
wedstrijd match; competition
weduwe widow
weduwnaar widower
wee *o* woe
weeffout flaw
weefgetouw *o* loom
weefsel *o* tissue, texture
weegschaal scales, balance; (in dierenriem) Libra
week week; (*adj*) soft, tender, weak

weekblad *o* weekly (paper)
weekdag week-day
weekhartig tender-hearted
weeklacht lamentation, wailing
weeklagen wail, lament
weekloon *o* weekly wages
weelde luxury; wealth
weelderig luxurious
weemoed sadness, melancholy
weer *o* weather; (*adv*) again; *in de — zijn*, be busy; *zich te — stellen*, defend oneself
weer(-) ook *weder*(-)
weerbaar defensible; able-bodied
weerbarstig unruly, refractory
weerbericht *o* weather-report, weather-forecast
weerga equal, match
weergalmen resound; re-echo
weergaloos matchless, unequalled   [ing
weergave reproduction; render-
weergeven (*fig*) render; reproduce
weerhaak barb
weerhaan weathercock
weerhouden keep back, restrain, stop
weerkaatsen reflect; echo; be reflected
weerklank echo; (*fig*) response
weerklinken ring (out), echo
weerleggen refute
weerlicht *o* sheet lightning
weerloos defenceless
weerschijn reflection
weersgesteldheid weather conditions *pl*
weerskanten *aan —, van —,* on both sides
weerslag reaction
weerspannig recalcitrant, refractory

weerspiegelen reflect
weerstand resistance
weersverwachting, weervoorspelling weather-forecast
weerwil *in — van*, in spite of
weerziens *tot —*, so long, till we meet again
weerzin aversion, reluctance
wees orphan
weeshuis *o* orphanage
weeskind *o* orphan
weetgierig desirous of knowledge
weg way, road; path; (*adj & adv*) away; (verloren) lost; (vertrokken) gone; *onder —*, on my (his) way; *op —*, on his way
wegbrengen take away, carry away; (persoon) see off
wegdek *o* road surface
wegdoen put away; dispose of
wegen (woog; gewogen) weigh, scale; (op de hand) poise
wegenbelasting road-tax
wegenkaart road-map
wegens on account of; because of
wegenwacht (Road) Patrol Service; scout
weggaan go away, leave
weggooien throw away
weghalen take away, remove
wegjagen drive away, expel
wegkomen get away
weglaten omit, leave out
wegligging road-holding
weglopen run away
wegnemen take away, remove
wegomlegging diversion
wegraken be (get) lost
wegrijden drive away
wegruimen remove
wegsterven die away

wegsturen send away; dismiss
wegversmalling road narrowing
wegversperring road-block
wegvoeren carry off
wegwerker road-maker
wegwerpfles non-returnable bottle
wegwijzer sign-post
wegzenden send away; (ontslaan) dismiss
wegzetten put away
wei(de) meadow
weiden graze, feed
weids stately
weifelen waver, hesitate
weifeling wavering, hesitation
weigeren refuse; decline; (v. wapen) misfire
weigering refusal, denial
weiland *o* pasture; meadow-land
weinig (*sg*) little; (*pl*) few
wekelijks weekly
weken soak
wekken awake, awaken, arouse
wekker alarm-clock
wel spring; well; (*adv & interj*) well, right, why
welbehagen *o* pleasure
welbespraakt well-spoken, fluent
weldaad benefit, benefaction
weldadig beneficial, charitable
weldoener benefactor
weldra soon; shortly
weleens occasionally
weleer formerly, of old
weleerwaard reverend
welgedaan portly
welgelegen well-situated
welgemeend well-meant
welgemoed cheerful
welgesteld well-to-do
welgevallen *o* pleasure

welig luxuriant
welingelicht well-informed
weliswaar (it is) true
welk which; that
welkom welcome
wellevend politie, well-bred
wellicht perhaps
welluidend melodious
wellust voluptuousness
welnu well then
welopgevoed well-bred
weloverwogen deliberate
welp *o* whelp, cub, young
welriekend sweet-smelling, fragrant
welslagen *o* success
welsprekend eloquent
welsprekendheid eloquence
welstand well-being, health
welvaart prosperity
welvarend prosperous
welving vault(ing)
welwillend benevolent, kind
welwillendheid benevolence
welzijn *o* welfare, well-being
wemelen (van) swarm (with)
wenden turn; *zich — tot*, apply to
wending turn
Wenen *o* Vienna
wenen weep; cry
wenk wink, hint, nod
wenkbrauw eyebrow
wenken beckon
wennen accustom (to)
wens wish, desire
wenselijk desirable
wensen wish, desire
wentelen turn over; revolve
wenteltrap winding staircase, spiral staircase
wereld world
wereldbol globe
werelddeel *o* part of the world

wereldlijk worldly; secular
wereldoorlog world war
wereldrecord *o* world record
werelds worldly; mundane; frivolous
wereldschokkend world-shaking
wereldstad metropolis
wereldtentoonstelling world(s) fair
weren prevent; *zich —*, exert oneself
werf ship-yard; dockyard
werk *o* work, labour; (touw-) oakum; *aan het — gaan*, set to work
werkdag work-day; *achturige —*, eight-hours' working day
werkelijk real, actual; really
werkeloos inactive, idle; out of work
werken work; act, operate
werkgelegenheid employment
werkgever employer
werking action, effect; *in — treden*, come into operation
werkkracht energy; (mens) hand, workman
werkkring sphere of activity
werkloos out-of-work, unemployed
werkloosheid unemployment
werknemer employee
werkplaats workshop
werkstaking strike
werkster charwoman; *maatschappelijk —*, social worker
werktuig *o* tool; instrument
werktuigkunde mechanics *pl*
werkvergunning working permit
werkverschaffing relief works
werkwijze (working) method
werkwillige non-striker

werkwoord *o* verb
werkzaam active, industrious
werkzaamheid activity, industry; —*heden*, (ook) proceedings, operations
werpen (wierp; geworpen) throw, cast
werphengel 'fly rod
wervel vertebra
wervelkolom spine
wervelstorm tornado
wervelwind whirlwind
werven (wierf; geworven) recruit, enlist
weshalve wherefore, for which reason
wesp wasp
westelijk westerly, western
westen *o* West, Occident
westenwind west wind
westerlengte West longitude
westers western
wet law; act
wetboek *o* code; *burgerlijk* —, civil code; — *v. koophandel*, commercial code; — *v. strafrecht*, penal code
weten (wist; geweten) know
wetenschap science
wetenschappelijk scientific
wetenswaardig worth knowing
wetgevend legislative
wetgeving legislation
wethouder alderman
wetsontwerp *o* bill
wettelijk legal
wettig legitimate, legal
wettigen legitimate, legalize
weven (weefde; geweven) weave
wezel weasel
wezen *o* being, creature, nature; (*ww*) be
wezenlijk real, essential
wezenloos vacant, blank

wichelroede divining-rod
wie who, whom
wiebelen wobble
wieden weed
wieg cradle
wiegen rock
wiek (vogel) wing; (molen) sail
wiel *o* wheel
wielrenner racing cyclist
wielrijden cycle
wielrijder cyclist
wiens whose
wier *o* seaweed; (*pron*) whose
wierook incense
wig wedge
wij we
wijd wide, large, broad, ample; — *en zijd*, far and wide
wijdbeens straddle-legged
wijden (priester) ordain; (kerk) consecrate; — *aan*, dedicate to, devote to
wijdte width, breadth, space; (spoorwijdte) gauge
wijdverbreid widespread
wijf *o* woman
wijfje *o* (van dieren) female
wijk district, quarter
wijken (week; geweken) give way, yield
wijkverpleegster district nurse
wijlen late
wijn wine
wijngaard vineyard
wijnkaart wine-list
wijnoogst vintage
wijnstok vine
wijs wise
wijs, wijze (manier) manner; (*muz*) tune, melody; (*gr*) mood
wijsbegeerte philosophy
wijsgeer philosopher
wijsheid wisdom   [(sth)
wijsmaken make (sbd) believe

wijsneus wiseacre, pedant
wijsvinger forefinger, index
wijten (weet; geweten) impute
(to); blame (for)
wijwater o holy water
wijze zie wijs
wijzen (wees; gewezen) show,
point out; (vonnis) pronounce
wijzer hand
wijzerplaat dial
wijzigen alter, modify
wijziging alteration, modification, change
wikkelen wrap (up) (in); involve (in); envelop (in)
wil will, desire; ter —le van,
for the sake of
wild o game; (adj) wild, savage
wildbraad o game
wildernis wilderness, waste
wilg willow
willekeur arbitrariness
willekeurig arbitrary; any
willen will, be willing; want
willig willing; (markt) firm
wilskracht will-power
wimpel pennant, streamer
wimper (eye)lash
wind wind
windas o windlass
windbuks air-gun
winden (wond; gewonden)
wind, twist
winderig windy
windhond greyhound
windkracht wind-force
windmolen windmill
windstilte calm
windstreek point of the compass
windvlaag gust of wind
windwijzer weathercock
wingerd vineyard; vine
winkel shop

winkelbediende shop-assistant
winkelcentrum o shopping centre
winkelen go (be) shopping
winkelhaak (scheur) tear
winkelier shopkeeper
winkeljuffrouw shop-girl, sales-
woman
winkelprijs retail price
winkelsluiting closing of shops
winkelstraat shopping street
winnaar winner
winnen (won; gewonnen) win;
(veldslag, proces) gain
winst gain, profit
winstdeling profit-sharing
winstgevend lucrative, profitable
winter winter
winterdienst winter time-table
winterhanden mv chilblained
hands pl
winterhard hardy
winterjas winter overcoat
wintermantel winter-coat
winterslaap hibernation
wintersport winter sports
wip in een —, in a trice
wipneus turned-up nose
wirwar tangle
wiskunde mathematics
wispelturig inconstant, fickle
wissel bill (of exchange), draft;
(spoor) switch
wisselbeker challenge cup
wisselen change; (fig) exchange
wisselgeld o change
wisselkantoor o exchange-office
wisselkoers rate of exchange
wisselstroom alternating current
wisselvallig precarious
wisselwerking interaction

411

wissen wipe
wit white; (v. mens) pale
witkalk whitewash
witlof *o* chicory
witkiel (railway-)porter
wittebrood *o* white bread
wittebroodsweken *mv* honey-
witten whitewash   [moon
woede rage, fury
woeden rage
woedend furious
woeker usury
woekeraar usurer
woekerplant parasitic plant
woelen toss (about); (in de
grond) grub
woelig turbulent
woensdag Wednesday
woest waste, desolate; (wild)
wild, savage, fierce; (v. mens)
reckless; wild
woesteling brute
woestijn desert
wol wool
wolf wolf; (in tanden) caries
wolk cloud
wolkbreuk cloud-burst
wolkenkrabber sky-scraper
wollen woollen
wollig woolly
wond(e) wound
wonder *o* wonder, miracle
wonderbaarlijk miraculous,
marvellous
wonderlijk strange, wonderful
wonderolie castor-oil
wonen live, dwell
woning house, dwelling
woningnood housing shortage
woonachtig resident, living
woonkamer living-room
woonplaats residence
woonruimte living accommodation

woonschuit house-boat
woonwagen caravan
woord *o* word, term
woordbreuk breach of promise
woordelijk verbal, verbatim
woordenboek *o* dictionary
woordenwisseling dispute
woordspeling pun
woordvoerder spokesman
worden (werd; geworden) become, get, grow, turn; (*hulp-
ww*) be
worgen strangle, throttle
worm worm; (made) grub;
(vruchten) maggot
wormstekig worm-eaten
worp (gooi) throw, cast; (v.
dier) litter
worst sausage
worstelen wrestle (with); (*fig*)
struggle
worsteling wrestling, wrestle;
(*fig*) struggle
wortel root; (peen) carrot
wortelen take root
worteltrekking extraction of
roots
woud *o* wood, forest
wraak revenge, vengeance
wraakgierig revengeful, vindictive
wraakzucht revengefulness,
vindictiveness
wrak *o* wreck; (*adj*) rickety
wrang sour, acid; tart
wrat wart
wreed cruel
wreedheid cruelty
wreef instep
wreken (wreekte; gewroken)
revenge, avenge
wrevelig peevish, testy
wrijven (wreef; gewreven) rub
wrijving friction

wrikken joggle, jerk; (boot) scull
wringen (wrong; gewrongen) wring, wrench; (was) wring (out)
wroeging remorse
wroeten root (rout) up the earth, grub
wrok grudge, rancour
wuft frivolous
wuiven wave
wulps wanton, lascivious
wurgen strangle
wurm worm; (*fig*) mite

X

x-benen *mv* turned-in-legs

xylofoon xylophone

Z

zaad *o* (planten) seed
zaag saw
zaagsel *o* sawdust
zaaien sow
zaak thing, affair, matter; (bedrijf) business, concern; (*jur*) case
zaakgelastigde agent, proxy
zaakwaarnemer solicitor
zaal hall, room; (in hospitaal) ward
zacht soft, gentle; (niet streng) mild
zachtgekookt soft-boiled
zachtzinnig gentle, meek
zadel *o*, **zadelen** saddle
zagen saw
zak bag, sack; pocket
zakagenda pocket diary
zakdoek handkerchief
zakelijk matter-of-fact, business-like
zakenman business man
zakgeld *o* pocket-money
zakje *o* paper bag

zakken fall; *laten* —, lower, let down; (examen) fail
zakkenroller pickpocket
zaklantaarn electric torch
zakmes *o* pocket-knife
zalf ointment,
zalig blessed, blissful; (heerlijk) lovely, heavenly
zaliger late, deceased
Zaligmaker Saviour
zalm salmon
zand *o* sand
zandbak sand-pit
zandbank sand-bank, shoal
zandkorrel grain of sand
zandweg sandy road
zang singing, song
zanger(es) singer
zangerig melodious
zangles singing-lesson
zangvogel singing-bird
zaniken nag, bother
zat satiated; drunk
zaterdag Saturday
ze (*enk*) she; (*mv*) they

zedelijk moral
zedelijkheid morality
zedeloos immoral
zeden *mv* manners, morals *pl*
zedenleer morality, ethics
zedenmisdrijf *o* sexual offence
zedig modest, demure
zee sea; *over* —, by sea; *ter* —, at sea
zeeëngte strait(s), narrows
zeef sieve
zeefje *o* strainer
zeehond seal
zeel *o* strap, trace
Zeeland *o* Zealand
zeemacht naval forces, navy
zeeman seaman, sailor
zeemeeuw sea-gull
zeemlap wash-leather
zeemleer *o* chamois-leather
zeep soap
zeepbakje *o* soap-dish
zeeppoeder *o* soap-powder
zeepsop *o* soap-suds
zeer *o* ache; (*adj*) sore; (*adv*) very; much
zeereis (sea-)voyage
zeerover pirate
zeespiegel sea-level
zeevaart navigation
zeewaardig seaworthy
zeewier *o* seaweed
zeeziekte seasickness
zege victory, triumph
zegel *o* seal; (post, belasting) stamp
zegellak *o* sealing-wax
zegelring signet-ring, seal-ring
zegen blessing, benediction
zegenen bless
zegevieren triumph (*over*, over)
zeggen (zei(de); gezegd) say
zeggenschap (right of) say
zegsman informant

zegswijze saying, expression
zeil *o* sail
zeilboot sailing-boat
zeildoek *o* sailcloth, canvas
zeilen sail
zeilvereniging yacht-club
zeilwedstrijd regatta
zeis scythe
zeker certain, sure, secure; — *weten*, know for sure
zekerheid certainty; (veiligheid) safety
zelden seldom, rarely
zeldzaam rare, scarce
zeldzaamheid rarity, scarceness
zelf self; *zich* —, oneself
zelfbediening self-service
zelfbeheersing self-control, self-command
zelfbewust self-conscious
zelfde same
zelfingenomen complacent
zelfkant selvage; (*fig*) fringe
zelfkennis self-knowledge
zelfkritiek self-criticism
zelfmoord suicide
zelfs even
zelfstandig independent
zelfstandigheid independency; (stof) substance
zelfverdediging self-defence
zelfverloochening self-denial
zelfvertrouwen *o* self-confidence
zelfverzekerd self-confident
zelfwerkend self-acting, automatic
zelfzuchtig selfish, egoistic
zemelen *mv* bran
zemenlap wash-leather
zendeling missionary
zenden (zond; gezonden) send (*om*, for)
zender transmitter

414

zending sending, consignment; (missie) mission
zenuw nerve
zenuwachtig nervous
zenuwinrichting mental home
zenuwinzinking nervous breakdown
zenuwslopend nerve-racking
zenuwziek suffering from nerves, neurotic
zenuwziekte nervous disease
zerk tombstone, slab
zes(de) six(th)
zestien sixteen
zestig sixty
zet push; (schaak) move; (streek) move
zetel seat, chair
zetmeel o starch
zetpil suppository
zetten set, put; (thee) make; (zetterij) compose
zetter type-setter, compositor
zeug sow
zeuren worry; tease
zeurkous bore
zeven sieve, sift
zeven(de) seven(th)
zeventien seventeen
zeventig seventy
z.g. = *zogenaamd* so-called
zich oneself, himself, herself, themselves   [proval
zicht o sight; *op* —, on approval
zichtbaar visible
zichzelf oneself, himself, themselves, etc.   [boil
zieden (ziedde; gezoden) seethe, boil
ziek ill, sick, diseased
zieke patient, sick person
ziekelijk ailing; (*fig*) morbid
ziekenauto motor-ambulance
ziekenfonds o sick-fund
ziekenhuis o hospital

ziekenverpleegster nurse
ziekte illness, disease; *Engelse* —, rachitis, rickets
ziekteverzekering health insurance
ziektewet health insurance act
ziel soul, spirit
zielig piteous, pitiable
zien (zag; gezien) see, look, perceive; *tot* —*s*, see you again!, so long!
zienderogen visibly
zienswijze opinion, view
zier *geen* —, not a whit
zigeuner gipsy
zigzag zigzag
zij she; *pl* they
zijde side, flank; (stof) silk; *van verschillende* —*n*, from various quarters
zijdelings sidelong, indirect
zijden silk; (*fig*) silken
zijderups silkworm
zijkant side
zijlijn side-line; branch line
zijn (*pron*) his; *de* —*e*, his; (*ww*) (was; geweest) be
zijnerzijds on his part
zijspan side-car
zijspoor o side-track
zijstraat side-street
zijwaarts sideward, lateral
zijweg side-way
zilt saltish, briny
zilver o silver; (eetgerei enz.) plate
zilverdraad o silver thread
zilveren silver
zilvergeld o silver
zilverpapier o tinfoil
zin sense, meaning; (lust) mind; (volzin) sentence; *in engere* —, in the strict sense of the word

415

zindelijk clean, neat, tidy
zingen (zong; gezongen) sing
zink o zinc
zinken (zonk; gezonken) sink; (adj) (of) zinc
zinloos pointless
zinnebeeld o emblem, symbol
zinnelijk sensual
zinsnede passage, clause
zinspelen allude (to)
zinspreuk motto, device
zinsverband o context
zintuig o organ of sense
zinvol meaningful
zitje o snug corner
zitkamer sitting-room
zitplaats seat
zit-slaapkamer bed-sitting room
zitten (zat; gezeten) sit; (passen) fit
zitting sitting; (v. comité) session; (v. stoel) seat
zitvlak o seat, bottom
zo so, like that; (indien) if; (aanstonds) presently; — iets, such a thing; — groot als, as big as; — ja, if so
zoals as, like
zodanig such (as); so; in such a manner
zodat so that
zode sod, turf
zodoende thus, so
zodra as soon as
zoek het is —, it has been mislaid, is not to be found; — raken, be lost
zoeken (zocht; gezocht) look for; search
zoeklicht o searchlight
zoel mild
zoemen buzz
zoemertoon (tel) dialling-tone

zoen, zoenen kiss
zoet sweet; good
zoetsappig goody-goody
zoetvloeiend melodious
zoëven just now
zog o suck, milk; (v. schip) wake
zogen suckle, nurse
zogenaamd so-called, would-be
zojuist just now
zolang so(as) long as
zolder garret, loft
zoldering ceiling
zolderkamer attic, garret
zomen hem
zomer summer
zomerdienst summer time-table
zomerhuisje o summer-cottage
zomerkleren mv summer-clothes pl
zomersproeten mv freckles
zomervakantie summer-holidays pl
zo'n such a
zon sun
zondaar sinner
zondag Sunday
zonde sin
zondebok scapegoat
zonder without
zonderling singular, odd, queer; (sb) eccentric
zondig sinful
zondigen sin
zondvloed deluge
zonlicht o sunlight
zonnebaden sun-bathe
zonnebloem sunflower
zonnebrandolie tanning oil
zonnebril sun-spectacles
zonnescherm o (parasol) sun-shade, parasol; (aan huis) sun-blind; (winkel) awning
zonneschijn sunshine

zonnesteek sunstroke
zonnestelsel *o* solar system
zonnestraal sunbeam
zonnig sunny
zonsondergang sunset
zonsopgang sunrise
zonsverduistering eclipse of the sun
zoogdier *o* mammal
zool sole
zoom hem; margin; fringe
zoon son
zorg care; (bezorgdheid) solicitude, anxiety; (last) trouble; — *dragen voor*, take care of
zorgeloos careless
zorgen care, take care (of)
zorg(e)lijk precarious
zorgvuldig careful
zorgvuldigheid carefulness
zot fool; (*adj*) foolish
zout *o* salt; (*adj*) salt(ish)
zoutarm low-salt
zouteloos saltless; (*fig*) insipid
zoutjes *mv* cocktail biscuits
zoutloos saltless, unsalted
zoutvaatje *o* salt-cellar
zoutzuur *o* hydrochloric acid
zoveel so much; *vijf maal —*, five times as much
zover so far
zowaar sure enough
zowel as well; — ... *als*, as well... as; both ... and
z.o.z. = *zie ommezijde*, please turn over; P.T.O.
zucht sigh; (begeerte) desire
zuchten sigh
Zuid-Afrika *o* South Africa
zuidelijk southern, southerly
zuiden *o* south
zuidenwind south wind
zuiderbreedte south latitude
zuidoost south-east

zuidpool south pole
zuidvruchten *mv* semi-tropical fruit
zuidwest south-west
Zuidzee *Stille —*, Pacific
zuigeling baby; infant
zuigen (zoog; gezogen) suck
zuiger piston
zuigerklep piston-valve
zuigerstang piston rod, connecting rod
zuigerveer piston ring
zuigfles feeding-bottle
zuil pillar, column
zuinig economical, thrifty, frugal, saving
zuipen (zoop; gezopen) tipple, booze
zuivel *o* dairy-produce
zuiver pure; clean
zuiveren clean; purify; purge
zuivering cleaning, purification; (politiek) purge
zuiveringszout *o* bicarbonate of soda
zulk such
zullen (zou) shall, will
zuster sister; (ziekenverpleegster) nurse, sister
zuur *o* acid; (in de maag) heartburn; (ingemaakt) pickles; (*adj*) sour, acid
zuurkool sauerkraut
zuurstof oxygen
zuurtje *o* acid drop
zwaaien swing; (scepter) sway; (hamer) wield; (vlag) flourish, brandish
zwaan swan
zwaar heavy, ponderous, weighty; difficult; (stem) deep; — *beschadigd*, badly damaged
zwaard *o* sword
zwaargewicht heavy-weight

zwaarlijvigheid corpulence
zwaarmoedig melancholy
zwaarte weight, heaviness
zwaartekracht gravitation
zwaartepunt *o* centre of gravity
zwabber swab, mop
zwachtel bandage
zwager brother-in-law
zwak weak, feeble, tender
zwakstroom weak current
zwakte weakness, feebleness
zwakzinnig mentally deficient
zwaluw swallow
zwam fungus
zwammen talk rubbish
zwanger pregnant
zwangerschap pregnancy
zwart black
zwarthandel black market
zwavel sulphur
zwavelzuur *o* sulphuric acid
Zweden *o* Sweden
Zweed Swede
Zweeds Swedish
zweefvliegen glide
zweefvliegtuig *o* glider
zweem semblance; touch,
zweep whip   [shade
zweepslag lash
zweer ulcer, sore, boil
zweet *o* perspiration, sweat
zwelgen (zwolg; gezwolgen)
swallow; (*fig*) revel (in)
zwellen (zwol; gezwollen)
swell
zwembad *o* swimming-bath,
swimming-pool

zwembroek *o* swimming-trunks
pl
zwemen (naar) be (look) like
zwemgordel swimming-belt
zwemmen (zwom; gezwommen)
swim
zwempak *o* swim suit
zwemvest life-belt
zwemvlies *o* web
zwendelen swindle
zweren (zwoor; gezworen) ulce-
rate, fester; (zwoer; gezworen)
swear
zwerftocht wandering, pere-
grination
zwerm swarm
zwerven (zwierf; gezworven)
wander, roam, rove
zwerver wanderer, tramp
zweten perspire, sweat
zwetsen boast, brag
zweven be in suspension; float
(in the air); hover (over)
zwezerik sweetbread
zwichten yield (to)
zwiepen switch
zwierig dashing, jaunty
zwijgen (zweeg; gezwegen) be
silent
zwijm *in* — *vallen*, faint, swoon
zwijn *o* pig, hog; (*mv* & *fig*)
swine; *wild* —, boar
Zwitser(s) Swiss
Zwitserland *o* Switzerland
zwoegen toil (and moil), drudge
zwoel sultry
zwoerd *o* rind